D1670808

Doppelbesteuerungsabkommen
Deutschland - USA

Doppelbesteuerungsabkommen Deutschland-USA

Kommentar

herausgegeben von

Arthur Andersen & Co. GmbH

bearbeitet von

Rosemarie Portner
Regierungsdirektorin, Bundes-
ministerium der Finanzen, Bonn

Klaus Brinkmann
Steuerberater, Frankfurt

Dr. Gerd Freihalter
Rechtsanwalt, Wirtschaftsprüfer
und Steuerberater, München

Dr. Klaus Goutier
Rechtsanwalt und Steuerberater,
Frankfurt

Stefan Grau
Wirtschaftsprüfer und Steuerberater,
Hamburg

Ulrike Habert
Steuerberaterin, Frankfurt

Dr. Wolfgang Joecks
Rechtsanwalt und Fachanwalt
für Steuerrecht,
Sankt Augustin/Frankfurt

Dr. Dirk Krüger
Rechtsanwalt, Frankfurt

Matthias Roche
Rechtsanwalt und Steuerberater,
Frankfurt

David G. Small
Attorney-at-Law, CPA,
Illinois/Frankfurt

Gesamtredaktion:

Dr. Wolfgang Joecks

Treuhandpartner
Bibliothek
465/90

Verlag Dr. Otto Schmidt KG · Köln

CIP-Titelaufnahme der Deutschen Bibliothek

Doppelbesteuerungsabkommen Deutschland – USA:
Kommentar / hrsg. von Arthur Andersen & Co GmbH. Bearb.
von Rosemarie Portner . . . Gesamtred.: Wolfgang Joecks. –
Köln: O. Schmidt, 1990
ISBN 3-504-26033-5
NE: Portner, Rosemarie [Mitverf.]; Joecks, Wolfgang [Red.];
Arthur Andersen und Co. ⟨Frankfurt, Main⟩

© 1990 by Verlag Dr. Otto Schmidt KG, Köln

Das Werk einschließlich aller seiner Teile ist urheberrechtlich geschützt. Jede Verwertung, die nicht ausdrücklich vom Urheberrechtsgesetz zugelassen ist, bedarf der
vorherigen Zustimmung des Verlags. Das gilt insbesondere für Vervielfältigungen,
Bearbeitungen, Übersetzungen, Mikroverfilmungen und die Einspeicherung und
Verarbeitung in elektronischen Systemen.

Gesamtherstellung: Bercker, Graphischer Betrieb GmbH, Kevelaer

Printed in Germany

Vorwort

I. Das neue Doppelbesteuerungsabkommen zwischen den Vereinigten Staaten und der Bundesrepublik Deutschland wurde am 16. Dezember 1988 paraphiert und am 29. August 1989 in Bonn unterzeichnet. Die Gesetzgebungsorgane der beiden Staaten werden das Abkommen voraussichtlich im Frühjahr 1990 ratifizieren.

Wenn hier wenige Monate nach der Unterzeichnung des Abkommens bereits ein Kommentar vorgelegt wird, so geschieht das insbesondere deshalb, weil das Abkommen bereits mit Wirkung ab 1990 zur Anwendung gelangt und weil es sich bei dem Abkommen mit den Vereinigten Staaten um eines der wirtschaftlich bedeutsamsten Doppelbesteuerungsabkommen der Bundesrepublik Deutschland handelt. Um dem Praktiker mit dem Kommentar auch insoweit eine Hilfe zu geben, werden darin besonders eingehend die Einflüsse des US-amerikanischen Rechts auf das Abkommen und seine Anwendung dargestellt; ferner werden die hierdurch bedingten – teilweise erheblichen – Abweichungen vom OECD-Musterabkommen ausführlich erläutert.

Bei der Berücksichtigung von Literaturmeinungen strebt der Kommentar keine Vollständigkeit an; statt dessen gibt er bei umstrittenen Fragen – wie etwa der Betriebsstättengewinnabgrenzung – die Erfahrungen wieder, welche die dem steuerberatenden Beruf angehörenden Verfasser dazu mit der steuerlichen Betriebsprüfung, insbesondere mit Betriebsprüfern des Bundesamtes für Finanzen, gemacht haben.

II. Das Abkommen selbst steht einerseits unter dem Einfluß des OECD-Musterabkommens, auf der anderen Seite aber auch unter dem Einfluß des US-amerikanischen Musterabkommens (Draft Model Income Tax Treaty of June, 16, 1981). Bereits der Titel des Abkommens „Zur Vermeidung der Doppelbesteuerung und zur Verhinderung der Steuerverkürzung" entstammt dem US-amerikanischen Musterabkommen. Bei der Verwirklichung der zweiten Zielsetzung (Verhinderung der Steuerverkürzung) geht der Text des Abkommens hin und wieder über die von der Sache her gebotenen Grenzen hinaus: So stellt etwa Art. 28 für die Gewährung der Abkommensvergünstigungen im Quellenstaat (Reduktion der Quellensteuersätze) so hohe Anforderungen, daß diese nicht nur in Fällen des Treaty Shopping, sondern auch in zahlreichen anderen Fällen nicht erfüllt werden können.

Die wesentlichen Änderungen gegenüber dem bisherigen Abkommen sind stichwortartig wie folgt aufzuzählen:

– ausdrückliche Regelung der Frage der Abkommensberechtigung,

- Einschränkung des Anwendungsbereichs der Saving Clause (= Berechtigung der Vereinigten Staaten, ohne Rücksicht auf das Abkommen zu besteuern),
- Wegfall der Attraktionskraft der Betriebsstätte,
- Senkung der Kapitalertragsteuersätze bei Schachteldividenden von 15 v. H. auf 10 v. H. (1990 und 1991) bzw. 5 v. H. (ab 1992),
- Umqualifizierung der auf partiarische Darlehen entfallenden Gewinnanteile in Dividenden im Sinne des Abkommens,
- Zulassung der Erhebung der US-amerikanischen Branch Profit Tax in Höhe von 5 v. H. auf US-Betriebsstätten deutscher Kapitalgesellschaften,
- Neuregelung der Besteuerungszuordnung bei Künstlern und Sportlern,
- Wegfall des Schachtelprivilegs bei Beteiligung deutscher Kapitalgesellschaften an US-amerikanischen Real Estate Investment Trusts und Regulated Investment Companies,
- Übergang der Bundesrepublik von der Freistellung auf die Besteuerung, wenn infolge eines Qualifikationskonflikts ansonsten eine Doppel-Freistellung eintreten würde,
- Einführung von Beschränkungen der Abkommensberechtigung im Quellenstaat zur Verhinderung eines „Treaty Shopping" und
- Einführung der Möglichkeit eines Schiedsverfahrens zur Beilegung von Meinungsverschiedenheiten über Auslegung und Anwendung des Abkommens.

Herausgeberin und Verfasser dieses Kommentars hoffen, mit diesem Werk den Praktikern bei der erstmaligen Anwendung des Abkommens im Jahre 1990 eine nützliche Hilfe anzubieten. Für Anregungen zur Verbesserung des Kommentars im Rahmen späterer Auflagen sind wir besonders dankbar.

Die Herausgeberin

Frankfurt, im Dezember 1989   ARTHUR ANDERSEN & CO. GmbH
                                     Wirtschaftsprüfungsgesellschaft
                                     Steuerberatungsgesellschaft

Inhaltsverzeichnis

Abkürzungsverzeichnis
mit Verzeichnis der abgekürzt zitierten Literatur

a. a. O.	am angegebenen Ort
Abs.	Absatz
Abschn.	Abschnitt
ACRS	Accelerated Cost Recovery System
AG	Aktiengesellschaft
AIG	Auslandsinvestitionsgesetz
AMT	Alternative Minimum Tax
AO	Abgabenordnung
Art.	Artikel
AStG	Außensteuergesetz
Baranowski	*Baranowski*, Praktikerhandbuch, Düsseldorf 1989, Außensteuerrecht
BB	Betriebsberater
BewG	Bewertungsgesetz
BfF	Bundesamt für Finanzen
BFH	Bundesfinanzhof
BFHE	Sammlung der Entscheidungen des Bundesfinanzhofs
BGBl.	Bundesgesetzblatt
BLIT	Branch Level Interest Tax
BMF	Bundesministerium der Finanzen
BPT	Branch Profits Tax
BStBl.	Bundessteuerblatt
Buchst.	Buchstabe
DB	Der Betrieb
DBA	Doppelbesteuerungsabkommen
Debatin/Walter	*Debatin/Walter*, Handbuch zum deutsch-amerikanischen Doppelbesteuerungsabkommen, Amsterdam 1967, Loseblatt
EFG	Entscheidungen der Finanzgerichte
EG-AHG	EG-Amtshilfegesetz
EStG	Einkommensteuergesetz
EWG	Europäische Wirtschaftsgemeinschaft
FG	Finanzgericht

FIRPTA	Foreign Investment Real Property Tax Act
Flick/Wassermeyer/Wingert	*Flick/Wassermeyer/Wingert,* Doppelbesteuerungsabkommen Deutschland/Schweiz, Kommentar, Köln 1981, Loseblatt
FR	Finanz-Rundschau
FVG	Gesetz über die Finanzverwaltung
GG	Grundgesetz
GmbH	Gesellschaft mit beschränkter Haftung
HGB	Handelsgesetzbuch
IRC	Internal Revenue Code
IRS	Internal Revenue Service
Jacobs	*Jacobs,* Internationale Unternehmensbesteuerung, München 1983
KStG	Körperschaftsteuergesetz
Kumpf	*Kumpf,* Besteuerung inländischer Betriebsstätten von Steuerausländern, Köln 1982
Laubrock	*Laubrock,* Nachlaß und Erbschaft in den USA (Münchner Schriften zum Internationalen Steuerrecht Heft 10), München 1986
Lehner	*Lehner,* Möglichkeiten zur Verbesserung des Verständigungsverfahrens auf der Grundlage des EWG-Vertrages, München 1982
MA	OECD-Musterabkommen
Nr.	Nummer
OECD	Organisation for Economic Cooperation and Development
RFHE	Entscheidungen des Reichsfinanzhofs
RIC	Regulated Investment Company
RIT	Real Estate Investment Trust
Rl.	Richtlinie
Rz.	Randzahl

X

Sec.	Section
Shannon	*Shannon,* Die Doppelbesteuerungsabkommen der USA (Münchner Schriften zum Internationalen Steuerrecht Heft 11), München 1987
SLWT	Second Level Withholding Tax
StbJb.	Steuerberater-Jahrbuch
StuW	Steuer und Wirtschaft
Tipke/Kruse	*Tipke/Kruse,* Abgabenordnung/Finanzgerichtsordnung, Kommentar, Köln 1989, Loseblatt
TRA 86	Tax Real Act 1986
Tz.	Textzahl
US, USA	Vereinigte Staaten von Amerika
UStG	Umsatzsteuergesetz
Vogel	*Vogel,* Kommentar zum OECD-Musterabkommen und den Doppelbesteuerungsabkommen der Bundesrepublik Deutschland auf dem Gebiet der Steuern vom Einkommen und Vermögen, München 1983
VStG	Vermögensteuergesetz
WÜRV	Wiener Übereinkommen über das Recht der Verträge vom 23. Mai 1969

Texte
in deutscher und englischer Sprache

Abkommen	Convention
Protokoll	Protocol
Notenwechsel	Exchange of Notes

Abkommen

zwischen

der Bundesrepublik Deutschland

und

den Vereinigten Staaten von Amerika

zur Vermeidung der Doppelbesteuerung
und zur Verhinderung der Steuerverkürzung
auf dem Gebiet der Steuern vom Einkommen
und vom Vermögen und einiger
anderer Steuern

vom 29. August 1989

Die Bundesrepublik Deutschland
und
die Vereinigten Staaten von Amerika

– von dem Wunsch geleitet, ein neues Abkommen zur Vermeidung der Doppelbesteuerung und zur Verhinderung der Steuerverkürzung auf dem Gebiet der Steuern vom Einkommen und vom Vermögen und einiger anderer Steuern zu schließen –

haben folgendes vereinbart:

Artikel 1
Persönlicher Geltungsbereich

Dieses Abkommen gilt, soweit es nichts anderes vorsieht, für Personen, die in einem Vertragsstaat oder in beiden Vertragsstaaten ansässig sind.

Convention

between

the Federal Republic of Germany

and

the United States of America

For the Avoidance of Double Taxation
and the Prevention of Fiscal Evasion
with Respect to Taxes on Income and Capital
and to certain other Taxes

of August 29th 1989

The Federal Republic of Germany

and

the United States of America,

desiring to conclude a new Convention for the avoidance of double taxation and the prevention of fiscal evasion with respect to taxes on income and capital and to certain other taxes,

have agreed as follows:

Article 1

Personal Scope

This Convention shall apply to persons who are residents of one or both of the Contracting States, except as otherwise provided in this Convention.

Artikel 2

Unter das Abkommen fallende Steuern

(1) Zu den bestehenden Steuern, für die dieses Abkommen gilt, gehören

a) in den Vereinigten Staaten

    aa) die aufgrund des Internal Revenue Code erhobenen Bundeseinkommensteuern mit Ausnahme der Steuern auf thesaurierte Gewinne (accumulated earnings tax), der Steuer auf personenbezogene Holdinggesellschaften (personal holding company tax) und der Sozialabgaben und

    bb) die Abgabe auf Versicherungsprämien (federal excise tax), die an ausländische Versicherer gezahlt werden

    (im folgenden als „Steuer der Vereinigten Staaten" bezeichnet);

    dieses Abkommen gilt jedoch für die Abgabe auf Versicherungsprämien, die an ausländische Versicherer gezahlt werden, nur insoweit, als die durch die Prämien gedeckten Risiken nicht bei einer Person rückversichert sind, die nicht berechtigt ist, die Vergünstigungen dieses oder eines anderen Abkommens, das eine Freistellung von dieser Abgabe vorsieht, in Anspruch zu nehmen;

b) in der Bundesrepublik Deutschland

    aa) die Einkommensteuer,

    bb) die Körperschaftsteuer,

    cc) die Gewerbesteuer und

    dd) die Vermögensteuer

    (im folgenden als „deutsche Steuer" bezeichnet).

(2) Dieses Abkommen gilt auch für alle Steuern gleicher oder im wesentlichen ähnlicher Art, die nach der Unterzeichnung des Abkommens neben den bestehenden Steuern oder an deren Stelle erhoben werden. Die zuständigen Behörden der Vertragsstaaten teilen einander die in ihren Steuergesetzen eingetretenen bedeutenden Änderungen mit.

Artikel 3

Allgemeine Begriffsbestimmungen

(1) Im Sinne dieses Abkommens, wenn der Zusammenhang nichts anderes erfordert,

Article 2
Taxes Covered

1. The existing taxes to which this Convention shall apply are:

a) In the United States:

    aa) the federal income taxes imposed by the Internal Revenue Code (but excluding the accumulated earnings tax, the personal holding company tax, and social security taxes); and

    bb) the excise tax imposed on insurance premiums paid to foreign insurers

(hereinafter referred to as "United States tax").

This Convention shall, however, apply to the excise tax imposed on insurance premiums paid to foreign insurers only to the extent that the risks covered by such premiums are not reinsured with a person not entitled to the benefits of this or any other convention that provides exemption from such tax.

b) In the Federal Republic of Germany:

    aa) the income tax (Einkommensteuer);
    bb) the corporation tax (Körperschaftsteuer);
    cc) the trade tax (Gewerbesteuer); and
    dd) the capital tax (Vermögensteuer)

(hereinafter referred to as "German tax").

2. This Convention shall apply also to any identical or substantially similar taxes that are imposed after the date of signature of this Convention in addition to, or in place of, the existing taxes. The competent authorities of the Contracting States shall notify each other of any significant changes that have been made in their taxation laws.

Article 3
General Definitions

1. For the purposes of this Convention, unless the context otherwise requires:

a) bedeuten die Ausdrücke „ein Vertragsstaat" und „der andere Vertragsstaat" je nach dem Zusammenhang die Vereinigten Staaten oder die Bundesrepublik Deutschland;

b) bedeutet der Ausdruck „Vereinigte Staaten", im geographischen Sinne
   verwendet, die Vereinigten Staaten von Amerika, umfaßt jedoch nicht
   Puerto Rico, die Jungferninseln, Guam und die anderen Besitzungen und
   Territorien der Vereinigten Staaten von Amerika;

c) bedeutet der Ausdruck „Bundesrepublik Deutschland", im geographischen Sinne verwendet, das Gebiet, in dem das Steuerrecht der Bundesrepublik Deutschland gilt;

d) umfaßt der Ausdruck „Person" unter anderem natürliche Personen und
   Gesellschaften;

e) bedeutet der Ausdruck „Gesellschaft" juristische Personen oder Rechtsträger, die für die Besteuerung wie juristische Personen behandelt werden;

f) bedeuten die Ausdrücke „Unternehmen eines Vertragsstaats" und „Unternehmen des anderen Vertragsstaats", je nachdem, ein Unternehmen, das
   von einer in einem Vertragsstaat ansässigen Person betrieben wird, oder
   ein Unternehmen, das von einer im anderen Vertragsstaat ansässigen Person betrieben wird;

g) bedeutet der Ausdruck „internationaler Verkehr" jede Beförderung mit
   einem Seeschiff oder Luftfahrzeug, es sei denn, das Seeschiff oder Luftfahrzeug wird ausschließlich zwischen Orten in einem der Vertragsstaaten betrieben;

h) bedeutet der Ausdruck „Staatsangehöriger"

   aa) in bezug auf die Vereinigten Staaten die Staatsbürger der Vereinigten
       Staaten und alle juristischen Personen, Personengesellschaften oder
       anderen Personenvereinigungen, die nach dem in den Vereinigten
       Staaten geltenden Recht errichtet worden sind, und

   bb) in bezug auf die Bundesrepublik Deutschland alle Deutschen im Sin-
       ne des Artikels 116 Absatz 1 des Grundgesetzes für die Bundesrepu-
       blik Deutschland und alle juristischen Personen, Personengesellschaf-
       ten oder anderen Personenvereinigungen, die nach dem in der Bun-
       desrepublik Deutschland geltenden Recht errichtet worden sind; und

i) bedeutet der Ausdruck „zuständige Behörde"

   aa) in den Vereinigten Staaten den Secretary of the Treasury oder seinen
       Vertreter und

   bb) in der Bundesrepublik Deutschland den Bundesminister der Finanzen
       oder seinen Vertreter.

(2) Bei der Anwendung dieses Abkommens durch einen Vertragsstaat hat,
außer wenn es der Zusammenhang anders erfordert oder die zuständigen Be-

a) the terms "a Contracting State" and "the other Contracting State" mean the United States or the Federal Republic of Germany as the context requires;

b) the term "United States", when used in a geographical sense, means the United States of America, but does not include Puerto Rico, the Virgin Islands, Guam, or any other possession or territory of the United States of America;

c) the term "Federal Republic of Germany", when used in a geographical sense, means the area in which the tax law of the Federal Republic of Germany is in force;

d) the term "person" includes but is not limited to an individual and a company;

e) the term "company" means any body corporate or any entity that is treated as a body corporate for tax purposes;

f) the terms "enterprise of a Contracting State" and "enterprise of the other Contracting State" mean respectively an enterprise carried on by a resident of a Contracting State and an enterprise carried on by a resident of the other Contracting State;

g) the term "international traffic" means any transport by a ship or aircraft, except when the ship or aircraft is operated solely between places in one of the Contracting States;

h) the term "national" means:

aa) in respect of the United States, United States citizens and any legal person, partnership, or association deriving its status as such from the law in force in the United States; and

bb) in respect of the Federal Republic of Germany, any German within the meaning of paragraph 1 of Article 116 of the Basic Law of the Federal Republic of Germany and any legal person, partnership, or association deriving its status as such from the law in force in the Federal Republic of Germany; and

i) the term "competent authority" means:

aa) in the United States, the Secretary of the Treasury or his delegate; and

bb) in the Federal Republic of Germany, the Federal Minister of Finance or his delegate.

2. As regards the application of this Convention by a Contracting State any term not defined therein shall, unless the context otherwise requires or the

hörden sich nach Artikel 25 (Verständigungsverfahren) auf eine gemeinsame Auslegung geeinigt haben, jeder im Abkommen nicht definierte Ausdruck die Bedeutung, die ihm nach dem Recht dieses Staates über die Steuern zukommt, für die dieses Abkommen gilt.

Artikel 4

Ansässigkeit

(1) Im Sinne dieses Abkommens bedeutet der Ausdruck „eine in einem Vertragsstaat ansässige Person" eine Person, die nach dem Recht dieses Staates dort aufgrund ihres Wohnsitzes, ihres ständigen Aufenthalts, des Ortes ihrer Geschäftsleitung, des Ortes der Gründung oder eines anderen ähnlichen Merkmals steuerpflichtig ist, jedoch mit der Maßgabe, daß

a) der Ausdruck eine Person nicht umfaßt, die in diesem Staat nur mit Einkünften aus Quellen in diesem Staat oder mit in diesem Staat gelegenem Vermögen steuerpflichtig ist; und

b) bei Einkünften, die eine Personengesellschaft, ein Nachlaß (estate) oder ein Treuhandvermögen (trust) bezieht, dies nur insoweit gilt, als die von der Personengesellschaft, dem Nachlaß oder dem Treuhandvermögen bezogenen Einkünfte in diesem Staat wie Einkünfte dort Ansässiger besteuert werden, und zwar entweder bei der Gesellschaft, dem Nachlaß oder dem Treuhandvermögen selbst oder bei deren Gesellschaftern oder Begünstigten.

(2) Ist nach Absatz 1 eine natürliche Person in beiden Vertragsstaaten ansässig, so gilt folgendes:

a) Die Person gilt als in dem Staat ansässig, in dem sie über eine ständige Wohnstätte verfügt; verfügt sie in beiden Staaten über eine ständige Wohnstätte, so gilt sie als in dem Staat ansässig, zu dem sie die engeren persönlichen und wirtschaftlichen Beziehungen hat (Mittelpunkt der Lebensinteressen);

b) kann nicht bestimmt werden, in welchem Staat die Person den Mittelpunkt ihrer Lebensinteressen hat, oder verfügt sie in keinem der Staaten über eine ständige Wohnstätte, so gilt sie als in dem Staat ansässig, in dem sie ihren gewöhnlichen Aufenthalt hat;

c) hat die Person ihren gewöhnlichen Aufenthalt in beiden Staaten oder in keinem der Staaten, so gilt sie als in dem Staat ansässig, dessen Staatsangehöriger sie ist; und

d) ist die Person Staatsangehöriger beider Staaten oder keines der Staaten, so regeln die zuständigen Behörden der Vertragsstaaten die Frage in gegenseitigem Einvernehmen.

competent authorities agree to a common meaning pursuant to the provisions of Article 25 (Mutual Agreement Procedure), have the meaning that it has under the laws of that State concerning the taxes to which this Convention applies.

Article 4

Residence

1. For the purposes of this Convention, the term "resident of a Contracting State" means any person who, under the laws of that State, is liable to tax therein by reason of his domicile, residence, place of management, place of incorporation, or any other criterion of a similar nature, provided, however, that

a) this term does not include any person who is liable to tax in that State in respect only of income from sources in that State or capital situated therein; and

b) in the case of income derived or paid by a partnership, estate, or trust, this term applies only to the extent that the income derived by such partnership, estate, or trust is subject to tax in that State as the income of a resident, either in its hands or in the hands of its partners or beneficiaries.

2. Where by reason of the provisions of paragraph 1 an individual is a resident of both Contracting States, then his status shall be determined as follows:

a) he shall be deemed to be a resident of the State in which he has a permanent home available to him; if he has a permanent home available to him in both States, he shall be deemed to be a resident of the State with which his personal and economic relations are closer (center of vital interests);

b) if the State in which he has his center of vital interests cannot be determined, or if he has not a permanent home available to him in either State, he shall be deemed to be a resident of the State in which he has an habitual abode;

c) if he has an habitual abode in both States or in neither of them, he shall be deemed to be a resident of the State of which he is a national; and

d) if he is a national of both States or of neither of them, the competent authorities of the Contracting States shall settle the question by mutual agreement.

(3) Ist nach Absatz 1 eine andere als eine natürliche Person in beiden Vertragsstaaten ansässig, so bemühen sich die zuständigen Behörden der Vertragsstaaten, durch Konsultation den Vertragsstaat zu bestimmen, in dem die Person im Sinne dieses Abkommens als ansässig gilt; sehen sie sich dazu nicht in der Lage, so gilt die Person für Zwecke der Inanspruchnahme der Vergünstigungen nach diesem Abkommen als in keinem der beiden Vertragsstaaten ansässig.

Artikel 5

Betriebsstätte

(1) Im Sinne dieses Abkommens bedeutet der Ausdruck „Betriebsstätte" eine feste Geschäftseinrichtung, durch die die Tätigkeit eines Unternehmens ganz oder teilweise ausgeübt wird.

(2) Der Ausdruck „Betriebsstätte" umfaßt insbesondere:

a) einen Ort der Leitung,
b) eine Zweigniederlassung,
c) eine Geschäftsstelle,
d) eine Fabrikationsstätte,
e) eine Werkstätte und
f) ein Bergwerk, ein Öl- oder Gasvorkommen, einen Steinbruch oder eine andere Stätte der Ausbeutung von Bodenschätzen.

(3) Eine Bauausführung oder Montage ist nur dann eine Betriebsstätte, wenn ihre Dauer zwölf Monate überschreitet.

(4) Ungeachtet der vorstehenden Bestimmungen dieses Artikels gelten nicht als Betriebsstätten:

a) Einrichtungen, die ausschließlich zur Lagerung, Ausstellung oder Auslieferung von Gütern oder Waren des Unternehmens benutzt werden;
b) Bestände von Gütern oder Waren des Unternehmens, die ausschließlich zur Lagerung, Ausstellung oder Auslieferung unterhalten werden;
c) Bestände von Gütern oder Waren des Unternehmens, die ausschließlich zu dem Zweck unterhalten werden, durch ein anderes Unternehmen bearbeitet oder verarbeitet zu werden;
d) eine feste Geschäftseinrichtung, die ausschließlich zu dem Zweck unterhalten wird, für das Unternehmen Güter oder Waren einzukaufen oder Informationen zu beschaffen;
e) eine feste Geschäftseinrichtung, die ausschließlich zu dem Zweck unterhalten wird, für das Unternehmen zu werben, Informationen zu erteilen,

3. Where by reason of the provisions of paragraph 1 a person other than an individual is a resident of both Contracting States, then the competent authorities of the Contracting States shall seek to determine through consultation the Contracting State of which the person shall be deemed to be a resident for the purposes of this Convention, and, if they are unable so to determine, such person shall not be considered to be a resident of either Contracting State for purposes of enjoying benefits under this Convention.

Article 5
Permanent Establishment

1. For the purposes of this Convention, the term "permanent establishment" means a fixed place of business through which the business of an enterprise is wholly or partly carried on.

2. The term "permanent establishment" includes especially:

a) a place of management;
b) a branch;
c) an office;
d) a factory;
e) a workshop; and
f) a mine, an oil or gas well, a quarry, or any other place of extraction of natural resources.

3. A building site or a construction, assembly or installation project constitutes a permanent establishment only if it lasts more than twelve months.

4. Notwithstanding the foregoing provisons of this Article, the term "permanent establishment" shall be deemed not to include:

a) the use of facilities solely for the purpose of storage, display, or delivery of goods or merchandise belonging to the enterprise;
b) the maintenance of a stock of goods or merchandise belonging to the enterprise solely for the purpose of storage, display, or delivery;
c) the maintenance of a stock of goods or merchandise belonging to the enterprise solely for the purpose of processing by another enterprise;

d) the maintenance of a fixed place of business solely for the purpose of purchasing goods or merchandise, or of collecting information, for the enterprise;
e) the maintenance of a fixed place of business solely for the purpose of advertising, of the supply of information, of scientific activities, or of simi-

wissenschaftliche oder ähnliche Tätigkeiten auszuüben, die vorbereitender Art sind oder eine Hilfstätigkeit darstellen; oder

f) eine feste Geschäftseinrichtung, die ausschließlich zu dem Zweck unterhalten wird, mehrere der unter den Buchstaben a bis e genannten Tätigkeiten auszuüben, vorausgesetzt, daß die sich daraus ergebende Gesamttätigkeit der festen Geschäftseinrichtung vorbereitender Art ist oder eine Hilfstätigkeit darstellt.

(5) Ist eine Person (mit Ausnahme eines unabhängigen Vertreters im Sinne des Absatzes 6) für ein Unternehmen tätig und besitzt sie in einem Vertragsstaat die Vollmacht, im Namen des Unternehmens Verträge abzuschließen, und übt sie die Vollmacht dort gewöhnlich aus, so wird das Unternehmen ungeachtet der Absätze 1 und 2 so behandelt, als habe es in diesem Staat für alle von der Person für das Unternehmen ausgeübten Tätigkeiten eine Betriebsstätte, es sei denn, diese Tätigkeiten beschränken sich auf die in Absatz 4 genannten Tätigkeiten, die, würden sie durch eine feste Geschäftseinrichtung ausgeübt, diese Einrichtung nach dem genannten Absatz nicht zu einer Betriebsstätte machten.

(6) Ein Unternehmen wird nicht schon deshalb so behandelt, als habe es eine Betriebsstätte in einem Vertragsstaat, weil es dort seine Tätigkeit durch einen Makler, Kommissionär oder einen anderen unabhängigen Vertreter ausübt, sofern diese Personen im Rahmen ihrer ordentlichen Geschäftstätigkeit handeln.

(7) Allein dadurch, daß eine in einem Vertragsstaat ansässige Gesellschaft eine Gesellschaft beherrscht oder von einer Gesellschaft beherrscht wird, die im anderen Vertragsstaat ansässig ist oder dort (entweder durch eine Betriebsstätte oder auf andere Weise) ihre Tätigkeit ausübt, wird keine der beiden Gesellschaften zur Betriebsstätte der anderen.

Artikel 6

Einkünfte aus unbeweglichem Vermögen

(1) Einkünfte, die eine in einem Vertragsstaat ansässige Person aus unbeweglichem Vermögen (einschließlich der Einkünfte aus land- und forstwirtschaftlichen Betrieben) bezieht, das im anderen Vertragsstaat liegt, können im anderen Staat besteuert werden.

(2) Der Ausdruck „unbewegliches Vermögen" hat die Bedeutung, die ihm nach dem Recht des Vertragsstaats zukommt, in dem das Vermögen liegt. Der Ausdruck umfaßt in jedem Fall das Zubehör zum unbeweglichen Vermögen, das lebende und tote Inventar land- und forstwirtschaftlicher Betrie-

lar activities that have a preparatory or auxiliary character for the enterprise; or

f) the maintenance of a fixed place of business solely for any combination of activities mentioned in subparagraphs a) to e), provided that the overall activity of the fixed place of business resulting from this combination is of a preparatory of auxiliary character.

5. Notwithstanding the provisions of paragraphs 1 and 2, where a person (other than an agent of an independent status to whom paragraph 6 applies) is acting on behalf of an enterprise and has, and habitually exercises, in a Contracting State an authority to conclude contracts in the name of the enterprise, that enterprise shall be deemed to have a permanent establishment in that State in respect of any activities which that person undertakes for the enterprise, unless the activities of such person are limited to those mentioned in paragraph 4 that, if exercised through a fixed place of business, would not make this fixed place of business a permanent establishment under the provisions of that paragraph.

6. An enterprise shall not be deemed to have a permanent establishment in a Contracting State merely because it carries on business in that State through a broker, general commission agent, or any other agent of an independent status, provided that such persons are acting in the ordinary course of their business.

7. The fact that a company that is a resident of a Contracting State controls or is controlled by a company that is a resident of the other Contracting State, or that carries on business in that other State (whether through a permanent establishment or otherwise), shall not of itself constitute either company a permanent establishment of the other.

Article 6

Income from Immovable (Real) Property

1. Income derived by a resident of a Contracting State from immovable (real) property (including income from agriculture or forestry) situated in the other Contracting State may be taxed in that other State.

2. The term "immovable property" shall have the meaning that it has under the law of the Contracting State in which the property in question is situated. The term shall in any case include property accessory to immovable property; livestock and equipment used in agriculture and forestry; rights to

be, die Rechte, für die die Vorschriften des Privatrechts über Grundstücke gelten, Nutzungsrechte an unbeweglichem Vermögen sowie Rechte auf veränderliche oder feste Vergütungen für die Ausbeutung oder das Recht auf Ausbeutung von Mineralvorkommen, Quellen und anderen Bodenschätzen. Seeschiffe und Luftfahrzeuge gelten nicht als unbewegliches Vermögen.

(3) Absatz 1 gilt für Einkünfte aus der unmittelbaren Nutzung, der Vermietung oder Verpachtung sowie jeder anderen Art der Nutzung unbeweglichen Vermögens.

(4) Die Absätze 1 und 3 gelten auch für Einkünfte aus unbeweglichem Vermögen eines Unternehmens und für Einkünfte aus unbeweglichem Vermögen, das der Ausübung einer selbständigen Arbeit dient.

Artikel 7

Gewerbliche Gewinne

(1) Gewerbliche Gewinne eines Unternehmens eines Vertragsstaats können nur in diesem Staat besteuert werden, es sei denn, das Unternehmen übt seine Tätigkeit im anderen Vertragsstaat durch eine dort gelegene Betriebsstätte aus. Übt das Unternehmen seine Tätigkeit auf diese Weise aus, so können die gewerblichen Gewinne des Unternehmens im anderen Staat besteuert werden, jedoch nur insoweit, als sie dieser Betriebsstätte zugerechnet werden können.

(2) Übt ein Unternehmen eines Vertragsstaats seine Tätigkeit im anderen Vertragsstaat durch eine dort gelegene Betriebsstätte aus, so werden vorbehaltlich des Absatzes 3 in jedem Vertragsstaat dieser Betriebsstätte die gewerblichen Gewinne zugerechnet, die sie hätte erzielen können, wenn sie eine gleiche oder ähnliche Tätigkeit unter gleichen oder ähnlichen Bedingungen als selbständiges und unabhängiges Unternehmen ausgeübt hätte.

(3) Bei der Ermittlung der gewerblichen Gewinne einer Betriebsstätte werden die für diese Betriebsstätte entstandenen Aufwendungen, einschließlich der Forschungs- und Entwicklungskosten, Zinsen und anderen ähnlichen Ausgaben sowie eines angemessenen Betrags der Geschäftsführungs- und allgemeinen Verwaltungskosten, zum Abzug zugelassen, gleichgültig, ob sie in dem Staat, in dem die Betriebsstätte liegt, oder anderswo entstanden sind.

(4) Aufgrund des bloßen Einkaufs von Gütern oder Waren für das Unternehmen wird einer Betriebsstätte kein gewerblicher Gewinn zugerechnet.

(5) Im Sinne dieses Abkommens umfassen die der Betriebsstätte zuzurechnenden gewerblichen Gewinne nur die Gewinne aus dem Vermögen oder der Tätigkeit der Betriebsstätte.

which the provisions of general law respecting landed property apply; usufruct of immovable property; and rights to variable or fixed payments as consideration for the working of, or the right to work, mineral deposits, sources, and other natural resources. Ships and aircraft shall not be regarded as immovable property.

3. The provisions of paragraph 1 shall apply to income derived from the direct use, letting, or use in any other form of immovable property.

4. The provisions of paragraphs 1 and 3 shall also apply to the income from immovable property of an enterprise and to income from immovable property used for the performance of independent personal services.

Article 7

Business Profits

1. The business profits of an enterprise of a Contracting State shall be taxable only in that State unless the enterprise carries on business in the other Contracting State through a permanent establishment situated therein. If the enterprise carries on business as aforesaid, the business profits of the enterprise may be taxed in the other State but only so much of them as is attributable to that permanent establishment.

2. Subject to the provisions of paragraph 3, where an enterprise of a Contracting State carries on business in the other Contracting State through a permanent establishment situated therein, there shall in each Contracting State be attributed to that permanent establishment the business profits that it might be expected to make if it were a distinct and independent enterprise engaged in the same or similar activities under the same or similar conditions.

3. In determining the business profits of a permanent establishment, there shall be allowed as deductions expenses that are incurred for the purposes of the permanent establishment, including research and development expenses, interest, and other similar expenses and a reasonable amount of executive and general administrative expenses, whether incurred in the State in which the permanent establishment is situated or elsewhere.

4. No business profits shall be attributed to a permanent establishment by reason of the mere purchase by that permanent establishment of goods or merchandise for the enterprise.

5. For the purposes of this Convention, the business profits to be attributed to the permanent establishment shall include only the profits derived from the assets or activities of the permanent establishment.

(6) Gehören zu den gewerblichen Gewinnen Einkünfte, die in anderen Artikeln dieses Abkommens behandelt werden, so werden die Bestimmungen jener Artikel durch die Bestimmungen dieses Artikels nicht berührt.

(7) Im Sinne dieses Abkommens umfaßt der Ausdruck „gewerbliche Gewinne" Einkünfte aus der Vermietung beweglicher Sachen und der Vermietung oder Lizenzerteilung im Fall von kinematographischen Filmen oder Werken auf Film, Tonband oder einem anderen Reproduktionsträger für Rundfunk- oder Fernsehsendungen.

Artikel 8
Seeschiffahrt und Luftfahrt

(1) Gewinne eines Unternehmens eines Vertragsstaats aus dem Betrieb von Seeschiffen oder Luftfahrzeugen im internationalen Verkehr können nur in diesem Staat besteuert werden.

(2) Gewinne eines Unternehmens eines Vertragsstaats aus der Benutzung oder Vermietung von Containern (einschließlich Trailerschiffen, Leichtern und ähnlichem Gerät für die Beförderung von Containern) im internationalen Verkehr können nur in diesem Staat besteuert werden.

(3) Die Absätze 1 und 2 gelten auch für Gewinne aus der Beteiligung an einem Pool, einer Betriebsgemeinschaft oder einer internationalen Betriebsstelle.

Artikel 9
Verbundene Unternehmen

(1) Wenn

a) ein Unternehmen eines Vertragsstaats unmittelbar oder mittelbar an der Geschäftsleitung, der Kontrolle oder dem Kapital eines Unternehmens des anderen Vetragsstaats beteiligt ist oder

b) dieselben Personen unmittelbar oder mittelbar an der Geschäftsleitung, der Kontrolle oder dem Kapital eines Unternehmens eines Vertragsstaats und eines Unternehmens des anderen Vertragsstaats beteiligt sind

und in diesen Fällen die beiden Unternehmen in ihren kaufmännischen oder finanziellen Beziehungen an vereinbarte oder auferlegte Bedingungen gebunden sind, die von denen abweichen, die unabhängige Unternehmen

16

6. Where business profits include items of income that are dealt with separately in other Articles of this Convention, then the provisions of those Articles shall not be affected by the provisions of this Article.

7. For the purposes of this Convention the term "business profits" includes income derived from the rental of tangible personal property and the rental or licensing of cinematographic films or works on film, tape, or other means of reproduction for use in radio or television broadcasting.

Article 8

Shipping and Air Transport

1. Profits of an enterprise of a Contracting State from the operation of ships or aircraft in international traffic shall be taxable only in that State.

2. Profits of an enterprise of a Contracting State from the use or rental of containers (including trailers, barges, and related equipment for the transport of containers) used in international traffic shall be taxable only in that State.

3. The provisions of paragraphs 1 and 2 shall also apply to profits from the participation in a pool, a joint business, or an international operating agency.

Article 9

Associated Enterprises

1. Where

a) an enterprise of a Contracting State participates directly or indirectly in the management, control, or capital of an enterprise of the other Contracting State, or

b) the same persons participate directly or indirectly in the management, control, or capital of an enterprise of a Contracting State and an enterprise of the other Contracting State,

and in either case conditions are made or imposed between the two enterprises in their commercial or financial relations that differ from those that would be made between independent enterprises, then any profits which

miteinander vereinbaren würden, so dürfen die Gewinne, die eines der Unternehmen ohne diese Bedingungen erzielt hätte, wegen dieser Bedingungen aber nicht erzielt hat, den Gewinnen dieses Unternehmens zugerechnet und entsprechend besteuert werden.

(2) Werden in einem Vertragsstaat den Gewinnen eines Unternehmens dieses Staates Gewinne zugerechnet – und entsprechend besteuert –, mit denen ein Unternehmen des anderen Vertragsstaats in diesem Staat besteuert worden ist, und stimmt der andere Vertragsstaat zu, daß es sich bei den zugerechneten Gewinnen um solche handelt, die das Unternehmen des erstgenannten Staates erzielt hätte, wenn die zwischen den beiden Unternehmen vereinbarten Bedingungen die gleichen gewesen wären, die unabhängige Unternehmen miteinander vereinbaren würden, so nimmt der andere Staat eine entsprechende Änderung der dort von diesen Gewinnen erhobenen Steuer vor. Bei dieser Änderung sind die übrigen Bestimmungen dieses Abkommens zu berücksichtigen; erforderlichenfalls werden die zuständigen Behörden der Vertragsstaaten einander konsultieren.

Artikel 10

Dividenden

(1) Dividenden, die eine in einem Vertragsstaat ansässige Gesellschaft an eine im anderen Vertragsstaat ansässige Person zahlt, können im anderen Staat besteuert werden.

(2) Diese Dividenden können jedoch auch in dem Vertragsstaat, in dem die die Dividenden zahlende Gesellschaft ansässig ist, nach dem Recht dieses Staates besteuert werden; die Steuer darf aber, wenn der Nutzungsberechtigte der Dividenden im anderen Vertragsstaat ansässig ist, nicht übersteigen:

a) 5 vom Hundert des Bruttobetrags der Dividenden, wenn der Nutzungsberechtigte eine Gesellschaft ist, die unmittelbar über mindestens 10 vom Hundert der stimmberechtigten Anteile der die Dividenden zahlenden Gesellschaft verfügt, und

b) 15 vom Hundert des Bruttobetrags der Dividenden in allen anderen Fällen.

Im Fall von Dividenden, die von einer Person der Vereinigten Staaten gezahlt werden, bei der es sich um eine Regulated Investment Company handelt, oder von Ausschüttungen auf Anteilscheine einer deutschen Kapitalanlagegesellschaft ist Buchstabe b und nicht Buchstabe a anzuwenden. Buchstabe a ist nicht auf Dividenden anzuwenden, die von einer Person der Vereinigten Staaten gezahlt werden, bei der es sich um einen Real Estate Investment

would, but for those conditions, have accrued to one of the enterprises, but, by reason of those conditions, have not so accrued, may be included in the profits of that enterprise and taxed accordingly.

2. Where a Contracting State includes in the profits of an enterprise of that State, and taxes accordingly, profits on which an enterprise of the other Contracting State has been charged to tax in that other State, and that other Contracting State agrees that profits so included are profits that would have accrued to the enterprise of the first-mentioned State if the conditions made between the two enterprises had been those that would have been made between independent enterprises, then that other State shall make an appropriate adjustment to the amount of the tax charged therein on those profits. In determining such adjustment, due regard shall be paid to the other provisions of this Convention and the competent authorities of the Contracting States shall if necessary consult each other.

Article 10

Dividends

1. Dividends paid by a company that is a resident of a Contracting State to a resident of the other Contracting State may be taxed in that other State.

2. However, such dividends may also be taxed in the Contracting State of which the company paying the dividends is a resident and according to the laws of that State, but if the beneficial owner of the dividends is a resident of the other Contracting State the tax so charged shall not exceed:

a) 5 percent of the gross amount of the dividends if the beneficial owner is a company that holds directly at least 10 percent of the voting shares of the company paying the dividends; and

b) 15 percent of the gross amount of the dividends in all other cases.

Subparagraph b) and not subparagraph a) shall apply in the case of dividends paid by a United States person that is a Regulated Investment Company or of distributions on certificates of a German investment trust (Kapitalanlagegesellschaft). Subparagraph a) shall not apply to dividends paid by a United States person that is a Real Estate Investment Trust, and subparagraph b) shall apply only if the dividend is beneficially owned by an individual hold-

Trust handelt; Buchstabe b ist nur anzuwenden, wenn der Nutzungsberechtigte der Dividenden eine natürliche Person ist, die mit weniger als 10 vom Hundert an dem Real Estate Investment Trust beteiligt ist. Dieser Absatz berührt nicht die Besteuerung der Gesellschaft in bezug auf die Gewinne, aus denen die Dividenden gezahlt werden.

(3) Solange eine in der Bundesrepublik Deutschland ansässige natürliche Person nach deutschem Recht Anspruch auf Anrechnung der Körperschaftsteuer bei Dividenden hat, die von einer in der Bundesrepublik Deutschland ansässigen Gesellschaft gezahlt werden, gilt für die von einer solchen Gesellschaft gezahlten Dividenden folgendes:

a) Der Nutzungsberechtigte von Dividenden, die unter Absatz 2 Buchstabe b fallen, hat Anspruch auf eine weitere Entlastung in Höhe von 5 vom Hundert des Bruttobetrags der Dividenden, und

b) für Zwecke der Einkommensteuer der Vereinigten Staaten (auch für Zwecke der Anrechnung gezahlter ausländischer Steuern) gilt die aus der Anwendung des Buchstabens a folgende Entlastung als Dividendenzahlung an den in den Vereinigten Staaten ansässigen Nutzungsberechtigten.

Dieser Absatz gilt nicht für Ausschüttungen auf Anteilscheine einer Kapitalanlagegesellschaft.

(4) Der in diesem Artikel verwendete Ausdruck „Dividenden" bedeutet Einkünfte aus Aktien, Genußrechten oder Genußscheinen, Kuxen, Gründeranteilen oder anderen Rechten (ausgenommen Forderungen) mit Gewinnbeteiligung sowie aus sonstigen Rechten stammende andere Einkünfte, die nach dem Recht des Vertragsstaats, in dem die ausschüttende Gesellschaft ansässig ist, den Einkünften aus Aktien steuerlich gleichgestellt sind. Der Ausdruck „Dividenden" umfaßt in der Bundesrepublik Deutschland auch Einkünfte aus einer stillen Gesellschaft, aus partiarischen Darlehen oder Gewinnobligationen sowie Ausschüttungen auf Anteilscheine einer Kapitalanlagegesellschaft.

(5) Ungeachtet des Absatzes 2 Satz 1 und des Artikels 11 Absatz 1 (Zinsen) können Einkünfte aus Rechtsbeziehungen (einschließlich Schuldverpflichtungen), die ein Recht auf Gewinnbeteiligung verleihen (in der Bundesrepublik Deutschland einschließlich der Einkünfte aus einer stillen Gesellschaft, aus partiarischen Darlehen, Gewinnobligationen oder Genußrechten oder Genußscheinen), in dem Vertragsstaat, aus dem sie stammen, nach dessen Recht besteuert werden, wenn die Einkünfte bei der Ermittlung des Gewinns der zahlenden Person abzugsfähig sind.

(6) Die Absätze 1 und 2 sind nicht anzuwenden, wenn der in einem Vertragsstaat ansässige Nutzungsberechtigte im anderen Vertragsstaat, in dem die die Dividenden zahlende Gesellschaft ansässig ist, eine gewerbliche Tätig-

ing a less than 10 percent interest in the Real Estate Investment Trust. This paragraph shall not affect the taxation of the company in respect of the profits out of which the dividends are paid.

3. As long as a natural person resident in the Federal Republic of Germany is entitled under German law to a tax credit (Anrechnung der Körperschaftsteuer) in respect of dividends paid by a company that is a resident of the Federal Republic of Germany, the following rules shall apply to dividends paid by such company:

a) the beneficial owner of dividends subject to paragraph 2 b) shall be entitled to a further relief of tax of 5 percent of the gross amount of the dividends; and

b) for United States income tax purposes (including for the purposes of credit for foreign taxes paid) the benefit resulting from the application of subparagraph a) shall be treated as a dividend paid to a beneficial owner resident in the United States.

The provisions of this paragraph shall not apply to distributions on certificates of an investment trust.

4. The term "dividends" as used in this Article means income from shares, "jouissance" shares or "jouissance" rights, mining shares, founders' shares, or other rights (not being debt claims) participating in profits, as well as other income derived from other rights that is subjected to the same taxation treatment as income from shares by the laws of the Contracting State of which the company making the distribution is a resident. The term "dividends" also includes in the Federal Republic of Germany income under a sleeping partnership (Stille Gesellschaft), "partiarisches Darlehen", or "Gewinnobligation" as well as distributions on certificates of an investment trust.

5. Notwithstanding the first sentence of paragraph 2 of this Article and paragraph 1 of Article 11 (Interest), income from arrangements, including debt obligations, carrying the right to participate in profits (including in the Federal Republic of Germany income under a sleeping partnership [Stille Gesellschaft], "partiarisches Darlehen", "Gewinnobligation", or "jouissance" shares or "jouissance" rights) that is deductible in determining the profits of the payor may be taxed in the Contracting State in which it arises according to the laws of that State.

6. The provisions of paragraphs 1 and 2 shall not apply if the beneficial owner of the dividends, being a resident of a Contracting State, carries on business in the other Contracting State of which the company paying the

keit durch eine dort gelegene Betriebsstätte oder eine selbständige Arbeit durch eine dort gelegene feste Einrichtung ausübt und die Beteiligung, für die die Dividenden gezahlt werden, Betriebsvermögen dieser Betriebsstätte oder festen Einrichtung ist. In diesem Fall ist Artikel 7 (Gewerbliche Gewinne) beziehungsweise Artikel 14 (Selbständige Arbeit) anzuwenden.

(7) Bezieht eine in einem Vertragsstaat ansässige Gesellschaft Gewinne oder Einkünfte aus dem anderen Vertragsstaat, so darf dieser andere Staat die von der Gesellschaft gezahlten Dividenden nicht besteuern, es sei denn, daß diese Dividenden an eine im anderen Staat ansässige Person gezahlt werden oder daß die Beteiligung, für die die Dividenden gezahlt werden, Betriebsvermögen einer im anderen Staat gelegenen Betriebsstätte oder festen Einrichtung ist, selbst wenn die gezahlten Dividenden ganz oder teilweise aus im anderen Staat erzielten Gewinnen oder Einkünften bestehen.

(8) Eine in einem Vertragsstaat ansässige Gesellschaft, die eine Betriebsstätte im anderen Vertragsstaat hat oder die im anderen Vertragsstaat mit Einkünften auf Nettobasis steuerpflichtig ist, die dort nach Artikel 6 (Einkünfte aus unbeweglichem Vermögen) oder Artikel 13 Absatz 1 (Veräußerungsgewinne) besteuert werden können, kann im anderen Vertragsstaat neben der nach anderen Bestimmungen dieses Abkommens zulässigen Steuer einer weiteren Steuer unterliegen. Diese Steuer darf jedoch

a) im Fall der Vereinigten Staaten nur

   aa) von dem Teil der der Betriebsstätte zurechenbaren gewerblichen Gewinne der Gesellschaft und

   bb) von dem Teil der im vorhergehenden Satz genannten Einkünfte, die nach Artikel 6 oder Artikel 13 Absatz 1 besteuert werden können,

   erhoben werden, der dem ausschüttungsgleichen Betrag (dividend equivalent amount) der Gewinne oder Einkünfte entspricht; der Ausdruck „ausschüttungsgleicher Betrag" hat für Zwecke dieses Buchstabens die Bedeutung, die ihm nach dem Recht der Vereinigten Staaten (unter Beachtung künftiger, seine tragenden Prinzipien wahrenden Änderungen) zukommt; und

b) im Fall der Bundesrepublik Deutschland nur auf den Teil der in Buchstabe a genannten Einkünfte erhoben werden, der, falls eine inländische Tochtergesellschaft die Einkünfte bezogen hätte, als ausgeschüttet anzusehen wäre.

(9) Der Steuersatz darf im Fall des Absatzes 8 Buchstabe a den in Absatz 2 Buchstabe a vorgesehenen Satz nicht übersteigen.

(10) Die in Absatz 8 Buchstabe b genannte Steuer darf nur erhoben werden, wenn nach deutschem Recht der Körperschaftsteuersatz für nicht in der

dividends is a resident through a permanent establishment situated therein, or performs in that other State independent personal services from a fixed base situated therein, and the holding in respect of which the dividends are paid forms part of the business property of such permanent establishment or fixed base. In such a case the provisions of Article 7 (Business Profits) or Article 14 (Independent Personal Services), as the case may be, shall apply.

7. Where a company that is a resident of a Contracting State derives profits or income from the other Contracting State, that other State may not impose any tax on the dividends paid by the company, except insofar as such dividends are paid to a resident of that other State or insofar as the holding in respect of which the dividends are paid forms part of the business property of a permanent establishment or a fixed base situated in that other State, even if the dividends paid consist wholly or partly of profits or income arising in such other State.

8. A company that is a resident of a Contracting State and that has a permanent establishment in the other Contracting State, or that is subject to tax on a net basis in that other Contracting State on items of income that may be taxed in that other State under Article 6 (Income from Immovable [Real] Property) or under paragraph 1 of Article 13 (Gains), may be subject in that other Contracting State to a tax in addition to the tax allowable under the other provisions of this Convention. Such tax, however, may

a) in the case of the United States be imposed only on

    aa) the portion of the business profits of the company attributable to the permanent establishment, and

    bb) the portion of the income referred to in the preceding sentence that is subject to tax under Article 6 or paragraph 1 of Article 13,

that represents the "dividend equivalent amount" of those profits and income; the term "dividend equivalent amount" shall, for the purposes of this subparagraph, have the meaning that it has under the law of the United States as it may be amended from time to time without changing the general principle thereof;
and

b) in the case of the Federal Republic of Germany be imposed only on that portion of the income described in subparagraph a) that is comparable to the amount that would be distributed as a dividend by a locally incorporated subsidiary.

9. The tax referred to in paragraph 8 a) shall not be imposed at a rate exceeding the rate specified in paragraph 2 a).

10. The tax described in paragraph 8 b) may be imposed only if, under German law, a company that is not a resident of the Federal Republic of Ger-

Bundesrepublik Deutschland ansässige Gesellschaften mit Einkünften im Sinne des Absatzes 8 Buchstabe a den Körperschaftsteuersatz für ausgeschüttete Gewinne deutscher Gesellschaften nicht um mindestens 5 Prozentpunkte übersteigt. Die in Absatz 8 Buchstabe b genannte Steuer darf aber höchstens zu einem Satz erhoben werden, der nach Erhöhung um die Spanne zwischen den Körperschaftsteuersätzen für Betriebsstätten und für ausgeschüttete Gewinne deutscher Gesellschaften 5 vom Hundert nicht übersteigt.

Artikel 11

Zinsen

(1) Zinsen, die eine in einem Vertragsstaat ansässige Person als Nutzungsberechtigter bezieht, können nur in diesem Staat besteuert werden.

(2) Der in diesem Artikel verwendete Ausdruck „Zinsen" bedeutet Einkünfte aus Forderungen jeder Art, auch wenn die Forderungen durch Pfandrechte an Grundstücken gesichert sind, und insbesondere Einkünfte aus öffentlichen Anleihen und aus Obligationen einschließlich der damit verbundenen Aufgelder und der Gewinne aus Losanleihen sowie alle sonstigen Einkünfte, die nach dem Steuerrecht des Vertragsstaats, aus dem sie stammen, als Einkünfte aus Darlehen behandelt werden. Zuschäge für verspätete Zahlung gelten nicht als Zinsen im Sinne dieses Abkommens. Der Ausdruck „Zinsen" umfaßt jedoch nicht Einkünfte, die in Artikel 10 (Dividenden) behandelt sind.

(3) Absatz 1 ist nicht anzuwenden, wenn der in einem Vertragsstaat ansässige Nutzungsberechtigte im anderen Vertragsstaat eine gewerbliche Tätigkeit durch eine dort gelegene Betriebsstätte oder eine selbständige Arbeit durch eine dort gelegene feste Einrichtung ausübt und die Forderung, für die die Zinsen gezahlt werden, Betriebsvermögen dieser Betriebsstätte oder festen Einrichtung ist. In diesem Fall ist Artikel 7 (Gewerbliche Gewinne) beziehungsweise Artikel 14 (Selbständige Arbeit) anzuwenden.

(4) Bestehen zwischen dem Schuldner und dem Nutzungsberechtigten oder zwischen jedem von ihnen und einem Dritten besondere Beziehungen und übersteigen deshalb die Zinsen, gemessen an der zugrundeliegenden Forderung, den Betrag, den Schuldner und Nutzungsberechtigter ohne diese Beziehungen vereinbart hätten, so wird dieser Artikel nur auf den letzteren Betrag angewendet. In diesem Fall kann der übersteigende Betrag nach dem Recht eines jeden Vertragsstaats und unter Berücksichtigung der anderen Bestimmungen dieses Abkommens besteuert werden.

many is subject to corporation tax on items of income mentioned in paragraph 8 a) at a rate that does not exceed the rate of corporation tax applicable to the distributed profits of a German company by 5 percentage points or more. The maximum rate at which the tax described in paragraph 8 b) may be applied may not, when added to the excess of the corporation tax rate on a permanent establishment over the rate of corporation tax on the distributed profits of a German company, exceed 5 percent.

Article 11

Interest

1. Interest derived and beneficially owned by a resident of a Contracting State shall be taxable only in that State.

2. The term "interest" as used in this Article means income from debt claims of every kind, whether or not secured by mortgage, and, in particular, income from government securities and income from bonds or debentures, including premiums and prizes attaching to such securities, bonds or debentures, as well as all other income that is treated as income from money lent by the taxation law of the Contracting State in which the income arises. Penalty charges for late payment shall not be regarded as interest for the purposes of this Convention. However, the term "interest" does not include income dealt with in Article 10 (Dividends).

3. The provisions of paragraph 1 shall not apply if the beneficial owner of the interest, being a resident of a Contracting State, carries on business in the other Contracting State through a permanent establishment situated therein, or performs in that other State independent personal services from a fixed base situated therein, and the debt claim in respect of which the interest is paid forms part of the business property of such permanent establishment or fixed base. In such a case the provisions of Article 7 (Business Profits) or Article 14 (Independent Personal Services), as the case may be, shall apply.

4. Where, by reason of a special relationship between the payor and the beneficial owner or between both of them and some other person, the amount of the interest, having regard to the debt claim for which it is paid, exceeds the amount that would have been agreed upon by the payor and the beneficial owner in the absence of such relationship, the provisions of this Article shall apply only to the last-mentioned amount. In such a case the excess part of the payments shall remain taxable according to the laws of each Contracting State, due regard being had to the other provisions of this Convention.

25

(5) Bezieht eine in einem Vertragsstaat ansässige Gesellschaft Gewinne oder Einkünfte aus dem anderen Vertragsstaat, so darf dieser andere Staat die von der Gesellschaft gezahlten Zinsen nicht besteuern, es sei denn, daß diese Zinsen von einer in diesem anderen Staat gelegenen Betriebsstätte dieser Gesellschaft oder aus Einkünften im Sinne von Artikel 10 Absatz 8 Buchstabe a Doppelbuchstabe bb (Dividenden) oder an eine im anderen Staat ansässige Person gezahlt werden oder daß die Forderung, für die die Zinsen gezahlt werden, Betriebsvermögen einer im anderen Staat gelegenen Betriebsstätte oder festen Einrichtung ist.

Artikel 12

Lizenzgebühren

(1) Lizenzgebühren, die eine in einem Vertragsstaat ansässige Person als Nutzungsberechtigter bezieht, können nur in diesem Staat besteuert werden.

(2) Der in diesem Artikel verwendete Ausdruck „Lizenzgebühren" bedeutet Vergütungen jeder Art, die für die Benutzung oder für das Recht auf Benutzung von Urheberrechten an literarischen, künstlerischen oder wissenschaftlichen Werken (jedoch ausgenommen kinematographische Filme und Werke auf Film, Tonband oder einem anderen Reproduktionsträger für Rundfunk- und Fernsehsendungen), von Patenten, Warenzeichen, Mustern oder Modellen, Plänen, geheimen Formeln oder Verfahren oder für andere ähnliche Rechte oder Vermögenswerte oder für die Mitteilung gewerblicher, kaufmännischer oder wissenschaftlicher Erfahrungen gezahlt werden. Der Ausdruck „Lizenzgebühren" umfaßt auch Gewinne aus der Veräußerung dieser Rechte oder Vermögenswerte, soweit sie von der Ertragskraft, Nutzung oder der Weiterveräußerung der Rechte oder Vermögenswerte abhängen.

(3) Absatz 1 ist nicht anzuwenden, wenn der in einem Vertragsstaat ansässige Nutzungsberechtigte im anderen Vertragsstaat eine gewerbliche Tätigkeit durch eine dort gelegene Betriebsstätte oder eine selbständige Arbeit durch eine dort gelegene feste Einrichtung ausübt und die Rechte oder Vermögenswerte, für die die Lizenzgebühren gezahlt werden, Betriebsvermögen dieser Betriebsstätte oder festen Einrichtung sind. In diesem Fall ist Artikel 7 (Gewerbliche Gewinne) beziehungsweise Artikel 14 (Selbständige Arbeit) anzuwenden.

(4) Bestehen zwischen dem Schuldner und dem Nutzungsberechtigten oder zwischen jedem von ihnen und einem Dritten besondere Beziehungen und übersteigen deshalb die Lizenzgebühren, gemessen an der zugrundeliegenden

5. Where a company that is a resident of a Contracting State derives profits or income from the other Contracting State, then that other State may not impose any tax on interest paid by the company except insofar as such interest is paid by a permanent establishment of such company located in that other State, or out of income described in paragraph 8 a) bb) of Article 10 (Dividends), or insofar as such interest is paid to a resident of that other State, or insofar as the debt claim underlying such interest payment forms part of the business property of a permanent establishment or a fixed base situated in that other State.

Article 12

Royalties

1. Royalties derived and beneficially owned by a resident of a Contracting State shall be taxable only in that State.

2. The term "royalties" as used in this Article means payments of any kind received as a consideration for the use of, or the right to use, any copyright of a literary, artistic, or scientific work (but not including cinematographic films, or works on film, tape, or other means of reproduction for use in radio or television broadcasting); for the use of, or the right to use, any patent, trademark, design or model, plan, secret formula or process, or other like right or property; or for information concerning industrial, commercial, or scientific experience. The term "royalties" also includes gains derived from the alienation of any such right or property that are contingent on the productivity, use, or further alienation thereof.

3. The provisions of paragraph 1 shall not apply if the beneficial owner of the royalties, being a resident of a Contracting State, carries on business in the other Contracting State through a permanent establishment situated therein, or performs in that other State independent personal services from a fixed base situated therein, and the right or property in respect of which the royalties are paid forms part of the business property of such permanent establishment or fixed base. In such a case the provisions of Article 7 (Business Profits) or Article 14 (Independent Personal Services), as the case may be, shall apply.

4. Where, by reason of a special relationship between the payor and the beneficial owner or between both of them and some other person, the amount of the royalties, having regard to the use, right, or information for

Leistung, den Betrag, den Schuldner und Nutzungsberechtigter ohne diese Beziehungen vereinbart hätten, so wird dieser Artikel nur auf den letzteren Betrag angewendet. In diesem Fall kann der übersteigende Betrag nach dem Recht eines jeden Vertragsstaats und unter Berücksichtigung der anderen Bestimmungen dieses Abkommens besteuert werden.

Artikel 13
Veräußerungsgewinne

(1) Gewinne, die eine in einem Vertragsstaat ansässige Person aus der Veräußerung unbeweglichen Vermögens im Sinne des Artikels 6 (Einkünfte aus unbeweglichem Vermögen) bezieht, das im anderen Vertragsstaat liegt, können im anderen Staat besteuert werden.

(2) Im Sinne dieses Artikels umfaßt der Ausdruck „unbewegliches Vermögen, das im anderen Vertragsstaat liegt",

a) unbewegliches Vermögen im Sinne des Artikels 6 (Einkünfte aus unbeweglichem Vermögen); und

b) Anteile oder vergleichbare Beteiligungen an einer Gesellschaft, die in diesem anderen Vertragsstaat ansässig ist oder als dort ansässig behandelt wird und deren Vermögen ganz oder überwiegend aus im anderen Vertragsstaat gelegenem unbeweglichem Vermögen besteht oder bestand, und Beteiligungen an einer Personengesellschaft, einem Treuhandvermögen (trust) oder einem Nachlaß (estate), soweit deren Vermögen aus im anderen Vertragsstaat gelegenem unbeweglichem Vermögen besteht.

(3) Gewinne aus der Veräußerung beweglichen Vermögens, das Betriebsvermögen einer Betriebsstätte, die ein Unternehmen eines Vertragsstaats im anderen Vertragsstaat hat, oder einer festen Einrichtung ist, die einer in einem Vertragsstaat ansässigen Person für die Ausübung einer selbständigen Arbeit im anderen Vertragsstaat zur Verfügung steht, einschließlich derartiger Gewinne, die bei der Veräußerung einer solchen Betriebsstätte (allein oder mit dem übrigen Unternehmen) oder einer solchen festen Einrichtung erzielt werden, können im anderen Staat besteuert werden.

(4) Gewinne aus der Veräußerung von Seeschiffen, Luftfahrzeugen oder Containern, die im internationalen Verkehr betrieben werden, und von beweglichem Vermögen, das dem Betrieb dieser Schiffe, Luftfahrzeuge oder Container dient, können nur in dem Vertragsstaat besteuert werden, in dem die Gewinne des Unternehmens, das diese Einkünfte bezieht, gemäß Artikel 8 (Seeschiffahrt und Luftfahrt) besteuert werden können.

which they are paid, exceeds the amount that would have been agreed upon by the payor and the beneficial owner in the absence of such relationship, the provisions of this Article shall apply only to the last-mentioned amount. In such a case the excess part of the payments shall remain taxable according to the laws of each Contracting State, due regard being had to the other provisions of this Convention.

Article 13

Gains

1. Gains derived by a resident of a Contracting State from the alienation of immovable property referred to in Article 6 (Income from Immovable [Real] Property) and situated in the other Contracting State may be taxed in that other State.

2. For the purposes of this Article, the term "immovable property situated in the other Contracting State" shall include

a) immovable property referred to in Article 6 (Income from Immovable [Real] Property); and

b) shares or comparable interests in a company that is, or is treated as, a resident of that other Contracting State, the assets of which company consist or consisted wholly or principally of immovable property situated in such other Contracting State, and an interest in a partnership, trust, or estate, to the extent that its assets consist of immovable property situated in that other Contracting State.

3. Gains from the alienation of movable property forming part of the business property of a permanent establishment that an enterprise of a Contracting State has in the other Contracting State or of movable property pertaining to a fixed base available to a resident of a Contracting State in the other Contracting State for the purpose of performing independent personal services, including such gains from the alienation of such a permanent establishment (alone or with the whole enterprise) or of such fixed base, may be taxed in that other State.

4. Gains from the alienation of ships, aircraft, or containers operated in international traffic or movable property pertaining to the operation of such ships, aircraft, or containers shall be taxable only in the Contracting State in which the profits of the enterprise deriving such income are taxable according to Article 8 (Shipping and Air Transport).

(5) Gewinne aus der Veräußerung des in den vorhergehenden Absätzen nicht genannten Vermögens können nur in dem Vertragsstaat besteuert werden, in dem der Veräußerer anässig ist.

(6) Im Fall einer natürlichen Person, die in einem Vertragsstaat ansässig war und die nach ihrem Wegzug aus diesem Staat im anderen Vertragsstaat nach Artikel 4 (Ansässigkeit) ansässig geworden ist, berührt Absatz 5 nicht das Recht des erstgenannten Staates, nach seinen innerstaatlichen Rechtsvorschriften die Person mit dem Gewinn aus der Veräußerung von Anteilen jeder Art zu besteuern, die zu einer Beteiligung von mindestens 25 vom Hundert an einer im erstgenannten Staat ansässigen Gesellschaft gehören, vorausgesetzt die Veräußerung erfolgt innerhalb von zehn Jahren seit dem Zeitpunkt des Wegzugs. Die nach dem vorhergehenden Satz zu besteuernden Gewinne sind begrenzt auf die Gewinne, die innerhalb des Zeitraums entstanden sind, in dem die Person im erstgenannten Staat ansässig war. Der andere Vertragsstaat berechnet im Fall einer dem Wegzug folgenden Veräußerung den Veräußerungsgewinn auf der Grundlage des Wertes dieser Anteile im Zeitpunkt des Wegzugs der Person aus dem erstgenannten Staat; er kann hierbei jedoch Gewinne erfassen, die bis zu diesem Zeitpunkt entstanden und im erstgenannten Staat nicht besteuert worden sind.

Artikel 14
Selbständige Arbeit

(1) Einkünfte, die eine in einem Vertragsstaat ansässige natürliche Person aus selbständiger Arbeit bezieht, können nur in diesem Staat besteuert werden, es sei denn, daß die Arbeit im anderen Vertragsstaat ausgeübt wird und die Einkünfte einer festen Einrichtung zuzurechnen sind, die der natürlichen Person im anderen Staat für die Ausübung ihrer Tätigkeit gewöhnlich zur Verfügung steht.

(2) Der Ausdruck „selbständige Arbeit" umfaßt unter anderem die selbständig ausgeübte wissenschaftliche, literarische, künstlerische, erzieherische oder unterrichtende Tätigkeit sowie die selbständige Tätigkeit der Ärzte, Rechtsanwälte, Ingenieure, Volkswirte, Architekten, Zahnärzte und Buchsachverständigen.

5. Gains from the alienation of any property other than that referred to in the preceding paragraphs shall be taxable only in the Contracting State of which the alienator is a resident.

6. In the case of an individual who was a resident of a Contracting State and who, after giving up residence in that State, has become a resident of the other Contracting State under the rules of Article 4 (Residence), paragraph 5 shall not affect the right of the first-mentioned State under its national laws to tax the individual in respect of a capital gain from the alienation of shares of any kind forming part of an interest of at least 25 percent in a company that is a resident of the first-mentioned State, provided such alienation occurs within 10 years of the date on which he gave up residence in the first-mentioned State. Gains subject to tax pursuant to the preceding sentence shall be limited to gains accrued during the period the individual was resident in the first-mentioned State. The other Contracting State shall calculate the gain in the case of a subsequent alienation on the basis of the value of such shares on the date on which the individual has ceased to be a resident of the first-mentioned State but shall not be prevented from including in income any gain accrued up to this date which has not been subject to tax in that first-mentioned State.

Article 14
Independent Personal Services

1. Income derived by an individual who is a resident of a Contracting State from the peformance of personal services in an independant capacity shall be taxable only in that State, unless such services are performed in the other Contracting State and the income is attributable to a fixed base regularly available to the individual in that other State for the purpose of performing his activities.

2. The term "personal services in an independent capacity" includes but is not limited to independent scientific, literary, artistic, educational, or teaching activities as well as the independent activities of physicians, lawyers, engineers, economists, architects, dentists, and accountants.

Artikel 15

Unselbständige Arbeit

(1) Vorbehaltlich der Artikel 16 (Aufsichtsrats- und Verwaltungsratsvergütungen), 17 (Künstler und Sportler), 18 (Ruhegehälter, Renten und Unterhaltszahlungen), 19 (Öffentlicher Dienst; Sozialversicherung) und 20 (Gastprofessoren und -lehrer; Studenten und Auszubildende) können Gehälter,
Löhne und ähnliche Vergütungen, die eine in einem Vertragsstaat ansässige
Person aus unselbständiger Arbeit bezieht, nur in diesem Staat besteuert werden, es sei denn, die Arbeit wird im anderen Vertragsstaat ausgeübt. Wird
die Arbeit dort ausgeübt, so können die dafür bezogenen Vergütungen im
anderen Staat besteuert werden.

(2) Ungeachtet des Absatzes 1 können Vergütungen, die eine in einem Vertragsstaat ansässige Person für eine im anderen Vertragsstaat ausgeübte unselbständige Arbeit bezieht, nur im erstgenannten Staat besteuert werden,
wenn

a) der Empfänger sich im anderen Staat insgesamt nicht länger als 183 Tage
   während des betreffenden Kalenderjahres aufhält und

b) die Vergütungen von einem Arbeitgeber oder für einen Arbeitgeber gezahlt werden, der nicht im anderen Staat ansässig ist, und

c) die Vergütungen nicht von einer Betriebsstätte oder einer festen Einrichtung getragen werden, die der Arbeitgeber im anderen Staat hat.

(3) Ungeachtet der vorstehenden Bestimmungen dieses Artikels können Vergütungen, die eine in einem Vertragsstaat ansässige Person für unselbständige Arbeit als Mitglied der regulären Besatzung eines Seeschiffes oder Luftfahrzeuges bezieht, das im internationalen Verkehr betrieben wird, nur in
diesem Staat besteuert werden.

Artikel 16

Aufsichtsrats- und Verwaltungsratsvergütungen

Aufsichtsrats- oder Verwaltungsratsvergütungen und ähnliche Zahlungen,
die eine in einem Vertragsstaat ansässige Person für Dienste bezieht, die sie
im anderen Vertragsstaat in ihrer Eigenschaft als Mitglied des Aufsichts-
oder Verwaltungsrats einer im anderen Vertragsstaat ansässigen Gesellschaft
leistet, können im anderen Vertragsstaat besteuert werden.

Article 15

Dependent Personal Services

1. Subject to the provsions of Articles 16 (Directors' Fees), 17 (Artistes and Athletes), 18 (Pensions, Annuities, Alimony, and Child Support), 19 (Government Service; Social Security), and 20 (Visiting Professors and Teachers; Students and Trainees), salaries, wages, and other similar remuneration derived by a resident of a Contracting State in respect of an employment shall be taxable only in that State, unless the employment is exercised in the other Contracting State. If the employment is so exercised, such remuneration as is derived therefrom may be taxed in that other State.

2. Notwithstanding the provisions of paragraph 1, remuneration derived by a resident of a Contracting State in respect of an employment exercised in the other Contracting State shall be taxable only in the first-mentioned State if:

a) the recipient is present in the other State for a period or periods not exceeding in the aggregate 183 days in the calendar year concerned; and

b) the remuneration is paid by, or on behalf of, an employer who is not a resident of the other State; and

c) the remuneration is not borne by a permanent establishment or a fixed base that the employer has in the other State.

3. Notwithstanding the foregoing provisions of this Article, remuneration derived by a resident of a Contracting State in respect of an employment as a member of the regular complement of a ship or aircraft operated in international traffic may be taxed only in that State.

Article 16

Directors' Fees

Directors' fees and other similar payments derived by a resident of a Contracting State for services rendered in the other Contracting State in his capacity as a member of the board of directors of a company that is a resident of the other Contracting State may be taxed in that other Contracting State.

Artikel 17
Künstler und Sportler

(1) Ungeachtet der Artikel 7 (Gewerbliche Gewinne), 14 (Selbständige Arbeit) und 15 (Unselbständige Arbeit) können Einkünfte, die eine in einem Vertragsstaat ansässige Person als Künstler (wie Bühnen-, Film-, Rundfunk- und Fernsehkünstler sowie Musiker) oder als Sportler aus ihrer im anderen Vertragsstaat persönlich ausgeübten Tätigkeit bezieht, im anderen Staat besteuert werden, es sei denn, daß der Betrag der von dem Künstler oder Sportler bezogenen Einnahmen aus dieser Tätigkeit einschließlich der ihm erstatteten oder für ihn übernommenen Kosten 20 000 $ (zwanzigtausend US-Dollar) oder den Gegenwert in Deutscher Mark für das betreffende Kalenderjahr nicht übersteigt.

(2) Fließen Einkünfte aus einer von einem Künstler oder Sportler in dieser Eigenschaft persönlich ausgeübten Tätigkeit nicht dem Künstler oder Sportler, sondern einer anderen Person zu, so können diese Einkünfte der anderen Person ungeachtet der Artikel 7 (Gewerbliche Gewinne) und 14 (Selbständige Arbeit) in dem Vertragsstaat besteuert werden, in dem der Künstler oder Sportler seine Tätigkeit ausübt, es sei denn, es wird nachgewiesen, daß weder der Künstler oder Sportler noch eine ihm nahestehende Person unmittelbar oder mittelbar in irgendeiner Weise an den Gewinnen jener anderen Person – einschließlich später zu zahlender Vergütungen, Gratifikationen, Honorare, Dividenden, Anteile am Gewinn einer Personengesellschaft oder anderer Einkünfte oder sonstiger Ausschüttungen – beteiligt ist.

(3) Die Absätze 1 und 2 gelten nicht für Einkünfte aus der von Künstlern oder Sportlern in einem Vertragsstaat ausgeübten Tätigkeit, wenn der Aufenthalt in diesem Staat in wesentlichem Umfang unmittelbar oder mittelbar aus öffentlichen Kassen des anderen Vertragsstaats oder einer seiner Gebietskörperschaften unterstützt wird. In diesem Fall können die Einkünfte nur in dem Vertragsstaat besteuert werden, in dem der Künstler oder Sportler ansässig ist.

Artikel 18
Ruhegehälter, Renten und Unterhaltszahlungen

(1) Vorbehaltlich des Artikels 19 (Öffentlicher Dienst; Sozialversicherung) können Ruhegehälter und ähnliche Vergütungen, die eine in einem Vertragsstaat ansässige Person für frühere unselbständige Arbeit als Nutzungsberechtigter bezieht, nur in diesem Staat besteuert werden.

Article 17

Artistes and Athletes

1. Notwithstanding the provisions of Articles 7 (Business Profits), 14 (Independent Personal Services), and 15 (Dependent Personal Services), income derived by a resident of a Contracting State as an entertainer (such as a theater, motion picture, radio or television artiste, or a musician), or as an athlete, from his personal activities as such exercised in the other Contracting State may be taxed in that other State, except where the amount of the gross receipts derived by such entertainer or athlete, including expenses reimbursed to him or borne on his behalf, from such activities does not exceed $ 20 000 (twenty thousand United States dollars) or its equivalent in Deutsche Mark for the calendar year concerned.

2. Where income in respect of activities exercised by an entertainer or an athlete in his capacity as such accrues not to the entertainer or athlete but to another person, that income of that other person may, notwithstanding the provisions of Articles 7 (Business Profits) and 14 (Independent Personal Services), be taxed in the Contracting State in which the activities of the entertainer or athlete are exercised, unless it is established that neither the entertainer or athlete nor persons related thereto participate directly or indirectly in the profits of that other person in any manner, including the accrual or receipt of deferred remuneration, bonuses, fees, dividends, partnership income, or other income or distributions.

3. The provisions of paragraphs 1 and 2 shall not apply to income derived from activities performed in a Contracting State by entertainers or athletes if the visit to that State is substantially supported, directly or indirectly, by public funds of the other Contracting State or a political subdivision or a local authority thereof. In such a case the income shall be taxable only in the Contracting State of which the entertainer or athlete is a resident.

Article 18

Pensions, Annuities, Alimony, and Child Support

1. Subject to the provisions of Article 19 (Government Service; Social Security), pensions and other similar remuneration derived and beneficially owned by a resident of a Contracting State in consideration of past employment shall be taxable only in that State.

(2) Vorbehaltlich des Artikels 19 (Öffentlicher Dienst; Sozialversicherung) können Renten, die eine in einem Vertragsstaat ansässige Person als Nutzungsberechtigter bezieht, nur in diesem Staat besteuert werden. Der in diesem Absatz verwendete Ausdruck „Renten" bedeutet einen bestimmten Betrag, der regelmäßig zu festgesetzten Zeitpunkten während einer bestimmten Anzahl von Jahren aufgrund einer Verpflichtung gegen angemessene und bewirkte Leistungen (ausgenommen geleistete Dienste) gezahlt wird.

(3) Unterhaltszahlungen, die von einer in einem Vertragsstaat ansässigen Person an eine im anderen Vertragsstaat ansässige Person gezahlt werden und die im erstgenannten Staat abzugsfähig sind, können nur im anderen Staat besteuert werden. Der in diesem Artikel verwendete Ausdruck „Unterhaltszahlungen" bedeutet regelmäßige Zahlungen (auf Grund einer schriftlichen Trennungsvereinbarung, eines Scheidungsurteils oder eines Urteils zur Leistung von Unterhaltszahlungen an getrennt lebende Ehepartner oder von Pflichtunterhaltszahlungen), die nach dem Recht des Staates, in dem der Empfänger ansässig ist, bei diesem besteuert werden können.

(4) Nichtabzugsfähige Unterhaltszahlungen und regelmäßige Zahlungen für den Unterhalt eines minderjährigen Kindes (auf Grund einer schriftlichen Trennungsvereinbarung, eines Scheidungsurteils oder eines Urteils zur Leistung von Unterhaltszahlungen an getrennt lebende Ehepartner oder Pflichtunterhaltszahlungen), die eine in einem Vertragsstaat ansässige Person an eine im anderen Vertragsstaat ansässige Person leistet, können nur im erstgenannten Staat besteuert werden.

Artikel 19
Öffentlicher Dienst; Sozialversicherung

(1)

a) Löhne, Gehälter und ähnliche Vergütungen sowie Ruhegehälter, die die Vereinigten Staaten, ihre Einzelstaaten oder Gebietskörperschaften an natürliche Personen, ausgenommen deutsche Staatsangehörige, zahlen, sind in der Bundesrepublik Deutschland steuerbefreit.

b) Löhne, Gehälter und ähnliche Vergütungen sowie Ruhegehälter, die die Bundesrepublik Deutschland, ihre Länder oder Gemeinden – einschließlich der Ruhegehälter, die eine ihrer öffentlich-rechtlichen Rentenanstalten – an natürliche Personen, ausgenommen Staatsbürger der Vereinigten Staaten und natürliche Personen, denen die Einreise in die Vereinigten Staaten zur Gründung eines ständigen Wohnsitzes gestattet worden ist, zahlen, sind in den Vereinigten Staaten steuerbefreit.

2. Subject to the provisions of Article 19 (Government Service; Social Security), annuities derived and beneficially owned by a resident of a Contracting State shall be taxable only in that State. The term "annuities" as used in this paragraph means a stated sum paid periodically at stated times during a specified number of years, under an obligation to make the payments in return for adequate and full consideration (other than services rendered).

3. Alimony paid by a resident of a Contracting State and deductible therein to a resident of the other Contracting State shall be taxable only in that other State. The term "alimony" as used in this Article means periodic payments (made pursuant to a written separation agreement or a decree of divorce, separate maintenance, or compulsory support) that are taxable to the recipient under the laws of the State of which he is a resident.

4. Nondeductible alimony, and periodic payments for the support of a minor child (made pursuant to a written separation agreement or a decree of divorce, separate maintenance, or compulsory support), paid by a resident of a Contracting State to a resident of the other Contracting State shall be taxable only in the first-mentioned State.

Article 19

Government Service; Social Security

1.

a) Wages, salaries, and similar compensation and pensions paid by the United States or by its states or political subdivisions to a natural person, other than a German national, shall be exempt from tax by the Federal Republic of Germany.

b) Wages, salaries, and similar compensation and pensions paid by the Federal Republic of Germany or by its Laender or by municipalities, or pensions paid by a public pension fund thereof to a natural person, other than a citizen of the United States and other than an individual who has been admitted to the United States for permanent residance therein, shall be exempt from tax by the United States.

c) Ruhegehälter, Renten und andere Beträge, die einer der Vertragsstaaten oder eine juristische Person des öffentlichen Rechts dieses Staates als Ausgleich für Schäden zahlt, die als Folge von Kriegshandlungen oder politischer Verfolgung entstanden sind, sind im anderen Staat steuerbefreit.

d) Im Sinne dieses Absatzes umfaßt der Ausdruck „Ruhegehälter" auch Renten, die an im Ruhestand befindliche zivile Angehörige des öffentlichen Dienstes gezahlt werden.

(2) Leistungen auf Grund der Sozialversicherungsgesetzgebung eines Vertragsstaats und andere öffentliche Ruhegehälter (soweit sie nicht in Absatz 1 behandelt sind), die ein Vertragsstaat an eine im anderen Vertragsstaat ansässige Person zahlt, können nur im anderen Vertragsstaat besteuert werden. Ist der vorhergehende Satz anzuwenden, so behandelt der andere Vertragsstaat diese Leistungen oder Ruhegehälter so, als handele es sich um Leistungen auf Grund der Sozialversicherungsgesetzgebung dieses anderen Vertragsstaates.

Artikel 20

Gastprofessoren und -lehrer; Studenten und Auszubildende

(1) Hält sich ein in einem Vertragsstaat ansässiger Hochschullehrer oder Lehrer im anderen Vertragsstaat für höchstens zwei Jahre zu fortgeschrittenen Studien oder Forschungsarbeiten oder zur Ausübung einer Lehrtätigkeit an einer anerkannten Universität, Hochschule, Schule oder anderen Lehranstalt oder einer öffentlichen Forschungseinrichtung oder anderen Einrichtung für Forschungsarbeiten zum öffentlichen Nutzen auf, so können die für diese Tätigkeit bezogenen Vergütungen nur im erstgenannten Staat besteuert werden. Dieser Artikel gilt nicht für Einkünfte aus Forschungstätigkeit, wenn die Forschungstätigkeit nicht im öffentlichen Interesse, sondern in erster Linie zum privaten Nutzen einer bestimmten Person oder bestimmter Personen ausgeübt wird. Personen, die im unmittelbar vorhergehenden Zeitraum in den Genuß der Vergünstigungen der Absätze 2, 3 oder 4 gekommen sind, erhalten die Vergünstigungen dieses Absatzes nicht.

(2) Zahlungen – ausgenommen Vergütungen für persönliche Dienstleistungen –, die ein Student oder Lehrling (in der Bundesrepublik Deutschland einschließlich der Volontäre und Praktikanten), der sich in einem Vertragsstaat zum Vollzeitstudium oder zur Vollzeitausbildung aufhält und der im anderen Vertragsstaat ansässig ist oder dort unmittelbar vor der Einreise in den erstgenannten Staat ansässig war, für seinen Unterhalt, sein Studium

c) Pensions, annuities, and other amounts paid by one of the Contracting States or by a juridical person organized under the public laws of that State as compensation for an injury or damage sustained as a result of hostilities or political persecution shall be exempt from tax by the other State.

d) For the purposes of this paragraph the term "pensions" includes annuities paid to a retired civilian government employee.

2. Social security benefits paid under the social security legislation of a Contracting State and other public pensions (not dealt with in paragraph 1) paid by a Contracting State to a resident of the other Contracting State shall be taxable only in that other Contracting State. In applying the preceding sentence, that other Contracting State shall treat such benefit or pension as though it were a social security benefit paid under the social security legislation of that other Contracting State.

Article 20

Visiting Professors and Teachers; Students and Trainees

1. Remuneration that a professor or teacher who is a resident of a Contracting State and who is present in the other Contracting State for a period not exceeding two years for the purpose of carrying out advanced study or research or for teaching at an accredited university, college, school, or other educational institution, or a public research institution or other institution engaged in research for the public benefit, receives for such work shall be taxable only in the first-mentioned State. This Article shall not apply to income from research if such research is undertaken not in the public interest but primarily for the private benefit of a specific person or persons. The benefits provided in this paragraph shall not be granted to an individual who, during the immediately preceding period, enjoyed the benefits of paragraph 2, 3, or 4.

2. Payments other than compensation for personal services that a student or business apprentice (including Volontäre and Praktikanten in the Federal Republic of Germany) who is or was immediately before visiting a Contracting State a resident of the other Contracting State and who is present in the first-mentioned State for the purpose of his fulltime education or training receives for the purpose of his maintenance, education, or training shall not

oder seine Ausbildung erhält, werden in diesem Staat nicht besteuert, sofern die Zahlungen aus Quellen außerhalb dieses Staates stammen oder von außerhalb dieses Staates überwiesen werden.

(3) Zahlungen – ausgenommen Vergütungen für persönliche Dienstleistungen –, die eine Person, die sich in einem Vertragsstaat aufhält und die im anderen Vertragsstaat ansässig ist oder dort unmittelbar vor der Einreise in den erstgenannten Staat ansässig war, als Zuschuß, Unterhaltsbeitrag oder Stipendium von einer gemeinnützigen, religiösen, mildtätigen, wissenschaftlichen, literarischen oder erzieherischen privaten Organisation oder einer vergleichbaren öffentlichen Einrichtung erhält, werden im erstgenannten Staat nicht besteuert.

(4) Ein Student oder Lehrling im Sinne des Absatzes 2 oder der Empfänger eines Zuschusses, Unterhaltsbeitrags oder Stipendiums im Sinne des Absatzes 3, der sich in einem Vertragsstaat höchstens vier Jahre aufhält, ist in diesem Staat von der Steuer auf alle Einkünfte aus unselbständiger Arbeit befreit, die 5000 $ (fünftausend US-Dollar) oder den Gegenwert in Deutscher Mark je Steuerjahr nicht übersteigen, vorausgesetzt, die Arbeit wird zum Zweck der Ergänzung von Geldmitteln ausgeübt, die anderweitig für den Unterhalt, das Studium oder die Ausbildung zur Verfügung stehen.

(5) Eine in einem Vertragsstaat ansässige Person, die Angestellter eines Unternehmens dieses Staates oder einer in Absatz 3 genannten Organisation oder Einrichtung ist und die sich vorübergehend höchstens ein Jahr im anderen Vertragsstaat ausschließlich zu dem Zweck aufhält, technische, berufliche oder geschäftliche Erfahrungen von einer anderen Person als dem Unternehmen, der Organisation oder Einrichtung zu erwerben, ist im anderen Staat von der Steuer auf Vergütungen für persönliche Dienstleistungen – ohne Rücksicht darauf, wo sie erbracht wurden – befreit, wenn die Vergütungen 10 000 $ (zehntausend US-Dollar) oder den Gegenwert in Deutscher Mark nicht übersteigen und sie von außerhalb dieses anderen Staates von dem Unternehmen, der Organisation oder Einrichtung für Dienstleistungen dieser Person gezahlt werden.

Artikel 21

Andere Einkünfte

(1) Einkünfte einer in einem Vertragsstaat ansässigen Person, die in den vorstehenden Artikeln nicht behandelt wurden, können ohne Rücksicht auf ihre Herkunft nur in diesem Staat besteuert werden.

be taxed in that State, provided that such payments arise from sources, or are remitted from, outside that State.

3. Payments other than compensation for personal services that a person who is or was immediately before visiting a Contracting State a resident of the other Contracting State receives as a grant, allowance, or award from a non-profit religious, charitable, scientific, literary, or educational private organization or a comparable public institution shall not be taxed in the first-mentioned State.

4. A student or business apprentice within the meaning of paragraph 2, or a recipient of a grant, allowance, or award within the meaning of paragraph 3, who is present in a Contracting State for a period not exceeding four years shall not be taxed in that State on any income from dependent personal services that is not in excess of $ 5000 (five thousand United States dollars), or its equivalent in Deutsche Mark per taxable year, provided that such services are performed for the purpose of supplementing funds available otherwise for maintenance, education, or training.

5. A resident of one of the Contracting States who is an employee of an enterprise of such State or of an organization or institution described in paragraph 3, and who is temporarily present in the other Contracting State for a period not exceeding one year solely to acquire technical, professional, or business experience from any person other than such enterprise, organization, or institution, shall be exempt from tax by that other State on compensation remitted from outside that other State for services wherever performed paid by such enterprise, organization, or institution if such compensation does not exceed $ 10000 (ten thousand United States dollars) or its equivalent in Deutsche Mark.

Article 21

Other Income

1. Items of income of a resident of a Contracting State, wherever arising, not dealt with in the foregoing Articles of this Convention shall be taxable only in that State.

(2) Absatz 1 ist auf andere Einkünfte als solche aus unbeweglichem Vermögen im Sinne des Artikels 6 Absatz 2 (Einkünfte aus unbeweglichem Vermögen) nicht anzuwenden, wenn der in einem Vertragsstaat ansässige Empfänger im anderen Vertragsstaat eine gewerbliche Tätigkeit durch eine dort gelegene Betriebsstätte ausübt und die Rechte oder Vermögenswerte, für die die Einkünfte gezahlt werden, Betriebsvermögen der Betriebsstätte sind, oder der Empfänger im anderen Staat eine selbständige Arbeit durch eine dort gelegene feste Einrichtung ausübt und die Einkünfte der festen Einrichtung zuzurechnen sind.

Artikel 22

Vermögen

(1) Unbewegliches Vermögen im Sinne des Artikels 6 (Einkünfte aus unbeweglichem Vermögen), das einer in einem Vertragsstaat ansässigen Person gehört und im anderen Vertragsstaat liegt, kann im anderen Staat besteuert werden.

(2) Bewegliches Vermögen, das Betriebsvermögen einer Betriebsstätte ist, die ein Unternehmen eines Vertragsstaats im anderen Vertragsstaat hat, oder das zu einer festen Einrichtung gehört, die einer in einem Vertragsstaat ansässigen Person für die Ausübung einer selbständigen Arbeit im anderen Vertragsstaat zur Verfügung steht, kann im anderen Staat besteuert werden.

(3) Seeschiffe, Luftfahrzeuge oder Container, die im internationalen Verkehr betrieben werden, sowie bewegliches Vermögen, das dem Betrieb dieser Schiffe, Luftfahrzeuge oder Container dient, können nur in dem Vertragsstaat besteuert werden, in dem die Gewinne des Unternehmens, dem das Vermögen gehört, nach Artikel 8 (Seeschiffahrt und Luftfahrt) besteuert werden können.

(4) Alle anderen Vermögensteile einer in einem Vertragsstaat ansässigen Person können nur in diesem Staat besteuert werden.

Artikel 23

Vermeidung der Doppelbesteuerung

(1) Bei einer in den Vereinigten Staaten ansässigen Person oder einem Staatsbürger der Vereinigten Staaten wird die Steuer wie folgt festgesetzt: In Über-

2. The provisions of paragraph 1 shall not apply to income, other than income from immovable property as defined in paragraph 2 of Article 6 (Income from Immovable [Real] Property), if the recipient of such income, being a resident of a Contracting State, carries on business in the other Contracting State through a permanent establishment situated therein, and the right or property in respect of which the income is paid forms part of the business property of the permanent establishment; or the recipient performs in that other State independent personal services from a fixed base situated therein, and the income is attributable to the fixed base.

Article 22

Capital

1. Capital represented by immovable property referred to in Article 6 (Income from Immovable [Real] Property), owned by a resident of a Contracting State, and situated in the other Contracting State may be taxed in that other State.

2. Capital represented by movable property forming part of the business property of a permanent establishment that an enterprise of a Contracting State has in the other Contracting State, or by movable property pertaining to a fixed base available to a resident of a Contracting State in the other Contracting State for the purpose of performing independent personal services, may be taxed in that other State.

3. Capital represented by ships, aircraft, or containers operated in international traffic and by movable property pertaining to the operation of such ships, aircraft, or containers shall be taxable only in the Contracting State in which the profits of the enterprise owning such capital are taxable according to Article 8 (Shipping and Air Transport).

4. All other elements of capital of a resident of a Contracting State shall be taxable only in that State.

Article 23

Relief from Double Taxation

1. Tax shall be determined in the case of a resident of the United States or a citizen thereof as follows: In accordance with the provisions and subject to

einstimmung mit dem Recht der Vereinigten Staaten und vorbehaltlich der dort vorgesehenen Begrenzungen (unter Beachtung künftiger, seine tragenden Prinzipien wahrender Änderungen) rechnen die Vereinigten Staaten bei einer in den Vereinigten Staaten ansässigen Person oder einem Staatsbürger der Vereinigten Staaten auf die Einkommensteuer der Vereinigten Staaten folgendes an:

a) die von dem Staatsbürger oder der ansässigen Person oder für diese Personen an die Bundesrepublik Deutschland gezahlte Einkommensteuer und

b) im Fall einer Gesellschaft der Vereinigten Staaten, der mindestens 10 vom Hundert der stimmberechtigten Anteile einer in der Bundesrepublik Deutschland ansässigen Gesellschaft gehören, von der die Gesellschaft der Vereinigten Staaten Dividenden bezieht, die von der ausschüttenden oder für die ausschüttende Gesellschaft an die Bundesrepublik Deutschland gezahlte Einkommensteuer auf die Gewinne, aus denen die Dividenden gezahlt werden.

Im Sinne dieses Absatzes gelten die in Artikel 2 Absatz 1 Buchstabe b und Absatz 2 (Unter das Abkommen fallende Steuern) genannten Steuern, ausgenommen die Vermögensteuer und der nicht nach dem Gewinn berechnete Teil der Gewerbesteuer, als an die Bundesrepublik Deutschland gezahlte Einkommensteuern. Die allein aufgrund dieses Artikels gewährten Anrechnungsbeträge dürfen, wenn sie anderweitig gewährten Anrechnungen für in Artikel 2 Absatz 1 Buchstabe b und Absatz 2 genannte Steuern hinzugerechnet werden, in keinem Steuerjahr den Teil der Einkommensteuer der Vereinigten Staaten vom Einkommen übersteigen, der dem Verhältnis der aus der Bundesrepublik Deutschland stammenden steuerpflichtigen Einkünfte zum Gesamtbetrag der steuerpflichtigen Einkünfte entspricht.

(2) Bei einer in der Bundesrepublik Deutschland ansässigen Person wird die Steuer wie folgt festgesetzt:

a) Soweit Buchstabe b nichts anderes vorsieht, werden von der Bemessungsgrundlage der deutschen Steuer die Einkünfte aus Quellen in den Vereinigten Staaten sowie die in den Vereinigten Staaten gelegenen Vermögenswerte ausgenommen, die nach diesem Abkommen in den Vereinigten Staaten besteuert werden können. Die Bundesrepublik Deutschland behält aber das Recht, die so ausgenommenen Einkünfte und Vermögenswerte bei der Festsetzung ihres Steuersatzes zu berücksichtigen. Bei Einkünften aus Dividenden gelten die vorstehenden Bestimmungen nur für diejenigen Einkünfte aus nach dem Recht der Vereinigten Staaten steuerpflichtigen Gewinnausschüttungen auf Anteile an Kapitalgesellschaften, die von einer in den Vereinigten Staaten ansässigen Gesellschaft an eine in der Bundesrepublik Deutschland ansässige Gesellschaft (mit Ausnahme von Personengesellschaften) gezahlt werden, der unmittelbar mindestens

the limitations of the law of the United States (as it may be amended from time to time without changing the general principle hereof), the United States shall allow to a resident or citizen of the United States as a credit against the United States tax on income

a) the income tax paid to the Federal Republic of Germany by or on behalf of such citizen or resident; and

b) in the case of a United States company owning at least 10 percent of the voting shares of a company that is a resident of the Federal Republic of Germany and from which the United States company receives dividends, the income tax paid to the Federal Republic of Germany by or on behalf of the distributing company with respect to the profits out of which the dividends are paid.

For the purposes of this paragraph, the taxes referred to in paragraphs 1 b) and 2 of Article 2 (Taxes Covered), other than the capital tax (Vermögen-steuer) and that portion of the trade tax (Gewerbesteuer) computed on a basis other than profits, shall be considered income taxes paid to the Federal Republic of Germany. Credits allowed solely by reason of this Article, when added to otherwise allowable credits for taxes referred to in paragraphs 1 b) and 2 of Article 2, shall not in any taxable year exceed that proportion of the United States tax on income that taxable income arising in the Federal Republic of Germany bears to total taxable income.

2. Tax shall be determined in the case of a resident of the Federal Republic of Germany as follows:

a) Except as provided in subparagraph b), there shall be excluded from the basis upon which German tax is imposed any item of income from sources within the United States and any item of capital situated within the United States that, according to this Convention, may be taxed in the United States. The Federal Republic of Germany, however, retains the right to take into account in the determination of its rate of tax the items of income and capital so excluded. In the case of income from dividends the foregoing provisions shall apply only to such income from distribu-tions of profits on corporate rights subject to tax under United States law as are paid to a company (not including partnerships) being a resident of the Federal Republic of Germany by a company being a resident of the United States at least 10 percent of the voting shares of which is owned directly by the German company. The preceding sentence shall not apply

10 vom Hundert der stimmberechtigten Anteile der in den Vereinigten Staaten ansässigen Gesellschaft gehören. Der vorhergehende Satz gilt nicht bei Dividenden, die von einer Regulated Investment Company gezahlt werden, und Ausschüttungen von Beträgen, die bei der Ermittlung der Gewinne der ausschüttenden Gesellschaft für Zwecke der Steuer der Vereinigten Staaten abgezogen worden sind. Für Zwecke der Steuern vom Vermögen werden von der Bemessungsgrundlage der deutschen Steuer ebenfalls Beteiligungen ausgenommen, deren Dividenden, falls solche gezahlt werden, nach Maßgabe der beiden vorhergehenden Sätze von der Steuerbemessungsgrundlage auszunehmen wären.

b) Auf die deutsche Steuer vom Einkommen wird unter Beachtung der Vorschriften des deutschen Steuerrechts über die Anrechnung ausländischer Steuern die Steuer der Vereinigten Staaten angerechnet, die nach dem Recht der Vereinigten Staaten und in Übereinstimmung mit diesem Abkommen von den nachstehenden Einkünften gezahlt worden ist:

aa) Einkünfte aus Dividenden im Sinne des Artikels 10 (Dividenden), auf die Buchstabe a nicht anzuwenden ist;

bb) Veräußerungsgewinne, auf die Artikel 13 (Veräußerungsgewinne) anzuwenden ist, vorausgesetzt, daß sie in den Vereinigten Staaten nur nach Artikel 13 Absatz 2 Buchstabe b besteuert werden können;

cc) Einkünfte, auf die Artikel 16 (Aufsichtsrats- und Verwaltungsratsvergütungen) anzuwenden ist;

dd) Einkünfte, auf die Artikel 17 (Künstler und Sportler) anzuwenden ist;

ee) Einkünfte im Sinne des Artikels 19 Absatz 1 Buchstabe a (Öffentlicher Dienst; Sozialversicherung), die an einen deutschen Staatsangehörigen gezahlt werden;

ff) Einkünfte, die, soweit nicht Artikel 28 (Schranken für die Abkommensvergünstigungen) anzuwenden ist, nach diesem Abkommen von der Steuer der Vereinigten Staaten befreit bleiben; und

gg) Einkünfte, auf die Absatz 21 des Protokolls anzuwenden ist.

Im Sinne dieses Absatzes gelten Gewinne oder Einkünfte einer in der Bundesrepublik Deutschland ansässigen Person als aus Quellen in den Vereinigten Staaten stammend, wenn sie in Übereinstimmung mit diesem Abkommen in den Vereinigten Staaten besteuert werden.

(3) Ist ein Staatsbürger der Vereinigten Staaten in der Bundesrepublik Deutschland ansässig, so gilt folgendes:

a) Bei den nicht nach Absatz 2 von der Bemessungsgrundlage der deutschen Steuer auszunehmenden Einkünften, die bei Bezug durch eine in der Bundesrepublik Deutschland ansässige Person ohne Staatsbürgerschaft der Vereinigten Staaten von der Steuer der Vereinigten Staaten befreit wäre

to dividends paid by a Regulated Investment Company and distributions of amounts that have been deducted when calculating for United States tax purposes the profits of the company distributing them. For the purposes of taxes on capital there shall also be excluded from the basis upon which German tax is imposed any shareholding the dividends of which, if paid, would be excluded, according to the two immediately foregoing sentences, from the basis upon which German tax is imposed.

b) There shall be allowed as a credit against German tax on income, subject to the provisions of German tax law regarding credit for foreign tax, the United States tax paid in accordance with the law of the United States and with the provisions of this Convention on the following items of income:

aa) income from dividends within the meaning of Article 10 (Dividends) to which subparagraph a) does not apply;

bb) gains to which Article 13 (Gains) applies provided such gains are taxable in the United States by reason only of paragraph 2 b) of Article 13;

cc) income to which Article 16 (Directors' Fees) applies;

dd) income to which Article 17 (Artistes and Athletes) applies;

ee) income within the meaning of paragraph 1 a) of Article 19 (Government Service; Social Security) paid to a German national;

ff) income which would, but for Article 28 (Limitation on Benefits), remain exempt from United States tax under this Convention; and

gg) income to which Paragraph 21 of the Protocol applies.

For the purposes of this paragraph, profits, income, or gains of a resident of the Federal Republic of Germany shall be deemed to arise from sources in the United States if they are taxed in the United States in accordance with this Convention.

3. Where a United States citizen is a resident of the Federal Republic of Germany:

a) with respect of items of income not excluded from the basis of German tax under paragraph 2 that are exempt from United States tax or that are subject to a reduced rate of United States tax when derived by a resident of the Federal Republic of Germany who is not a United States citizen, the

oder einem ermäßigten Satz der Steuer der Vereinigten Staaten unterläge, rechnet die Bundesrepublik Deutschland unter Beachtung der Vorschriften des deutschen Steuerrechts über die Anrechnung ausländischer Steuern auf die deutsche Steuer nur die in den Vereinigten Staaten gezahlte Steuer an, die die Vereinigten Staaten nach diesem Abkommen erheben können; dabei werden die Steuern nicht berücksichtigt, die lediglich nach Absatz 1 des Protokolls aufgrund der Staatsbürgerschaft erhoben werden können;

b) für Zwecke der Berechnung der Steuer der Vereinigten Staaten rechnen die Vereinigten Staaten auf die Steuer der Vereinigten Staaten die Einkommensteuer an, die nach der in Buchstabe a genannten Anrechnung an die Bundesrepublik Deutschland gezahlt worden ist; die so gewährte Anrechnung darf den Teil der Steuer der Vereinigten Staaten nicht schmälern, der nach Buchstabe a auf die deutsche Steuer angerechnet werden kann; und

c) ausschließlich zum Zweck der Vermeidung der Doppelbesteuerung in den Vereinigten Staaten nach Buchstabe b gelten Einkünfte, die in Buchstabe a genannt sind, als aus der Bundesrepublik Deutschland stammend, soweit dies erforderlich ist, um die Doppelbesteuerung dieser Einkünfte nach Buchstabe b zu vermeiden.

(4) Verwendet eine in der Bundesrepublik Deutschland ansässige Gesellschaft Einkünfte aus Quellen innerhalb der Vereinigten Staaten zur Ausschüttung, so schließt dieser Artikel die Herstellung der Ausschüttungsbelastung nach den Vorschriften des Steuerrechts der Bundesrepublik Deutschland nicht aus.

Artikel 24
Gleichbehandlung

(1) Staatsangehörige eines Vertragsstaats dürfen im anderen Vertragsstaat keiner Besteuerung oder damit zusammenhängenden Verpflichtung unterworfen werden, die anders oder belastender ist als die Besteuerung und die damit zusammenhängenden Verpflichtungen, denen Staatsangehörige des anderen Staates unter gleichen Verhältnissen unterworfen sind oder unterworfen werden können. Ungeachtet des Artikels 1 gilt diese Bestimmung auch für Personen, die in keinem Vertragsstaat ansässig sind.

(2) Die Besteuerung einer Betriebsstätte, die ein Unternehmen eines Vertragsstaats im anderen Vertragsstaat hat, darf im anderen Staat nicht ungünstiger sein als die Besteuerung von Unternehmen des anderen Staates, die die

Federal Republic of Germany shall allow as a credit against German tax, subject to the provisions of German tax law regarding credit for foreign tax, only the tax paid, if any, that the United States may impose under the provisions of this Convention, other than taxes that may be imposed solely by reason of citizenship under Paragraph 1 of the Protocol;

b) for purposes of computing United States tax, the United States shall allow as a credit against United States tax the income tax paid to the Federal Republic of Germany after the credit referred to in subparagraph a); the credit so allowed shall not reduce that portion of the United States tax that is creditable against the German tax in accordance with subparagraph a); and

c) for the exclusive purpose of relieving double taxation in the United States under subparagraph b), items of income referred to in subparagraph a) shall be deemed to arise in the Federal Republic of Germany to the extent necessary to avoid double taxation of such income under subparagraph b).

4. Where a company that is a resident of the Federal Republic of Germany distributes income derived from sources within the United States, this Article shall not preclude the compensatory imposition of corporation tax on such distributions in accordance with the provisions of the tax law of the Federal Republic of Germany.

Article 24

Nondiscrimination

1. Nationals of a Contracting State shall not be subjected in the other Contracting State to any taxation or any requirement connected therewith that is other or more burdensome than the taxation and connected requirements to which nationals of that other State in the same circumstances are or may be subjected. Notwithstanding the provisions of Article 1, this provision shall also apply to persons who are not residents of one or both of the Contracting States.

2. The taxation on a permanent establishment that an enterprise of a Contracting State has in the other Contracting State shall not be less favorably levied in that other State than the taxation levied on enterprises of that

gleiche Tätigkeit ausüben. Diese Bestimmung ist nicht so auszulegen, als verpflichte sie einen Vertragsstaat, den im anderen Vertragsstaat ansässigen Personen Steuerfreibeträge, -vergünstigungen und -ermäßigungen auf Grund des Personenstandes oder der Familienlasten zu gewähren, die er seinen ansässigen Personen gewährt.

(3) Sofern nicht Artikel 9 Absatz 1 (Verbundene Unternehmen), Artikel 11 Absatz 4 (Zinsen) oder Artikel 12 Absatsz 4 (Lizenzgebühren) anzuwenden ist, sind Zinsen, Lizenzgebühren und andere Entgelte, die ein Unternehmen eines Vertragsstaats an eine im anderen Vertragsstaat ansässige Person zahlt, bei der Ermittlung der steuerpflichtigen Gewinne dieses Unternehmens unter den gleichen Bedingungen wie Zahlungen an eine im erstgenannten Staat ansässige Person zum Abzug zuzulassen. Dementsprechend sind Schulden, die ein Unternehmen eines Vertragsstaats gegenüber einer im anderen Vertragsstaat ansässigen Person hat, bei der Ermittlung des steuerpflichtigen Vermögens dieses Unternehmens unter den gleichen Bedingungen wie Schulden gegenüber einer im erstgenannten Staat ansässigen Person zum Abzug zuzulassen.

(4) Unternehmen eines Vertragsstaats, deren Kapital ganz oder teilweise unmittelbar oder mittelbar einer im anderen Vertragsstaat ansässigen Person oder mehreren solchen Personen gehört oder ihrer Kontrolle unterliegt, dürfen im erstgenannten Staat keiner Besteuerung oder damit zusammenhängenden Verpflichtung unterworfen werden, die anders oder belastender ist als die Besteuerung und die damit zusammenhängenden Verpflichtungen, denen andere ähnliche Unternehmen des erstgenannten Staates unterworfen sind oder unterworfen werden können.

(5) Dieser Artikel steht der Erhebung der in Artikel 10 Absatz 8 (Dividenden) bezeichneten Steuer durch einen Vertragsstaat nicht entgegen.

(6) Dieser Artikel gilt ungeachtet des Artikels 2 (Unter das Abkommen fallende Steuern) für Steuern jeder Art und Bezeichnung, die von einem Vertragsstaat oder einer seiner Gebietskörperschaften erhoben werden.

Artikel 25

Verständigungsverfahren

(1) Ist eine Person der Auffassung, daß Maßnahmen eines Vertragsstaats oder beider Vertragsstaaten für sie zu einer Besteuerung führen oder führen werden, die diesem Abkommen nicht entspricht, so kann sie unbeschadet der nach dem innerstaatlichen Recht dieser Staaten vorgesehenen Rechtsbehelfe ihren Fall der zuständigen Behörde des Vertragsstaats, in dem sie ansässig ist, oder, sofern

other State carrying on the same activities. This provision shall not be construed as obliging a Contracting State to grant to residents of the other Contracting State any personal allowances, reliefs, and reductions for taxation purposes on account of civil status or family responsibilities that it grants to its own residents.

3. Except where the provisions of paragraph 1 of Article 9 (Associated Enterprise), paragraph 4 of Article 11 (Interest), or paragraph 4 of Article 12 (Royalties) apply, interest, royalties, and other disbursements paid by an enterprise of a Contracting State to a resident of the other Contracting State shall, for purposes of determining the taxable profits of such enterprise, be deductible under the same conditions as if they had been paid to a resident of the first-mentioned State. Similarly, any debts of an enterprise of a Contracting State to a resident of the other Contracting State shall, for purposes of determining the taxable capital of such enterprise, be deductible under the same conditions as if they had been contracted to a resident of the first-mentioned State.

4. Enterprises of a Contracting State, the capital of which is wholly or partly owned or controlled, directly or indirectly, by one or more residents of the other Contracting State, shall not be subjected in the first-mentioned State to any taxation or any requirement connected therewith that is other or more burdensome than the taxation and connected requirements to which other similar enterprises of the first-mentioned State are or may be subjected.

5. Nothing in this Article shall prevent a Contracting State from imposing the tax described in paragraph 8 of Article 10 (Dividends).

6. The provisions of this Article shall, notwithstanding the provisions of Article 2 (Taxes Covered), apply to taxes of every kind and description imposed by a Contracting State or a political subdivision or local authority thereof.

Article 25

Mutual Agreement Procedure

1. Where a person considers that the actions of one or both of the Contracting States result or will result for him in taxation not in accordance with the provisions of this Convention, he may, irrespective of the remedies provided by the domestic law of those States, present his case to the competent authority of the Contracting State of which he is a resident or, if his case

ihr Fall von Artikel 24 Absatz 1 (Gleichbehandlung) erfaßt wird, der zuständigen Behörde des Vertragsstaats unterbreiten, dessen Staatsangehöriger sie ist. Der Fall muß innerhalb von vier Jahren nach der Bekanntgabe der Steuerfestsetzung unterbreitet werden, die zur Doppelbesteuerung oder einer diesem Abkommen nicht entsprechenden Besteuerung führt.

(2) Hält die zuständige Behörde die Einwendung für begründet und ist sie selbst nicht in der Lage, eine befriedigende Lösung herbeizuführen, so wird sie sich bemühen, den Fall durch Verständigung mit der zuständigen Behörde des anderen Vertragsstaats so zu regeln, daß eine diesem Abkommen nicht entsprechende Besteuerung vermieden wird. Die Verständigungsregelung ist ungeachtet der Fristen oder anderen verfahrensrechtlichen Beschränkungen des innerstaatlichen Rechts der Vertragsstaaten durchzuführen.

(3) Die zuständigen Behörden der Vertragsstaaten werden sich bemühen, Schwierigkeiten oder Zweifel, die bei der Auslegung oder Anwendung dieses Abkommens entstehen, in gegenseitigem Einvernehmen zu beseitigen. Insbesondere können sich die zuständigen Behörden der Vertragsstaaten einigen über:

a) die übereinstimmende Zurechnung von Einkünften, Abzügen, Anrechnungs- oder Freibeträgen bei der Betriebsstätte eines Unternehmens eines Vertragsstaats, die im anderen Vertragsstaat liegt;

b) die übereinstimmende Abgrenzung von Einkünften, Abzügen, Anrechnungs- oder Freibeträgen zwischen verbundenen Unternehmen und anderen Personen nach den in Artikel 9 (Verbundene Unternehmen) niedergelegten Grundsätzen;

c) die Beilegung von Anwendungskonflikten bei diesem Abkommen, einschließlich der

aa) Qualifikation bestimmter Einkünfte,

bb) Qualifikation von Personen,

cc) Anwendung von Regelungen über die Quelle bestimmter Einkünfte und

dd) der Behandlung von Einkünften, die nach dem Steuerrecht des Quellenstaats den Einkünften aus Aktien gleichgestellt sind und im anderen Staat anderen Einkünften zugeordnet werden;

d) die gemeinsame Auslegung eines Ausdrucks;

e) eine den Zielen dieses Abkommens entsprechende Anwendung von Verfahrensvorschriften des innerstaatlichen Rechts (einschließlich der Vorschriften über Zuschläge, Geldstrafen und Verzinsung); und

f) eine Erhöhung der in den Artikeln 17 (Künstler und Sportler) und 20 (Gastprofessoren und -lehrer; Studenten und Auszubildende) genannten Beträge zur Berücksichtigung der wirtschaftlichen und monetären Entwicklung.

comes under paragraph 1 of Article 24 (Nondiscrimination), to that of the Contracting State of which he is a national. The case must be presented within four years from the notification of the assessment giving rise to double taxation or to taxation not in accordance with the provisions of this Convention.

2. The competent authority shall endeavor, if the objection appears to it to be justified and if it is not itself able to arrive at a satisfactory solution, to resolve the case by mutual agreement with the competent authority of the other Contracting State, with a view to the avoidance of taxation which is not in accordance with this Convention. Any agreement reached shall be implemented notwithstanding any time limits or other procedural limitations in the domestic law of the Contracting States.

3. The competent authorities of the Contracting States shall endeavor to resolve by mutual agreement any difficulties or doubts arising as to the interpretation or application of this Convention. In particular the competent authorities of the Contracting States may agree

a) to the same attribution of income, deductions, credits, or allowances of an enterprise of a Contracting State to its permanent establishment situated in the other Contracting State;

b) to the same allocation of income, deductions, credits, or allowances between associated enterprises and other persons in accordance with the principles of Article 9 (Associated Enterprises);

c) to the settlement of conflicting application of this Convention, including conflicts regarding

aa) the characterization of particular items of income;

bb) the characterization of persons;

cc) the application of source rules with respect to particular items of income, and

dd) to the treatment of income that is assimilated to income from shares by the taxation law of the State of source and that is treated as a different class of income in the other State;

d) to a common meaning of a term;

e) to the application of the procedural provisions of domestic law including those regarding penalties, fines, and interest, in a manner consistent with the purposes of this Convention; and

f) to increase the amounts referred to in Articles 17 (Artistes and Athletes) and 20 (Visiting Professors and Teachers; Students and Trainees) to reflect economic or monetary developments.

Sie können auch gemeinsam darüber beraten, wie eine Doppelbesteuerung in den Fällen vermieden werden kann, die in diesem Abkommen nicht behandelt sind.

(4) Die zuständigen Behörden der Vertragsstaaten können zur Herbeiführung einer Einigung im Sinne der vorstehenden Absätze unmittelbar miteinander verkehren. Bezieht sich das Verfahren auf einen Einzelfall, so haben die Betroffenen das Recht, ihren Standpunkt der zuständigen Behörde eines Vertragsstaats oder beider Vertragsstaaten darzulegen. Erscheint ein mündlicher Meinungsaustausch für die Herbeiführung der Einigung zweckmäßig, so kann ein solcher Meinungsaustausch in einer Kommission durchgeführt werden, die aus Vertretern der zuständigen Behörden der Vertragsstaaten besteht.

· (5) Meinungsverschiedenheiten zwischen den Vertragsstaaten über die Auslegung oder Anwendung dieses Abkommens werden, soweit möglich, von den zuständigen Behörden beigelegt. Können die zuständigen Behörden die Meinungsverschiedenheit nicht beilegen, so kann sie einem Schiedsverfahren unterworfen werden, wenn beide zuständigen Behörden zustimmen. Das Verfahren wird zwischen den Vertragsstaaten durch Notenwechsel auf diplomatischem Weg vereinbart und geregelt.

Artikel 26
Informationsaustausch und Amtshilfe

(1) Die zuständigen Behörden der Vertragsstaaten tauschen die Informationen aus, die zur Durchführung dieses Abkommens und des innerstaatlichen Rechts der Vertragsstaaten betreffend die unter dieses Abkommen fallenden Steuern erforderlich sind, soweit die diesem Recht entsprechende Besteuerung nicht diesem Abkommen widerspricht. Der Informationsaustausch ist durch Artikel 1 (Persönlicher Geltungsbereich) nicht eingeschränkt. Alle Informationen, die ein Vertragsstaat erhalten hat, sind ebenso geheimzuhalten wie die auf Grund des innerstaatlichen Rechts dieses Staates beschafften Informationen und dürfen nur den Personen oder Behörden (einschließlich der Gerichte und der Verwaltungsbehörden) zugänglich gemacht werden, die mit der Veranlagung, Erhebung oder Verwaltung, der Vollstreckung oder Strafverfolgung oder mit der Entscheidung von Rechtsbehelfen hinsichtlich der unter dieses Abkommen fallenden Steuern befaßt sind. Diese Personen oder Behörden dürfen die Informationen nur für diese Zwecke verwenden. Sie dürfen die Informationen in einem öffentlichen Gerichtsverfahren oder in einer Gerichtsentscheidung offenlegen, sofern die zuständige Behörde des die Information erteilenden Vertragsstaats keine Einwendungen erhebt.

They may also consult together for the elimination of double taxation in cases not provided for in this Convention.

4. The competent authorities of the Contracting States may communicate with each other directly for purposes of reaching an agreement in the sense of the preceding paragraphs. Where the procedure relates to a particular case, the persons concerned shall be permitted to present their views to the competent authority of either or both of the Contracting States. When it seems advisable in order to reach agreement to have an oral exchange of opinions, such exchange may take place through a Commission consisting of representatives of the competent authorities of the Contracting States.

5. Disagreements between the Contracting States regarding the interpretation or application of this Convention shall, as far as possible, be settled by the competent authorities. If a disagreement cannot be resolved by the competent authorities it may, if both competent authorities agree, be submitted for arbitration. The procedures shall be agreed upon and shall be established between the Contracting States by notes to be exchanged through diplomatic channels.

Article 26
Exchange of Information and Administrative Assistance

1. The competent authorities of the Contracting States shall exchange such information as is necessary for carrying out the provisons of this Convention and of the domestic law of the Contracting States concerning taxes covered by this Convention insofar as the taxation thereunder is not contrary to this Convention. The exchange of information is not restricted by Article 1 (Personal Scope). Any information received by a Contracting State shall be treated as secret in the same manner as information obtained under the domestic laws of that State and shall be disclosed only to persons or authorities (including courts and administrative bodies) involved in the assessment, collection, or administration of, the enforcement or prosecution in respect of, or the determination of appeals in relation to the taxes covered by this Convention. Such persons or authorities shall use the information only for such purposes. They may disclose the information in public court proceedings or in judicial decisions, unless the competent authority of the Contracting State supplying the information raises an objection.

(2) Absatz 1 ist nicht so auszulegen, als verpflichte er einen Vertragsstaat,

a) Verwaltungsmaßnahmen durchzuführen, die von den Gesetzen und der Verwaltungspraxis dieses oder des anderen Vertragsstaats abweichen;

b) Informationen zu erteilen, die nach den Gesetzen oder im üblichen Verwaltungsverfahren dieses oder des anderen Vertragsstaats nicht beschafft werden können;

c) Informationen zu erteilen, die ein Handels-, Industrie-, Gewerbe- oder Berufsgeheimnis oder ein Geschäftsverfahren preisgeben würden oder deren Erteilung der öffentlichen Ordnung widerspräche.

(3) Ersucht ein Vertragsstaat nach diesem Artikel um Informationen, so beschafft der andere Vertragsstaat die Information, auf die sich das Ersuchen bezieht, auf die gleiche Weise und im gleichen Umfang, als handle es sich bei der Steuer des erstgenannten Staates um eine Steuer des anderen Staates und als würde sie von ihm erhoben. Auf entsprechendes Ersuchen der zuständigen Behörde eines Vertragsstaats stellt die zuständige Behörde des anderen Vertragsstaats, wenn möglich, Informationen nach diesem Artikel in Form von Zeugenaussagen und beglaubigten Kopien von Originaldokumenten (einschließlich Bücher, Papiere, Erklärungen, Aufzeichnungen, Kontoauszüge und Schriftstücke) im gleichen Umfang zur Verfügung, wie diese Aussagen und Dokumente nach dem Recht und der Verwaltungspraxis des anderen Staates in bezug auf seine eigenen Steuern beschafft werden können.

(4) Jeder der Vertragsstaaten bemüht sich, für den anderen Vertragsstaat die Steuerbeträge zu erheben, die erforderlich sind, um sicherzustellen, daß die durch dieses Abkommen gewährte Entlastung von der Steuer des anderen Staates keinen Personen zugute kommt, die hierauf keinen Anspruch haben.

(5) Absatz 4 verpflichtet keinen der Vertragsstaaten, Verwaltungsmaßnahmen durchzuführen, die von seinen Maßnahmen bei der Erhebung seiner eigenen Steuern abweichen oder die seiner Souveränität, Sicherheit oder öffentlichen Ordnung widersprechen.

(6) Die Vertragsstaaten können durch Notenwechsel auf diplomatischem Weg vorsehen, daß sie gemäß den Bestimmungen dieses Artikels Informationen für Zwecke von Steuern austauschen können, die von einem Vertragsstaat erhoben werden und die nicht in Artikel 2 (Unter das Abkommen fallende Steuern) genannt sind.

2. In no case shall the provisions of paragraph 1 be construed to impose on a Contracting State the obligation:

a) to carry out administrative measures at variance with the laws and administrative practice of that or of the other Contracting State;

b) to supply information that is not obtainable under the laws or in the normal course of the administration of that or of the other Contracting State;

c) to supply information that would disclose any trade, business, industrial, commercial, or professional secret or trade process, or information, the disclosure of which would be contrary to public policy.

3. If information is requested by a Contracting State in accordance with this Article, the other Contracting State shall obtain the information to which the request relates in the same manner and to the same extent as if the tax of the first-mentioned State were the tax of that other State and were being imposed by that other State. If specifically requested by the competent authority of a Contracting State, the competent authority of the other Contracting State shall, if possible, provide information under this Article in the form of depositions of witnesses and authenticated copies of unedited original documents (including books, papers, statements, records, accounts, and writings), to the same extent such depositions and documents can be obtained under the laws and administrative practices of that other State with respect to its own taxes.

4. Each of the Contracting States shall endeavor to collect on behalf of the other Contracting State such amounts of tax as may be necessary to ensure that relief granted by this Convention from taxation imposed by that other State does not inure to the benefit of persons not entitled thereto.

5. Paragraph 4 shall not impose upon either of the Contracting States the obligation to carry out administrative measures that are of a different nature from those used in the collection of its own taxes, or that would be contrary to its sovereignty, security, or public policy.

6. The Contracting States may, through diplomatic channels, exchange notes under which they may, subject to the provisions of this Article, exchange information for the purposes of taxes imposed by a Contracting State not referred to in Article 2 (Taxes Covered).

Artikel 27

Befreite Organisationen

(1) Ungeachtet des Artikels 28 (Schranken für die Abkommensvergünstigungen) sind Einkünfte einer deutschen Gesellschaft oder Organisation, die ausschließlich religiöse, mildtätige, wissenschaftliche, erzieherische oder öffentliche Zwecke verfolgt, in den Vereinigten Staaten steuerbefreit, wenn und soweit sie

a) in der Bundesrepublik Deutschland steuerbefreit ist und

b) bezüglich dieser Einkünfte in den Vereinigten Staaten steuerbefreit wäre, sofern sie in den Vereinigten Staaten errichtet worden und ausschließlich dort tätig wäre.

(2) Ungeachtet des Artikels 28 (Schranken für die Abkommensvergünstigungen) sind Einkünfte einer Gesellschaft oder Organisation in den Vereinigten Staaten, die ausschließlich religiöse, mildtätige, wissenschaftliche, erzieherische oder öffentliche Zwecke verfolgt, in der Bundesrepublik Deutschland steuerbefreit, wenn und soweit sie

a) in den Vereinigten Staaten steuerbefreit ist und

b) bezüglich dieser Einkünfte in der Bundesrepublik Deutschland steuerbefreit wäre, sofern sie eine deutsche Gesellschaft oder Organisation wäre, die ausschließlich in der Bundesrepublik Deutschland tätig ist.

Artikel 28

Schranken für die Abkommensvergünstigungen

(1) Eine in einem Vertragsstaat ansässige Person, die Einkünfte aus dem anderen Vertragsstaat bezieht, kann im anderen Vertragsstaat nur dann alle Vergünstigungen nach diesem Abkommen beanspruchen, wenn diese Person

a) eine natürliche Person ist;

b) ein Vertragsstaat oder eine seiner Gebietskörperschaften ist;

c) im erstgenannten Vertragsstaat aktiv gewerblich tätig ist (außer wenn das Gewerbe in der Plazierung oder Verwaltung von Kapitalanlagen besteht, es sei denn, es handelt sich bei dieser Tätigkeit um Bank- oder Versicherungstätigkeiten einer Bank oder Versicherungsgesellschaft) und die aus

Article 27

Exempt Organizations

1. Notwithstanding the provisions of Article 28 (Limitation on Benefits), a German company or organization operated exclusively for religious, charitable, scientific, educational, or public purposes shall be exempt from tax by the United States in respect of items of income, if and to the extent that

a) such company or organization is exempt from tax in the Federal Republic of Germany, and
b) such company or organization would be exempt from tax in the United States in respect of such items of income if it were organized, and carried on all its activities, in the United States.

2. Notwithstanding the provisions of Article 28 (Limitation on Benefits), a United States company or organization operated exclusively for religious, charitable, scientific, educational, or public purposes shall be exempt from tax by the Federal Republic of Germany in respect of items of income, if and to the extent that

a) such company or organization is exempt from tax in the United States, and
b) such company or organization would be exempt from tax in the Federal Republic of Germany in respect of such items of income if it were a German company or organization and carried on all its activities in the Federal Republic of Germany.

Article 28

Limitation on Benefits

1. A person that is a resident of a Contracting State and derives income from the other Contracting State shall be entitled, in that other Contracting State, to all the benefits of this Convention only if such person is:

a) an individual;
b) a Contracting State, or a political subdivision or local authority thereof;
c) engaged in the active conduct of a trade or business in the first-mentioned Contracting State (other than the business of making or managing investments, unless these activities are banking or insurance activities carried on by a bank or insurance company), and the income derived from

dem anderen Vertragsstaat bezogenen Einkünfte im Zusammenhang mit dieser gewerblichen Tätigkeit bezogen werden oder aus Anlaß dieser Tätigkeit anfallen;

d) eine Gesellschaft ist und ein wesentlicher und regelmäßiger Handel mit der Hauptgattung ihrer Aktien an einer anerkannten Börse stattfindet;

e) aa) eine Person ist, an der das wirtschaftliche Eigentum zu mehr als 50 vom Hundert (oder im Fall einer Gesellschaft: deren Aktien jeder Gattung zahlenmäßig zu mehr als 50 vom Hundert) unmittelbar oder mittelbar Personen gehört (gehören), die die Vergünstigungen nach diesem Abkommen gemäß Buchstabe a, b, d oder f beanspruchen können oder die Staatsbürger der Vereinigten Staaten sind, und

bb) eine Person ist, deren Rohgewinn nicht zu mehr als 50 vom Hundert unmittelbar oder mittelbar zur Erfüllung von Verbindlichkeiten (einschließlich Zins- oder Lizenzverbindlichkeiten) gegenüber Personen verwendet wird, die die Vergünstigungen nach diesem Abkommen nicht gemäß Buchstabe a, b, d oder f beanspruchen können oder die keine Staatsbürger der Vereinigten Staaten sind; oder

f) eine nicht auf Gewinnerzielung gerichtete Organisation ist, die aufgrund ihres Status in dem Vertragsstaat, in dem sie ansässig ist, allgemein von der Einkommensbesteuerung freigestellt ist, vorausgesetzt, daß die etwaigen Begünstigten, Mitglieder oder Teilhaber der Organisation zu mehr als der Hälfte Personen sind, die nach diesem Artikel Anspruch auf die Vergünstigungen nach diesem Abkommen haben.

(2) Einer Person, die nach Absatz 1 keinen Anspruch auf die Vergünstigungen nach diesem Abkommen hat, können diese Vergünstigungen gleichwohl gewährt werden, wenn die zuständige Behörde des Staates, aus dem die betreffenden Einkünfte stammen, dies zuläßt.

(3) Im Sinne des Absatzes 1 bedeutet der Ausdruck „anerkannte Börse"

a) das im Eigentum der National Association of Securities Dealers, Inc. stehende NASDAQ-System und jede Börse, die bei der Securities and Exchange Commission als nationale Effektenbörse im Sinne des Securities Exchange Act of 1934 registriert ist;

b) jede deutsche Börse, an der Aktien amtlich gehandelt werden;

c) jede sonstige Börse, auf die sich die zuständigen Behörden der Vertragsstaaten verständigen.

(4) Die zuständigen Behörden der Vertragsstaaten verständigen sich über eine abgestimmte Anwendung dieses Artikels. Die zuständigen Behörden tauschen gemäß Artikel 26 (Informationsaustausch und Amtshilfe) die Infor-

the other Contracting State is derived in connection with, or is incidental to, that trade or business;

d) a company in whose principal class of shares there is substantial and regular trading on a recognized stock exchange;

e) aa) a person, more than 50 percent of the beneficial interest in which (or in the case of a company, more than 50 percent of the number of shares of each class of whose shares) is owned, directly or indirectly, by persons entitled to benefits of this Convention under subparagraphs a), b), d), or f) or who are citizens of the United States; and

bb) a person, more than 50 percent of the gross income of which is not used, directly or indirectly, to meet liabilities (including liabilities for interest or royalties) to persons not entitled to benefits of this Convention under subparagraphs a), b), d), or f) or who are not citizens of the United States; or

f) a not-for-profit organization that, by virtue of that status, is generally exempt from income taxation in its Contracting State of residence, provided that more than half of the beneficiaries, members, or participants, if any, in such organization are persons that are entitled, under this Article, to the benefits of this Convention.

2. A person that is not entitled to the benefits of this Convention pursuant to the provisions of paragraph 1 may, nevertheless, be granted the benefits of the Convention if the competent authority of the State in which the income in question arises so determines.

3. For the purposes of paragraph 1, the term "recognized stock exchange" means:

a) the NASDAQ System owned by the National Association of Securities Dealers, Inc. and any stock exchange registered with the Securities and Exchange Commission as a national securities exchange for purposes of the Securities Exchange Act of 1934;

b) any German stock exchange on which registered dealings in shares take place;

c) any other stock exchange agreed upon by the competent authorities of the Contracting States.

4. The competent authorities of the Contracting States shall consult together with a view to developing a commonly agreed application of the provisions of this Article. The competent authorities shall, in accordance with the pro-

mationen aus, die erforderlich sind, um diesen Artikel durchzuführen und in dem dort angesprochenen Bereich die Anwendung ihres innerstaatlichen Rechts zu gewährleisten.

Artikel 29
Erstattung der Abzugsteuern

(1) Werden in einem der Vertragsstaaten die Steuern von Dividenden, Zinsen, Lizenzgebühren oder sonstigen Einkünften im Abzugsweg erhoben, so wird das Recht zur Vornahme des Steuerabzugs zu dem im innerstaatlichen Recht dieses Staates vorgesehenen Satz durch dieses Abkommen nicht berührt.

(2) Diese im Abzugsweg erhobene Steuer wird auf Antrag erstattet, soweit ihre Erhebung durch dieses Abkommen eingeschränkt wird.

(3) Die Frist für den Antrag auf Erstattung beträgt vier Jahre nach Ablauf des Kalenderjahrs, in dem die Dividenden, Zinsen, Lizenzgebühren oder sonstigen Einkünfte bezogen worden sind.

(4) Der Vertragsstaat, aus dem die Einkünfte stammen, kann eine amtliche Bescheinigung des Vertragsstaats, in dem der Steuerpflichtige ansässig ist, über die Erfüllung der Voraussetzungen für die unbeschränkte Steuerpflicht in diesem Staat verlangen.

(5) Die zuständigen Behörden der Vertragsstaaten führen die vorstehenden Bestimmungen in gegenseitigem Einvernehmen gemäß Artikel 25 (Verständigungsverfahren) durch.

(6) Die zuständigen Behörden der Vertragsstaaten können in gegenseitigem Einvernehmen auch andere Verfahren zur Durchführung der in diesem Abkommen vorgesehenen Steuerermäßigungen festlegen.

Artikel 30
Mitglieder diplomatischer Missionen und
konsularischer Vertretungen

(1) Dieses Abkommen berührt nicht die steuerlichen Vorrechte, die den Diplomaten und Konsularbeamten nach den allgemeinen Regeln des Völkerrechts oder aufgrund besonderer Übereinkünfte zustehen.

visions of Article 26 (Exchange of Information and Administrative Assistance), exchange such information as is necessary for carrying out the provisions of this Article and safeguarding, in cases envisioned therein, the application of their domestic law.

Article 29
Refund of Withholding Tax

1. If in one of the Contracting States the taxes on dividends, interest, royalties, or other items of income are levied by withholding at source, then the right to apply the withholding of tax at the rate provided for under the domestic law of that State is not affected by the provisions of this Convention.

2. The tax so withheld at source shall be refunded on application to the extent that its levying is limited by this Convention.

3. The period for application for a refund is four years from the end of the calendar year in which the dividends, interest, royalties, or other items of income have been received.

4. The Contracting State in which the income arises may require an administrative certification by the Contracting State of which the taxpayer is a resident, with respect to the fulfillment of the conditions for the unlimited tax liability in that State.

5. The competent authorities of the Contracting States shall implement the foregoing provisions by mutual agreement pursuant to Article 25 (Mutual Agreement Procedure).

6. The competent authorities of the Contracting States may establish by mutual agreement other procedures for the implementation of tax reductions provided under this Convention.

Article 30
Members of Diplomatic Missions and Consular Posts

1. Nothing in this Convention shall affect the fiscal privileges of diplomatic agents or consular officers under the general rules of international law or under the provisions of special agreements.

(2) Soweit Einkünfte oder Vermögenswerte wegen dieser Vorrechte im Empfangsstaat nicht besteuert werden, steht das Besteuerungsrecht dem Entsendestaat zu.

(3) Ungeachtet des Artikels 4 (Ansässigkeit) gilt eine natürliche Person, die Mitglied einer diplomatischen Mission oder einer konsularischen Vertretung eines Vertragsstaats im anderen Vertragsstaat oder in einem dritten Staat ist, im Sinne dieses Abkommens als im Entsendestaat ansässig, wenn sie

a) nach dem Völkerrecht im Empfangsstaat mit ihren Einkünften aus Quellen außerhalb dieses Staates oder mit ihrem außerhalb dieses Staates gelegenen Vermögen nicht zur Steuer herangezogen wird und

b) im Entsendestaat mit ihrem gesamten Einkommen oder mit ihrem Vermögen wie in diesem Staat ansässige Personen zur Steuer herangezogen wird.

(4) Dieses Abkommen gilt nicht für internationale Organisationen, ihre Organe oder Bediensteten oder für Mitglieder einer diplomatischen Mission, einer konsularischen Vertretung oder einer ständigen Vertretung eines dritten Staates, die sich in einem Vertragsstaat aufhalten, aber in keinem der beiden Vertragsstaaten zu den Steuern vom Einkommen oder vom Vermögen wie dort ansässige Personen herangezogen werden.

Artikel 31

Berlin-Klausel

Dieses Abkommen gilt auch für das Land Berlin, sofern nicht die Regierung der Bundesrepublik Deutschland gegenüber der Regierung der Vereinigten Staaten von Amerika innerhalb von drei Monaten nach Inkrafttreten des Abkommens eine gegenteilige Erklärung abgibt.

Artikel 32

Inkrafttreten

(1) Dieses Abkommen bedarf der Ratifikation; die Ratifikationsurkunden werden so bald wie möglich in Bonn ausgetauscht.

(2) Dieses Abkommen tritt an dem Tag in Kraft, an dem die Ratifikationsurkunden ausgetauscht werden, und ist in beiden Vertragsstaaten anzuwenden

2. To the extent that, due to such privileges, income or capital is not taxed in the receiving State, the sending State shall have the right to tax such income or capital.

3. Notwithstanding the provisions of Article 4 (Residence), an individual who is a member of a diplomatic mission or a consular post of a Contracting State that is situated in the other Contracting State or in a third State shall be deemed for the purposes of this Convention to be a resident of the sending State if:

a) in accordance with international law he is not liable to tax in the receiving State in respect of income from sources outside that State or on capital situated outside that State, and

b) he is liable in the sending State to the same obligations in relation to tax on his total income or on capital as are residents of that State.

4. This Convention shall not apply to international organizations, to organs or officials thereof, or to persons who are members of a diplomatic mission, consular post, or permanent mission of a third State, being present in a Contracting State and not liable in either Contracting State to the same obligations in respect of taxes on income or on capital as are residents.

Article 31
Berlin Clause

This Convention shall also apply to Land Berlin, provided that the Government of the Federal Republic of Germany does not make a contrary declaration to the Government of the United States of America within three months of the date of entry into force of this Convention.

Article 32
Entry into Force

1. This Convention shall be ratified and the instruments of ratification shall be exchanged at Washington as soon as possible.

2. This Convention shall enter into force on the date on which the instruments of ratification are exchanged and shall have effect in both Contracting States

a) bei den im Abzugsweg erhobenen Steuern sowie der Abgabe auf Versicherungsprämien auf die Beträge, die am oder nach dem 1. Januar 1990 gezahlt oder gutgeschrieben werden;

b) bei den übrigen Steuern vom Einkommen auf die Veranlagungszeiträume beziehungsweise Steuerjahre (taxable years), die am oder nach dem 1. Januar 1990 beginnen, ausgenommen jedoch die vor diesem Datum beginnenden Wirtschaftsjahre; und

c) bei den Steuern vom Vermögen auf die Steuern, die von Vermögenswerten erhoben werden, die am oder nach dem 1. Januar 1990 vorhanden sind.

(3) Hätten einer Person, die Anspruch auf die Vergünstigungen aus dem am 22. Juli 1954 unterzeichneten Abkommen zwischen der Bundesrepublik Deutschland und den Vereinigten Staaten von Amerika zur Vermeidung der Doppelbesteuerung auf dem Gebiete der Steuern vom Einkommen und einiger anderer Steuern in der Fassung des Protokolls vom 17. September 1965 („das Abkommen von 1954") hat, nach dem genannten Abkommen weitergehende Steuerentlastungen zugestanden als nach diesem Abkommen, so ist das Abkommen von 1954 als Ganzes auf Antrag der Person auch noch auf den ersten Veranlagungszeitraum beziehungsweise das erste Steuerjahr anzuwenden, auf das dieses Abkommen sonst nach Absatz 2 Buchstabe b anzuwenden wäre.

(4) Ungeachtet der vorstehenden Bestimmungen dieses Artikels darf die Steuer, die nach Artikel 10 Absatz 2 Buchstabe a (Dividenden) von vor dem 1. Januar 1992 gezahlten oder gutgeschriebenen Dividenden (im Sinne des Absatzes 4 des genannten Artikels) erhoben wird, zwar 5 vom Hundert, nicht aber 10 vom Hundert des Bruttobetrags der Dividenden übersteigen.

(5) Ungeachtet der vorstehenden Bestimmungen dieses Artikels

a) ist Artikel 10 Absatz 8 (Dividenden) auf die Steuern anzuwenden, die von dem ausschüttungsgleichen Betrag für die am oder nach dem 1. Januar 1991 beginnenden Veranlagungszeiträume beziehungsweise Steuerjahre erhoben werden, ausgenommen jedoch die vor diesem Datum beginnenden Wirtschaftsjahre; für Zwecke des vorhergehenden Satzes wird der ausschüttungsgleiche Betrag so behandelt, als werde er am letzten Tag des Wirtschaftsjahres der Gesellschaft gezahlt;

b) ist Artikel 23 Absatz 2 Buchstabe a Satz 4 (Befreiung von der Doppelbesteuerung) nicht auf Dividenden anzuwenden, die von einer Regulated Investment Company vor dem 1. Januar 1991 gezahlt werden, sofern die Regulated Investment Company am 1. Oktober 1988 bestand.

(6) Ungeachtet der vorstehenden Bestimmungen dieses Artikels gilt für die in Artikel 11 (Zinsen) und in Artikel 10 Absätze 4 und 5 (Dividenden) genannten Einkünfte folgendes:

a) in respect of taxes withheld at source as well as excise taxes imposed on insurance premiums for amounts paid or credited on or after 1 January, 1990;

b) in respect of other taxes on income for any taxable year (Steuerjahr) or assessment period (Veranlagungszeitraum), as the case may be, beginning on or after 1 January, 1990, but excluding any fiscal year (Wirtschaftsjahr) commencing before such date; and

c) in respect of taxes on capital for the taxes levied on items of capital owned on or after 1 January, 1990.

3. Where any greater relief from tax would have been afforded to a person entitled to the benefits of the Convention between the United States of America and the Federal Republic of Germany for the Avoidance of Double Taxation with Respect to Taxes on Income and to certain other Taxes, signed on 22 July, 1954, as amended by the Protocol signed on 17 September, 1965 ("the 1954 Convention"), under that Convention than under this Convention, the 1954 Convention shall, at the election of such person, continue to have effect in its entirety for the first assessment period, or taxable year, with respect to which the provisions of this Convention would otherwise have effect under paragraph 2 b).

4. Notwithstanding the foregoing provisions of this Article, the tax charged pursuant to paragraph 2 a) of Article 10 (Dividends) on dividends (within the meaning of paragraph 4 of that Article) paid or credited before 1 January, 1992, may exceed 5 percent of the gross amount of the dividends, but shall not exceed 10 percent thereof.

5. Notwithstanding the foregoing provisions of this Article,

a) the provisions of paragraph 8 of Article 10 (Dividends) shall have effect in respect of taxes levied on the dividend equivalent amount for assessment periods or taxable years beginning on or after 1 January, 1991, but excluding fiscal years commencing before such date; for purposes of the preceding sentence the dividend equivalent amount shall be treated as paid on the last day of the company's fiscal year;

b) the provisions of the fourth sentence of paragraph 2 a) of Article 23 (Relief from Double Taxation) shall not have effect on dividends paid by a Regulated Investment Company prior to 1 January, 1991, provided that such Regulated Investment Company was in existence on 1 October, 1988.

6. Notwithstanding the foregoing provisions of this Article, the following shall apply with respect to items of income described in Article 11 (Interest) and in paragraphs 4 and 5 of Article 10 (Dividends):

a) Auf Zinsen im Sinne des Abkommens von 1954 einschließlich der Zinsen aus partiarischen Darlehen oder Gewinnobligationen, die vor dem 1. Januar 1991 gezahlt oder gutgeschrieben werden, ist anstelle dieses Abkommens das Abkommen von 1954 anzuwenden;

b) Einkünfte aus Schuldverpflichtungen, auf die Artikel 10 Absatz 4 (Dividenden) anzuwenden ist, und Einkünfte aus partiarischen Darlehen oder Gewinnobligationen, auf die Artikel 10 Absatz 5 (Dividenden) nicht anzuwenden ist, können in dem Vertragsstaat, aus dem sie stammen, mit den in Artikel 10 Absätze 2 und 3 vorgesehenen Sätzen besteuert werden, sofern diese Einkünfte am oder nach dem 1. Januar 1991 gezahlt oder gutgeschrieben werden;

c) Einkünfte aus einer stillen Gesellschaft und Einkünfte aus Genußrechten oder Genußscheinen, auf die Artikel 10 Absatz 5 (Dividenden) anzuwenden ist, können in dem Vertragsstaat, aus dem sie stammen, mit einem Satz besteuert werden, der 15 vom Hundert des Bruttobetrags nicht übersteigt, sofern diese Einkünfte vor dem 1. Januar 1991 gezahlt oder gutgeschrieben werden;

d) Einkünfte aus einer stillen Gesellschaft und Einkünfte aus Genußrechten oder Genußscheinen, auf die Artikel 10 Absatz 5 (Dividenden) nicht anzuwenden ist, können in dem Vertragsstaat, aus dem sie stammen, mit den in Artikel 10 Absätze 2 und 3 vorgesehenen Sätzen besteuert werden, wenn die Einkünfte am oder nach dem 1. Januar 1990 gezahlt oder gutgeschrieben werden; und

e) die vorstehenden Bestimmungen dieses Absatzes sind nicht auf die in Artikel 10 Absatz 6 (Dividenden) oder Artikel 11 Absatz 3 (Zinsen) genannten Einkünfte anzuwenden.

(7) Das Abkommen von 1954 tritt außer Kraft, wenn die Bestimmungen dieses Abkommens gemäß diesem Artikel in Kraft treten.

Artikel 33

Kündigung

Dieses Abkommen bleibt auf unbestimmte Zeit in Kraft, jedoch kann jeder der Vertragsstaaten am oder vor dem dreißigsten Juni eines jeden Kalenderjahrs nach Ablauf von fünf Jahren, vom Tag des Inkrafttretens an gerechnet, das Abkommen gegenüber dem anderen Vertragsstaat auf diplomatischem Weg schriftlich kündigen; in diesem Fall ist dieses Abkommen nicht mehr anzuwenden

a) the 1954 Convention, and not this Convention, shall apply to interest as that term is used in the 1954 Convention, including interest derived from a "partiarisches Darlehen" or a "Gewinnobligation", paid or credited before 1 January, 1991;

b) income from debt obligations to which paragraph 4 of Article 10 (Dividends) applies, and income derived from a "partiarisches Darlehen" or a "Gewinnobligation" to which paragraph 5 of Article 10 (Dividends) does not apply, and that is paid or credited on or after 1 January, 1991, shall be taxable in the Contracting State in which it arises at the rates provided for in paragraphs 2 and 3 of Article 10;

c) income derived under a "Stille Gesellschaft", and income derived from "jouissance" shares or "jouissance" rights, to which paragraph 5 of Article 10 (Dividends) applies and that is paid or credited before 1 January, 1991, shall be taxable in the Contracting State in which it arises at a rate not exceeding 15 percent of the gross amount;

d) income derived under a "Stille Gesellschaft", and income derived from "jouissance" shares or "jouissance" rights, to which paragraph 5 of Article 10 (Dividends) does not apply, shall be taxable in the Contracting State in which it arises at the rates provided for in paragraphs 2 and 3 of Article 10 if such income is paid or credited on or after 1 January, 1990; and

e) the foregoing of this paragraph shall not apply to income described in paragraph 6 of Article 10 (Dividends) or in paragraph 3 of Article 11 (Interest).

7. The 1954 Convention shall cease to have effect when the provisions of this Convention take effect in accordance with this Article.

Article 33

Termination

This Convention shall continue in effect indefinitely but either of the Contracting States may, on or before the thirtieth day of June in any calendar year beginning after the expiration of a period of five years from the date of its entry into force, give to the other Contracting State, through diplomatic channels, written notice of termination and, in such event, this Convention shall cease to have effect

a) bei den im Abzugsweg erhobenen Steuern sowie der Abgabe auf Versicherungsprämien auf die Beträge, die am oder nach dem 1. Januar des Kalenderjahrs gezahlt oder gutgeschrieben werden, das auf das Kündigungsjahr folgt;

b) bei den übrigen Steuern vom Einkommen auf die Steuern, die für die Steuerjahre oder Veranlagungszeiträume erhoben werden, die am oder nach dem 1. Januar des Kalenderjahrs beginnen, das auf das Kündigungsjahr folgt, ausgenommen jedoch die vor diesem Zeitpunkt beginnenden Wirtschaftsjahre; und

c) bei den Steuern vom Vermögen auf die Steuern, die von Vermögenswerten erhoben werden, die am oder nach dem 1. Januar des Kalenderjahrs vorhanden sind, das auf das Kündigungsjahr folgt.

a) in respect of taxes withheld at source as well as excise taxes imposed on insurance premiums for amounts paid or credited on or after 1 January of the calendar year following the year in which the notice of termination is given;

b) in respect of other taxes on income for taxes levied for taxable years or assessment periods beginning on or after 1 January of the calendar year following the year in which the notice of termination is given (but excluding any fiscal year commencing before such date); and

c) in respect of taxes on capital for taxes levied on items of capital existing on or after 1 January of the calendar year following the year in which the notice of termination is given.

Protokoll

Anläßlich der heutigen Unterzeichnung des Abkommens zwischen der Bundesrepublik Deutschland und den Vereinigten Staaten von Amerika zur Vermeidung der Doppelbesteuerung und zur Verhinderung der Steuerverkürzung auf dem Gebiet der Steuern vom Einkommen und vom Vermögen und einiger anderer Steuern haben die Unterzeichneten die nachstehenden Bestimmungen vereinbart, die Bestandteil des Abkommens sind:

(1) Zu den allgemeinen Auswirkungen des Abkommens

a) Soweit nicht Buchstabe b gilt, können die Vereinigten Staaten ungeachtet der Bestimmungen des Abkommens oder dieses Protokolls ihre ansässigen Personen (im Sinne des Artikels 4 [Ansässigkeit]) und ihre Staatsbürger besteuern, als sei das Abkommen nicht in Kraft getreten. Im Sinne dieser Bestimmung umfaßt der Ausdruck „Staatsbürger" auch einen ehemaligen Staatsbürger, bei dem der Verlust der Staatsbürgerschaft hauptsächlich der Vermeidung der Einkommensteuer dienen sollte, jedoch nur für einen Zeitraum von zehn Jahren nach dem Verlust.

b) Nicht berührt werden durch Buchstabe a die Vergünstigungen, die die Vereinigten Staaten

aa) nach Artikel 9 Absatz 2 (Verbundene Unternehmen), Artikel 13 Absatz 6 (Veräußerungsgewinne), Artikel 18 Absätze 3 und 4 (Ruhegehälter, Renten und Unterhaltszahlungen), Artikel 19 Absatz 1 Buchstabe c und Absatz 2 (Öffentlicher Dienst; Sozialversicherung) und nach den Artikeln 23 (Vermeidung der Doppelbesteuerung), 24 (Gleichbehandlung) und 25 (Verständigungsverfahren) gewähren, und

bb) nach Artikel 19 Absatz 1 Buchstabe b (Öffentlicher Dienst; Sozialversicherung) und nach den Artikeln 20 (Gastprofessoren und -lehrer, Studenten und Auszubildende) und 30 (Mitglieder diplomatischer Missionen und konsularischer Vertretungen) natürlichen Personen gewähren, die weder Staatsbürger der Vereinigten Staaten sind noch dort den Status von Einwanderern haben.

c) Das Abkommen schränkt Steuerbefreiungen und -ermäßigungen, Freibeträge oder Steuerabzugsbeträge, Anrechnungsbeträge oder andere Vergünstigungen nicht ein, die jetzt oder später gewährt werden auf Grund

aa) der Gesetze eines Vertragsstaats oder

bb) einer anderen Vereinbarung zwischen den Vertragsstaaten.

Protocol

At the signing today of the Convention between the Federal Republic of Germany and the United States of America for the Avoidance of Double Taxation and the Prevention of Fiscal Evasion with respect to Taxes on Income and Capital and to Certain Other Taxes, the undersigned have agreed upon the following provisions, which shall form an integral part of the Convention:

1. With reference to the general effects of the Convention

a) Notwithstanding any provision of the Convention or this Protocol except subparagraph b), the United States may tax its residents (as determined under Article 4 [Residence]) and its citizens as if the Convention had not come into effect. For this purpose, the term "citizen" shall include a former citizen whose loss of citizenship had as one of its principal purposes the avoidance of income tax, but only for a period of 10 years following such loss.

b) The provisions of subparagraph a) shall not affect the benefits conferred by the United States

aa) under paragraph 2 of Article 9 (Associated Enterprises), paragraph 6 of Article 13 (Gains), paragraphs 3 and 4 of Article 18 (Pensions, Annuities, Alimony, and Child Support) and paragraphs 1 c) and 2 of Article 19 (Government Service; Social Security), and under Articles 23 (Relief from Double Taxation), 24 (Nondiscrimination), and 25 (Mutual Agreement Procedure); and

bb) under paragraph 1 b) of Article 19 (Government Service; Social Security), and under Articles 20 (Visiting Professors and Teachers; Students and Trainees) and 30 (Members of Diplomatic Missions and Consular Posts), upon individuals who are neither citizens of, nor have immigrant status in, the United States.

c) The Convention shall not restrict in any manner any exclusion, exemption, deduction, credit, or other allowance now or hereafter accorded

aa) by the laws of either Contracting State; or

bb) by any other agreement between the Contracting States.

d) Das Abkommen ist nicht so auszulegen, als hindere es die Bundesrepublik Deutschland daran, ihre Steuern auf Beträge zu erheben, die nach dem Vierten Teil des deutschen Außensteuergesetzes dem Einkommen einer in der Bundesrepublik Deutschland ansässigen Person zuzurechnen sind. Wenn diese Besteuerung zu einer Doppelbesteuerung führt, beraten die zuständigen Behörden gemäß Artikel 25 Absatz 3 (Verständigungsverfahren) über die Vermeidung der Doppelbesteuerung.

(2) Zu Artikel 4 Absatz 1 (Ansässigkeit)

Die Bundesrepublik Deutschland behandelt einen Staatsbürger der Vereinigten Staaten oder einen Ausländer, dem die Einreise zur Gründung eines ständigen Wohnsitzes rechtmäßig gestattet worden ist (Inhaber einer „grünen Karte"), nur dann als in den Vereinigten Staaten ansässig, wenn er in den Vereinigten Staaten einen längeren Aufenthalt nimmt (substantial presence) oder dort eine ständige Wohnstätte oder seinen gewöhnlichen Aufenthalt hat.

(3) Zu Artikel 5 (Betriebsstätte) und Artikel 14 (Selbständige Arbeit)

Eine in einem Vertragsstaat ansässige Person, die im anderen Vertragsstaat Konzerte oder Theateraufführungen gibt oder als Unterhaltungskünstler auftritt oder ähnliche Darbietungen und Revuen veranstaltet und die im anderen Vertragsstaat nicht nach Artikel 17 (Künstler und Sportler) besteuert werden kann, wird nicht so behandelt, als habe sie eine Betriebsstätte oder feste Einrichtung in diesem Staat, wenn sie sich dort nicht länger als insgesamt 183 Tage im betreffenden Kalenderjahr aufhält.

(4) Zu Artikel 7 Absätze 1 und 2 (Gewerbliche Gewinne) und Artikel 13 Absatz 3 (Veräußerungsgewinne)

Einnahmen, Veräußerungsgewinne oder Ausgaben, die einer Betriebsstätte oder freien Einrichtung zuzurechnen sind, sind bei der Durchführung der Artikel 7 Absätze 1 und 2 und Artikel 13 Absatz 3 im Staat der Betriebsstätte oder festen Einrichtung auch dann zu versteuern oder abzuziehen, wenn ihre Zahlung aufgeschoben wird, bis die Betriebsstätte oder feste Einrichtung nicht mehr besteht. Der vorhergehende Satz schließt es nicht aus, auf die aufgeschobenen Zahlungen innerstaatliche Regelungen eines Vertragsstaats über die periodengerechte Zurechnung von Einnahmen und Ausgaben anzuwenden.

d) Nothing in the Convention shall be construed to prevent the Federal Republic of Germany from imposing its taxes on amounts included in the income of a resident of the Federal Republic of Germany according to part 4 of the German "Außensteuergesetz". Where such imposition of tax gives rise to a double taxation, the competent authorities shall consult for the elimination of such double taxation according to paragraph 3 of Article 25 (Mutual Agreement Procedure).

2. With reference to paragraph 1 of Article 4 (Residence)

The Federal Republic of Germany shall treat a United States citizen or an alien lawfully admitted for permanent residence (a "green card" holder) as a resident of the United States only if such person has a substantial presence, permanent home, or habitual abode in the United States.

3. With reference to Article 5 (Permanent Establishment) and Article 14 (Independent Personal Services)

A resident of a Contracting State that performs in the other Contracting State concerts, theatrical or artistic performances, or similar shows and revues and that may not be taxed in that other State under the provision of Article 17 (Artistes and Athletes) shall not be deemed to have a permanent establishment or fixed base in that State if its presence does not exceed in the aggregate 183 days in the calendar year concerned.

4. With reference to paragraphs 1 and 2 of Article 7 (Business Profits) and paragraph 3 of Article 13 (Gains)

For the implementation of paragraphs 1 and 2 of Article 7 and paragraph 3 of Article 13 any income, gain, or expense attributable to a permanent establishment or a fixed base during its existence is taxable or deductible in the Contracting State where such permanent establishment or fixed base is situated even if the payments are deferred until such permanent establishment or fixed base has ceased to exist. Nothing in the preceding sentence shall affect the application to such deferred payments of rules regarding the accrual of income and expenses according to the domestic law of a Contracting State.

(5) **Zu Artikel 7 (Gewerbliche Gewinne) und Artikel 13 (Veräußerungsge-winne)**

Gewinne aus der Veräußerung beweglichen Vermögens, das während einer bestimmten Zeit Betriebsvermögen einer Betriebsstätte oder festen Einrichtung war, die eine in einem Vertragsstaat ansässige Person im anderen Vertragsstaat hat oder hatte, können vom anderen Staat nur bis zur Höhe des Gewinns besteuert werden, der auf diese Zeit entfällt. Ungeachtet der Bestimmungen des Artikels 7 oder des Artikels 13 kann die Steuer auf diese Gewinne zu dem Zeitpunkt erhoben werden, zu dem die Gewinne nach dem Recht des anderen Staates realisiert und steuerlich erfaßt werden, wenn dieser Zeitpunkt innerhalb von zehn Jahren nach dem Datum liegt, von dem ab das Vermögen nicht mehr Betriebsvermögen der Betriebsstätte oder festen Einrichtung ist (oder innerhalb des von dem Recht eines der beiden Vertragsstaaten vorgesehenen kürzeren Zeitraums).

(6) **Zu Artikel 7 Absatz 3 (Gewerbliche Gewinne)**

Die zuständigen Behörden können für die Zurechnung der in Artikel 7 Absatz 3 erwähnten Aufwendungen bei einer Betriebsstätte in gegenseitigem Einvernehmen gemeinsame Verfahren vereinbaren, die von den im innerstaatlichen Recht vorgesehenen Verfahren abweichen.

(7) **Zu Artikel 9 (Verbundene Unternehmen)**

Jeder Vertragsstaat kann die Bestimmungen seines innerstaatlichen Rechts, nach denen Einnahmen, abzuziehende Beträge, Steueranrechnungs- oder Freibeträge zwischen verbundenen Personen aufzuteilen oder zuzurechnen sind, anwenden, um abzuziehende Beträge, Steueranrechnungs- oder Freibeträge nach den allgemeinen Grundsätzen des Artikels 9 Absatz 1 aufzuteilen oder zuzurechnen. Artikel 9 ist nicht so auszulegen, als beschränke er einen Vertragsstaat bei der Aufteilung von Einkünften zwischen Personen, die auf andere Weise als durch mittelbare oder unmittelbare Beteiligung im Sinne des Absatzes 1 miteinander verbunden sind (zum Beispiel durch kommerzielle oder vertragliche Beziehungen, die zu beherrschendem Einfluß führen); die Aufteilung muß aber sonst den allgemeinen Grundsätzen des Artikels 9 Absatz 1 entsprechen.

(8) **Zu Artikel 10 Absatz 3 (Dividenden)**

Für Zwecke der Einkommensteuer der Vereinigten Staaten wird der in den Vereinigten Staaten ansässige Anteilseigner so behandelt, als habe er eine Erstattung deutscher Steuer in Form einer Dividende in Höhe von 5,88 vom

5. With reference to Article 7 (Business Profits) and Article 13 (Gains)

Gains from the alienation of movable property that at any time formed part of the business property of a permanent establishment or fixed base that a resident of one Contracting State has or had in the other Contracting State may be taxed by that other State only to the extent of the gain that accrued during that time. Notwithstanding any provision of Article 7 or Article 13, such tax may be imposed on such gains at the time when realized and recognized under the laws of that other State, if it is within ten years of the date on which the property ceases to be part of the business property of the permanent establishment or fixed base (or such shorter period provided by the laws of either Contracting State).

6. With reference to paragraph 3 of Article 7 (Business Profits)

The competent authorities may mutually agree to common procedures different from those under national law for the allocation to a permanent establishment of expenses mentioned in paragraph 3 of Article 7.

7. With reference to Article 9 (Associated Enterprises)

Either State may apply the rules of its national law that permit the distribution, apportionment, or allocation of income, deductions, credits, or allowances between related persons with a view to apportioning or allocating such deductions, credits, or allowances in accordance with the general principles of paragraph 1 of Article 9. Article 9 shall not be construed to limit either Contracting State in allocating income between persons that are related other than by direct or indirect participation within the meaning of paragraph 1, such as by commercial or contractual relationships resulting in controlling influence, so long as such allocation is otherwise in accordance with the general principles of paragraph 1 of Article 9.

8. With reference to paragraph 3 of Article 10 (Dividends)

For United States income tax purposes, the United States shareholder shall be treated as if it had received as a dividend a refund of German tax equal to 5.88 percent of the dividend actually paid, determined before the German

Hundert der tatsächlich gezahlten Dividende (vor deutscher Kapitalertragsteuer) erhalten. Die Summe dieser Erstattung und der tatsächlichen Dividende gilt als mit deutscher Kapitalertragsteuer zu dem in Artikel 10 Absatz
2 Buchstabe b vorgesehenen Satz belastet.

(9) Zu Artikel 10 Absatz 8 (Dividenden)

Das tragende Prinzip des „ausschüttungsgleichen Betrages" nach dem Recht
der Vereinigten Staaten besteht darin, den Teil der in Absatz 8 Buchstabe a
genannten Einkünfte darzustellen, der dem Betrag vergleichbar ist, der als
Dividende ausgeschüttet würde, falls eine inländische Tochtergesellschaft
diese Einkünfte erzielt hätte.

(10) Zu den Artikeln 10 (Dividenden), 11 (Zinsen) und 12 (Lizenzgebühren)

Für einen Vertragsstaat gilt der im anderen Vertragsstaat ansässige Bezieher von
Dividenden, Zinsen oder Lizenzgebühren als Nutzungsberechtigter im Sinne
der Artikel 10, 11 und 12, wenn der Bezieher die Person ist, der die Einkünfte
nach dem Recht des erstgenannten Staates steuerlich zuzurechnen sind.

(11) Zu Artikel 11 (Zinsen)

Bei einer in den Vereinigten Staaten gelegenen Betriebsstätte einer deutschen
Gesellschaft ist der Überschuß der bei der Betriebsstätte abzugsfähigen Zinsen über die von ihr tatsächlich gezahlten Zinsen als Zins zu behandeln, der
von einer in der Bundesrepublik Deutschland ansässigen Person als Nutzungsberechtigtem bezogen wird.

(12) Zu Artikel 12 (Lizenzgebühren)

Wird bei einem in einem Vertragsstaat ansässigen Künstler eine Darbietung
im anderen Vertragsstaat aufgezeichnet, hat er ein Recht in bezug auf die
Nutzung der Aufzeichnung und bezieht er dafür ein nach Verkauf oder öffentlicher Aufführung bemessenes Entgelt, so wird das Entgelt nach Maßgabe dieses Artikels behandelt.

(13) Zu Artikel 13 Absatz 2 (Veräußerungsgewinne)

Der Ausdruck „unbewegliches Vermögen, das im anderen Vertragsstaat
liegt" im Sinne dieses Absatzes umfaßt, wenn es sich bei dem anderen Vertragsstaat um die Vereinigten Staaten handelt, ein „real property interest"
nach dem Recht der Vereinigten Staaten.

withholding tax on such dividend. The sum of this refund and such actual dividend shall be deemed to have been subject to German withholding tax at the rate prescribed in paragraph 2 b) of Article 10.

9. With reference to paragraph 8 of Article 10 (Dividends)

The general principle of the "dividend equivalent amount", as used in the United States law, is to approximate that portion of the income mentioned in paragraph 8 a) that is comparable to the amount that would be distributed as a dividend if such income were earned by a locally incorporated subsidiary.

10. With reference to Articles 10 (Dividends), 11 (Interest), and 12 (Royalties)

A Contracting State shall deem the recipient of dividends, interest, or royalties who is a resident of the other Contracting State to be the beneficial owner for the purposes of Articles 10, 11, and 12 if the recipient is the person to which the income is attributable for tax purposes under the laws of the first-mentioned State.

11. With reference to Article 11 (Interest)

The excess of the amount of interest deductible by a United States permanent establishment of a German company over the interest actually paid by such permanent establishment shall be treated as interest derived and beneficially owned by a resident of the Federal Republic of Germany.

12. With reference to Article 12 (Royalties)

Where an artiste resident in one Contracting State records a performance in the other Contracting State, has a copyrightable interest in the recording, and receives consideration for the right to use the recording based on the sale or public playing of such recording, then such consideration shall be governed by this Article.

13. With reference to paragraph 2 of Article 13 (Gains)

The term "immovable property situated in the other Contracting State", as described in this paragraph, when the United States is that other Contracting State includes a United States real property interest.

(14) **Zu Artikel 13 Absatz 3 (Veräußerungsgewinne)**

Dieser Artikel ist nicht so auszulegen, als verhindere er die Behandlung von Gewinnen als Veräußerungsgewinn im Sinne von Absatz 3, wenn der Gewinn durch eine in einem Vertragsstaat ansässige Person aus der Veräußerung einer Beteiligung an einer Personengesellschaft, einem Treuhandvermögen (trust) oder einem Nachlaß (estate) erzielt wird, welche(r) eine im anderen Vertragsstaat gelegene Betriebsstätte hat.

(15) **Zu Artikel 17 Absatz 1 (Künstler und Sportler)**

Kann nach Artikel 17 Absatz 1 ein Künstler oder Sportler in der Bundesrepublik Deutschland nicht besteuert werden, so wird eine im Abzugsweg erhobene Steuer dem Steuerpflichtigen nur auf Antrag am Ende des betreffenden Kalenderjahrs erstattet. Artikel 29 Absatz 6 (Erstattung der Abzugsteuern) bleibt unberührt.

(16) **Zu Artikel 18 Absatz 3 (Ruhegehälter, Renten und Unterhaltszahlungen)**

Bei der Festsetzung des steuerpflichtigen Einkommens einer in der Bundesrepublik Deutschland ansässigen natürlichen Person wird in bezug auf Unterhaltszahlungen oder ähnliche Leistungen, die an eine in den Vereinigten Staaten ansässige natürliche Person gezahlt werden, der Betrag zum Abzug zugelassen, der zum Abzug zugelassen würde, wenn die letztgenannte Person in der Bundesrepublik Deutschland unbeschränkt steuerpflichtig wäre.

(17) **Zu Artikel 20 Absatz 2 (Gastprofessoren und -lehrer; Studenten und Auszubildende)**

Zahlungen, die aus öffentlichen Mitteln eines Vertragsstaats oder von einer mit öffentlichen Mitteln ausgestatteten Organisation zur Vergabe von Stipendien geleistet werden, gelten in voller Höhe als aus Quellen außerhalb des anderen Staates stammend. Der vorstehende Satz gilt auch für Zahlungen, die im Rahmen von Programmen geleistet werden, die von Organisationen beider Vertragsstaaten gemeinsam finanziert werden, wenn mehr als 50 vom Hundert dieser Gelder aus öffentlichen Mitteln des erstgenannten Staates oder von einer mit diesen Mitteln ausgestatteten Organisation zur Vergabe von Stipendien bereitgestellt werden. Die zuständigen Behörden bestimmen die Stipendienprogramme, deren Zahlungen auf Grund der vorstehenden Bestimmungen als aus Quellen außerhalb eines Vertragsstaats stammend zu behandeln sind.

14. With reference to paragraph 3 of Article 13 (Gains)

Nothing in this Article shall prevent gains from the alienation by a resident of a Contracting State of an interest in a partnership, trust, or estate that has a permanent establishment situated in the other Contracting State from being treated as gain under paragraph 3.

15. With reference to paragraph 1 of Article 17 (Artistes and Athletes)

If an artiste or athlete is not subject to tax in the Federal Republic of Germany under the provisions of paragraph 1 of Article 17, tax may be withheld at source in the Federal Republic of Germany, and shall be refunded to the taxpayer only upon application at the end of the calendar year concerned. Paragraph 6 of Article 29 (Refund of Withholding Tax) shall remain unaffected.

16. With reference to paragraph 3 of Article 18 (Pensions, Annuities, Alimony, and Child Support)

In determining the taxable income of an individual who is a resident of the Federal Republic of Germany there shall be allowed as a deduction in respect of alimony or similar allowances paid to an individual who is a resident of the United States the amount that would be allowed as a deduction if that last-mentioned individual were subject to unlimited tax liability in the Federal Republic of Germany.

17. With reference to paragraph 2 of Article 20 (Visiting Professors and Teachers; Students and Trainees)

Payments that are made out of public funds of a Contracting State or by a scholarship organization endowed with such funds shall be considered to arise in full from sources outside the other State. The preceding sentence shall also apply when such payments are made under programs funded jointly by organizations of both Contracting State if more than 50 percent of these funds are provided of public funds of the first-mentioned State or by a scholarship organization endowed with such funds. The competent authorities shall consult with each other to identify those scholarship programs whose payments shall be treated as arising from sources outside a Contracting State under the foregoing rules.

(18) **Zu Artikel 20 Absätze 1, 4 und 5 (Gastprofessoren und -lehrer; Studenten und Auszubildende)**

Wenn eine in einem Vertragsstaat ansässige Person sich im anderen Vertragsstaat während eines längeren als des festgesetzten Zeitraums aufhält, kann der andere Staat die Person nach seinem innerstaatlichen Recht für den gesamten Zeitraum des Aufenthalts besteuern, es sei denn, daß die zuständigen Behörden der Vertragsstaaten im Einzelfall etwas anderes vereinbaren.

(19) **Zu Artikel 21 Absatz 2 (Andere Einkünfte)**

Wenn der Empfänger und der Schuldner einer Dividende in der Bundesrepublik Deutschland ansässig sind und die Dividende einer Betriebsstätte oder einer festen Einrichtung zuzurechnen ist, die der Empfänger der Dividende in den Vereinigten Staaten hat, kann die Bundesrepublik Deutschland die Dividende zu den in Artikel 10 Absatz 2 und 3 (Dividenden) vorgesehenen Sätzen besteuern. Die Vereinigten Staaten rechnen die Steuer nach Artikel 23 (Vermeidung der Doppelbesteuerung) an.

(20) **Zu Artikel 23 Absatz 1 (Vermeidung der Doppelbesteuerung)**

Weist das Abkommen der Bundesrepublik Deutschland das Besteuerungsrecht für Einkünfte zu, die nach dem Recht der Vereinigten Staaten aus Quellen in den Vereinigten Staaten selbst stammen, so gewähren die Vereinigten Staaten die in Artikel 23 Absatz 1 vorgesehene Anrechnung vorbehaltlich solcher Rechtsvorschriften der Vereinigten Staaten, die bei Einkünften aus Quellen in den Vereinigten Staaten die Anrechnung ausländischer Steuern ausschließen, sowie die in Artikel 23 Absatz 3 vorgesehene Anrechnung. Im Sinne des Artikels 23 Absatz 1 bedeuten die „tragenden Prinzipien" die Vermeidung der Doppelbesteuerung durch Anrechnung der Steuern, die von aus der Bundesrepublik Deutschland stammenden Einkünften erhoben werden, wie sie auf der Grundlage der geltenden, durch das Abkommen modifizierten Quellenvorschriften der Vereinigten Staaten gewährt wird. Während sich Einzelheiten und Begrenzungen der Anrechnung durch Neufassung von Rechtsvorschriften der Vereinigten Staaten ändern dürfen, muß ungeachtet solcher Neufassungen gewährleistet bleiben, daß im Rahmen des genannten Absatzes die deutschen Steuern von Einkünften aus deutschen Quellen angerechnet werden.

18. With reference to paragraphs 1, 4, and 5 of Article 20 (Visiting Professors and Teachers; Students and Trainees)

If a resident of a Contracting State remains in the other Contracting State for a period of time exceeding that prescribed, that other State may tax the individual under its national law for the entire period of the visit, unless in a particular case the competent authorities of the Contracting States agree otherwise.

19. With reference to paragraph 2 of Article 21 (Other Income)

Where the recipient and the payor of a dividend are both residents of the Federal Republic of Germany and the dividend is attributed to a permanent establishment or a fixed base that the recipient of the dividend has in the United States, the Federal Republic of Germany may tax such a dividend at the rates provided for in paragraphs 2 and 3 of Article 10 (Dividends). The United States shall give a credit for such tax according to the provisions of Article 23 (Relief from Double Taxation).

20. With reference to paragraph 1 of Article 23 (Relief from Double Taxation)

In cases where the Convention gives to the Federal Republic of Germany the right to tax income and such income is regarded as United States source income under United States law the United States shall grant the credit provided for in paragraph 1 of Article 23, subject to any law of the United States limiting the foreign tax credit in a way that prevents the crediting of a foreign tax against United States source income, and the credit provided for in paragraph 3 of Article 23. For purposes of paragraph 1 of Article 23, the "general principle hereof" means the avoidance of double taxation by allowing a credit for taxes imposed on items of income arising in Germany, as determined under applicable United States source rules, as modified by the Convention. While the details and limitations of the credit pursuant to this paragraph may change as provisions of United States law change, any such changes must preserve a credit for German taxes paid or accrued with respect to items of German source income.

(21) **Zu Artikel 23 (Vermeidung der Doppelbesteuerung) und Artikel 25
(Verständigungsverfahren)**

Die Bundesrepublik Deutschland vermeidet die Doppelbesteuerung durch
Steueranrechnung nach Artikel 23 Absatz 2 Buchstabe b, und nicht durch
Steuerbefreiung nach Artikel 23 Absatz 2 Buchstabe a,

a) wenn in den Vertragsstaaten Einkünfte oder Vermögen unterschiedlichen
   Abkommensbestimmungen zugeordnet oder verschiedenen Personen zugerechnet werden (außer nach Artikel 9 [verbundene Unternehmen]) und
   dieser Konflikt sich nicht durch ein Verfahren nach Artikel 25 regeln läßt
   und

   aa) wenn aufgrund dieser unterschiedlichen Zuordnung oder Zurech-
       nung die betreffenden Einkünfte oder Vermögenswerte doppelt be-
       steuert würden oder

   bb) wenn aufgrund dieser unterschiedlichen Zuordnung oder Zurech-
       nung die betreffenden Einkünfte oder Vermögenswerte in den Ver-
       einigten Staaten unbesteuert blieben oder zu niedrig besteuert würden
       und in der Bundesrepublik Deutschland (abgesehen von der Anwen-
       dung dieses Absatzes) von der Steuer befreit blieben, oder

b) wenn die Bundesrepublik Deutschland nach gehöriger Konsultation und
   vorbehaltlich der Beschränkungen ihres innerstaatlichen Rechts den Vereinigten Staaten auf diplomatischem Weg andere Einkünfte notifiziert
   hat, auf die sie diesen Absatz anzuwenden beabsichtigt, um die steuerliche Freistellung von Einkünften in beiden Vertragsstaaten oder sonstige
   Gestaltungen zum Mißbrauch des Abkommens zu verhindern.

Im Fall einer Notifikation nach Buchstabe b können die Vereinigten Staaten
vorbehaltlich einer Notifikation auf diplomatischem Weg diese Einkünfte
aufgrund dieses Abkommens entsprechend der Qualifikation der Einkünfte
durch die Bundesrepublik Deutschland qualifizieren. Eine Notifikation nach
diesem Absatz wird erst ab dem ersten Tag des Kalenderjahrs wirksam, das
auf das Jahr folgt, in dem die Notifiaktion übermittelt wurde und alle rechtlichen Voraussetzungen nach dem innerstaatlichen Recht des notifizierenden Staates für das Wirksamwerden der Notifikation erfüllt sind.

(22) **Zu Artikel 24 Absatz 1 (Gleichbehandlung)**

Artikel 24 Absatz 1 verpflichtet die Vereinigten Staaten nicht, einer nicht in
den Vereinigten Staaten ansässigen natürlichen Person deutscher Staatsangehörigkeit die gleiche steuerliche Behandlung zuteil werden zu lassen wie
einem nicht in den Vereinigten Staaten ansässigen Staatsbürger der Vereinigten Staaten.

21. With reference to Article 23 (Relief from Double Taxation) and Article 25 (Mutual Agreement Procedure)

The Federal Republic of Germany shall avoid double taxation by a tax credit as provided for in paragraph 2 b) of Article 23, and not by a tax exemption under paragraph 2 a) of Article 23,

a) if in the Contracting States income or capital is placed under differing provisions of the Convention or attributed to different persons (other than under Article 9 [Associated Enterprises]) and this conflict cannot be settled by a procedure pursuant to Article 25 and

  aa) if as a result of such placement or attribution the relevant income or capital would be subject to double taxation; or

  bb) if as a result of such placement or attribution the relevant income or capital would remain untaxed or be subject only to inappropriately reduced taxation in the United States and would (but for the application of this Paragraph) remain exempt from tax in the Federal Republic of Germany; or

b) if the Federal Republic of Germany has, after due consultation and subject to the limitations of its internal law, notified the United States through diplomatic channels of other items of income to which it intends to apply this Paragraph in order to prevent the exemption of income from taxation in both Contracting States or other arrangements for the improper use of the Convention.

In the case of a notification under subparagraph b), the United States may, subject to notification through diplomatic channels, characterize such income under the Convention consistently with the characterization of that income by the Federal Republic of Germany. A notification made under this Paragraph shall have effect only from the first day of the calendar year following the year in which it was transmitted and any legal prerequisites under the domestic law of the notifying State for giving it effect have been fulfilled.

22. With reference to paragraph 1 of Article 24 (Nondiscrimination)

Paragraph 1 of Article 24 does not obligate the United States to subject an individual who is a German national not resident in the United States to the same taxing regime as that applied to a citizen of the United States not resident in the United States.

(23) Zu Artikel 25 (Verständigungsverfahren)

Dieser Artikel ist nicht so auszulegen, als verpflichte er einen Vertragsstaat, einen von einer Person ausgesprochenen Verzicht auf ihre Rechte nach diesem Artikel unberücksichtigt zu lassen.

(24) Zu Artikel 25 Absatz 5 (Verständigungsverfahren)

Die für den Einzelfall zu treffende Entscheidung der Schiedsstelle ist für beide Vertragsstaaten für diesen Einzelfall bindend.

(25) Zu Artikel 25 Absatz 5 (Verständigungsverfahren) und Artikel 26 (Informationsaustausch und Amtshilfe)

Die Vertragsstaaten können der Schiedsstelle die Informationen überlassen, die zur Durchführung des Schiedsverfahrens erforderlich sind, jedoch unterliegen die Mitglieder der Schiedsstelle den für die Offenlegung geltenden Beschränkungen nach Artikel 26.

(26) Zu Artikel 26 (Informationsaustausch und Amtshilfe)

Die Bundesrepublik Deutschland tauscht nach diesem Artikel Informationen auf Ersuchen oder ohne Ersuchen in dem Umfang aus, in dem dies in dem EG-Amtshilfegesetz vom 19. Dezember 1985 (vorbehaltlich gelegentlicher Änderungen unter Wahrung der tragenden Prinzipien) vorgesehen ist.

(27) Zu Artikel 27 (Befreite Organisationen)

Die zuständigen Behörden der Vertragsstaaten werden Verfahren zur Durchführung dieses Artikels ausarbeiten.

(28) Zu Artikel 28 Absatz 1 Buchstabe f (Schranken für die Abkommensvergünstigungen)

Zu den in Artikel 28 Absatz 1 Buchstabe f genannten, nicht auf Gewinnerzielung gerichteten Organisationen gehören unter anderem Pensionskassen, Pensiontrusts, private Stiftungen, Gewerkschaften, Wirtschaftsverbände und ähnliche Organisationen. In jedem Fall hat eine Pensionskasse, ein Pensiontrust oder ein ähnlicher Rechtsträger, der nach den Rechtsvorschriften

23. With reference to Article 25 (Mutual Agreement Procedure)

Nothing in this Article shall be construed to obligate a Contracting State of disregard a person's waiver of rights under this Article.

24. With reference to paragraph 5 of Article 25 (Mutual Agreement Procedure)

The decision of the arbitration board in a particular case shall be binding on both Contracting States with respect to that case.

25. With reference to paragraph 5 of Article 25 (Mutual Agreement Procedure) and Article 26 (Exchange of Information and Administrative Assistance)

The Contracting States may release to the arbitration board such information as is necessary for carrying out the arbitration procedure, provided that the members of the arbitration board shall be subject to the limitations on disclosure described in Article 26.

26. With reference to Article 26 (Exchange of Information and Administrative Assistance)

The Federal Republic of Germany shall under this Article exchange information with or without request to the extent provided for in the law of 19 December 1985 (EG-Amtshilfegesetz) as amended from time to time without changing the general principles thereof.

27. With reference to Article 27 (Exempt Organizations)

The competent authorities of the Contracting States shall develop procedures for implementing this Article.

28. With reference to paragraph 1 f) of Article 28 (Limitation on Benefits)

The not-for-profit organizations described in paragraph 1 f) of Article 28 include, but are not limited to, pension funds, pension trusts, private foundations, trade unions, trade associations, and similar organizations. In all events, a pension fund, pension trust, or similar entity organized for purposes of providing retirement, disability, or other employment benefits that

eines Vertragsstaats zu dem Zweck errichtet worden ist, Ruhegehälter, Invaliditätsrenten oder andere Sozialleistungen für Arbeitnehmer zu gewähren, Anspruch auf die Vergünstigungen nach diesem Abkommen, wenn der jeweilige Träger dieser Einrichtung auf Grund von Artikel 28 Anspruch auf die Vergünstigungen nach diesem Abkommen hat.

Geschehen zu Bonn am 29. August 1989 in zwei Urschriften, jede in deutscher und englischer Sprache, wobei jeder Wortlaut gleichermaßen verbindlich ist.

Für die   Für die
Bundesrepublik Deutschland   Vereinigten Staaten von Amerika

is organized under the laws of a Contracting State shall be entitled to the benefits of the Convention if the organization sponsoring such fund, trust, or entity is entitled to the benefits of the Convention under Article 28.

Done in duplicate at Bonn this August 29th 1989 in the English and German languages, both texts being equally authentic.

For the
Federal Republic of Germany

For the
United States of America

Notenwechsel

DER STAATSSEKRETÄR
DES AUSWÄRTIGEN AMTS

Bonn, 29. August 1989

Exzellenz,

ich beehre mich, auf das heute unterzeichnete Abkommen zwischen der Bundesrepublik Deutschland und den Vereinigten Staaten von Amerika zur Vermeidung der Doppelbesteuerung und zur Verhinderung der Steuerverkürzung auf dem Gebiet der Steuern vom Einkommen und vom Vermögen und einiger anderer Steuern Bezug zu nehmen und Ihnen im Namen der Regierung der Bundesrepublik Deutschland folgendes mitzuteilen:

Wenn die zuständigen Behörden beider Vertragsstaaten vereinbaren, eine Meinungsverschiedenheit über die Auslegung oder Anwendung dieses Abkommens nach Artikel 25 Absatz 5 einem Schiedsverfahren zu unterwerfen, wird wie folgt verfahren:

(1) Die zuständigen Behörden können sich erst dann darauf einigen, in einem Einzelfall ein Schiedsverfahren einzuleiten, wenn die Verfahren nach Artikel 25 Absätze 1 bis 4 voll ausgeschöpft worden sind und wenn der Steuerpflichtige/die Steuerpflichtigen dem Schiedsverfahren zustimmt/zustimmen und sich schriftlich bereit erklärt/erklären, die schiedsrichterliche Entscheidung als bindend anzuerkennen. Die zuständigen Behörden leiten im allgemeinen kein Schiedsverfahren über Angelegenheiten betreffend die Steuerpolitik oder das innerstaatliche Steuerrecht eines der Vertragsstaaten ein.

(2) Die zuständigen Behörden setzen für jeden Einzelfall eine Schiedsstelle in der folgenden Weise ein:

a) Eine Schiedsstelle besteht aus mindestens drei Mitgliedern. Jede zuständige Behörde ernennt die gleiche Anzahl von Mitgliedern; diese Mitglieder einigen sich auf die Ernennung des/der anderen Mitglieds/Mitglieder.

b) Das andere Mitglied/die anderen Mitglieder der Schiedsstelle kommt/kommen aus einem der Vertragsstaaten oder aus einem anderen OECD-Mitgliedstaat. Die zuständigen Behörden können noch weitere Anweisungen betreffend die Kriterien für die Auswahl des/der anderen Mitglieds/Mitglieder der Schiedsstelle erlassen.

Exchange of Notes

Der Staatssekretär
des Auswärtigen Amts   Bonn, 29. August 1989

Excellency,

I have the honor to refer to the Convention signed today between the Federal Republic of Germany and the United States of America for the Avoidance of Double Taxation and the Prevention of Fiscal Evasion with respect to Taxes on Income and Capital and to certain other Taxes and to inform you on behalf of the Government of the Federal Republic of Germany of the following:

If the competent authorities of both Contracting States agree to submit a disagreement regarding the interpretation or application of this Convention to arbitration according to paragraph 5 of Article 25, the following procedures will apply:

1. The competent authorities may agree to invoke arbitration in a specific case only after fully exhausting the procedures available under paragraphs 1 to 4 of Article 25, and if the taxpayer(s) consent(s) to the arbitration and agree(s) in writing to be bound by the arbitration decision. The competent authorities will not generally accede to arbitration with respect to matters concerning the tax policy or domestic tax law of either Contracting State.

2. The competent authorities shall establish an arbitration board for each specific case in the following manner:
   (a) An arbitration board shall consist of not less than three members. Each competent authority shall appoint the same number of members, and these members shall agree on the appointment of the other member(s).
   (b) The other member(s) of the arbitration board shall be from either Contracting State or from another OECD member country. The competent authorities may issue further instructions regarding the criteria for selecting the other member(s) of the arbitration board.

c) Die Mitglieder der Schiedsstelle (und ihre Bediensteten) müssen sich bei ihrer Ernennung schriftlich bereit erklären, die geltenden Bestimmungen beider Vertragsstaaten und des Abkommens betreffend die Vertraulichkeit und die Offenlegung von Informationen zu beachten und sich diesen Bestimmungen zu unterwerfen. Wenn diese Bestimmungen voneinander abweichen, gilt die jeweils strengere Regelung.

(3) Die zuständigen Behörden können sich auf bestimmte Verfahrensregeln, etwa in bezug auf die Ernennung eines Vorsitzenden, Verfahren für die Entscheidungsfindung, die Festsetzung von Fristen etc., einigen und die Schiedsstelle entsprechend anweisen. Im übrigen legt die Schiedsstelle ihre eigenen Verfahrensregeln fest, die den allgemein anerkannten Billigkeitsgrundsätzen entsprechen müssen.

(4) Den Steuerpflichtigen und/oder ihren Vertretern ist Gelegenheit zu geben, der Schiedsstelle ihre Auffassungen darzulegen.

(5) Die Schiedsstelle entscheidet jeden Einzelfall aufgrund des Abkommens unter gehöriger Beachtung des innerstaatlichen Rechts der Vertragsstaaten und der Grundsätze des Völkerrechts. Die Schiedsstelle leitet den zuständigen Behörden eine Erläuterung ihrer Entscheidung zu. Die Entscheidung der Schiedsstelle im jeweiligen Fall ist für beide Vertragsstaaten und den/die Steuerpflichtigen für den betreffenden Fall bindend. Die Entscheidung der Schiedsstelle hat keine präjudizielle Wirkung; es wird aber davon ausgegangen, daß die Entscheidungen in Fällen, die den zuständigen Behörden später unterbreitet werden und die denselben/dieselben Steuerpflichtigen, dieselbe(n) Sachfrage(n) und im wesentlichen ähnliche Sachverhalte betreffen, gewöhnlich berücksichtigt werden und gegebenenfalls auch in anderen Fällen berücksichtigt werden können.

(6) Die Kosten des Schiedsverfahrens werden wie folgt getragen:

a) Jeder Vertragsstaat trägt die Kosten der Vergütung für das von ihm ernannte Mitglied/die von ihm ernannten Mitglieder und für seine Vertretung in den Verhandlungen vor der Schiedsstelle;

b) die Kosten der Vergütung für das andere Mitglied/die anderen Mitglieder und alle sonstigen Kosten der Schiedsstelle werden von den Vertragsstaaten zu gleichen Teilen getragen; und

c) die Schiedsstelle kann über eine andere Aufteilung der Kosten entscheiden.

Hält es jedoch die zuständige Behörde eines Vertragsstaats in einem Einzelfall angesichts der Art des Falles und der Rolle der Parteien für zweckmäßig, so kann sie den/die Steuerpflichtigen auffordern, sich bereit zu erklären, als Voraussetzung für die Einleitung des Schiedsverfahrens den Kostenanteil dieses Vertragsstaats zu übernehmen.

(c) Arbitration board members (and their staffs) upon their appointment must agree in writing to abide by and be subject to the applicable confidentiality and disclosure provisions of both Contracting States and the Convention. In case those provisions conflict, the most restrictive condition will apply.

3. The competent authorities may agree on and instruct the arbitration board regarding specific rules of procedure, such as appointment of a chairman, procedures for reaching a decision, establishment of time limits, etc. Otherwise, the arbitration board shall establish its own rules of procedure consistent with generally accepted principles of equity.

4. Taxpayers and/or their representatives shall be afforded the opportunity to present their views to the arbitration board.

5. The arbitration board shall decide each specific case on the basis of the Convention, giving due consideration to the domestic laws of the Contracting States and the principles of international law. The arbitration board will provide to the competent authorities an explanation of its decision. The decision of the arbitration board in a particular case shall be binding on both Contracting States and the taxpayer(s) with respect to that case. While the decision of the arbitration board shall not have precedential effect, it is expected that such decisions ordinarily will be taken into account in subsequent competent authority cases involving the same taxpayer(s), the same issue(s), and substantially similar facts, and may also be taken into account in other cases where appropriate.

6. Costs for the arbitration procedure will be borne in the following manner:
   (a) Each Contracting State shall bear the cost of remuneration for the member(s) appointed by it, as well as for its representation in the proceedings before the arbitration board;
   (b) the cost of remuneration for the other member(s) and all other costs of the arbitration board shall be shared equally between the Contracting States; and
   (c) the arbitration board may decide on a different allocation of costs.

However, if it deems appropriate in a specific case, in view of the nature of the case and the roles of the parties, the Competent Authority of a Contracting State may require the taxpayer(s) to agree to bear that Contracting State's share of the costs as a prerequisite for arbitration.

(7) Die zuständigen Behörden können vereinbaren, diese Verfahrensregeln
zu ändern oder zu ergänzen; sie bleiben aber weiterhin an deren tragende
Prinzipien gebunden.

Falls dieser Vorschlag die Zustimmung der Regierung der Vereinigten Staaten von Amerika findet, werden diese Note und Ihre Antwortnote die Vereinbarung zwischen unseren beiden Regierungen über diese Angelegenheiten
bilden.

Genehmigen Sie, Herr Botschafter, die Versicherung meiner ausgezeichneten
Hochachtung.

Dr. Hans Werner Lautenschlager

Seiner Exzellenz
dem Botschafter der
Vereinigten Staaten von Amerika
Herrn Vernon A. Walters
Bonn

DER STAATSSEKRETÄR   Bonn, 29. August 1989
DES AUSWÄRTIGEN AMTS

Exzellenz,

ich beehre mich, auf das heute unterzeichnete Abkommen zwischen der
Bundesrepublik Deutschland und den Vereinigten Staaten von Amerika zur
Vermeidung der Doppelbesteuerung und zur Verhinderung der Steuerverkürzung auf dem Gebiet der Steuern vom Einkommen und vom Vermögen
und einiger anderer Steuern Bezug zu nehmen und Ihnen im Namen der Regierung der Bundesrepublik Deutschland folgendes mitzuteilen:

Bei den Verhandlungen, die zum Abschluß des heute unterzeichneten Abkommens geführt haben, haben die Verhandlungsführer eine Vereinbarung
ausgearbeitet und getroffen, die sowohl den Steuerpflichtigen als auch den
Steuerbehörden unserer beiden Länder Anhaltspunkte für die Auslegung des
Artikels 28 (Schranken für die Abkommensvergünstigungen) geben soll. Die
dieser Note beigefügte Vereinbarung gibt die derzeitige Auffassung der Regierung der Bundesrepublik Deutschland zu Artikel 28 wieder. Nach An-

7. The competent authorities may agree to modify or supplement these procedures; however, they shall continue to be bound by the general principles established herein.

If this proposal meets with the approval of the Government of the United States of America, this Note and your reply thereto shall constitute the agreement of our two governments on these matters.

Accept, Excellency, the expression of my highest consideration.

Dr. Hans Werner Lautenschlager

His Excellency
Mr. Vernon A. Walters
Ambassador of the United States
of America
Bonn

DER STAATSSEKRETÄR   Bonn, 29. August 1989
DES AUSWÄRTIGEN AMTS

Excellency,

I have the honor to refer to the Convention signed today between the Federal Republic of Germany and the United States of America for the Avoidance of Double Taxation and the Prevention of Fiscal Evasion with respect to Taxes on Income and Capital and to certain other Taxes and to inform you on behalf of the Government of the Federal Republic of Germany of the following:

In the course of the negotiations leading to the conclusion of the Convention signed tody, the negotiators developed and agreed upon a memorandum of understanding intended to give guidance both to the taxpayers and the tax authorities of our two countries in interpreting Article 28 (Limitation on Benefits). This memorandum of understanding, attached to this Note, represents the current views of the Government of the Federal Republic of Germany with respect to Article 28. It is my Government's view that as we

95

sicht meiner Regierung können in dem Maße, in dem unsere beiden Verwaltungen Erfahrungen bei der Anwendung des Abkommens und insbesondere des Artikels 28 sammeln, die zuständigen Behörden Änderungen und weitere Absprachen und Auslegungen ausarbeiten und veröffentlichen.

Falls dieser Standpunkt die Zustimmung der Regierung der Vereinigten Staaten von Amerika findet, bringen diese Note und Ihre Antwortnote die gemeinsame Auffassung unserer Regierungen über die Rolle der Vereinbarung zu Artikel 28 des Abkommens zum Ausdruck.

Genehmigen Sie, Herr Botschafter, die Versicherung meiner ausgezeichneten Hochachtung.

Dr. Hans Werner Lautenschlager

Seiner Exzellenz
dem Botschafter der
Vereinigten Staaten von Amerika
Herrn Vernon A. Walters
Bonn

Vereinbarungen über den Anwendungsbereich des Artikels über die Schranken für die Abkommensvergünstigungen in dem Abkommen zwischen der Bundesrepublik Deutschland und den Vereinigten Staaten von Amerika

A. Zusammenhang mit der Geschäftstätigkeit

Artikel 28 Absatz 1 Buchstabe c (Schranken für die Abkommensvergünstigungen) des Abkommens sieht vor, daß die Vergünstigungen für Einkünfte gewährt werden, die im Zusammenhang mit einer aktiven gewerblichen Tätigkeit in dem Staat, in dem der Empfänger der Einkünfte ansässig ist, bezogen werden oder aus Anlaß dieser Tätigkeit anfallen. Diese Bestimmung ist unmittelbar wirksam; sie erfordert zu ihrer Durchführung, anders als der in Teil B behandelte Absatz 2, keine von seiten der zuständigen Behörde vorab ergangene Entscheidung oder Zustimmung.

Die nachstehenden Beispiele verdeutlichen die Absicht der Verhandlungsführer bezüglich der Auslegung des Absatzes 1 Buchstabe c. Die Beispiele

both gain experience in administering the Convention, and particularly Article 28, the competent authorities may develop and publish amendments and further understandings and interpretations.

If this position meets with the approval of the Government of the United States of America, this Note and your Note in reply thereto will indicate that our Governments share a common understanding of the role of the memorandum of understanding relating to Article 28 of the Convention.

Accept, Excellency, the expression of my highest consideration.

Dr. Hans Werner Lautenschlager

His Excellency
Mr. Vernon A. Walters
Ambassador of the United States
of America

Bonn

Understandings regarding the scope of the Limitation on Benefits Article in the Convention between the Federal Republic of Germany and the United States of America

A. Business Connection

Paragraph 1 (c) of Article 28 (Limitation on Benefits) of the Convention provides that benefits will be granted with respect to income derived in connection with or incidental to an active trade or business in the State in which the income recipient resides. This provision is self-executing; unlike the provisions of paragraph 2, discussed in section B, below, it does not require advance competent authority ruling or approval.

The following examples illustrate the intention of the negotiators with respect to the interpretation of the provisions of paragraph 1 (c). The examples

sind nicht erschöpfend, erfassen also nicht alle Arten von Fällen, die in den Anwendungsbereich des Absatzes gehören. Für die Zwecke der Darstellung beziehen sich die Beispiele auf ein deutsches Unternehmen, das Abkommensvergünstigungen seitens der Vereinigten Staaten in Anspruch nimmt; die Beispiele gelten aber auch für den umgekehrten Fall. Absatz 1 Buchstabe c ist nur dort von Bedeutung, wo das Unternehmen, das die Vergünstigungen beansprucht, weder nach den Kriterien des Absatzes 1 Buchstabe e – Eigentum und Aushöhlung der Besteuerungsgrundlage – noch nach dem Kriterium des Absatzes 1 Buchstabe d – Börsenhandel – Anspruch auf Vergünstigungen hat.

Beispiel I

Sachverhalt:

Eine in der Bundesrepublik Deutschland (Deutschland) ansässige Gesellschaft gehört drei Personen, von denen jede in einem anderen Drittland ansässig ist. Die Gesellschaft ist in Deutschland aktiv in der Fertigung tätig. Sie unterhält in den Vereinigten Staaten eine völlig in ihrem Eigentum stehende Tochtergesellschaft, die mit Eigen- und Fremdkapital ausgestattet ist. Die Tochtergesellschaft verkauft die Erzeugnisse der deutschen Mutter. Die Fertigungstätigkeit in Deutschland ist gegenüber der Tätigkeit der amerikanischen Tochtergesellschaft von erheblichem Umfang. Können für die Zins- und Dividendenzahlungen der Tochter an die deutsche Mutter in den Vereinigten Staaten Abkommensvergünstigungen gewährt werden?

Beurteilung:

Abkommensvergünstigungen können gewährt werden, da das Erfordernis des Abkommens erfüllt ist, daß die in den Vereinigten Staaten erzielten Einkünfte „im Zusammenhang mit" der aktiven gewerblichen Tätigkeit in Deutschland bezogen werden oder „aus Anlaß dieser Tätigkeit anfallen". Dieses Ergebnis beruht auf zwei Elementen des vorliegenden Sachverhalts: 1. Die Einkünfte stehen in Zusammenhang mit der aktiven gewerblichen Tätigkeit in Deutschland – in diesem Beispiel im Zusammenhang mit einer nachgelagerten Stufe –, und 2. die Tätigkeit in Deutschland ist gegenüber der Tätigkeit der amerikanischen Tochtergesellschaft erheblich.

Beispiel II

Sachverhalt:

Der Sachverhalt ist der gleiche wie bei Beispiel I, jedoch mit folgenden Abweichungen: Die Einkünfte werden zwar von der deutschen Muttergesellschaft der amerikanischen Tochter bezogen, aber die einschlägige gewerbliche Tätigkeit in

are not intended to be exhaustive of the kinds of cases which would fall within the scope of the paragraph.

For purposes of exposition, the examples are structured in terms of a German entity claiming U.S. treaty benefits; they are intended to be understood reciprocally. Paragraph 1 (c) is relevant only in cases in which the entity claiming treaty benefits is not entitled to benefits under either the ownership and base erosion tests of paragraph 1 (e) or the public trading test of paragraph 1 (d).

Example I

Facts:

A German resident company is owned by three persons, each resident in a different third country. The company is engaged in an active manufacturing business in the Federal Republic of Germany (Germany). It has a wholly-owned subsidiary in the United States which has been capitalized with debt and equity. The subsidiary is engaged in selling the output of the German parent. The active manufacturing business in Germany is substantial in relation to the activities of the U.S. subsidiary. Are the subsidiary's interest and dividend payments to its German parent eligible for treaty benefits in the United States?

Analysis:

Treaty benefits would be allowed because the treaty requirement that the U.S. income "is derived in connection with or is incidental to" the German active business is satisfied. This conclusion is based on two elements in the fact pattern presented: (1) the income is connected with the active German business – in this example in the form of a "downstream" connection; and (2) the active German business is substantial in relation to the business of the U.S. subsidiary.

Example II

Facts:

The facts are the same as in Example I except that while the income is derived by the German parent of the U.S. subsidiary, the relevant business activity in Germany is carried on by a German subsidiary company. The

Deutschland wird von einer deutschen Tochtergesellschaft ausgeübt. Deren Tätigkeit erfüllt die im vorstehenden Beispiel genannten Kriterien des geschäftlichen Zusammenhangs und der Erheblichkeit. Können für die Dividenden- und Zinszahlungen der amerikanischen Tochter an die deutsche Mutter in den Vereinigten Staaten Abkommensvergünstigungen gewährt werden?

Beurteilung:

Die Vergünstigungen werden gewährt, da die beiden deutschen Unternehmen (d. h. dasjenige, das die Einkünfte bezieht, und dasjenige, das die erhebliche gewerbliche Tätigkeit in Deutschland ausübt) miteinander verbunden sind. Die Vergünstigungen werden nicht lediglich deshalb verweigert, weil die Einkünfte von einer deutschen Holdinggesellschaft bezogen werden und die einschlägige Tätigkeit in Deutschland von einer deutschen Tochter ausgeübt wird. Die Existenz eines ähnlichen Holding-Aufbaus in den Vereinigten Staaten läßt das Recht der deutschen Mutter auf Abkommensvergünstigungen unberührt. Wenn also die deutsche Mutter in den Vereinigten Staaten eine Tochtergesellschaft unterhält, die ihrerseits eine Holdinggesellschaft für die Tätigkeit der Gruppe in den Vereinigten Staaten ist, die mit der gewerblichen Tätigkeit in Deutschland verbunden ist, wird im Fall der Dividenden, die die amerikanische Holding an die deutsche Holding-Mutter zahlt, die Möglichkeit der Gewährung der Vergünstigungen in der vorstehend beschriebenen Weise geprüft, wobei unberücksichtigt bleibt, daß die Tätigkeit von dem einen Unternehmen ausgeübt wird, während die Einkünfte, für die die Vergünstigungen beansprucht werden, von einem anderen – verbundenen – Unternehmen gezahlt werden.

Beispiel III

Sachverhalt:

Eine in Deutschland ansässige Gesellschaft gehört drei Personen, von denen jede in einem anderen Drittland ansässig ist. Die Gesellschaft ist die globale Hauptverwaltung und Muttergesellschaft einer integrierten internationalen Unternehmensgruppe mit Tochtergesellschaften in zahlreichen Ländern. Die ganz im Eigentum der Gesellschaft stehenden amerikanischen und deutschen Tochtergesellschaften stellen in ihren jeweiligen Ländern Erzeugnisse her, die zum Sortiment der Gruppe gehören. Die amerikanische Tochtergesellschaft ist mit Eigen- und Fremdkapital ausgestattet worden. Die aktive Fertigungstätigkeit der deutschen Tochter ist gegenüber der Tätigkeit der amerikanischen Tochter erheblich. Die deutsche Mutter leitet die weltweite Gruppe und betreibt außerdem Forschung und Entwicklung, um die Fertigung der Erzeugnisse der Gruppe zu verbessern. Können für die Dividenden- und Zinszahlungen der amerikanischen Tochter an die deutsche Mutter in den Vereinigten Staaten Abkommensvergünstigungen gewährt werden?

German subsidiary's activities meet the business relationship and substantiality tests of the business connection provision as described in the preceding example. Are the U.S. subsidiary's dividends and interest payments to the German parent eligible for U.S. treaty benefits?

Analysis:

Benefits are allowed because the two German entities (i.e., the one deriving the income and the one carrying on the substantial active business in Germany) are related. Benefits are not denied merely because the income is earned by a German holding company and the relevant activity is carried on in Germany by a German subsidiary. The existence of a similar holding company structure in the United States would not affect the right of the German parent to treaty benefits. Thus, if the German parent owns a subsidiary in the United States which is, itself, a holding company for the group's U.S. activities, which are related to the business activity in Germany, dividends paid by the U.S. holding company to the German parent holding company would be tested for eligibility for benefits in the same way as described above, ignoring the fact that the activities are carried on by one entity and the income in respect of which benefits are claimed is paid by another, related, entity.

Example III

Facts:

A German resident company is owned by three persons, each resident in a different third country. The company is the worldwide headquarters and parent of an integrated international business carried on through subsidiaries in many countries. The company's wholly-owned U.S. and German subsidiaries manufacture, in their countries of residence, products which are part of the group's product line. The United States subsidiary has been capitalized with debt and equity. The active manufacturing business of the German subsidiary is substantial in relation to the activities of the U.S. subsidiary. The German parent manages the worldwide group and also performs research and development to improve the manufacture of the group's product line. Are the U.S. subsidiary's dividend and interest payments to its German parent eligible for treaty benefits in the United States?

Beurteilung:

Abkommensvergünstigungen können gewährt werden, da das Erfordernis des Abkommens erfüllt ist, daß die in den Vereinigten Staaten erzielten Einkünfte „im Zusammenhang mit" der aktiven gewerblichen Tätigkeit in Deutschland bezogen werden oder „aus Anlaß dieser Tätigkeit anfallen". Dieses Ergebnis beruht auf zwei Elementen des vorliegenden Sachverhalts: 1. Die Einkünfte stehen in Zusammenhang mit der aktiven gewerblichen Tätigkeit in Deutschland, da die amerikanische Tochter und die deutsche Tochter Erzeugnisse herstellen, die zum Sortiment der Gruppe gehören, und da die deutsche Mutter die weltweite Gruppe leitet und Forschung und Entwicklung betreibt, die beiden Tochtergesellschaften zugute kommen, und 2. die Tätigkeit in Deutschland ist gegenüber der Tätigkeit der amerikanischen Tochtergesellschaft erheblich.

Beispiel IV

Sachverhalt:

Eine in einem Drittland ansässige Person errichtet eine deutsche Gesellschaft, um eine große amerikanische Fertigungsgesellschaft zu erwerben. Die einzige gewerbliche Tätigkeit der deutschen Gesellschaft (abgesehen davon, daß sie das Kapital der amerikanischen Gesellschaft hält) besteht darin, einen kleinen Einzelhandelsbetrieb zu unterhalten, der Erzeugnisse der amerikanischen Gesellschaft verkauft. Hat die deutsche Gesellschaft Anspruch auf die Abkommensvergünstigungen nach Absatz 1 Buchstabe c in bezug auf die Dividenden, die sie vom amerikanischen Hersteller bezieht?

Beurteilung:

Die Dividenden berechtigen nicht zu den Vergünstigungen. Es besteht zwar – allenfalls – ein geschäftlicher Zusammenhang zwischen dem amerikanischen und dem deutschen Unternehmen, aber das in den vorstehenden Beispielen genannte Kriterium der „Erheblichkeit" ist nicht erfüllt.

Beispiel V

Sachverhalt:

Deutsche, französische und belgische Gesellschaften gründen ein Joint Venture in Form einer in Deutschland errichteten Personengesellschaft zur Herstellung eines Erzeugnisses in einem Entwicklungsland. Dem Joint Venture gehört eine amerikanische Vertriebsgesellschaft, die Dividenden an das Joint Venture zahlt. Können für diese Dividenden Abkommensvergünstigungen gewährt werden?

Analysis:

Treaty benefits would be allowed because the treaty requirement that the United States income "is derived in connection with or is incidental to" the German active business is satisfied. This conclusion is based on two elements in the fact pattern presented: (1) the income is connected with the German active business because the United States subsidiary and the German subsidiary manufacture products which are part of the group's product line, the German parent manages the worldwide group, and the parent performs research and development that benefits both subsidiaries; and (2) the active German business is substantial in relation to the business of the U.S. subsidiary.

Example IV

Facts:

A third-country resident establishes a German company for the purpose of acquiring a large U.S. manufacturing company. The sole business activity of the German company (other than holding the stock of the U.S. company) is the operation of a small retailing outlet which sells products manufactured by the U.S. company. Is the German company entitled to treaty benefits under paragraph 1 (c) with respect to dividends it receives from the U.S. manufacturer?

Analysis:

The dividends would not be entitled to benefits. Although there is, arguably, a business connection between the U.S. and the German businesses, the "substantiality" test described in the preceding examples is not met.

Example V

Facts:

German, French and Belgian companies create a joint venture in the form of a partnership organized in Germany to manufacture a product in a developing country. The joint venture owns a U.S. sales company, which pays dividends to the joint venture. Are these dividends eligible for benefits of the Convention?

Beurteilung:

Nach Artikel 4 ist nur der deutsche Partner im Sinne des Abkommens in Deutschland ansässig. Somit ergibt sich die Frage im Rahmen des Abkommens lediglich für den Anteil des deutschen Partners an den Dividenden. Wenn der deutsche Partner die Kriterien nach Absatz 1 Buchstabe d oder e – Eigentum und Aushöhlung der Besteuerungsgrundlage oder Börsenhandel – erfüllt, hat er Anspruch auf die Vergünstigungen, ohne daß Absatz 1 Buchstabe c herangezogen werden müßte. Andernfalls ist die Frage nach dem Muster der vorstehenden Beispiele zu beurteilen, um zu entscheiden, ob die Vergünstigungen nach Absatz 1 Buchstabe c gewährt werden können. Die Entscheidung über die Gewährung der Abkommensvergünstigungen an die französischen und belgischen Partner wird auf Grund der Abkommen zwischen den Vereinigten Staaten und Frankreich beziehungsweise Belgien getroffen.

Beispiel VI

Sachverhalt:

Eine deutsche Gesellschaft, eine französische Gesellschaft und eine belgische Gesellschaft gründen ein Joint Venture in Form einer in Deutschland ansässigen Gesellschaft, an der sie sich in jeweils gleichem Umfang beteiligen. Das Joint Venture übt eine aktive Fertigungstätigkeit in Deutschland aus. Die daraus bezogenen Einkünfte werden als Betriebskapital einbehalten und in amerikanischen Staatspapieren und anderen amerikanischen Schuldtiteln angelegt, bis das Kapital für den Geschäftsbetrieb benötigt wird. Können für die Zinsen auf diese Schuldtitel Abkommensvergünstigungen gewährt werden?

Beurteilung:

Für die Zinsen können Abkommensvergünstigungen gewährt werden. Zinseinkünfte aus der kurzfristigen Anlage von Betriebskapital sind Erträge, die aus Anlaß der in Deutschland ausgeübten Geschäftstätigkeit des deutschen Joint Venture anfallen.

B. Ermessensentscheidung der zuständigen Behörden nach Absatz 2

Wie vorstehend dargelegt, können die Abkommensvergünstigungen vom Steuerpflichtigen nach Absatz 1 (Eigentum, Aushöhlung der Besteuerungsgrundlage, Börsenhandel oder Zusammenhang mit der Geschäftstätigkeit) in Anspruch genommen werden, ohne daß die zuständige Behörde eingeschal-

Analysis:

Under Article 4, only the German partner is a resident of Germany for purposes of the Convention. The question arises under this Convention, therefore, only with respect to the German partner's share of the dividends. If the German partner meets the ownership and base erosion tests, or the public trading test of paragraph 1 (d) or (e), it is entitled to benefits without reference to paragraph 1 (c). If not, the analysis of the previous examples would be applied to determine eligibility for benefits under 1 (c). The determination of treaty benefits available to the French and Belgian partners will be made under the United States Conventions with France and Belgium.

Example VI

Facts:

A German company, a French company and a Belgian company create a joint venture in the form of a German resident company in which they take equal shareholdings. The joint venture company engages in an active manufacturing business in Germany. Income derived from that business that is retained as working capital is invested in U.S. Government securities and other U.S. debt instruments until needed for use in the business. Is interest paid on these instruments eligible for benefits of the Convention?

Analysis:

The interest would be eligible for treaty benefits. Interest income earned from short-term investment of working capital is incidental to the business in Germany of the German joint venture company.

B. Competent Authority Discretion under Paragraph 2

As indicated above, treaty benefits may be claimed by the taxpayer under the provisions of paragraph 1 (ownership, base erosion, public trading, or business connection) without reference to competent authority. It is anticipated that in the vast majority of cases, eligibility for treaty benefits will be

tet wird. Es wird damit gerechnet, daß in der großen Mehrzahl der Fälle die
Frage der Gewährung von Abkommensvergünstigungen ohne Einschaltung
der zuständigen Behörden entschieden werden kann. Die Steuerbehörden
der Vertragsstaaten können selbstverständlich bei der Prüfung eines Falles
feststellen, daß der Steuerpflichtige Absatz 1 falsch ausgelegt hat und daß
keine Vergünstigungen hätten gewährt werden dürfen. Ferner kann nach Absatz 2 die zuständige Behörde des Quellenstaats entscheiden, daß Vergünstigungen zu gewähren sind, auch wenn nach Absatz 1 kein Anspruch auf
Vergünstigungen besteht.

Es wird davon ausgegangen, daß für die Zwecke der Durchführung des Absatzes 2 den Steuerpflichtigen gestattet wird, ihren Fall der zuständigen Behörde zur Einholung einer auf dem Sachverhalt beruhenden Vorabentschei-
dung vorzulegen, und daß sie nicht zu warten brauchen, bis die Steuerbehörden eines der Vertragsstaaten entschieden haben, daß keine Vergünstigungen
zu gewähren sind. Unter diesen Umständen wird auch damit gerechnet, daß
in Fällen, in denen die zuständige Behörde entscheidet, daß Vergünstigungen
zu gewähren sind, diese Vergünstigungen rückwirkend vom Zeitpunkt des
Inkrafttretens der einschlägigen Abkommensbestimmung oder vom Zeitpunkt der Schaffung der betroffenen Einrichtung – falls dieser Zeitpunkt
später liegt – gewährt werden.

Bei den Entscheidungen auf Grund des Absatzes 2 werden die zuständigen Behörden alle relevanten Fakten und Umstände berücksichtigen. Zu den materiellen Kriterien, die die zuständigen Behörden berücksichtigen sollten, gehören das Vorliegen eines eindeutigen Geschäftszwecks für die Einrichtung
und den Standort des die Einkünfte erwirtschaftenden Unternehmens, die
Ausübung einer aktiven gewerblichen Tätigkeit (im Gegensatz zu einer bloßen Investitionstätigkeit) durch das Unternehmen und eine echte geschäftliche Beziehung zwischen dem Unternehmen und der den Einkünften zugrundeliegenden Tätigkeit. Die zuständigen Behörden werden ferner z. B. prüfen,
ob und inwieweit eine erhebliche Hauptverwaltungsfunktion, die in einem
Vertragsstaat von Arbeitnehmern einer in diesem Staat ansässigen Person
wahrgenommen wird, zu dieser echten geschäftlichen Beziehung beiträgt
und deshalb nicht lediglich als „Plazierung oder Verwaltung von Kapitalanlagen" im Sinne des Artikels 28 Absatz 1 Buchstabe c zu behandeln ist.

Die den zuständigen Behörden in Absatz 2 übertragene Ermessensentscheidung ist von besonderer Bedeutung angesichts der Entwicklungen und Ziel-
setzungen der internationalen wirtschaftlichen Integration wie z. B. derjenigen zwischen den Mitgliedstaaten der Europäischen Gemeinschaften und
zwischen den Vereinigten Staaten und Kanada, und sollte unter besonderer
Berücksichtigung dieser Faktoren wahrgenommen werden.

determinable without resort to competent authorities. The tax authorities of the Contracting States may, of course, in reviewing a case determine that the taxpayer has improperly interpreted the provisions of paragraph 1, and that benefits should not have been granted. Furthermore, under paragraph 2 the competent authority of the source State may determine that, notwithstanding failure to qualify for benefits under paragraph 1, benefits should be granted.

It is assumed that, for purposes of implementing paragraph 2, taxpayers will be permitted to present their cases to the competent authority for an advance determination based on the facts, and will not be required to wait until the tax authorities of one of the Contracting States have determined that benefits are denied. In these circumstances, it is also expected that if the competent authority determines that benefits are to be allowed, they will be allowed retroactively to the time of entry into force of the relevant treaty provision or the establishment of the structure in question, whichever is later.

In making determinations under paragraph 2, it is understood that the competent authorities will take into account all relevant facts and circumstances. The factual criteria which the competent authorities are expected to take into account include the existence of a clear business purpose for the structure and location of the income earning entity in question; the conduct of an active trade or business (as opposed to a mere investment activity) by such entity; and a valid business nexus between that entity and the activity giving rise to the income. The competent authorities will, furthermore, consider, for example, whether and to what extent a substantial headquarters operation conducted in a Contracting State by employees of a resident of that State contribute to such valid business nexus, and should not, therefore, be treated merely as the "making or managing [of] investments" within the meaning of paragraph 1 (c) of Article 28.

The discretionary authority granted to the competent authorities in paragraph 2 is particularly important in view of, and should be exercized with particular cognizance of, the developments in, and objectives of, international economic integration, such as that between the member countries of the European Communities and between the United States and Canada.

Das nachstehende Beispiel verdeutlicht die Anwendung der in Teil B beschriebenen Grundsätze.

Beispiel VII

Sachverhalt:

Deutsche, französische und belgische Gesellschaften, von denen jede im jeweiligen Ansässigkeitsstaat unmittelbar oder über verbundene Unternehmen in erheblichem Umfang aktive Geschäftstätigkeit ausübt, beschließen, bei der Entwicklung, Herstellung und Vermarktung eines hochmodernen Passagierflugzeuges über ein Joint Venture mit statutarischem Sitz in Deutschland zusammenzuarbeiten. Die Funktionen der Entwicklung, Herstellung und Vermarktung werden von den einzelnen am Joint Venture beteiligten Unternehmen wahrgenommen. Die Joint Venture-Gesellschaft, die mit einer großen Anzahl von Führungskräften und im Finanzwesen spezialisierten Bediensteten ausgestattet ist, die von den einzelnen beteiligten Unternehmen dorthin abgestellt wurden, fungiert als Hauptverwaltung des Joint Venture und ist verantwortlich für die Gesamtleitung des Projekts einschließlich der Koordinierung der von den Beteiligten für die Joint Venture-Gesellschaft getrennt ausgeübten Funktionen, für die Anlage des von den Beteiligten beigesteuerten Betriebskapitals und die Finanzierung des zusätzlichen Kapitalbedarfs des Projekts über die Aufnahme öffentlicher und privater Mittel. Die Joint Venture-Gesellschaft bezieht aus amerikanischen Quellen Kapitaleinkünfte aus Streubesitz. Können für diese Einkünfte Abkommensvergünstigungen gewährt werden?

Beurteilung:

Wenn die Tätigkeit der Joint Venture-Gesellschaft eine aktive Geschäftstätigkeit darstellt und die Einkünfte mit der Geschäftstätigkeit in Zusammenhang stehen, können die Vergünstigungen nach Absatz 1 Buchstabe c gewährt werden. Andernfalls wird die zuständige Behörde der Vereinigten Staaten wahrscheinlich entscheiden, daß auf Grund des vorliegenden Sachverhalts die Abkommensvergünstigungen nach Absatz 2 gewährt werden sollten, insbesondere angesichts 1. der Tatsache, daß für die Errichtung und Standortwahl der Joint Venture-Gesellschaft ein eindeutiger Geschäftszweck vorliegt und 2. der von dieser Gesellschaft wahrgenommenen umfangreichen Hauptverwaltungsfunktionen neben den Finanzfunktionen, und 3. der Tatsache, daß alle am Joint Venture Beteiligten in EG-Mitgliedstaaten ansässige Gesellschaften sind, die dort unmittelbar oder über verbundene Unternehmen in erheblichem Umfang aktive Geschäftstätigkeit ausüben.

Die zuständigen Behörden werden über diese Fragen weiterhin beraten und können auch die Auffassungen der Steuerbehörden anderer Staaten, insbesondere der Mitgliedstaaten der Europäischen Gemeinschaften, berücksichtigen.

The following example illustrates the application of the principles described in Section B, above.

Example VII

Facts:

German, French and Belgian companies, each of which is engaged directly or through its affiliates in substantial active business operations in its country of residence, decide to cooperate in the development, production, and marketing of an advanced passenger aircraft through a corporate joint venture with its statutory seat in Germany. The development, production and marketing aspects of the project are carried out by the individual joint venturers. The joint venture company, which is staffed with a significant number of managerial and financial personnel seconded by the joint venturers, acts as the general headquarters for the joint venture, responsible for the overall management of the project including coordination of the functions separately performed by the individual joint venturers on behalf of the joint venture company, the investment of working capital contributed by the joint venturers and the financing of the project's additional capital requirements through public and private borrowings. The joint venture company derives portfolio investment income from U.S. sources. Is this income eligible for benefits of the Convention?

Analysis:

If the joint venture company's activities constitute an active business and the income is connected to that business, benefits would be allowed under paragraph 1 (c). If not, it is expected that the U.S. competent authority would determine that treaty benefits should be allowed in accordance with paragraph (2) under the facts presented, particularly in view of (1) the clear business purpose for the formation and location of the joint venture company; (2) the significant headquarters functions performed by that company in addition to financial functions; and (3) the fact that all of the joint venturers are companies resident in EC member countries in which they are engaged directly or through their affiliates in substantial active business operations.

The competent authorities will consult further on these issues, and may also take into account the views of the tax authorities of other States, including, in particular, member States of the European Communities.

Erläuterungen
zum
Abkommen

Artikel 1

Persönlicher Geltungsbereich

Dieses Abkommen gilt, soweit es nichts anderes vorsieht, für Personen, die in einem Vertragsstaat oder in beiden Vertragsstaaten ansässig sind.

Protokoll

(1) Zu den allgemeinen Auswirkungen des Abkommens

a) Soweit nicht Buchstabe b gilt, können die Vereinigten Staaten ungeachtet der Bestimmungen des Abkommens oder dieses Protokolls ihre ansässigen Personen (im Sinne des Artikels 4 [Ansässigkeit]) und ihre Staatsbürger besteuern, als sei das Abkommen nicht in Kraft getreten. Im Sinne dieser Bestimmung umfaßt der Ausdruck „Staatsbürger" auch einen ehemaligen Staatsbürger, bei dem der Verlust der Staatsbürgerschaft hauptsächlich der Vermeidung der Einkommensteuer dienen sollte, jedoch nur für einen Zeitraum von zehn Jahren nach dem Verlust.

b) Nicht berührt werden durch Buchstabe a die Vergünstigungen, die die Vereinigten Staaten

aa) nach Artikel 9 Absatz 2 (Verbundene Unternehmen), Artikel 13 Absatz 6 (Veräußerungsgewinne), Artikel 18 Absätze 3 und 4 (Ruhegehälter, Renten und Unterhaltszahlungen), Artikel 19 Absatz 1 Buchstabe c und Absatz 2 (Öffentlicher Dienst; Sozialversicherung) und nach den Artikeln 23 (Vermeidung der Doppelbesteuerung), 24 (Gleichbehandlung) und 25 (Verständigungsverfahren) gewähren, und

bb) nach Artikel 19 Absatz 1 Buchstabe b (Öffentlicher Dienst; Sozialversicherung) und nach den Artikeln 20 (Gastprofessoren und -lehrer, Studenten und Auszubildende) und 30 (Mitglieder diplomatischer Missionen und konsularischer Vertretungen) natürlichen Personen gewähren, die weder Staatsbürger der Vereinigten Staaten sind noch dort den Status von Einwanderern haben.

c) Das Abkommen schränkt Steuerbefreiungen und -ermäßigungen, Freibeträge oder Steuerabzugsbeträge, Anrechnungsbeträge oder andere Vergünstigungen nicht ein, die jetzt oder später gewährt werden aufgrund

aa) der Gesetze eines Vertragsstaats oder

bb) einer anderen Vereinbarung zwischen den Vertragsstaaten.

d) Das Abkommen ist nicht so auszulegen, als hindere es die Bundesrepublik Deutschland daran, ihre Steuern auf Beträge zu erheben, die nach

dem Vierten Teil des deutschen Außensteuergesetzes dem Einkommen einer in der Bundesrepublik Deutschland ansässigen Person zuzurechnen sind. Wenn diese Besteuerung zu einer Doppelbesteuerung führt, beraten die zuständigen Behörden gemäß Artikel 25 Absatz 3 (Verständigungsverfahren) über die Vermeidung der Doppelbesteuerung.

Inhaltsübersicht

Erläuterungen zu Artikel 1

I. Überblick

1   In Übereinstimmung mit dem OECD-Musterabkommen 1977, aber im Gegensatz zu dem bisherigen Abkommen mit den Vereinigten Staaten findet sich nunmehr in dem neuen Abkommen eine allgemeine Regelung der persönlichen **Abkommensberechtigung.**

2   Als Abkommen i. S. d. Art. 1 ist der zwischen den USA und der Bundesrepublik Deutschland geschlossene **völkerrechtliche Vertrag** zu betrachten. Hierzu zählt nicht nur der Text des Abkommens selbst, sondern auch das Protokoll sowie der am 29. August 1989 erfolgte Briefwechsel. All die genannten Urkunden sind nämlich Gegenstand des nach Art. 59 Abs. 2 Satz 1 GG erfolgten deutschen Zustimmungsgesetzes vom 29. August 1989.

3   Durch das gem. Art. 59 Abs. 2 GG erforderliche **Transformationsgesetz** erlangt das Abkommen einschließlich Protokoll und Briefwechsel die Geltung als innerstaatliches Recht, das einerseits für die staatlichen Organe, andererseits aber auch für die betroffenen Steuerpflichtigen verbindlich ist (vgl. hierzu auch BVerfGE 1,396; 6,290). Das Verhältnis des Abkommens zum rein innerstaatlichen Recht bestimmt sich dabei nach § 2 AO: Verträge mit

anderen Staaten i. S. d. Art. 59 Abs. 2 Satz 1 GG gehen danach, soweit sie unmittelbar anwendbares innerstaatliches Recht geworden sind, den Steuergesetzen vor. Die Regelung des § 2 AO ergänzt den Regelungsinhalt von
Art. 25 GG. Während nach Art. 25 GG nur die allgemeinen Regeln des Völkerrechts Bestandteil des Bundesrechts sind und den innerstaatlichen Gesetzen vorgehen, sieht § 2 AO auch einen Vorrang des nach Art. 59 Abs. 2 GG
zu innerstaatlichem Recht gewordenen Völkervertragsrechts vor.

Ohne die Regelung des § 2 AO müßten die **allgemeinen Konkurrenzregeln**   4
zur Anwendung gelangen:

– Das speziellere Gesetz müßte also dem allgemeinen vorgehen, wobei sich
  allerdings argumentieren ließe, das Abkommen selbst sei stets das speziellere Gesetz;

– des weiteren müßte das spätere Gesetz dem früheren vorgehen; gerade dieser allgemeine Grundsatz über die Lösung von Normen-Konkurrenzen
  wird nun aber durch § 2 AO abbedungen.

Andererseits kann § 2 AO nicht in jedem Fall verhindern, daß **transformier-**   5
tes Vertragsrecht durch spätere innerstaatliche Gesetze abgeändert oder aufgehoben wird (vgl. hierzu auch *Tipke/Kruse*, AO, § 2 Tz. 1). So soll etwa der
durch das Steuerreformgesetz 1990 neu geschaffene § 50 d EStG seinem Sinn
und Zweck nach den Bestimmungen einzelner Doppelbesteuerungsabkommen vorgehen, die vorbehaltlos und ohne ein bestimmtes Verfahren zu verlangen aus der Bundesrepublik bezogene Zinsen und Lizenzgebühren von
deutscher Quellensteuer freistellen (vgl. zu dieser Problematik BFH-Urt.
v. 22. 10. 1986, BStBl. 1987 II S. 171; das genannte Urteil ist durch die Einfügung des § 50 d in das EStG überholt).

II. Abkommensberechtigung von „Personen"

Nach Art. 1 können überhaupt nur Personen abkommensberechtigt sein.   6
Der in Art. 3 Abs. 1 d enthaltenen Legal-Definition des Begriffs Person
kommt also für die Frage der Abkommensberechtigung eine entscheidende
Bedeutung zu. Die Begriffsbestimmung ist dabei aber nicht abschließend; sie
umfaßt **natürliche Personen und Gesellschaften,** ohne allerdings hierauf beschränkt zu sein: Das ergibt sich einmal aus den Worten „unter anderem"
der deutschen Fassung; die englische Fassung „the term ‚person' includes but
is not limited to an individual and a company" ist dabei noch klarer. Zwar
umfaßt der Ausdruck „Gesellschaft" nur juristische Personen oder Rechtsträger, die für die Besteuerung wie juristische Personen behandelt werden
(Art. 3 Abs. 1 e); da jedoch der Begriff Person nicht auf natürliche Personen
und Gesellschaften begrenzt ist, umfaßt er mit Sicherheit auch Personenge-

sellschaften sowie die Trusts (Treuhandvermögen) und Estates (Nachlaßvermögen) des US-amerikanischen Rechts. Ob die genannten Gebilde allerdings abkommensberechtigt sind, hängt davon ab, ob sie auch in einem der Vertragsstaaten i. S. d. Art. 4 ansässig sind. Die Ansässigkeit von Personengesellschaften, Trusts und Estates ist dabei in Art. 4 Abs. 1 b ausdrücklich geregelt (vgl. Art. 4 Rz. 17 ff.).

7   **Betriebsstätten** sind keine Personen im Sinne des Abkommens und sind daher als solche auch nicht abkommensberechtigt (vgl. hierzu auch *Vogel*, DBA, Art. 1 Tz. 18).

Beispiel:

Ein französischer Unternehmer unterhält in der Bundesrepublik Deutschland eine Betriebsstätte, die ihrerseits Zinsen, Lizenzeinnahmen und Dividenden aus den Vereinigten Staaten bezieht.

Das DBA USA/Bundesrepublik Deutschland ist auf diesen französischen Unternehmer trotz seiner in der Bundesrepublik belegenen Betriebsstätte nicht anwendbar.

III. „In einem oder in beiden Vertragsstaaten ansässig"

8   Wann eine Person in einem oder in beiden Vertragsstaaten **ansässig** ist, ergibt sich aus der Definition des Art. 4 Abs. 1: Danach bedeutet „eine in einem Vertragsstaat ansässige Person" eine Person, die nach dem Recht dieses Staates dort aufgrund ihres Wohnsitzes, ihres ständigen Aufenthalts, des Ortes ihrer Geschäftsleitung, des Ortes ihrer Gründung oder eines anderen ähnlichen Merkmals steuerpflichtig ist. Der Begriff „in einem Vertragsstaat ansässig" umfaßt allerdings nicht Personen , die in diesem Staat nur mit Einkünften aus Quellen in diesem Staat oder mit in diesem Staat gelegenem Vermögen steuerpflichtig sind.

9   Das Merkmal der Ansässigkeit in einem der Vertragsstaaten ist also gegeben, wenn eine Person nach dem Recht des betreffenden Staates dort der **unbeschränkten Steuerpflicht** (mit ihren Welt-Einkünften) unterliegt; demgegenüber vermag eine nur beschränkte Steuerpflicht, begrenzt auf die in dem betreffenden Staat gelegenen Einkunftsquellen und Vermögensteile, eine Ansässigkeit nicht zu begründen.

10   Abweichend von der Abkommenspraxis der Vereinigten Staaten wurde darauf verzichtet, die **Staatsangehörigkeit** als ein die Ansässigkeit begründendes Merkmal ausdrücklich zu erwähnen; das Merkmal „Staatsangehörigkeit" ist aber ein „ähnliches Merkmal" i. S. d. Art. 4 Abs. 1, das nach dem Steuerrecht der USA dort zur unbeschränkten Steuerpflicht führt.

Danach gelten **in den USA als ansässig** (resident): 11
- amerikanische Staatsangehörige,
- Personen, denen die Einreise zur Gründung eines ständigen Wohnsitzes in den USA rechtmäßig gestattet ist (die Inhaber einer sogenannten „green card") und
- Personen, die sich in den USA länger als 183 Tage im Durchschnitt der letzten drei Jahre aufgehalten haben (zur genauen Berechnung vgl. Art. 2 Rz. 75).

Um zu vermeiden, daß alle in Drittstaaten wohnhaften US-amerikanischen 12
Staatsangehörigen oder Inhaber einer „green card" als in den USA ansässig und damit als abkommensberechtigt gelten, ist jedoch in Abschn. 2 des Protokolls bestimmt, daß diese Personen nur dann im Sinne des Abkommens in den Vereinigten Staaten ansässig und damit abkommensberechtigt sind, wenn sie sich in den Vereinigten Staaten einen **längeren Aufenthalt** nehmen oder dort eine ständige Wohnstätte oder ihren gewöhnlichen Aufenthalt haben. Ein längerer Aufenthalt (substantial presence) ist nach US-amerikanischem Recht dann gegeben, wenn sich eine Person während der letzten 3 Jahre durchschnittlich 183 Tage in den USA aufgehalten hat (zur genauen Berechnung und der gesetzlichen Grundlage vgl. Art. 2 Rz. 75). Es bestehen wohl keine Bedenken, diese dem US-amerikanischen Recht entnommene Regelung für die Auslegung des Begriffs längerer Aufenthalt (substantial presence) heranzuziehen.

Durch die **Beschränkung des Ansässigkeitsbegriffs** gemäß Abschn. 2 des Pro- 13
tokolls werden auch Konkurrenzprobleme zwischen verschiedenen Abkommen vermieden, die ansonsten in großer Zahl auftreten würden.

Beispiel:

Ein US-Staatsangehöriger oder ein US-Green-Card-Holder leben ständig in Frankreich. Sie beziehen Einkünfte aus der Bundesrepublik als Quellenstaat. Ohne die Regelung in Abschn. 2 des Protokolls wären die genannten Personen sowohl nach dem DBA Deutschland/Frankreich wie auch nach dem DBA Deutschland/USA abkommensberechtigt. Es würde sich also das Problem stellen, welches Abkommen im konkreten Fall zur Anwendung käme. Unseres Erachtens müßte es im Hinblick auf jede aus der Bundesrepublik bezogene Einkunftsart das jeweils günstigere Abkommen sein. Diese Problematik wird indes durch Abschn. 2 des Protokolls zum DBA USA vermieden: Weder der in Frankreich lebende US-Staatsangehörige noch der dort lebende Green-Card-Holder sind nach dem DBA Deutschland/USA abkommensberechtigt.

Durch diese Abkommensregelung bleibt allerdings das **innerstaatliche Recht** 14
der USA unberührt, wonach auch die im Ausland lebenden US-Staatsangehörigen und Green-Card-Holder als unbeschränkt steuerpflichtig betrachtet werden. Die fehlende Ansässigkeit im Sinne des Abkommens hat also ledig-

lich die Rechtsfolge, dem genannten Personenkreis die Abkommensberechtigung zu entziehen.

IV. Die Saving Clause als Beschränkung der persönlichen Abkommensberechtigung

15 Gem. Abschn. 1 des Protokolls können die Vereinigten Staaten ungeachtet der Bestimmungen des Abkommens oder des Protokolls die dort ansässigen Personen i. S. d. Art. 4 und ihre Staatsbürger besteuern, als sei das Abkommen nicht in Kraft getreten. Im Sinne dieser Bestimmung umfaßt der Ausdruck „Staatsbürger" auch einen ehemaligen Staatsbürger, bei dem der Verlust der Staatsbürgerschaft hauptsächlich der Vermeidung der Einkommensteuer dienen sollen, jedoch nur für einen Zeitraum von 10 Jahren nach dem Verlust. Diese Regelung, allgemein als **„saving clause"** bezeichnet, stellt nach der US-amerikanischen Abkommenspraxis eine Beschränkung des persönlichen Anwendungsbereichs des Abkommens, also der Abkommensberechtigung dar, weshalb sie üblicherweise in Art. 1 der von den Vereinigten Staaten abgeschlossenen DBA aufgenommen wird. In dem neuen Abkommen Deutschland–USA wird diesem Gedanken dadurch Rechnung getragen, daß die „saving clause" im Abschn. 1 des Protokolls enthalten ist, der überschrieben ist mit „Zu den allgemeinen Auswirkungen des Abkommens". Im bisherigen Abkommen war die „saving clause" in Art. XV Abs. 1a enthalten, also unter den Regelungen zur Vermeidung der Doppelbesteuerung im Ansässigkeitsstaat. Die nunmehr gewählte systematische Zuordnung dürfte von der Sache her überzeugender sein, da sie den Gedanken zum Ausdruck bringt, daß die saving clause nichts anderes darstellt als eine Beschränkung der persönlichen Abkommensberechtigung.

16 Gegenüber dem bisherigen Abkommen wurde aber auch der **Anwendungsbereich** der Saving Clause entscheidend **eingeschränkt:** Sie gilt zwar nach wie vor für US-Staatsbürger; für in den USA ansässige Nicht-US-Staatsbürger gilt sie jedoch nur noch dann, wenn sich die USA über die Regelung des Art. 4 Abs. 2 als der für die Anwendung des Abkommens maßgebliche Ansässigkeitsstaat qualifizieren, was – bei Doppelansässigkeit – von der Prüfung der in Art. 4 Abs. 2 nacheinander genannten Kriterien abhängt (ständige Wohnstätte, Mittelpunkt der Lebensinteressen, gewöhnlicher Aufenthalt, Staatsangehörigkeit, gegenseitiges Einvernehmen der zuständigen Behörden). Bei einem Nicht-US-Staatsangehörigen, der nicht nur in den Vereinigten Staaten, sondern auch in der Bundesrepublik unbeschränkt steuerpflichtig ist, muß also vor Anwendung der Saving Clause geprüft werden, wo er seine ständige Wohnstätte, den Mittelpunkt seiner Lebensinteressen (und so weiter) hat (vgl. zu dieser Prüfung die Kommentierung zu Art. 4 Rz. 24).

Beispiele:

1. Y, ein deutscher Staatsangehöriger, ist Inhaber einer US-Green-Card. Er lebt in der 17
Bundesrepublik und verbringt im Jahr nur wenige Tage zu Geschäfts- oder Be-
suchszwecken in den Vereinigten Staaten.
Die Saving Clause findet auf ihn schon deshalb keine Anwendung, weil er weder US-
Staatsangehöriger noch in den USA ansässig ist. Eine Ansässigkeit ist hier bereits nach
Abschn. 2 des Protokolls zu verneinen. Selbstverständlich bleibt Y in den USA nach
deren innerstaatlichem Recht dort unbeschränkt steuerpflichtig: Die USA dürfen nach
dem vorliegenden Abkommen jedoch nur die Einkünfte besteuern, die aus US-amerikanischen Quellen stammen und für die nach den Art. 6–20 den USA ausdrücklich
das Besteuerungsrecht zugewiesen ist. Die USA haben hier also Art. 21 zu beachten.
2. Z, ein deutscher Staatsbürger, verfügt sowohl in der Bundesrepublik Deutschland
wie auch in den USA über eine ständige Wohnstätte. Der Mittelpunkt seiner Lebensinteressen befindet sich in der Bundesrepublik. Z ist freier Erfinder und bezieht Lizenzeinnahmen auch aus Drittstaaten. Dürfen diese Lizenzeinnahmen aus Drittstaaten in der Bundesrepublik und/oder den USA besteuert werden?

Gemäß Art. 4 Abs. 1 ist Z in beiden Vertragsstaaten ansässig. Er ist somit nach Art. 1 18
abkommensberechtigt. Da sich der Mittelpunkt seiner Lebensinteressen in der Bundesrepublik befindet, ist Deutschland nach Art. 4 Abs. 2 der für die Anwendung des
Abkommens maßgebliche Ansässigkeitsstaat. Die Saving Clause des Abschn. 1 des Protokolls greift hier deshalb nicht ein, weil Z kein US-Staatsbürger ist und weil des
weiteren die USA für ihn nicht der maßgebliche Ansässigkeitsstaat sind. Die USA
müssen also bei der Besteuerung das Abkommen beachten. Nach Art. 21 steht aber
den USA als bloßem „Quellenstaat" kein Besteuerungsrecht für Drittstaateneinkünfte
zu, da diese in den Art. 6–20 nicht ausdrücklich angeführt sind.
Demgegenüber darf die Bundesrepublik Deutschland als maßgeblicher Ansässigkeitsstaat die Welteinkünfte des Z besteuern. Im Verhältnis zu Drittstaaten muß sie natürlich – soweit vorhanden – die mit diesen Staaten bestehenden Abkommen beachten.

3. Z hat den Mittelpunkt seiner Lebensinteressen in den USA, im übrigen gestaltet 19
sich der Sachverhalten wie bei Beispiel 2. In diesem Fall sind die USA der maßgebliche
Ansässigkeitsstaat im Sinne des Abkommens. Es findet also die Saving Clause aus Abschnitt 1 des Protokolls Anwendung, obwohl Z nicht US-Staatsbürger ist. Die USA
besteuern hier also nach ihrem nationalen Recht im wesentlichen ohne Rücksicht auf
das Abkommen.
Dagegen ist es nunmehr der Bundesrepublik Deutschland durch Art. 21 verboten, die
Drittstaaten-Einkünfte zu besteuern, weil in diesem Fall Deutschland nur die Besteuerungsrechte für die in Art. 6–20 angeführten deutschen Einkunftsquellen hat.

4. Z ist US-Staatsbürger. Im übrigen gestaltet sich der Sachverhalt wie in Beispiel 2; der 20
Mittelpunkt der Lebensinteressen befindet sich also in der Bundesrepublik Deutsch-
land.
Hier findet die Saving Clause aus Abschn. 1 des Protokolls Anwendung. Die USA be-
steuern also im wesentlichen ohne Rücksicht auf das Abkommen. Die Bundesrepublik
besteuert gleichfalls, da sie maßgeblicher Ansässigkeitsstaat i. S. v. Art. 4 Abs. 2 ist, das
Welteinkommen des Y. Eine Doppelbesteuerung wird hier durch die Regelung des
Art. 23 Abs. 3 (gegenseitige Anrechnung von Steuern) vermieden (Art. 23 Rz. 50 ff.).

21 **Auch bei Anwendung der Saving Clause** haben die **USA** immerhin die **Regelungen des Abkommens zu beachten,** deren Sinn und Zweck es eindeutig ist, die Besteuerungsrechte des Ansässigkeitsstaats zu beschränken. Welche Regelungen des Abkommens die USA – unter welchen Voraussetzungen – nach dem soeben erwähnten Grundgedanken trotz Saving Clause zu beachten haben, ist in Abschn. 1 b des Protokolls im einzelnen angeführt. Hierauf kann verwiesen werden. Zu beachten ist dabei noch die zwischen aa und bb getroffene Unterscheidung: Die unter aa genannten Abkommensregelungen haben die USA trotz Saving Clause in jedem Fall zu beachten; die unter bb genannten Abkommensvergünstigungen jedoch nur dann, wenn der in den USA als maßgeblichem Ansässigkeitsstaat wohnhafte Steuerpflichtige, der aus diesem Grunde auch unter die Saving Clause fällt, weder Staatsbürger der Vereinigten Staaten ist noch den Status eines Einwanderers hat.

V. Weitere Beschränkungen der Abkommensberechtigung

1. Doppelansässigkeit von anderen als natürlichen Personen

22 Sind andere als natürliche Personen nach der Regelung des Art. 4 Abs. 1 in beiden Vertragsstaaten ansässig, etwa weil eine Kapitalgesellschaft nach dem Recht eines US-amerikanischen Bundesstaates gegründet ist, ihre Geschäftsleitung jedoch in der Bundesrepublik Deutschland hat, so sind die zuständigen Behörden der Vertragsstaaten gehalten, durch Konsultation den **maßgeblichen Ansässigkeitsstaat zu bestimmen.** Sehen sie sich dazu nicht in der Lage, so gilt die Person für Zwecke der Inanspruchnahme der Vergünstigungen nach diesem Abkommen als in keinem der beiden Vertragsstaaten ansässig. In diesem Fall wird der Person also die Abkommensberechtigung entzogen, denn wenn sie als in keinem der Vertragsstaaten ansässig gilt, so fehlt ihr nach Art. 1 die Abkommensberechtigung; vgl. Art. 4 Rz. 25.

2. Deutsche Zugriffsbesteuerung gemäß §§ 7–14 AStG

23 Gemäß Abschn. 1 d des Protokolls ist das Abkommen nicht so auszulegen, als hindere es die Bundesrepublik Deutschland daran, ihre Steuern auf Beträge zu erheben, die nach dem vierten Teil des **deutschen Außensteuergesetzes** dem Einkommen einer in der Bundesrepublik Deutschland ansässigen Person zuzurechnen sind. Damit kommt die Zugriffsbesteuerung des deutschen Außensteuergesetzes auch im Verhältnis zu einer US-amerikanischen Gesellschaft zum Tragen, sofern die tatbestandlichen Voraussetzungen der §§ 7–14 AStG erfüllt sind, was im wesentlichen folgendes voraussetzt:

a) In Deutschland unbeschränkt Steuerpflichtige sind **zu mehr als der Hälfte** 24 an den Anteilen oder Stimmrechten der ausländischen Gesellschaft beteiligt, wobei auch Anteile oder Stimmrechte zu berücksichtigen sind, die durch eine andere Gesellschaft vermittelt werden (vgl. dazu im einzelnen § 7 Abs. 1 und 2 AStG);

b) die ausländische Gesellschaft bezieht Einkünfte, die nicht aus der in § 8 25 AStG aufgezählten aktiven Tätigkeit stammen; bezieht die Gesellschaft sowohl aktive Einkünfte wie solche aus passivem Erwerb, so kommt die Zugriffsbesteuerung nur für die Einkünfte aus **passivem Erwerb** in Betracht;

c) die Einkünfte aus passivem Erwerb sind i. S. d. § 8 Abs. 3 AStG **niedrig be-** 26 **steuert,** was dann der Fall ist, wenn die Einkünfte weder im Staat der Geschäftsleitung noch im Staat des Sitzes der ausländischen Gesellschaft einer Belastung durch Ertragsteuern von 30 v. H. oder mehr unterliegen (vgl. dazu im einzelnen § 8 Abs. 3 AStG). Auch wenn der ausländische Ertragsteuersatz – wie im Falle der Vereinigten Staaten – höher ist als 30 v. H., kann sich doch eine niedrige Besteuerung i. S. d. § 8 Abs. 3 AStG ergeben, nämlich dann, wenn die in Betracht kommenden Einkünfte mit einem Betrag in die Steuerbemessungsgrundlage eingegangen sind, der niedriger ist als er bei Anwendung des deutschen Steuerrechts gewesen wäre (vgl. dazu Tz. 8.32.4. des Einführungsschreibens zum Außensteuergesetz vom 11. 7. 1974, BStBl. I S. 442). Erwirtschaftet also eine US-amerikanische Gesellschaft, an der mehrheitlich Personen beteiligt sind, die in der Bundesrepublik Deutschland unbeschränkt steuerpflichtig sind, Einkünfte aus passivem Erwerb, so ist sorgfältig zu prüfen, ob diese Einkünfte nicht niedrig i. S. d. § 8 Abs. 3 AStG besteuert sind.

d) Gemäß § 10 Abs. 5 AStG scheidet eine Zugriffsbesteuerung jedoch in je- 27 dem Falle insoweit aus, wie die Bundesrepublik Deutschland auf tatsächliche Ausschüttungen der betreffenden ausländischen Gesellschaft nach Art. 23 Abs. 2 das Schachtelprivileg gewähren müßte. Dieser Fall kann dann in Betracht kommen, wenn auch auf deutscher Seite eine Kapitalgesellschaft steht, die mit mindestens 10 v. H. am stimmberechtigten Kapital der US-Gesellschaft unmittelbar beteiligt ist. Das **Schachtelprivileg** findet allerdings dann keine Anwendung, wenn auf deutscher Seite natürliche Personen oder Personengesellschaften stehen oder wenn es sich bei den ausschüttenden US-amerikanischen Gesellschaften um Regulated Investment Companys oder um Real Estate Investment Trusts handelt (vgl. Art. 23 Rz. 27 ff.).

3. Anti-Treaty-Shopping-Regelung: Beseitigung der Abkommensvorteile im Quellenstaat

28   In Art. 28 wurde – entsprechend der US-amerikanischen Abkommenspraxis – eine außerordentlich umfassende **Anti-Treaty-Shopping-Regelung** aufgenommen, die unglücklicherweise weit über die Fälle des eigentlichen Treaty-Shopping hinaus zur Anwendung gelangen wird. Art. 28 berührt allerdings, wenn seine tatbestandlichen Voraussetzungen nicht erfüllt sind, nur die Abkommensvorteile im Nicht-Ansässigkeitsstaat, also die für den Quellenstaat vorgesehenen steuerlichen Beschränkungen, wobei insbesondere die Limitierung der Quellensteuersätze für Dividenden, Zinsen und Lizenzen zu nennen sind. Demgegenüber läßt Art. 28 die Vorteile des Abkommens im Ansässigkeitsstaat unberührt, er hebt also, was etwa eine in Deutschland ansässige Kapitalgesellschaft anbelangt, nicht das Schachtelprivileg des Art. 23 Abs. 2 auf. Gerade deshalb ist es aber für eine Gesellschaft besonders nachteilig, wenn sie sich im anderen Staat, etwa in den USA, nicht für die Abkommensvorteile qualifiziert und deshalb nicht die Quellensteuerreduktion für eine von ihrer dortigen Tochtergesellschaft getätigte Dividendenausschüttung erhält. Der höhere Quellensteuersatz (30 v.H. entsprechend dem innerstaatlichen Recht der USA statt 5 v.H. gem. Art. 10 Abs. 2 a geht voll zu Lasten der Gesellschaft: Da nämlich ihre Einkünfte in Deutschland freigestellt sind, scheidet hier eine Anrechnung der höheren Quellensteuer aus. Im übrigen muß für diese Fragen auf die Kommentierung von Art. 28 Bezug genommen werden.

29   Wie in Art. 1 bereits angedeutet, kann es also durchaus vorkommen, daß trotz Ansässigkeit in einem oder in beiden Vertragsstaaten die **Abkommensberechtigung** insgesamt **entfällt** oder doch – sei es im Ansässigkeitsstaat oder im Quellenstaat – erheblich beschränkt ist.

Artikel 2
Unter das Abkommen fallende Steuern

(1) Zu den bestehenden Steuern, für die dieses Abkommen gilt, gehören

a) in den Vereinigten Staaten

   aa) die aufgrund des Internal Revenue Code erhobenen Bundeseinkommensteuern mit Ausnahme der Steuer auf thesaurierte Gewinne (accumulated earnings tax), der Steuer auf personenbezogene Holdinggesellschaften (personal holding company tax) und der Sozialabgaben und

   bb) die Abgabe auf Versicherungsprämien (federal excise tax), die an ausländische Versicherer gezahlt werden

   (im folgenden als „Steuer der Vereinigten Staaten" bezeichnet);

   dieses Abkommen gilt jedoch für die Abgabe auf Versicherungsprämien, die an ausländische Versicherer gezahlt werden, nur insoweit, als die durch die Prämien gedeckten Risiken nicht bei einer Person rückversichert sind, die nicht berechtigt ist, die Vergünstigungen dieses oder eines anderen Abkommens, das eine Freistellung von dieser Abgabe vorsieht, in Anspruch zu nehmen;

b) in der Bundesrepublik Deutschland

   aa) die Einkommensteuer,

   bb) die Körperschaftsteuer,

   cc) die Gewerbesteuer und

   dd) die Vermögensteuer

   (im folgenden als „deutsche Steuer" bezeichnet).

(2) Dieses Abkommen gilt auch für alle Steuern gleicher oder im wesentlichen ähnlicher Art, die nach der Unterzeichnung des Abkommens neben den bestehenden Steuern oder an deren Stelle erhoben werden. Die zuständigen Behörden der Vertragsstaaten teilen einander die in ihren Steuergesetzen eingetretenen bedeutsamen Änderungen mit.

Erläuterungen zu Artikel 2

I. Überblick

1   Art. 2 regelt, **welche Steuern unter das Abkommen fallen.** Im Hinblick auf
die **Bundesrepublik Deutschland** sind das die Einkommensteuer, die Körperschaftsteuer, die Gewerbesteuer und die Vermögensteuer (Abs. 1 b). Dies bedeutet, daß im Rahmen der Vermeidung der Doppelbesteuerung im Wege
der Anrechnung (Art. 23 Abs. 1) in den USA die in der Bundesrepublik gezahlte Einkommensteuer, Körperschaftsteuer und Gewerbeertragsteuer angerechnet werden kann. Die Gewerbekapitalsteuer und die Vermögensteuer

fallen zwar unter das Abkommen, können in den USA aber mangels vergleichbarer Steuern nicht angerechnet werden. Die deutsche Kirchensteuer fällt nicht unter das Abkommen und würde auch nach nationalem US-Recht nicht angerechnet werden.

Auf der anderen Seite beschränkt sich die **Freistellung** von der deutschen Besteuerung nach Maßgabe des Art. 23 ebenfalls auf die o. g. Steuern.   2

Im Hinblick auf die **USA** fallen unter das Abkommen die aufgrund des Internal Revenue Code **erhobenen Bundeseinkommensteuern.** Wie bereits das bisherige Abkommen, so ist auch das neue DBA auf Steuern der Gebietskörperschaften, insbesondere der Bundesstaaten nicht anwendbar. Somit sind deutsche Steuern auf die Steuern der US-Bundesstaaten nicht anrechnungsfähig. Dabei ist jedoch zu beachten, daß im allgemeinen die Bemessungsgrundlage für die Bundesstaatensteuern keine ausländischen Einkünfte enthält. Nach nationalem deutschen Recht werden jedoch die Steuern der Bundesstaaten angerechnet. Vom sachlichen Geltungsbereich des Abkommens sind des weiteren ausgenommen die „accumulated earnings tax" (vgl. Rz. 21), eine Steuer auf nichtausgeschüttete Gewinne, sowie die „personal holding company tax" (vgl. Rz. 22 ff.), ferner – in einer eher klarstellenden Weise – die Sozialabgaben (social security taxes).   3

Im Gegensatz zum bisherigen Abkommen ist in den sachlichen Geltungsbereich des neuen DBA eine **„federal excise tax"** aufgenommen, eine in den USA vom Bund erhobene Verbrauchsteuer auf Versicherungs- und Rückversicherungsprämien, die von US-Versicherungsnehmern an ausländische Versicherer gezahlt werden und US-Risiken abdecken, unabhängig davon, ob das ausländische Versicherungsunternehmen in den USA einen Geschäftsbetrieb hat oder nicht. Die Anwendung des Abkommens auf diese Steuer ist jedoch nur möglich, wenn sich das deutsche Versicherungsunternehmen in der Bundesrepublik Deutschland oder in einem Land rückversichert, das mit den USA ein Abkommen abgeschlossen hat, das eine vergleichbare Klausel zu dieser Steuer enthält.   4

Die Einbeziehung dieser Steuer in das Abkommen hat zur Folge, daß deutsche Versicherungsunternehmen, die keine Betriebsstätte in den USA haben, dieses „federal excise tax" dann nicht entrichten müssen, wenn sie die oben genannte Klausel bzgl. der **Rückversicherung** erfüllen.   5

Die Vereinigten Staaten von Amerika erheben **Ertragsteuern** auf Bundesebene (federal tax) von den Einkünften natürlicher und juristischer Personen. Außerdem sind in den meisten Bundesstaaten sowie in einigen Städten zusätzliche Ertragsteuern zu entrichten. Dabei variieren die Steuersätze von Staat zu Staat erheblich (siehe hierzu Rz. 95).   6

7   Eine **Vermögensteuer** im deutschen Sinne wird nicht erhoben. Die Property
    Taxes sind systematisch eher der deutschen Grundsteuer vergleichbar, die in
    bestimmten Gegenden einen erheblichen Kostenfaktor darstellen.

8   Ein Äquivalent für die deutsche **Grunderwerbsteuer**, die **Börsenumsatzsteuer**
    und die **Gesellschaftsteuer** gibt es nicht. Ebenso ist das europäische **Mehr-
    wertsteuersystem** unbekannt. In den meisten Staaten wird jedoch eine Sales
    Tax erhoben, die in der Regel nur einmal auf den Endverbrauch erhoben
    wird.

9   Die folgenden Ausführungen über das US-Steuerrecht beschäftigen sich aus-
    schließlich mit den **Ertragsteuern auf Bundesebene**. Lediglich unter Rz. 93 ff.
    wird auf die Besonderheiten der Bundesstaatensteuern eingegangen.

II. Unbeschränkte Steuerpflicht in USA

1. Die Besteuerung der Kapitalgesellschaften

a) Persönliche und sachliche Steuerpflicht

10 Grundsätzlich ist in den USA jede **Kapitalgesellschaft**, sowohl eine inländi-
    sche als auch eine ausländische, steuerpflichtig. Sec. 11 des Internal Revenue
    Code (IRC) besagt: „A tax is hereby imposed for each taxable year on the
    taxable income of every corporation." Erst in Sec. 861 ff. IRC wird erläutert,
    daß ausländische Kapitalgesellschaften nur mit ihren Einkünften aus US-
    Quellen der US-Steuer unterliegen. Hieraus ergibt sich andererseits, daß jede
    US-Corporation mit ihrem Welteinkommen der US-Steuer unterliegt.

11 Erzielt die US-Kapitalgesellschaft **ausländische Einkünfte**, so können die
    hierauf entrichteten ausländischen Steuern auf die hierauf entfallenden US-
    Steuer angerechnet werden (Rz. 33 ff.). Die Freistellungsmethode ist auch
    aufgrund von Doppelbesteuerungsabkommen ausnahmslos nicht anwend-
    bar.

12 Eine US-Kapitalgesellschaft ist eine Kapitalgesellschaft, die nach dem Recht
    eines der US-Bundesstaaten **gegründet** wurde. Der Ort der Geschäftsleitung
    ist unerheblich. Es gibt in den USA nur eine Art von Kapitalgesellschaft –
    die corporation – deren Anteile an der Börse gehandelt werden können.

b) Reguläre Steuersätze und Körperschaftsteuersystem

13 Die Einkünfte von Kapitalgesellschaften und Personengesellschaften, die wie
    Kapitalgesellschaften besteuert werden (siehe Rz. 70), unterliegen seit dem
    1. 7. 1987 folgenden Steuersätzen:

Steuerpflichtiges Einkommen	Steuersatz
bis $ 50 000	15 %
$ 50 000–75 000	25 %
über $ 75 000	34 %

Liegt das steuerpflichtige Einkommen zwischen $ 100 000 und $ 335 000,   14
wird eine zusätzliche Steuer von 5 % erhoben, so daß bei einem Einkommen
von über $ 335 000 dieses insgesamt mit einem **Steuersatz** von 34 % belastet
ist.

In den USA gilt das klassische **Körperschaftsteuersystem,** nach dem die Ge-   15
winne der Kapitalgesellschaft zunächst der Körperschaftsteuer unterliegen.
Die Dividendenzahlung unterliegt keiner Kapitalertragsteuerpflicht, sofern
die Dividende an einen in den USA unbeschränkt steuerpflichtigen Gesellschafter gezahlt wird.

Ist der **Gesellschafter eine natürliche Person,** so unterliegt die Dividende mit   16
dem Ausschüttungsbetrag den normalen Einkommensteuersätzen (siehe
Rz. 79). Damit unterliegen die Gewinne einer US-Kapitalgesellschaft bei Ausschüttung an die Gesellschafter einer Steuerbelastung von insgesamt 58 %
(Annahme: maximale Steuersätze auf Bundesebene und 6 % Körperschaftsteuer und Einkommensteuer auf Bundesstaatenebene).

Ist der **Gesellschafter eine US-Kapitalgesellschaft,** gilt grundsätzlich ein nach   17
Beteiligungshöhe gestaffeltes Schachtelprivileg:
- 100 % Schachtelbefreiung bei mindestens 80 %iger Beteiligung
- 80 % Schachtelbefreiung bei mindestens 20 %iger Beteiligung
- 70 % Schachtelbefreiung bei weniger als 20 %iger Beteiligung

Ausschüttungen einer Kapitalgesellschaft an ihre Gesellschafter werden auf   18
der Ebene des Gesellschafters nur dann als Dividende besteuert, wenn die
Kapitalgesellschaft über earnings and profits verfügt. Darüber hinaus gehende Ausschüttungen sind Kapitalrückzahlungen, die erst dann steuerliche
Konsequenzen haben, wenn die Anschaffungskosten der Anteile überschritten werden. Kapitalrückzahlungen sind in der Regel nach US-Recht aufgrund eines einfachen Gesellschafterbeschlusses möglich.

Die **Earnings and Profits** entsprechen eher dem wirtschaftlichen und weniger   19
dem steuerlichen Einkommen. So wird das steuerpflichtige Einkommen u. a.
um steuerfreie Zinsen und die tatsächliche Nutzung übersteigende, steuerlich zulässige Abschreibungen erhöht, und um nicht abzugsfähige Betriebsausgaben, wie z. B. die Bundessteuern sowie um Dividendenausschüttungen,
vermindert.

c) Steuersatz auf Capital Gains/Losses

20   Seit dem 1. 1. 1987 sind Gewinne aus der Veräußerung von **Capital Assets**
     (Sec. 1221 IRC – vor allem Finanzanlagen, Beteiligungen an Tochtergesell-
     schaften u. ä.) voll steuerpflichtig, auch wenn sie länger als 6 Monate (bzw.
     1 Jahr für Anschaffungen ab dem 1. 1. 1988) im Eigentum der Gesellschaft
     waren. Entsprechende Verluste (capital losses) können nur mit Veräuße-
     rungsgewinnen (capital gains) verrechnet werden. Übersteigen die Verluste
     die Gewinne, können die Nettoverluste nicht mit den übrigen Gewinnen
     verrechnet, sondern nur drei Jahre zurück- und fünf Jahre vorgetragen wer-
     den, um in diesen Jahren mit entsprechenden Veräußerungsgewinnen (net
     capital gains) verrechnet zu werden (Sec. 1212 IRC).

d) **Zusatzsteuer auf unangemessen hohe Gewinnthesaurierung**
   (Sec. 531 IRC)

21   **Thesauriert** eine Kapitalgesellschaft ihre Gewinne über den betriebswirt-
     schaftlichen Bedarf hinaus, so wird davon ausgegangen, daß dies erfolgt, um
     die Besteuerung der Dividende auf der Ebene des Gesellschafters in die Zu-
     kunft zu verlagern. Um hierfür keinen Anreiz zu bieten, wird auf solche
     Gewinnthesaurierungen eine Zusatzsteuer (accumulated earnings tax) in Hö-
     he von 28 % erhoben, die bei einer späteren Ausschüttung dieser Gewinne
     nicht erstattet wird. Als unangemessen werden Gewinnthesaurierungen
     dann angesehen, wenn sie akkumuliert $ 250 000 übersteigen und wenn die
     Gesellschaft nicht darlegen kann, daß sie diese Gewinne im Rahmen ihres
     Geschäftsbetriebes (reasonable needs of the business) benötigen wird.

22   Diese **Zusatzsteuer** wird auch dann erhoben, wenn die Gesellschafter der Ka-
     pitalgesellschaft in den USA als beschränkt Steuerpflichtige nur US-Quellen-
     steuer auf die ausgeschütteten Dividenden zu entrichten haben. Die Steuer
     kann dadurch vermieden werden, daß eine sogenannte „consent dividend"
     beschlossen wird. Hierbei wird die Dividende auf der Ebene der Gesellschaf-
     ter besteuert, ohne daß eine Dividende tatsächlich gezahlt wurde. Bei einer
     späteren tatsächlichen Auszahlung fällt keine weitere Steuer beim Gesell-
     schafter an.

e) **Zusatzsteuer auf thesaurierte passive Einkünfte (Sec. 541 IRC)**

23   Diese Zusatzsteuer (personal holding company tax) wird mit einem **Steuer-
     satz** von 28 % auf sämtliche thesaurierten Gewinne (nach Abzug aller Ertrag-
     steuern) einer US-Kapitalgesellschaft erhoben, sofern die folgenden **Voraus-
     setzungen** erfüllt sind:

– mehr als 50% des Wertes aller ausgegebenen Anteile werden direkt oder indirekt von 5 oder weniger natürlichen Personen zu irgendeinem Zeitpunkt in der 2. Hälfte des Wirtschaftsjahres gehalten und

– mindestens 60% der Bruttoeinnahmen bestehen aus Dividenden, Zinsen, Lizenzgebühren, bestimmte Mieten u. ä.

Auch diese Steuer wird bei einer späteren Dividendenausschüttung **nicht erstattet**. Sie kann allerdings ebenfalls durch eine „consent dividend" (siehe oben zu 4.) vermieden werden. Diese Zusatzsteuer geht der Zusatzsteuer auf unangemessen hohe Gewinnthesaurierung vor. Damit können nicht beide Steuern gleichzeitig erhoben werden.   24

f) Alternative Mindeststeuer (Sec. 55 IRC)

Um sicherzustellen, daß profitable Unternehmen ihre **Steuerschuld nicht** durch die Inanspruchnahme von steuerlichen Vergünstigungen (z. B. degressive Abschreibung) und Investitionen in steuerbegünstigte Kapitalanlagen **eliminieren** können, wurde die alternative Mindeststeuer (alternative minimum tax – AMT) eingeführt. Zunächst ist die reguläre Steuer und dann die AMT zu ermitteln. Übersteigt die AMT die reguläre Steuer, ist die AMT zu entrichten.   25

Die AMT beträgt 20% des AMT-pflichtigen Einkommens. Zur Ermittlung der **Bemessungsgrundlage** wird das steuerpflichtige Einkommen für die reguläre Steuer um bestimmte Steuervergünstigungen erhöht. Hierzu zählen vor allem der Unterschiedsbetrag zwischen der degressiven Abschreibung für die reguläre Steuer und der degressiven Abschreibung für die AMT, die auf niedrigeren Abschreibungssätzen und einer längeren Abschreibungsdauer basiert. Außerdem werden noch bestimmte steuerfreie Zinsen, die Pauschalwertberichtigung auf Forderungen bei kleineren Banken und 50% des Betrages, um den der Handelsbilanzgewinn das AMT-pflichtige Einkommen übersteigt, (ab 1990 75% des Betrages, um den die adjusted current earnings das AMT-pflichtige Einkommen übersteigen) hinzugerechnet.   26

Verlustvorträge, die nach den Vorschriften für die AMT ermittelt werden, können nur bis zur Höhe von 90% des AMT-pflichtigen Einkommens verrechnet werden. Ausländische Steuern können ebenfalls nur bis zur Höhe von 90% der AMT angerechnet werden. Das AMT-pflichtige Einkommen wird um einen Freibetrag von $ 40 000 vermindert. Dieser Freibetrag wird bei Einkünften zwischen $ 150 000 und $ 310 000 sukzessive verringert, so daß bei Einkünften über $ 310 000 kein Freibetrag mehr berücksichtigt werden kann.   27

28 Die meisten **Hinzurechnungsbeträge** zur Ermittlung des AMT-pflichtigen Einkommens bestehen aus zeitlich vorgezogenen Aufwendungen (z. B. erhöhte Abschreibungen). Sofern die Entrichtung der AMT auf solche Hinzurechnungen zurückzuführen ist, kann die gezahlte AMT auf die reguläre Steuer späterer Jahre angerechnet werden (AMT credit), so daß die AMT insofern keine Zusatzsteuer, sondern nur eine zeitlich vorgezogene reguläre Steuer darstellt.

29 Wird AMT durch die Hinzurechnung von z. B. steuerfreien Zinsen fällig, **entfällt** insoweit die **Steuerbefreiung,** da eine spätere Reduzierung der regulären Steuer nicht möglich ist.

g) Steuergutschrift für Forschungs- und Entwicklungskosten (Sec. 41 IRC)

30 Die Steuerschuld wird in begrenztem Umfang um eine Reihe von **Steuergutschriften** vermindert. Eine der am häufigsten geltend gemachten Steuergutschrift ist jene für Forschungs- und Entwicklungskosten. Sie beträgt 20 % der Forschungs- und Entwicklungsaufwendungen des laufenden Jahres, soweit diese den Durchschnitt der Forschungs- und Entwicklungsaufwendungen der letzten 3 Jahre überstiegen haben. Die steuerlich abzugsfähigen Forschungs- und Entwicklungsaufwendungen sind um 50 % der Steuergutschrift zu kürzen, d. h. die Steuergutschrift ist zur Hälfte steuerpflichtig.

31 Diese Steuergutschrift wird nach derzeitigem Recht **nur bis 31. 12. 1989 gewährt.** Es kann jedoch mit einer Verlängerung gerechnet werden.

32 Sofern Steuergutschriften insgesamt aufgrund einer zu niedrigen Steuerschuld oder aufgrund der Begrenzungen nicht geltend gemacht werden können, ist ein **Rücktrag** von 3 Jahren und ein **Vortrag** von 15 Jahren möglich.

h) Steuergutschrift für ausländische Steuern (Sec. 901 IRC)

33 US-Kapitalgesellschaften unterliegen mit ihrem **Welteinkommen** der US-Steuer. Auf ausländische Einkünfte entrichtete ausländische Steuern können auf die US-Steuer angerechnet werden. In keinem Falle werden ausländische Einkünfte von der US-Steuer freigestellt.

34 **Anrechnungsfähig** sind die **direkten,** d. h. von der US-Kapitalgesellschaft entrichteten **Steuern,** wie Quellensteuern oder z. B. die Körperschaftsteuer und Gewerbeertragsteuer auf die Einkünfte einer deutschen Betriebsstätte einer US-Kapitalgesellschaft.

35 Des weiteren sind die **indirekten Steuern** anrechenbar, z. B. bei Dividendenausschüttungen die ausländischen Ertragsteuern, die die Dividende zahlende

ausländische Tochtergesellschaft entrichtet hat. Hierfür ist Voraussetzung, daß die US-Kapitalgesellschaft mindestens 10% der Anteile der ausländischen Gesellschaft direkt oder 5% indirekt (bei ausländischen Enkel- und Urenkelgesellschaften) hält.

Die **ausländischen Steuern** können nur bis zur Höhe der US-Steuer auf die ausländischen Einkünfte angerechnet werden. Dabei werden die ausländischen Einkünfte nach den Vorschriften des US-Steuerrechts ermittelt. Auf diese Weise kann der effektive ausländische Steuersatz erheblich über oder unter dem nominalen ausländischen Steuersatz, wie er sich aus dem ausländischen Steuergesetz ergibt, liegen.

36

Für die **Ermittlung der ausländischen Einkünfte** und damit der anrechenbaren ausländischen Steuern ist von entscheidender Bedeutung, ob die Einkünfte als aus US-Quellen oder als aus ausländischen Quellen stammend angesehen werden. Bei Zinseinkünften ist in der Regel der Sitz des Schuldners und bei Dividenden der Sitz der ausschüttenden Kapitalgesellschaft maßgebend. Bei Einnahmen aus Warenverkäufen ist im allgemeinen entscheidend, wo das Eigentum übergeht. Lizenzeinkünfte stammen aus dem Land, wo das immaterielle Wirtschaftsgut genutzt wird. Die Kosten werden in der Regel nach dem Verursachungsprinzip zugeordnet. Ausnahme hiervon sind vor allem die Zinsaufwendungen, die den ausländischen und US-Einnahmen jeweils in dem Verhältnis zugeordnet werden, wie die Aktiva auf In- und Ausland verteilt sind.

37

Der **Anrechnungshöchstbetrag** wird nicht – wie nach deutschem Recht – je ausländischem Staat errechnet, sondern getrennt für die folgenden Einkommenskategorien (baskets):

38

– aktive Einkünfte und hochbesteuerte passive Einkünfte
– niedrigbesteuerte passive Einkünfte (unter 34% Effektivbelastung)
– Dividenden aus jeder einzelnen Beteiligung, soweit die Beteiligung zwischen 10% und 50% liegt
– Zinsen, die einer hohen Quellensteuer unterliegen
– Einkünfte aus Bank- und Versicherungsgeschäften u. a.

Ergeben sich durch diese getrennte Berechnung **Anrechnungsüberhänge** (excess foreign tax credit), so können diese Beträge je basket 2 Jahre zurück- und 5 Jahre vorgetragen werden.

i) Ermittlung des steuerpflichtigen Einkommens

aa) Gewinnermittlungsmethoden

Der Grundsatz der Maßgeblichkeit der Handelsbilanz für die Steuerbilanz ist dem US-Steuerrecht fremd. Das zu versteuernde Einkommen wird völlig un-

39

abhängig davon ermittelt, welche Wertansätze, Abschreibungsmethoden u.ä. in der Handelsbilanz gewählt wurden.

40 Die **Einnahmen-Ausgaben-Überschußrechnung** ist zulässig bei Dienstleistungsunternehmen, deren Gesellschafter gleichzeitig im Unternehmen tätig sind, bei Einzelunternehmen und bei Personengesellschaften, deren Gesellschafter ausschließlich natürliche Personen sind, sowie bei Unternehmen mit einem Gesamtumsatz von nicht mehr als $ 5 Millionen. Voraussetzung ist jeweils, daß es sich nicht um eine Verlustzuweisungsgesellschaft (tax shelter) handelt. In allen übrigen Fällen ist der Gewinn durch Betriebsvermögensvergeich (accrual basis method) zu ermitteln.

41 Abweichend von der allgemein angewendeten Gewinnermittlungsmethode kann bei Verkäufen gegen Ratenzahlung der Gewinn anteilig entsprechend dem Bareingang der **Ratenzahlungen** ermittelt werden (installment method). Dies ist seit 1. 1. 1988 nur noch bei Grundstücksverkäufen und bei der Veräußerung von Anlagevermögen möglich. Die auf diese Weise gestundeten Steuern müssen u. U. verzinst werden.

bb) Abzugsfähige Aufwendungen

(1) Abschreibungen (Sec. 168 IRC)

42 Das **Accelerated Cost Recovery System** (ACRS) ordnet alle Wirtschaftsgüter bestimmten Abschreibungsklassen zu. In der Regel ist die Abschreibungsdauer kürzer als die Nutzungdauer. Der Abschreibungszeitraum für Wohngebäude beträgt 27,5 Jahre, für betriebliche Gebäude 31,5 Jahre. Als Abschreibungsmethode wird die degressive Methode angewandt, wobei der Abschreibungssatz auf 200% bzw. 150% des linearen Satzes begrenzt ist. Bei Gebäuden ist nur eine lineare Methode anwendbar.

43 Die Möglichkeit, **geringwertige Wirtschaftsgüter** im ersten Jahr der Nutzung voll abzuschreiben, besteht nicht. Unternehmen mit Anschaffungen pro Jahr von nicht mehr als $ 200 000 können Wirtschaftsgüter mit Anschaffungskosten bis zu $ 10 000 im Jahr der Anschaffung geltend machen, unabhängig davon, wie hoch die Anschaffungskosten des einzelnen Wirtschaftsgutes sind.

(2) Forderungsausfälle

44 **Pauschalwertberichtigungen** auf Forderungen sind seit dem 1. 1. 1987 nicht mehr zulässig, d. h. steuerlich können Forderungen nur einzeln wertberichtigt werden. Lediglich Banken mit einer Bilanzsumme von weniger als $ 500 Millionen können für die durchschnittlichen Forderungsausfälle der letzten 5 Jahre eine solche Wertberichtigung bilden.

(3) Spenden

Spenden an **wohltätige, gemeinnützige oder wissenschaftliche** US-Institutio-   45
nen sind steuerlich abzugsfähig bis zu 10% des steuerpflichtigen Einkommens vor Abzug der Spenden und der Verlustrückträge sowie bestimmter
Dividenden (dividends received deduction). Übersteigende Spenden können
grundsätzlich 5 Jahre vorgetragen werden.

(4) Firmenwert

Der **Firmenwert** kann nicht abgeschrieben werden.   46

(5) Steuern der Bundesstaaten und Gemeinden

Steuern der Bundesstaaten und Gemeinden mindern das steuerpflichtige Ein-   47
kommen.

(6) Sanierungsgewinne

Sanierungsgewinne sind grundsätzlich steuerpflichtig. Sie erhöhen jedoch   48
nicht das laufende Einkommen, sondern mindern Verlustvorträge, die Ab-
schreibungsbasis für Wirtschaftsgüter u. ä.

(7) Rückstellungen

Rückstellungen können nur für der Höhe nach unbestimmte Verbindlich-   49
keiten gebildet werden, dem Grunde nach muß die Verbindlichkeit definitiv
bestehen. Das nach deutschem Handels- und Steuerrecht geltende Vorsichts-
prinzip bleibt in den USA gänzlich unbeachtet.

(8) Fremdkapitalzinsen bei Herstellung von Wirtschaftsgütern

Zinsen, die direkt oder indirekt **im Zusammenhang mit der Herstellung** der   50
u. a. Wirtschaftsgüter stehen, müssen aktiviert und über die Abschreibungsdauer des Wirtschaftsgutes verteilt werden, soweit sie während der Herstel-
lungszeit angefallen sind:

- Gebäude
- Wirtschaftsgüter mit einer Nutzungsdauer von 20 Jahren und darüber
- Wirtschaftsgüter, deren Herstellung mehr als 2 Jahre dauert
- Wirtschaftsgüter, deren Herstellung mehr als 1 Jahr dauert und deren Her-
  stellungskosten $ 1 Million übersteigen.

Dabei sind sowohl Zinsen für Darlehen zu berücksichtigen, die unmittelbar   51
für die Herstellung aufgenommen wurden, als auch für Darlehen, die rein
rechnerisch wegen der Herstellung dieser Wirtschaftsgüter nicht zurückge-
zahlt werden konnten.

k) Verluste (Sec. 172 IRC)

52   Verluste können im allgemeinen 3 Jahre **zurück- und** 15 Jahre **vorgetragen** werden. Bei bestimmten Gesellschaften (Versicherungsunternehmen, Regulated Investment Companies, Real Estate Investment Trusts u. a.) ist der Vor- und Rücktrag von Verlusten eingeschränkt. Die Gesellschaft kann auf den Verlustrücktrag verzichten, die Vortragsfrist verlängert sich dadurch jedoch nicht.

53   Bei **steuerbegünstigten Reorganisationen** können im allgemeinen auch (u. U. in eingeschränktem Umfang) die Verlustvorträge der untergehenden Gesellschaft weiter vorgetragen werden.

54   Werden **mehr als 50 % der Anteile** an einer Kapitalgesellschaft innerhalb von 3 Jahren **veräußert,** so können Verluste aus der Zeit vor dem Eigentumswechsel nur begrenzt mit Gewinnen danach verrechnet werden. Ändert sich der Unternehmenszweck innerhalb von 2 Jahren nach der Änderung der Beteiligungsverhältnisse ist die Verlustverrechnung gänzlich ausgeschlossen.

55   Der **Höchstbetrag** für die Verlustverrechnung entspricht dem Verkehrswert der Gesellschaft multipliziert mit der „long-term tax exempt rate". Dieser Prozentsatz, der sich an der Rendite für langfristige US-Rentenwerte orientiert, wird regelmäßig vom IRS veröffentlicht.

Beispiel:

56   Corp. X hat 1988 einen Verlust von $ 300 000 erzielt. Anfang 1989 veräußert der Gesellschafter A 100 % der Anteile an B zu einem Preis von $ 1 Million. 1989 erzielt die Gesellschaft einen Gewinn von $ 400 000. Die „long-term tax exempt rate" für 1989 beträgt 10 %. Somit können jährlich bis zu $ 100 000 Verlust mit den Gewinnen verrechnet werden, bis der Verlust von $ 300 000 aufgebraucht ist, d. h. 1989 beträgt das steuerpflichtige Einkommen $ 300 000.

l) Konzernrelevante Besonderheiten

aa) Konsolidierte Steuererklärungen (Sec. 1501 IRC)

57   Eine Gruppe von US-Gesellschaften kann konsolidierte Steuererklärungen abgeben, um auf diese Weise Verluste der einen Gesellschaft mit Gewinnen einer anderen Gesellschaft zu verrechnen. **Voraussetzung** hierfür ist, daß an der einzubeziehenden Gesellschaft eine andere Gesellschaft der Gruppe zu mindestens 80 % beteiligt ist. Eine organisatorische oder wirtschaftliche Eingliederung ist ebensowenig erforderlich wie der im US-Recht völlig unbekannte Ergebnisabführungsvertrag.

58   Eine solche **Konsolidierung** ist jedoch nur möglich, wenn die Muttergesellschaft der Gruppe eine US-Kapitalgesellschaft ist. Dabei kann es sich auch

um einen Teilkonzern in den USA handeln, d. h., an dieser US-Muttergesellschaft kann wiederum ein ausländischer Gesellschafter beteiligt sein.

Verluste, die **in Jahren vor der Konsolidierung** entstanden sind, können   59
grundsätzlich mit während der Konsolidierung erwirtschafteten Gewinnen
verrechnet werden. Die Verrechnung wird im allgemeinen auf den Gewinn
der Verlustgesellschaft beschränkt sein.

Auf konsolidierter Basis wird nicht nur das steuerpflichtige Einkommen,   60
sondern z. B. auch **Steuergutschriften** und **abzugsfähige Spenden** ermittelt.
Die Konsolidierung wird nicht von der Abführung von Gewinnen oder Verlusten abhängig gemacht.

bb) Hinzurechnungsbesteuerung (Sec. 951 IRC)

Der Internal Revenue Code enthält Vorschriften, die denjenigen im deut-   61
schen Außensteuergesetz zur Hinzurechnungsbesteuerung vergleichbar sind.
Die **Gewinne einer ausländischen Kapitalgesellschaft** werden dem US-Gesellschafter hinzugerechnet, unabhängig davon, ob eine Dividende gezahlt worden ist oder nicht, sofern die folgenden **Voraussetzungen** erfüllt sind:

– Mehr als 50 % der stimmberechtigten Anteile oder mehr als 50 % des Wertes aller Anteile befinden sich im Besitz von US-Gesellschaftern, die ihrerseits jeder mindestens 10 % der stimmberechtigten Anteile halten (controlled foreign corporation).

– Die ausländische Gesellschaft erzielt schädliche Einkünfte. Hierzu zählen vor allem Zinsen, Dividenden, Mieten, Lizenzen; Einkünfte aus dem Verkauf von Wirtschaftsgütern, die von einem verbundenen Unternehmen hergestellt wurden, an nicht im Sitzland ansässige Kunden; Dienstleistungen für oder im Auftrag von verbundenen Unternehmen, die nicht im Sitzland ansässig sind.

– Der effektive ausländische Steuersatz auf die schädlichen Einkünfte beträgt nicht mehr als 90 % des US-Steuersatzes.

Investitionen in bestimmte US-Vermögen durch eine Controlled Foreign   62
Corporation führen zu einer Hinzurechnungsbesteuerung, auch wenn die
Einkünfte aus einem Hochsteuerland stammen. Betragen die schädlichen
Einkünfte weniger als 5 % der Gesamteinkünfte und weniger als $ 1 Million,
erfolgt **keine Hinzurechnung.** Zählen mehr als 70 % der Einkünfte zu den
schädlichen, werden die gesamten Einkünfte der ausländischen Gesellschaft
dem Einkommen der US-Muttergesellschaft hinzugerechnet.

m)   Steuerbegünstige Kapitalgesellschaften

aa)   Real Estate Investment Trust (REIT) (Sec. 856 IRC)

63   Hierbei handelt es sich um eine US-Kapitalgesellschaft, die insofern steuerlich begünstigt ist, als sie ihre **Dividendenzahlung als Betriebsausgabe abziehen** kann. Auf diese Weise ist der REIT de facto körperschaftsteuerfrei, es entfällt die Doppelbelastung auf Gesellschafts- und Gesellschafterebene. Die Dividende wird vom US-Gesellschafter als normale Dividende versteuert. Schüttet der REIT langfristige Veräußerungsgewinne aus, so werden diese auf der Ebene des Gesellschafters wie langfristige Veräußerungsgewinne (long-term capital gains) behandelt.

64   Diese **steuerliche Vergünstigung** wird grundsätzlich nur gewährt, wenn die folgenden **Voraussetzungen** erfüllt sind:

   – Mindestens 95 % der Einnahmen bestehen aus Dividenden, Zinsen, Einnahmen aus der Vermietung von Grundvermögen, oder Gewinne aus der Veräußerung von Wertpapieren oder Grundvermögen und

   – mindestens 75 % der Einnahmen stammen aus der Vermietung von Grundstücken oder der Veräußerung von Grundstücken oder aus Hypothekenzinsen oder aus bestimmten kurzfristigen Anlagen von Mitteln aus Kapitalerhöhungen oder Anleihen.

   – Mindestens 75 % des Bruttovermögens der Gesellschaft bestehen aus Grundvermögen, Barvermögen oder Staatsanleihen.

   – Weniger als 30 % der Einnahmen stammen aus der Veräußerung von bestimmten Grundvermögen, das weniger als 4 Jahre im Besitz des REIT war.

   – An dem REIT sind mindestens 100 Personen beteiligt.

   – Es ist unzulässig, daß mehr als 50 % der Anteile von 5 oder weniger Personen gehalten werden.

   – Es werden jährlich mindestens 95 % der Gewinne an die Gesellschafter ausgeschüttet.

65   Die umfangreichen Sonderregelungen und Ausnahmen hinsichtlich der steuerlichen Behandlung von REITs führen dazu, daß **Gründungs- und laufende Beratungskosten relativ hoch** sind. Deshalb wird von der Steuervergünstigung des REIT in der Regel nur bei größeren Investitionsvolumen Gebrauch gemacht.

bb)   Regulated Investment Company (RIC) (Sec. 851 IRC)

66   Hierbei handelt es sich ebenfalls um eine US-Kapitalgesellschaft, die steuerlich begünstigt ist, da sie ihre **Dividendenzahlung als Betriebsausgabe abziehen** kann. Auf diese Weise ist auch der RIC de facto körperschaftsteuerfrei,

es entfällt die Doppelbelastung auf Gesellschafts- und Gesellschafterebene. Die Dividende wird vom US-Gesellschafter als normale Dividende versteuert. Soweit der RIC langfristige Veräußerungsgewinne ausschüttet, werden diese beim Gesellschafter als langfristige Veräußerungsgewinne (long-term capital gains) behandelt.

Die **Steuervergünstigung** wird grundsätzlich unter folgenden **Voraussetzungen** gewährt: 67

– Mindestens 90 % der Einnahmen bestehen aus Dividenden, Zinsen, Gewinnen aus der Veräußerung von Wertpapieren u. a.
– Weniger als 30 % der Einnahmen bestehen aus Veräußerungsgewinnen von Wertpapieren u. ä., die weniger als 3 Monate im Besitz des RIC waren.
– Mindestens 50 % des Vermögens bestehen aus Barvermögen und Beteiligungen, wobei der RIC nicht zu mehr als 10 % an einer Gesellschaft beteiligt sein darf.
– Die einzelne Beteiligung darf nicht mehr als 25 % des Vermögens des RIC ausmachen.
– Der RIC schüttet jährlich mindestens 90 % seiner Gewinne aus.

cc) S Corporation (Sec. 1361 IRC)

Bestimmte US-Kapitalgesellschaften, an denen nicht mehr als 35 natürliche   68
Personen oder bestimmte trust beteiligt sind und die nicht zu einem Konzern (affiliated group) gehören, können **wie Personengesellschaften besteuert** werden, d. h., Gewinne und Verluste der Gesellschaft werden den Gesellschaftern direkt zugerechnet, die Doppelbelastung auf Gesellschafts- und Gesellschafterebene entfällt. In diesem Fall spricht man von einer S Corporation. Die Gesellschafter (oder Begünstigte eines Trusts) müssen entweder US-Staatsangehörige oder in den USA ansässige Ausländer sein.

2. Besteuerung von Personengesellschaften

a) Definition einer Personengesellschaft

In den USA sind **zwei Formen von Personengesellschaften** üblich: General   69
Partnership (vergleichbar der deutschen OHG) und die Limited Partnership (vergleichbar der deutschen KG). Personengesellschaften werden, ebenso wie Kapitalgesellschaften, nach dem Recht des jeweiligen Bundesstaates gegründet. Um das Gesellschaftsrecht bzgl. Personengesellschaften zu vereinheitlichen, haben eine Vielzahl von Bundesstaaten den Uniform Partnership Act und den Uniform Limited Partnership Act in ihr bundesstaatliches Recht übernommen, so daß hier die Unterschiede nicht mehr gravierend sind.

70   Wenn gesellschaftsrechtlich eine Personengesellschaft vorliegt, so bedeutet
     dies noch nicht notwendigerweise, daß diese Gesellschaft auch als Personen-
     gesellschaft im steuerrechtlichen Sinne behandelt wird. Folgende **Kriterien
     sind für die Besteuerung als Personengesellschaft oder Kapitalgesellschaft**
     maßgebend:
     – Unbegrenzte Lebensdauer
     – Zentralisierung der Geschäftsführung
     – Beschränkte Haftung
     – Freie Übertragbarkeit der Anteile
     Sind mehr als zwei dieser Voraussetzungen erfüllt, so wird die Gesellschaft
     als Kapitalgesellschaft angesehen und besteuert.

71   **Limited Partnerships, deren Anteile an einer Börse gehandelt** werden (Publicly
     Traded Limited Partnerships – PTP), unterliegen ebenfalls den Regeln für die Be-
     steuerung von Kapitalgesellschaften. Dies gilt jedoch nicht, wenn mindestens
     90 % der Einkünfte der PTP aus Zinsen, Dividenden, Mieten bestehen. Verluste
     einer körperschaftsteuerpflichtigen PTP können nicht mit den übrigen Einkünf-
     ten der Gesellschafter verrechnet werden, und Ausschüttungen unterliegen der
     Doppelbesteuerung auf Gesellschafts- und Gesellschafterebene. PTP mit minde-
     stens 90 % passiven Einkünften unterliegen den Regeln zur beschränkten Verre-
     chenbarkeit von passiven Verlusten (siehe Rz. 87 ff.).

b) Besteuerung der Personengesellschaft

72   Wie im deutschen Steuerrecht ist die Personengesellschaft nicht **Steuersub-
     jekt**, sondern der einzelne Gesellschafter. Gewinne und Verluste werden den
     Gesellschaftern unabhängig von evtl. Entnahmen oder Einlagen im Jahr des
     Entstehens zugerechnet.

73   **Abweichend** vom deutschen Recht können Gesellschafter mit der Personen-
     gesellschaft Miet-, Darlehens- oder Arbeitsverträge eingehen, die steuerlich
     auch als solche behandelt werden. Somit sind z. B. Zinsen auf Gesellschafter-
     darlehen bei der Personengesellschaft abzugsfähige Betriebsausgaben.

3. Die Besteuerung von natürlichen Personen

a) Persönliche und sachliche Steuerpflicht

74   US-Staatsbürger unterliegen **unabhängig von ihrem Wohnsitz** der unbe-
     schränkten US-Steuerpflicht. Da eine Vielzahl von im Ausland lebenden
     US-Staatsbürgern ihrer Pflicht zur Abgabe einer US-Steuererklärung nicht
     nachgekommen sind, muß jeder US-Staatsbürger seit dem 1. 1. 1988 seine
     US-Steuernummer (Sozialversicherungsnummer) bei einem Antrag auf Ver-
     längerung seines Passes angeben.

Ausländer unterliegen grundsätzlich denselben Bestimmungen wie US-   75
Staatsbürger, wenn sie entweder eine Daueraufenthaltserlaubnis („green
card") besitzen oder wenn sie ihren **gewöhnlichen Aufenthalt** (substantial
presence) **in den USA** haben (resident aliens). Nach Sec. 7701 (b) (1) (A) IRC
ist eine natürliche Person dann ein „*resident alien*", wenn sie eine der folgenden Voraussetzungen erfüllt:

a) Ihr ist von Rechts wegen ein dauernder Aufenthalt in den USA gestattet
   (sog. „green card holder") oder

– sie erfüllt die Voraussetzungen eines längeren Aufenthalts (substantial
  presence) in den Vereinigten Staaten oder

– sie übt unter den Voraussetzungen von Sec. 7701 (b) (4) das dort vorgesehene Wahlrecht aus.

der **„substantial presence test"** (Überprüfung eines längeren Aufenthalts in   76
den Vereinigten Staaten) setzt folgendes voraus:

– Die betreffende Person muß im laufenden Jahr in den Vereinigten Staaten
  mindestens 31 Tage anwesend sein und

– die Summe der Anwesenheitstage im laufenden Jahr und den beiden vorhergehenden Jahren, jeweils multipliziert mit einem bestimmten Multipli-
  kator, muß mindestens 183 Tage ergeben.

Berechnungsmethode:

Anwesenheitstage im laufenden Jahr, mindestens 31;	Multiplikator: 1	. . . .
Anwesenheitstage im vorhergehenden Jahr;	Multiplikator: 1/3	. . . .
Anwesenheitstage im zweitletzten Jahr;	Multiplikator: 1/6	. . . .
Summe		. . . .

Die Summe muß mindestens 183 Tage ergeben.

Erfüllt eine Person den aufgezeigten „substantial presence test", ist aber im   77
laufenden Jahr **weniger als 183 Tage in den USA anwesend**, so ist sie dann
nicht als „resident alien" zu behandeln, wenn sie in einem ausländischen
Staat ihre „steuerliche Heimat" (tax home) hat und wenn sie zu diesem ausländischen Staat engere Verbindungen unterhält als zu den USA (Sec. 7701
[b] [3] [B] IRC).

Eine **Vielzahl von Ausnahmen** und Sonderregelungen sind im Gesetz und in
den Richtlinien enthalten.

US-Staatsbürger und in den USA ansässige Ausländer sind in den USA **mit**   78
ihrem **Welteinkommen unbeschränkt steuerpflichtig.** Ausländische Steuern

auf ausländische Einkünfte werden nach den gleichen Regeln wie bei Kapitalgesellschaften (siehe Rz. 33 ff.) bis zur Höhe der US-Steuer angerechnet.

b) Reguläre Steuersätze

79 Die **Steuersätze für natürliche Personen** betragen für ein zu versteuerndes Einkommen

bis $ 29 750 für Verheiratete	15 %
bis $ 17 850 für Unverheiratete	15 %
darüber jeweils	28 %

Andere **Einkommensgrenzen** gelten für bestimmte alleinstehende Eltern und für Verheiratete, die getrennte Steuererklärungen abgeben.

Bei **Überschreiten eines bestimmten Einkommensniveaus** ($ 71 900 für Verheiratete, $ 43 150 für Unverheiratete) wird der Steuersatz um 5 % erhöht, bis der Vorteil des niedrigeren Steuersatzes mit Erreichen eines Einkommens von $ 149 250 bzw. $ 89 560 weggefallen ist. Sowohl der durchschnittliche Steuersatz als auch der Grenzsteuersatz beträgt dann 28 %.

Verheiratete Personen können sich für die Zusammenveranlagung oder auch für die getrennte Veranlagung entscheiden.

Beziehen **Kinder** eigene Einkünfte, müssen sie eine eigene Steuererklärung abgeben. Ist das Kind unter 14 Jahren alt und bezieht es mehr als $ 1000 Investmenteinkünfte, so wird auf die Einkünfte des Kindes der Grenzsteuersatz der Eltern angewendet.

c) Persönliche Freibeträge und abzugsfähige Ausgaben

80 Der Steuerpflichtige kann für sich und ggf. seine Ehefrau sowie für bestimmte von ihm finanziell abhängige Person (dependent) einen persönlichen **Freibetrag** von $ 2000 jährlich geltend machen. Bei den **unterstützten Personen** muß es sich grundsätzlich um in den USA ansässige Verwandte mit einem jährlichen Einkommen unter $ 2000 handeln oder um die eigenen Kinder unter 19 Jahren. Auch diese Freibeträge werden bei Überschreiten eines bestimmten Einkommensniveaus durch die Erhöhung des Steuersatzes um 5 % sukzessive bis auf null reduziert.

81 Bestimmte Ausgaben, die nicht mit der Erzielung von Einkünften im Zusammenhang stehen, können vom steuerpflichtigen Einkommen abgezogen weren. Ohne Nachweis kann die **Standard Deduction** (vergleichbar der deutschen Vorsorgepauschale oder -pauschbetrag) in Höhe von $ 3000 bei Einzelveranlagung und $ 5000 bei Zusammenveranlagung geltend gemacht werden. Steuerpflichtige, die über 65 oder blind sind, können eine zusätzliche Pauschale berücksichtigen.

Folgende Ausgaben (**itemized deductions**) können u. a. bei Einzelnachweis   82
statt der Standard Deduction das steuerliche Einkommen mindern:

- Einkommensteuern der Bundesstaaten und Gemeinden sowie Grundsteu-
  ern (property taxes)
- Spenden an in den USA ansässige gemeinnützige, mildtätige oder wissen-
  schaftliche Institutionen bis zu bestimmten Grenzen.
- Zinsen auf Darlehen, die durch Hypotheken auf das selbstgenutzte Haus/
  Wohnung oder Zweithaus/Wohnung besichert sind. Für die Jahre
  1987–1990 gibt es umfangreiche Übergangsregelungen wonach andere
  Schuldzinsen beschränkt abzugsfähig sind, da nach altem Recht (vor 1987)
  alle Zinsen grundsätzlich abzugsfähig waren (vgl. *Zschiegner/Habert*, IWB
  Fach 8 USA. Gruppe 2 S. 471 ff.).
- Kosten für Ärzte, Medikamente, Krankenhaus und Krankenversicherung,
  soweit sie 7,5 % des adjusted gross income übersteigen.
- Vermögensverluste durch höhere Gewalt oder Diebstahl, soweit sie $ 100
  im Einzelfall und 10 % des Einkommens (adjusted gross income) pro Jahr
  übersteigen.
- Steuerberatungskosten, soweit sie (zusammen mit anderen sog. „miscella-
  neous itemized deductions") 2 % des Einkommens (adjusted gross income)
  übersteigen.

d) Capital Gains und Losses

Gewinne aus der **Veräußerung von Vermögensgegenständen** sind grundsätz-   83
lich steuerpflichtig, unabhängig davon, ob diese der Einkunftserzielung dienen oder nicht. Bis 1986 waren 60 % dieser Gewinne steuerfrei, sofern zwischen Anschaffung und Veräußerung mehr als 6 Monate lagen; seit 1987
unterliegen sie voll den normalen Steuersätzen. Veräußerungsverluste können zunächst nur mit Veräußerungsgewinnen verrechnet werden. Nettover-
luste mindern nur bis zu $ 3000 die übrigen Einkünfte. Nicht verrechenbare
Verluste können zeitlich unbegrenzt vorgetragen werden und jedes Jahr bis
zu $ 3000 mit anderen Einkünften verrechnet werden.

Der **Gewinn aus der Veräußerung eines selbstgenutzten Hauses** (personal resi-   84
dence) mindert die Anschaffungskosten eines neuen selbstgenutzten Hauses,
sofern dieses innerhalb von zwei Jahren vor oder nach dem Verkauf des alten
Hauses angeschafft wird und die Anschaffungskosten des neuen Hauses mindestens so hoch sind wie der Veräußerungserlös. Auf diese Weise kann die Besteuerung solcher Gewinne grundsätzlich unbegrenzt in die Zukunft verschoben
werden, sofern der Veräußerungserlös reinvestiert wird. Ab einem Alter von
55 Jahren können Steuerpflichtige unter bestimmten Voraussetzungen einen
solchen Gewinn einmalig bis zu $ 125 000 von der Besteuerung freistellen.

e) Alternative Mindeststeuer

85 Grundsätzlich gelten für natürliche Personen die gleichen Regeln wie für Kapitalgesellschaften (vgl. Rz. 25 ff.). Der **Steuersatz** beträgt 21 %. Die **Freibeträge** belaufen sich auf $ 40 000 für Verheiratete und $ 30 000 für Unverheiratete. Die Freibeträge werden um 25 % des Betrages reduziert, um den das AMT-pflichtige Einkommen $ 150 000 (Verheiratete) bzw. $ 112 500 (Unverheiratete) übersteigt. Wenn somit das steuerpflichtige Einkommen eines Verheirateten zuzüglich Steuervergünstigungen $ 310 000 oder mehr beträgt, entfällt der gesamte Freibetrag.

86 Zu den **hinzuzurechnenden Steuervergünstigungen,** die neben den in Rz. 25 ff. erwähnten für natürliche Personen relevant sind, zählen:

– der Differenzbetrag zwischen Börsenpreis und Optionspreis bei Ausübung der Kaufoption im Rahmen eines steuerbegünstigten „incentive stock option plan"

– Verluste aus passiven Einkunftsquellen, soweit diese bei der Berechnung der regulären Steuer aufgrund der Übergangsregelung teilweise abzugsfähig sind.

f) Verluste

87 Grundregel ist, das negative und positive Einkünfte miteinander verrechnet werden können. Ist der Gesamtbetrag der Einkünfte (adjusted gross income) negativ, so kann dieser Verlust grundsätzlich 3 Jahre **zurück-** und 15 Jahre **vorgetragen** werden.

Die Möglichkeiten der **Verlustverrechnung** sind jedoch für natürliche Personen insoweit eingeschränkt, als es sich um **passive Verluste** handelt. Diese können nur mit passiven positiven Einkünften verrechnet werden. Ein Verlustüberhang aus passiven Einkünften kann unbegrenzt vorgetragen werden. Wird das Vermögen veräußert, das in der Vergangenheit zu den passiven Verlusten führte, so können die noch nicht mit positiven passiven Einkünften verrechneten Verlustvorträge aus diesem veräußerten Vermögen in vollem Umfang geltend gemacht werden, d. h. auch mit aktiven Einkünften verrechnet werden.

88 Zu den **passiven Einkünften** zählen solche aus gewerblichen oder anderen Tätigkeiten, an denen der Steuerpflichtige selbst nicht aktiv beteiligt ist, z. B. aus Vermietung und Verpachtung und aus einer Beteiligung als Kommanditist. Dividenden- und Zinseinkünfte fallen nicht unter die passiven Einkünfte im Sinne dieser Vorschrift.

Verluste aus bestimmten **Grundstücksinvestitionen** können bis zur Höhe 89
von $ 25 000 dann berücksichtigt werden, wenn der Steuerpflichtige aktiv
an der Erzielung dieser Einkünfte beteiligt ist. Übersteigt sein Einkommen
$ 100 000, so wird der Höchstbetrag von $ 25 000 sukzessive reduziert.

Diese Vorschriften über die begrenzten Verrechnungsmöglichkeiten von pas- 90
siven Verlusten gelten erst seit 1. 1. 1987. Dabei sind umfangreiche **Über-
gangsvorschriften** zu beachten (vgl. *Zschiegner/Habert*, IWB Fach 8 USA,
Gruppe 2 S. 471).

4. Veranlagungsverfahren

In den USA ist jeder Steuerpflichtige verpflichtet, in seiner Steuererklärung 91
die Steuerschuld **selbst zu errechnen** und etwaige Nachzahlungen sofort mit
der Abgabe der Steuererklärung zu begleichen. Steuern werden nur in Ausnahmefällen vom IRS festgesetzt. Abgabetermin für die Steuererklärungen
natürlicher Personen ist der 15. April des Folgejahres, bei Kapitalgesellschaften, deren Wirtschaftsjahr dem Kalenderjahr entspricht, der 15. März. Bei
abweichendem Wirtschaftsjahr ist die Steuererklärung bis zum 15. Tag des
3. Monats nach Ablauf des Wirtschaftsjahres einzureichen. Die Frist für die
Abgabe der Steuererklärung kann auf Antrag verlängert werden, nicht dagegen die Frist für die Entrichtung der Abschlußzahlung. Verspätete Zahlungen und verspätete Abgabe der Steuererklärungen werden mit täglichen Zin-
seszinsen und Säumniszuschlägen (penalties) geahndet.

Die **Steuervorauszahlungen** müssen grundsätzlich der tatsächlichen Steuer- 92
schuld des laufenden Jahres entsprechen und in 4 Raten gezahlt werden.
Hierzu gibt es einige Ausnahmeregelungen, z. B. die Steuervorauszahlungen
entsprechen der Steuerschuld des Vorjahres.

5. Einkommensteuern der Bundesstaaten und Gemeinden

Zusätzlich zur bundeseinheitlich erhobenen Einkommen- und Körperschaft- 93
steuer (federal taxes) erheben eine Vielzahl von Bundesstaaten und einige
Gemeinden **zusätzliche Ertragsteuern.** Die Steuerpflicht wird sowohl an den
Wohnsitz der natürlichen Personen bzw. Sitz der Kapitalgesellschaft ge-
knüpft, als auch an eine gewerbliche Tätigkeit oder die Belegenheit des
Grundstücks.

Grundsätzlich sind die Vorschriften für die **Einkommensermittlung in je-** 94
dem Bundesstaat verschieden. Einige gehen von dem Einkommen aus, das
für die Bundessteuer ermittelt wurde und nehmen nur kleinere Korrekturen
vor. Andere verlangen andere Abschreibungsmethoden, gewähren keinen
Verlustrücktrag, lassen den Abzug der Bundessteuern zu etc.

95   Die **Steuersätze** schwanken zwischen 0% und 13,5%. Da die Steuern der
     Bundesstaaten und Gemeinden für die Bundessteuer abzugsfähig sind, ver-
     mindert sich die Effektivbelastung entsprechend.

96   Die **Gesamtbelastung in der Stadt New York** kann z. Zt. jedoch über 18% lie-
     gen, da sowohl die Stadtsteuer bis 8,85% und die Staatssteuer bis 9% zuzüg-
     lich einer Zusatzsteuer bis 1,53% anfallen.

III. Beschränkte Steuerpflicht in USA

1. Einleitung

97   Während US-Kapitalgesellschaften und amerikanische Staatsangehörige so-
     wie in den USA ansässige Ausländer mit ihrem Welteinkommen in den USA
     steuerpflichtig sind, müssen ausländische Kapitalgesellschaften sowie nicht
     in den USA ansässige Ausländer US-Steuern lediglich auf **Einkünfte aus US-
     Quellen** entrichten.

98   Hierbei sind grundsätzlich **zwei Arten von Einkünften** zu unterscheiden:
     – „gewerbliche" US-Einkünfte (income effectively connected with a US tra-
       de or business) und
     – Investmenteinkünfte aus US-Quellen

2. „Gewerbliche" US-Einkünfte

a) Ausländische Kapitalgesellschaften

99   Zu den **typischen gewerblichen US-Einkünften** ausländischer Kapitalgesell-
     schaften zählen Einkünfte aus einer US-Zweigniederlassung. Allein der Ver-
     trieb von im Ausland hergestellten Produkten ohne eine Niederlassung zählt
     noch nicht hierzu. Allerdings ist zu beachten, daß der Begriff des „income ef-
     fectively connected with a US trade or business" wesentlich weiter gefaßt ist
     als z. B. der Betriebstättenbegriff im deutsch-amerikanischen DBA. D. h.
     nach nationalem US-Recht würde auch eine Forschungsbetriebstätte oder
     ein Repräsentanzbüro zu gewerblichen US-Einkünften führen.

100 Zu den gewerblichen Einkünften können auch **Einkünfte aus der Vermie-
     tung von Grundstücken** zählen, sofern der Ausländer/die ausländische Kapi-
     talgesellschaft das Vermögen selbst oder aber auch durch Dritte verwaltet.
     Wird dagegen z. B. ein Gebäude an nur einen Mieter vermietet, der alle lau-
     fenden Kosten selbst trägt und der an den ausländischen Eigentümer nur
     eine Nettomiete zahlt, so erzielt der Vermieter keine gewerblichen US-Ein-
     künfte, sondern Investmenteinkünfte aus US-Quellen. Gewinne aus der Ver-

äußerung von **Anteilen an Grundstückskapitalgesellschaften** zählen ebenfalls zu den gewerblichen Einkünften (vgl. auch Rz. 105 und Art. 13 Rz. 19 ff.).

Erzielt eine ausländische Kapitalgesellschaft gewerbliche **US-Einkünfte**, so   101
sind diese nach den zur unbeschränkten Steuerpflicht dargestellten Grundsätzen zu **ermitteln**. Außerdem werden die für US-Kapitalgesellschaften maßgebenden Steuersätze sowohl für die reguläre Steuer, als auch für die alternative minimum tax angewandt.

Seit dem Steuerreformgesetz 1986 werden **Zweigniederlassungen** von auslän-   102
dischen Kapitalgesellschaften und Tochtergesellschaften von ausländischen Muttergesellschaften insofern gleich behandelt, als Gewinnauschüttungen an die Muttergesellschaften ebenso wie der Gewinntransfer an das Stammhaus der 30%igen US-Quellensteuer unterliegen (zur Quellensteuerreduktion nach dem DBA siehe Art. 10 Rz. 11).

Diese **Quellensteuer** auf die Gewinne der US-Zweigniederlassungen (branch   103
profits tax) wird auf den Gewinn nach Steuern erhoben, soweit er an das Stammhaus transferiert wird. Da dieser Transfer bei Zweigniederlassungen ohne Gewinnausschüttungsbeschlüsse einfach über Verrechnungskonten und damit schwer nachvollziehbar erfolgen kann, wird die Bemessungsgrundlage durch einen Vergleich des Eigenkapitals der Zweigniederlassung zu Beginn und am Ende des Wirtschaftsjahres ermittelt.

b) Natürliche Personen

Nicht in den USA ansässige Ausländer (nonresident aliens) können gewerbli-   104
che US-Einkünfte erzielen, indem sie in den USA z. B. eine Zweigniederlassung ihres ausländischen Betriebes unterhalten, indem sie an einer in den USA gewerblich tätigen Personengesellschaften beteiligt sind, indem sie eine freiberufliche Tätigkeit in den USA ausüben, ohne dort ansässig zu sein, oder indem sie für einen gewissen Zeitraum, der nicht zu einer Ansässigkeit in den USA führt, in den USA als Angestellter tätig sind. Außerdem können sie auch gewerbliche Einkünfte aus der Vermietung von Grundvermögen erzielen (siehe Rz. 100 ff.).

Außerdem zählen hierzu die Gewinne aus der **Veräußerung von Anteilen** an   105
US-Grundstücksgesellschaften (US-Real Property Holding Corporations). Hierbei handelt es sich um eine in den USA gegründete Kapitalgesellschaft, deren Aktivvermögen zu irgendeinem Zeitpunkt in den vergangenen 5 Jahren zu mindestens 50% aus Grundvermögen bestand (bezogen auf die Verkehrswerte bzw. 25% bezogen auf die Buchwerte). Die Steuer wird dadurch erhoben, daß der Erwerber der Anteile verpflichtet ist, 10% des Verkaufser-

löses einzubehalten und an den IRS abzuführen. Diese Steuer wird dann auf die Steuerschuld, die sich aus der Steuererklärung ergibt, angerechnet.

106   **Vergütungen für Dienstleistungen** eines nichtansässigen Ausländers zählen dann nicht zu den Einkünften aus US-Quellen, wenn sich der Steuerpflichtige nicht mehr als 90 Tage im Jahr in den USA aufgehalten hat, seine Vergütung $ 3000 nicht überstiegen hat und die Dienstleistung für einen ausländischen Arbeitgeber bzw. Auftraggeber erbracht wurde.

107   Das **Besteuerungsrecht der USA** wird jedoch bei natürlichen Personen mit gewerblichen US-Einkünften vor allem durch den Art. 15 des DBA erheblich über die obige Ausnahme hinaus **eingeschränkt** (vgl. Art. 15 Rz. 31 ff.).

108   Erzielt der Ausländer **gewerbliche US-Einkünfte,** so muß er diese nach denselben Grundsätzen **ermitteln** wie ein unbeschränkt Steuerpflichtiger. Auch die Steuer wird grundsätzlich auf dieselbe Weise wie bei unbeschränkt Steuerpflichtigen berechnet.

109   Folgende **Besonderheiten** sind jedoch zu beachten:

   – Der nicht ansässige Ausländer kann nicht die Zusammenveranlagung, sondern nur die getrennte Veranlagung wählen, d. h. wenn z. B. Eheleute jeweils an einer gewerblichen US-Personengesellschaft beteiligt sind, müssen beide eine US-Steuererklärung abgeben.

   – Der nicht ansässige Ausländer kann keine standard deduction (vgl. Rz. 81) geltend machen.

   – Zinsaufwendungen, die im Zusammenhang mit der Fremdfinanzierung von Beteiligungen an US-Personengesellschaften anfallen, können nicht gewinnmindernd geltend gemacht werden. Der Zinsabzug ist nur möglich, wenn sich die Personengesellschaft selbst fremdfinanziert.

   – Der Steuersatz für die Gewinne aus der Veräußerung von Anteilen an US-Grundstücksgesellschaften beträgt mindestens 21 %.

IV. Investmenteinkünfte aus US-Quellen

110   Diese Einkünfte werden nicht nach Abzug von Aufwendungen – wie bei unbeschränkt Steuerpflichtigen – den normalen progressiven Steuersätzen unterworfen, sondern unterliegen der 30 %igen **US-Quellensteuer auf die Bruttoeinnahmen.** Voraussetzung hierfür ist, daß die Einkünfte nicht im Zusammenhang mit einer gewerblichen Tätigkeit (siehe oben) erzielt werden. Es ist durchaus möglich, daß ein beschränkt Steuerpflichtiger sowohl gewerbliche US-Einkünfte als auch Investmenteinkünfte aus US-Quellen erzielt, die dann unterschiedlichen Steuersätzen unterliegen.

Zu den Investmenteinkünften aus US-Quellen zählen: 111

- Dividenden, die eine US-Kapitalgesellschaft an ihre ausländischen Gesellschafter ausschüttet;
- Dividenden, die eine ausländische Kapitalgesellschaft an ihre ausländischen Gesellschafter ausschüttet, wenn diese Gesellschaft mindestens 25% ihrer Einnahmen über einen Zeitraum von 3 Jahren aus gewerblichen Quellen in den USA erzielt. Die Dividenden werden als US-Quelleneinkünfte nur in dem Verhältnis der US-gewerblichen Einnahmen zu den Gesamteinnahmen der Gesellschaft behandelt (siehe Rz. 102 ff.). Falls die Branch Profits Tax erhoben wird, entfällt die Quellensteuer auf solche Dividenden;
- Zinsen, die ein US-Schuldner an ausländische Gläubiger zahlt. Die US-Quellensteuer wird dann nicht erhoben, wenn es sich um Zinsen auf Bankguthaben oder um sog. „portfolio interest" handelt. Eine weitere Ausnahme gilt im Falle eines US-Schuldners, der mindestens 80% seiner Einnahmen aus einer aktiven Tätigkeit im Ausland erzielt;
- Lizenzen und Mieten für in den USA genutztes Vermögen einschließlich Grundvermögen (vgl. jedoch Rz. 100);
- 50% der Bezüge aus der Sozialversicherung;
- Gewinne aus der Veräußerung von capital assets (vorwiegend Finanzanlagen), sofern sich der Steuerpflichtige während des Steuerjahres insgesamt mindestens 183 Tage in den USA aufgehalten hat.

Die **Quellensteuer** wird durch die DBA **in einer Vielzahl von Fällen reduziert** 112 oder auch eliminiert. Sie wird vom US-Schuldner einbehalten und an den IRS abgeführt. Der US-Schuldner ist berechtigt, nur die reduzierte Steuer einzubehalten bzw. auf den Einbehalt ganz zu verzichten, wenn der Empfänger den entsprechenden Vordruck nachweist, daß er einen Wohnsitz in einem DBA-Land hat. In bestimmten Fällen kann sich der US-Schuldner lediglich auf die angegebene Adresse des Empfängers verlassen, um die DBA-Vergünstigungen anzuwenden.

Artikel 3

Allgemeine Begriffsbestimmungen

(1) Im Sinne dieses Abkommens, wenn der Zusammenhang nichts anderes erfordert,

a) bedeuten die Ausdrücke „ein Vertragsstaat" und „der andere Vertragsstaat" je nach dem Zusammenhang die Vereinigten Staaten oder die Bundesrepublik Deutschland;

b) bedeutet der Ausdruck „Vereinigte Staaten", im geographischen Sinne verwendet, die Vereinigten Staaten von Amerika, umfaßt jedoch nicht Puerto Rico, die Jungferninseln, Guam und die anderen Besitzungen und Territorien der Vereinigten Staaten von Amerika;

c) bedeutet der Ausdruck „Bundesrepublik Deutschland", im geographischen Sinne verwendet, das Gebiet, in dem das Steuerrecht der Bundesrepublik Deutschland gilt;

d) umfaßt der Ausdruck „Person" unter anderem natürliche Personen und Gesellschaften;

e) bedeutet der Ausdruck „Gesellschaft" juristische Personen oder Rechtsträger, die für die Besteuerung wie juristische Personen behandelt werden;

f) bedeuten die Ausdrücke „Unternehmen eines Vertragsstaats" und „Unternehmen des anderen Vertragsstaats", je nachdem, ein Unternehmen, das von einer in einem Vertragsstaat ansässigen Person betrieben wird, oder ein Unternehmen, das von einer im anderen Vertragsstaat ansässigen Person betrieben wird;

g) bedeutet der Ausdruck „internationaler Verkehr" jede Beförderung mit einem Seeschiff oder Luftfahrzeug, es sei denn, das Seeschiff oder Luftfahrzeug wird ausschließlich zwischen Orten in einem der Vertragsstaaten betrieben;

h) bedeutet der Ausdruck „Staatsangehöriger"

aa) in bezug auf die Vereinigten Staaten die Staatsbürger der Vereinigten Staaten und alle juristischen Personen, Personengesellschaften oder anderen Personenvereinigungen, die nach dem in den Vereinigten Staaten geltenden Recht errichtet worden sind, und

bb) in bezug auf die Bundesrepublik Deutschland alle Deutschen im Sinne des Artikels 116 Absatz 1 des Grundgesetzes für die Bundesrepublik Deutschland und alle juristischen Personen, Personengesellschaften oder anderen Personenvereinigungen, die nach dem in der Bundesrepublik Deutschland geltenden Recht errichtet worden sind; und

i) bedeutet der Ausdruck „zuständige Behörde"

    aa) in den Vereinigten Staaten den Secretary of the Treasury oder seinen Vertreter und

    bb) in der Bundesrepublik Deutschland den Bundesminister der Finanzen oder seinen Vertreter.

(2) Bei der Anwendung dieses Abkommens durch einen Vertragsstaat hat, außer wenn es der Zusammenhang anders erfordert oder die zuständigen Behörden sich nach Artikel 25 (Verständigungsverfahren) auf eine gemeinsame Auslegung geeinigt haben, jeder im Abkommen nicht definierte Ausdruck die Bedeutung, die ihm nach dem Recht dieses Staates über die Steuern zukommt, für die dieses Abkommen gilt.

Inhaltsübersicht

Erläuterungen zu Artikel 3

I. Die Begriffsbestimmungen des Abs. 1

1. Allgemeines

Wie beim OECD-Musterabkommen, so enthält auch hier Art. 3 Abs. 1 die **Definition einiger Begriffe**, die für die Auslegung und die Anwendung des Abkommens von Bedeutung sind. Art. 3 Abs. 1 enthält jedoch bei weitem **nicht alle Begriffsbestimmungen** des Abkommens; so ist der Begriff der „in einem Vertragsstaat ansässigen Person" in Art. 4 Abs. 1 bestimmt, der Terminus „Betriebsstätte" in Art. 5 Abs. 2. Art. 6 Abs. 2 klärt, was der Ausdruck „unbewegliches Vermögen" umfaßt, Art. 7 Abs. 7, worauf sich der Ausdruck

1

„gewerbliche Gewinne" im Sinne des Abkommens auch noch erstreckt. Art. 10 Abs. 4 definiert den Dividendenbegriff, Art. 11 Abs. 2 den der Zinsen und Art. 12 Abs. 2 den der Lizenzgebühren. Art. 13 Abs. 2 klärt, was im Sinne des Artikels über die Definition des Art. 6 Abs. 2 hinaus zum „unbeweglichen Vermögen, das im anderen Vertragsstaat liegt", rechnet; Art. 14 Abs. 2 klärt, worauf sich der Ausdruck „selbständige Arbeit" unter anderem erstreckt.

2 Die Begriffsbestimmungen des Art. 3 Abs. 1 stehen unter dem **Vorbehalt,** daß „der Zusammenhang nichts anderes erfordert"; die praktische Bedeutung dieses Vorbehalts dürfte gering sein (vgl. hierzu auch *Vogel*, DBA, Art. 3 Tz. 4 und 5).

2. Die Begriffsbestimmungen im einzelnen

a) „Ein Vertragsstaat" und „der andere Vertragsstaat"

3 Für jeden Steuerpflichtigen, der unter den persönlichen Geltungsbereich des Abkommens fällt, ist vor Anwendung des Abkommens zu klären, welcher der beiden Vertragsstaaten für ihn der **Ansässigkeitsstaat** und welcher der Nicht-Ansässigkeitsstaat, also der bloße **Quellenstaat,** ist. Erst nachdem diese Klärung durchgeführt ist, lassen sich die einzelnen Artikel des Abkommens anwenden.

4 Nur für den **Fall,** daß sich die **Bundesrepublik Deutschland** gem. Art. 4 Abs. 2 als **maßgeblicher Ansässigkeitsstaat für einen US-Staatsbürger** qualifiziert, ist es unmöglich, die Zuordnungsnormen des Abkommens (Art. 6–22) unmittelbar zur Anwendung zu bringen. In diesem Fall kann die Doppelbesteuerung allein nach der Spezialregelung des Art. 23 Abs. 3 vermieden werden.

5 In **allen übrigen Fällen** bestimmt sich die Frage, ob die Bundesrepublik Deutschland oder die Vereinigten Staaten der „eine" oder „andere Vertragsstaat" sind, allein danach, welcher Staat sich bei dem betreffenden Steuerpflichtigen als Ansässigkeitsstaat (Art. 4 Abs. 1) oder als maßgeblicher Ansässigkeitsstaat (Art. 4 Abs. 2) qualifiziert.

b) „Vereinigte Staaten"

6 Der Ausdruck „Vereinigte Staaten" bedeutet, wenn er in einem geographischen Sinne verwendet wird, die Vereinigten Staaten von Amerika; er umfaßt jedoch nicht Puerto Rico, die Jungferninseln, Guam und die anderen Besitzungen und Territorien der Vereinigten Staaten. Selbstverständlich umfaßt jedoch der Begriff **alle Gliedstaaten,** also auch Alaska und Hawaii, ferner

den District of Columbia. Am Anwendungsbereich des Abkommens im geographischen Sinne hat sich also gegenüber Art. II Abs. 1 a des bisherigen Abkommens nichts geändert.

c) „Bundesrepublik Deutschland"

Der Ausdruck „Bundesrepublik Deutschland" bedeutet, wenn er in einem   7
geographischen Sinne verwendet wird, das Gebiet, in dem das Steuerrecht der Bundesrepublik Deutschland gilt. Der Begriff umfaßt also auch **Berlin-West** und den der Bundesrepublik zustehenden Anteil am **Festlandsockel,** soweit dort Naturschätze des Meeresgrundes und des Meeresuntergrundes erforscht oder ausgebeutet werden (vgl. hierzu § 1 Abs. 1 EStG, § 1 Abs. 3 KStG und § 1 Abs. 4 VStG).

d) „Person"

Der Ausdruck „Person" umfaßt natürliche Personen und Gesellschaften, oh-   8
ne allerdings hierauf begrenzt zu sein.

„Natürliche Person" ist dabei der Mensch. Wenn seine Fähigkeit beginnt,   9
Träger steuerlicher Pflichten und damit Berechtigter im Sinne des Abkommens zu sein, richtet sich nach der einschlägigen Steuerrechtsordnung. In der Bundesrepublik Deutschland folgt die Steuerrechtsfähigkeit weitgehend den Regelungen über die privatrechtliche Rechtsfähigkeit: Die Steuerrechtsfähigkeit beginnt also mit der Vollendung der Geburt (§ 1 BGB). Der Nasciturus gilt nicht als steuerrechtsfähig (anders § 1923 Abs. 2 BGB). Die Steuerrechtsfähigkeit endet mit dem Tod, bei Verschollenheit gem. § 49 AO mit dem Tag, mit dessen Ablauf der Beschluß über die Todeserklärung rechtskräftig wird (vgl. im übrigen zur Steuerrechtsfähigkeit natürlicher Personen: *Tipke/Kruse,* AO, § 33 Tz. 13 mit zahlreichen weiteren Nachweisen).

Der Begriff „Person" ist zwar **Oberbegriff für natürliche Personen und Gesell-**   10
schaften; er erschöpft sich jedoch nicht mit dieser Aufzählung. Wie in Anm. 2 der Kommentierung zu Art. 3 des OECD-Musterabkommens angeführt, ist auch hier die Definition des Ausdrucks „Person" nicht erschöpfend, sie ist vielmehr so zu verstehen, daß der Ausdruck „Person" in einem sehr weiten Sinne verwendet wird. Wie sich insbesondere dem Art. 4 Abs. 1b entnehmen läßt, fallen darunter auch Personengesellschaften sowie die Nachlaßvermögen (estates) und Treuhandvermögen (trusts) des amerikanischen Rechts (vgl. Art. 4 Rz. 17 ff.).

Der demnach außerordentlich weit gefaßte Begriff der Personen spielt für   11
das Abkommen eine geradezu herausragende Rolle, so für die Regelungen über die **Abkommensberechtigung** (Art. 1), über die Ansässigkeit (Art. 4),

über die Zuordnung von Unternehmen (Art. 3 Abs. 1 f.), als Empfänger oder auch als Leistender der in den Art. 10 ff. genannten Einkünfte und nicht zuletzt als ein durch eine Doppelbesteuerung Beschwerter und damit Antragsberechtigter für ein Verständigungsverfahren gemäß Art. 25.

e) „Gesellschaft"

12 Der Ausdruck „Gesellschaft" bedeutet **juristische Personen** oder Rechtsträger, die für die Besteuerung wie juristische Personen behandelt werden.

13 **Juristische Personen** sind soziale Gebilde, denen die Rechtsordnung Rechtsfähigkeit verliehen und sie dadurch als Träger eigener Rechte und Pflichten verselbständigt hat (vgl. hierzu *Palandt*, BGB, 48. Aufl., Einführung vor § 21 Anm. 1). Hierunter fallen nicht nur die unter § 1 Abs. 1 KStG genannten Kapitalgesellschaften (Aktiengesellschaften, Kommanditgesellschaften auf Aktien, Gesellschaften mit beschränkter Haftung), sondern auch Erwerbs- und Wirtschaftsgenossenschaften, Versicherungsvereine auf Gegenseitigkeit, eingetragene Vereine und rechtsfähige Stiftungen; des weiteren fallen die Körperschaften des öffentlichen Rechts, also etwa die Vertragsstaaten selbst, unter den Begriff der juristischen Person und damit unter den der „Gesellschaft" im Sinne des Abkommens.

14 Unter den Begriff „Gesellschaft" fallen aber nicht nur juristische Personen, sondern auch **andere Rechtsträger,** die für die Besteuerung wie juristische Personen behandelt werden. Aus der Sicht der Bundesrepublik Deutschland sind das: nichtrechtsfähige Vereine, nichtrechtsfähige Anstalten, nichtrechtsfähige Stiftungen und andere Zweckvermögen des privaten Rechts sowie die Betriebe gewerblicher Art von juristischen Personen des öffentlichen Rechts (vgl. hierzu § 1 Abs. 1 Nrn. 5 und 6 KStG).

15 Zu den Voraussetzungen für die Besteuerung als Corporation in den USA vgl. Art. 2 Rz. 10 ff. und Art. 4 Rz. 14.

f) „Unternehmen eines Vertragsstaates", „Unternehmen des anderes Vertragsstaates"

16 Nach Art. 1 sind ausschließlich Personen abkommensberechtigt. Vor diesem Hintergrund stellt Art. 3 Abs. 1 f klar, daß es für die abkommensmäßige Behandlung eines Unternehmens entscheidend auf die **Person** ankommt, **welche das Unternehmen betreibt.** Bei der Prüfung der Frage, wer ein Unternehmen betreibt (carry on), wird zunächst einmal darauf abzustellen sein, auf wessen wirtschaftliches Risiko das Unternehmen geführt wird. Des weiteren wird von Bedeutung sein, wer die Geschäftsleitung ernennen und entlassen kann und wer ihr Richtlinien für ihre Tätigkeit vorschreiben kann (ähnlich

auch *Vogel,* MA, Art. 3 Tz. 34). Läßt also etwa eine in Deutschland ansässige
Person in den USA ein Einzelunternehmen durch einen dortigen Geschäfts-
leiter führen, so liegt selbst dann ein deutsches Unternehmen im Sinne des
Abkommens vor, wenn in Deutschland kein Betriebsvermögen vorhanden
ist und keine wirtschaftliche Tätigkeit entfaltet wird (so auch *Debatin,* DB
1978 S. 2439).

Wird ein Unternehmen von einer nach deutschem Recht errichteten Perso-   17
nengesellschaft betrieben, deren Geschäftsleitung sich in der Bundesrepublik
Deutschland befindet, so ist im Hinblick auf die Regelung des Art. 3 Abs. 1 f
darauf abzustellen, inwieweit die Personengesellschaft im Sinne des Abkommens als in der Bundesrepublik und inwieweit sie als in den USA ansässig zu
behandeln ist: Gem. Art. 3 Abs. 1 d umfaßt der Ausdruck „Person" auch die
Personengesellschaften und Personenhandelsgesellschaften. Inwieweit die genannten Gesellschaften in einem Vertragsstaat ansässig sind, bestimmt sich
nach Art. 4 Abs. 1 b: Danach gilt eine **Personengesellschaft** als in einem Vertragsstaat ansässig, soweit die von ihr bezogenen Einkünfte in diesem Staat
wie Einkünfte dort Ansässiger besteuert werden, wobei es keine Rolle spielt,
ob die Besteuerung bei der Gesellschaft selbst oder bei ihren Gesellschaftern
erfolgt. Soweit also an der deutschen Personengesellschaft in Deutschland
Ansässige beteiligt sind, gilt die Personengesellschaft selbst als in Deutschland ansässig; soweit daran in den USA Ansässige oder US-amerikanische
Staatsbürger beteiligt sind, gilt die Personengesellschaft als in den USA ansässig. Im Hinblick auf die Definition des Art. 3 Abs. 1 f kann es also sehr wohl
vorkommen, daß das von einer Personengesellschaft betriebene Unternehmen teils als deutsches, teils als US-amerikanisches Unternehmen betrachtet
werden muß. Diese quotale Aufteilung gewinnt insbesondere dann eine große Bedeutung, wenn das Unternehmen über Betriebsstätten in Drittstaaten
verfügt. Das Besteuerungsrecht für diese Drittstaateneinkünfte steht dann
der Bundesrepublik bzw. den USA nur im Hinblick auf die Quote zu, zu der
das Unternehmen der Personengesellschaft als deutsches bzw. als US-amerikanisches Unternehmen zu betrachten ist.

Qualifikationskonflikte können dabei in all den Fällen auftreten, in denen   18
die Bundesrepublik Deutschland eine Personengesellschaft als Mitunternehmerschaft, die Vereinigten Staaten dagegen als Corporation besteuern; vgl.
zu dieser Problematik Art. 4 Rz. 26 ff.

g) „Internationaler Verkehr"

Die Definition des Ausdrucks „internationaler Verkehr" erfolgt im Hinblick   19
auf Art. 8. Danach dürfen Gewinne eines Unternehmens aus dem **Betrieb
von Seeschiffen oder Luftfahrzeugen** im internationalen Verkehr sowie aus

der **Benutzung oder Vermietung von Containern** (einschließlich Trailerschiffen, Leichtern und ähnlichem Gerät für die Beförderung von Containern) im internationalen Verkehr nur im Ansässigkeitsstaat des Unternehmens besteuert werden. Ausreichend für die Erfüllung des Begriffs „im internationalen Verkehr" ist es dabei, daß der Betrieb der Seeschiffe, Luftfahrzeuge usw. **grenzüberschreitend** ist; dagegen kann die Beförderung als solche sich auf einen Staat beschränken. Die Behandlung von Hilfstätigkeiten, wie z. B. der Kartenverkauf, wird dabei im Kommentar zum OECD-Musterabkommen 1977 (Anm. 6 zu Art. 3) angesprochen: Ein Unternehmen eines Vertragsstaats verkauft über einen Vertreter im anderen Vertragsstaat Karten für Fahrten, die sich entweder auf den erstgenannten oder auf einen dritten Staat beschränken. Art. 8 i. V. m. Art. 3 Abs. 1g gestatten es in diesem Fall dem anderen Staat nicht, die aus diesen Fahrten erzielten Gewinne zu besteuern. Vielmehr darf der andere Staat ein solches Unternehmen nur besteuern, wenn sich dessen Betrieb auf Orte in diesem anderen Staat beschränken; vgl. auch Art. 8 Rz. 10.

h) „Staatsangehöriger" („national")

20   Der Ausdruck „Staatsangehöriger" („national") im Sinne des Abkommens ist von dem Begriff Staatsbürger („citizen") streng zu unterscheiden: So verwendet etwa die Saving Clause (Abschn. 1 des Protokolls) den Begriff Staatsbürger („citizen"); des weiteren regelt Art. 23 Abs. 3 die steuerlichen Probleme, die sich aus der Saving Clause für einen in der Bundesrepublik ansässigen US-Staatsbürger ergeben. Der Begriff **„Staatsangehöriger"** ist dagegen erheblich umfassender als der Begriff **„Staatsbürger"**.

21   **In bezug auf die Vereinigten Staaten** umfaßt der Begriff „Staatsangehöriger" nicht nur die Staatsbürger, sondern alle juristischen Personen, Personengesellschaften oder anderen Personenvereinigungen, die nach dem in den Vereinigten Staaten geltendem Recht, also auch nach dem Recht der einzelnen Bundesstaaten, errichtet worden sind.

22   **In bezug auf die Bundesrepublik** sind „Staatsangehörige" alle Deutschen i. S. d. Art. 116 Ab. 1 GG und alle juristischen Personen, Personengesellschaften oder anderen Personenvereinigungen, die nach dem in der Bundesrepublik geltenden Recht errichtet worden sind.

23   Die Definition des Begriffs „Staatsangehöriger" hat **im Hinblick auf folgende Artikel Bedeutung:**

     – Art. 2 c und d, wo die Staatsangehörigkeit als ein (nachrangiges) Kriterium zur Bestimmung des maßgeblichen Ansässigkeitsstaats angeführt ist;

– Art. 19, wo die Staatsangehörigkeit im Rahmen der Besteuerungszuordnung für Zahlungen aus öffentlichen Kassen eine Rolle spielt;

– Art. 24, wo eine Diskriminierung von Staatsangehörigen eines Vertragsstaats im anderen Staat untersagt ist. Insbesondere im Hinblick auf das Diskriminierungsverbot ist es sinnvoll, auch Personengesellschaften und anderen Personenvereinigungen eine „Staatsangehörigkeit" zuzuordnen. Damit werden nämlich die in einem Vertragsstaat errichteten Personengesellschaften oder anderen Rechtsgebilde dagegen geschützt, im anderen Staat einer diskriminierenden Besteuerung unterworfen zu werden.

i) „Zuständige Behörde"

Buchstabe i nennt die in beiden Vertragsstaaten jeweils zuständige Behörde; die genannten Behörden haben sich im Rahmen der **Abkommensanwendung** insbesondere mit Verständigungsverfahren (Art. 25) und dem Auskunftsverkehr (Art. 26) zu befassen.   24

II. Zur Abkommensauslegung im allgemeinen

Art. 3 Abs. 2 enthält eine **allgemeine Auslegungsregel.** Die gewählte Fassung weicht insoweit vom OECD-Musterabkommen 1977 ab, als hier für die Begriffsbildung auf der Ebene des Abkommens nicht nur dem jeweiligen Zusammenhang, sondern auch dem Ergebnis eines Verständigungsverfahrens eine entscheidende Bedeutung zukommen soll.   25

Wen sich die zuständigen Behörden im Rahmen eines Verständigungsverfahrens auf eine gemeinsame Auslegung eines im Akommen nicht definierten Ausdrucks geeinigt haben, dann soll diese gemeinsame Auslegung für die entsprechende Begriffsbestimmung entscheidend sein und nach der Intention wohl auch die Finanzgerichte in beiden Staaten binden. Die Frage, ob eine derartige **„authentische Interpretation"** in der Bundesrepublik die Finanzgerichte auch zu Lasten der Steuerpflichtigen binden kann, kommt jedoch im Hinblick auf Art. 19 Abs. 4 GG verfassungsrechtlicher Rang zu: Nach der genannten Verfassungsnorm unterliegt die Gesetzesauslegung der Exekutive der gerichtlichen Überprüfung; unseres Erachtens kann sich hieran auch dann nichts ändern, wenn die Auslegung durch die deutsche Finanzbehörde in Übereinstimmung mit einer ausländischen Behörde erfolgt.   26

Die Klausel des Art. 3 Abs. 2 entstammt – wie *Vogel* zu Recht betont – dem englischen Rechtsdenken, das den **Begriff „Zusammenhang"** (context) **im Sinne der Klausel** außerordentlich weit auslegt (vgl. dazu die Nachweise bei *Vogel*, DBA, Art. 3 Tz. 66). Zumindest einen Anhaltspunkt dafür, was unter   27

„Zusammenhang" alles verstanden werden kann, bietet dabei Art. 31 Abs. 2 und 3 des Wiener Übereinkommens über das Recht der Verträge vom 23. 5. 1969 (BGBl. 1985 II S. 927). Da nun aber der Begriff „Zusammenhang" derart umfassend und weitreichend zu verstehen ist, kann dem Verweis auf die Begriffsbildung des jeweils nationalen Steuerrechts nur eine völlig nachrangige Bedeutung zukommen.

Artikel 4

Ansässigkeit

(1) Im Sinne dieses Abkommens bedeutet der Ausdruck „eine in einem Vertragsstaat ansässige Person" eine Person, die nach dem Recht dieses Staates dort aufgrund ihres Wohnsitzes, ihres ständigen Aufenthalts, des Ortes ihrer Geschäftsleitung, des Ortes der Gründung oder eines anderen ähnlichen Merkmals steuerpflichtig ist, jedoch mit der Maßgabe, daß

a) der Ausdruck eine Person nicht umfaßt, die in diesem Staat nur mit Einkünften aus Quellen in diesem Staat oder mit in diesem Staat gelegenem Vermögen steuerpflichtig ist; und

b) bei Einkünften, die eine Personengesellschaft, ein Nachlaß (estate) oder ein Treuhandvermögen (trust) bezieht, dies nur insoweit gilt, als die von der Personengesellschaft, dem Nachlaß oder dem Treuhandvermögen bezogenen Einkünfte in diesem Staat wie Einkünfte dort Ansässiger besteuert werden, und zwar entweder bei der Gesellschaft, dem Nachlaß oder dem Treuhandvermögen selbst oder bei deren Gesellschaftern oder Begünstigten.

(2) Ist nach Absatz 1 eine natürliche Person in beiden Vertragsstaaten ansässig, so gilt folgendes:

a) Die Person gilt als in dem Staat ansässig, in dem sie über eine ständige Wohnstätte verfügt; verfügt sie in beiden Staaten über eine ständige Wohnstätte, so gilt sie als in dem Staat ansässig, zu dem sie die engeren persönlichen und wirtschaftlichen Beziehungen hat (Mittelpunkt der Lebensinteressen);

b) kann nicht bestimmt werden, in welchem Staat die Person den Mittelpunkt ihrer Lebensinteressen hat, oder verfügt sie in keinem der Staaten über eine ständige Wohnstätte, so gilt sie als in dem Staat ansässig, in dem sie ihren gewöhnlichen Aufenthalt hat;

c) hat die Person ihren gewöhnlichen Aufenthalt in beiden Staaten oder in keinem der Staaten, so gilt sie als in dem Staat ansässig, dessen Staatsangehöriger sie ist; und

d) ist die Person Staatsangehöriger beider Staaten oder keines der Staaten, so regeln die zuständigen Behörden der Vertragsstaaten die Frage in gegenseitigem Einvernehmen.

(3) Ist nach Absatz 1 eine andere als eine natürliche Person in beiden Vertragsstaaten ansässig, so bemühen sich die zuständigen Behörden der Vertragsstaaten, durch Konsultation den Vertragsstaat zu bestimmen, in dem die Person im Sinne dieses Abkommens als ansässig gilt; sehen sie sich dazu

nicht in der Lage, so gilt die Person für Zwecke der Inanspruchnahme der Vergünstigungen nach diesem Abkommen als in keinem der beiden Vertragsstaaten ansässig.

Protokoll

(2) Zu Artikel 4 Absatz 1 (Ansässigkeit)

Die Bundesrepublik Deutschland behandelt einen Staatsbürger der Vereinigten Staaten oder einen Ausländer, dem die Einreise zur Gründung eines ständigen Wohnsitzes rechtmäßig gestattet worden ist (Inhaber einer „grünen Karte"), nur dann als in den Vereinigten Staaten ansässig, wenn er in den Vereinigten Staaten einen längeren Aufenthalt nimmt (substantial presence) oder dort eine ständige Wohnstätte oder seinen gewöhnlichen Aufenthalt hat.

Inhaltsübersicht

Erläuterungen zu Artikel 4

I. Ansässigkeit im Sinne des Abkommens

1. Allgemeine Bedeutung

1   Der Frage, ob eine Person in einem der Vertragsstaaten ansässig ist, kommt schon im Hinblick auf die **Abkommensberechtigung** des Art. 1 eine entscheidende Bedeutung zu (vgl. Rz. 8 ff.).

Darüber hinaus setzt eine Anwendung des Abkommens voraus, daß für eine   2
jede durch das Abkommen begünstigte Person geklärt wird, welches für sie
der **Ansässigkeitsstaat** und welches der bloße „**Quellenstaat**" ist. Die Besteuerungsrechte des Quellenstaates sind nämlich in den Art. 6–20 abschließend aufgezählt; andere Einkünfte als die ihm durch diese Artikel zugeord-
neten darf der Quellenstaat nicht besteuern. Demgegenüber bestimmt sich
das Besteuerungsrecht des Ansässigkeitsstaats nach Art. 23, und zwar nach
Abs. 1, wenn die USA der Ansässigkeitsstaat, nach Abs. 2, wenn die Bundesrepublik Deutschland der Ansässigkeitsstaat ist.

Bereits dieser systematische Aufbau des Abkommens setzt voraus, daß im   3
Hinblick auf jede Person geklärt wird, welcher Staat für sie der maßgebliche
Ansässigkeitsstaat ist. Bei **Doppelansässigkeit** von natürlichen Personen wird
diese Frage im wesentlichen durch Art. 2 entschieden. Nur für den **Fall**, daß
die **Bundesrepublik Deutschland der maßgebliche Ansässigkeitsstaat** i. S. d.
Art. 4 Abs. 2 für einen US-Staatsbürger ist, wird keiner der beiden Vertragsstaaten als bloßer Quellenstaat behandelt; vielmehr wird die Doppelbesteuerung in diesem Fall, wo aus US-amerikanischer Sicht die sog. Saving Clause
eingreift, allein durch die wechselseitige Anrechnung von Steuern gem.
Art. 23 Abs. 3 vermieden (vgl. zur Bedeutung der Saving Clause unter Art. 1
Rz. 15 ff.).

2. Die Ansässigkeit von natürlichen Personen

Eine natürliche Person ist in einem Vertragsstaat **ansässig**, wenn sie nach   4
dem Recht dieses Staates dort aufgrund ihres Wohnsitzes (domicile), ihres
ständigen Aufenthalts (residence) oder eines anderen ähnlichen Merkmals
(other criterion of a similar nature) steuerpflichtig ist. Mit „Steuerpflicht" in
diesem Sinne ist die **unbeschränkte Steuerpflicht** gemeint, die sich auf die
Welt-Einkünfte bzw. auf das Welt-Vermögen bezieht. Letzteres ergibt sich
eindeutig aus Art. 4 Abs. 1 a, wonach eine Ansässigkeit im Sinne des Abkommens nicht durch eine (nur beschränkte) Steuerpflicht begründet werden
kann, die sich nur auf die in einem Staat vorhandenen Einkunftsquellen
oder das in diesem Staat belegene Vermögen bezieht.

Natürliche Personen sind gem. § 1 Abs. 1 EStG **in der Bundesrepublik unbe-**   5
schränkt steuerpflichtig, wenn sie im Inland einen Wohnsitz oder ihren gewöhnlichen Aufenthalt haben; entsprechendes gilt gem. § 1 Abs. 1 VStG für
die unbeschränkte Vermögensteuerpflicht. Die Begriffe Wohnsitz bzw. gewöhnlicher Aufenthalt sind dabei in §§ 8 bzw. 9 AO definiert (vgl. hierzu beispielsweise die Kommentierung bei *Tipke/Kruse*, AO, Anm. zu § 8 und 9).

Ist eine **unbeschränkte Steuerpflicht** in der Bundesrepublik gegeben, so sind   6
die betreffenden Personen stets auch im Sinne des Abkommens hier ansäs-

sig; zu prüfen bleibt im Falle der Doppelansässigkeit allerdings noch, ob die Bundesrepublik auch der maßgebliche Ansässigkeitsstaat im Sinne des Art. 4 Abs. 2 ist.

7   Eine unbeschränkte Einkommensteuerpflicht, die sich auf die Welteinkünfte (worldwide income) bezieht, trifft in den Vereinigten Staaten zunächst einmal alle **US-Staatsbürger** (US-citizens). US-Staatsbürger sind – wo sie auch immer wohnhaft sein mögen – in den USA stets unbeschränkt einkommensteuerpflichtig. Unbeschränkt einkommensteuerpflichtig in den USA sind auch die sog. „**resident aliens**" (vgl. Art. 2 Rz. 75).

8   Nicht jede in den Vereinigten Staaten unbeschränkt einkommensteuerpflichtige natürliche Person ist jedoch im Sinne des Abkommens als in den USA „**ansässig**" zu behandeln. Nach Abschn. 2 des Protokolls behandelt die Bundesrepublik einen US-Staatsbürger oder einen US-Green-Card-Holder nur dann als in den Vereinigten Staaten ansässig, wenn er in den Vereinigten Staaten einen **längeren Aufenthalt** nimmt (substantial presence) oder dort eine **ständige Wohnstätte** oder seinen **gewöhnlichen Aufenthalt** hat. Andernfalls sind die genannten Personen trotz ihrer unbeschränkten US-Steuerpflicht nicht als abkommensberechtigt zu betrachten (vgl. dazu auch Art. 1 Rz. 12). Der Begriff „längerer Aufenthalt" (substantial presence) i. S. v. Abschn. 2 des Protokolls ist unseres Erachtens im Sinne des US-Steuerrechts zu verstehen, so daß die unter AnhArt. 2 Rz. 70 dargelegte Berechnungsmethode auch im Rahmen der Auslegung des Protokolls herangezogen werden muß: Ansonsten wäre nämlich der Nicht-US-Staatsbürger und der Nicht-Green-Card-Holder, der sich über den „substantial presence test" für die unbeschränkte Steuerpflicht in den USA qualifiziert, für die Anwendung des Abkommens u. U. besser gestellt als ein US-Staatsbürger oder ein US-Green-Card-Holder. Für andere Resident Aliens als für Green-Card-Holders gilt nämlich die Einschränkung des Abschn. 2 ihrem Wortsinn nach eindeutig nicht.

9   Wie sich im übrigen aus Abschn. 2 des Protokolls ergibt, werden die US-Staatsbürgerschaft und die Erlaubnis zum dauernden Aufenthalt in den Vereinigten Staaten als „**andere ähnliche Merkmale**" i. S. d. Art. 4 Abs. 1 verstanden, die zu einer unbeschränkten Steuerpflicht in den USA und damit – grundsätzlich – zu einer Ansässigkeit in den USA im Sinne des Abkommens führen.

3. Ansässigkeit bei Gesellschaften (Körperschaften)

10 Gesellschaften im Sinne des Abkommens, also juristische Personen oder Rechtsträger, die für die Besteuerung wie juristische Personen behandelt werden (Art. 3 Abs. 1 e), sind in einem Vertragsstaat im Sinne des Abkommens

ansässig, wenn sie nach dem Recht dieses Staates dort aufgrund des **Ortes ihrer Geschäftsleitung**, des **Ortes der Gründung** oder eines anderen **ähnlichen
Merkmals** unbeschränkt körperschaftsteuer- bzw. vermögensteuerpflichtig
sind. Andere Rechtsgebilde, die für steuerliche Zwecke wie juristische Personen behandelt werden, sind aus Sicht der Bundesrepublik Deutschland:
nichtrechtsfähige Vereine, nichtrechtsfähige Anstalten, nichtrechtsfähige
Stiftungen und andere Zweckvermögen des privaten Rechts sowie die Betriebe gewerblicher Art von juristischen Personen des öffentlichen Rechts (vgl.
hierzu § 1 Abs. 1 Nrn. 5 und 6 KStG).

In den **USA** stellt sich für die Bundessteuer das Problem, daß die einzelnen   11
Rechtsgebilde nach dem Recht des jeweiligen Gliedstaates errichtet werden.
Aus diesem Grunde war es notwendig, eigenständige steuerrechtliche Merkmale einzuführen, die zu einer Besteuerung als Corporation für Zwecke der
US-Bundessteuern führen. Diese steuerlichen Merkmale knüpfen an die zivilrechtlichen Vorgaben nur insoweit an, als das Zivilrecht diejenigen Merkmale vorgibt, auf welche die steuerliche Qualifikation abstellt. Die US-Regulations (301.7701/2) führen sechs **körperschaftliche Abgrenzungskriterien**
an, die gebraucht werden, um den Status eines Körperschaftsteuersubjekts zu
bestimmen.

Die Abgrenzungskriterien sind: 12

– Vorhandensein von Gesellschaftern (associates),
– das Ziel, ein Geschäft zu führen und die dabei entstehenden Gewinne zu
  teilen (an objective to carry on a business and devide the gains therefrom),
– zeitlich unbegrenzter Bestand (continuity of life),
– zentrale Geschäftsleitung (centralization of management),
– Begrenzung der Haftung auf das Gesellschaftsvermögen (limited liability)
  und
– freie Übertragbarkeit der Beteiligungen (free transferability of interests).

Die **beiden ersten Abgrenzungsmerkmale** (das Vorhandensein von Gesell-   13
schaften und das Ziel, ein Geschäft zu führen und die dabei entstehenden
Gewinne zu teilen) sind sowohl Personengesellschaften wie auch körper-
schaftsteuerpflichtigen Gebilden gemeinsam. Aus diesem Grunde sehen die
Richtlinien vor, daß **ein Rechtsgebilde mindestens drei der folgenden vier
Abgrenzungsmerkmale erfüllen** muß, um überwiegend eine Körperschaft
(corporation) darzustellen und deshalb körperschaftsteuerpflichtig zu sein.
Im Hinblick auf diese Abgrenzungsmerkmale kann es sehr wohl vorkom-
men, daß eine US-Partnership für Zwecke der deutschen Besteuerung als
Mitunternehmerschaft, im Hinblick auf das US-Steuerrecht dagegen als "cor-
poration" zu behandeln ist. Welche Probleme im Hinblick auf die Ansässig-

keit einer solchen Personengesellschaft sich daraus ergeben können, wird nachstehend unter Rz. 26 ff. erörtert.

14   In der **Bundesrepublik Deutschland** ist ein körperschaftsteuerpflichtiges Gebilde dann unbeschränkt steuerpflichtig, wenn es hier seine **Geschäftsleitung** oder seinen **Sitz** hat. Die Begriffe "Geschäftsleitung" und "Sitz" sind dabei in §§ 10 und 11 AO definiert. Der Ort der Geschäftsleitung bestimmt sich dabei nach rein tatsächlichen Merkmalen. Entscheidend ist, von wo aus die für das Tagesgeschäft der Gesellschaft wesentlichen Entscheidungen gefällt werden. Der Sitz ist demgegenüber durch Gesellschaftsvertrag, Satzung, Stiftungsgeschäft oder – in Ausnahmefällen – auch unmittelbar durch das Gesetz bestimmt. Zwar ist der Sitz in Art. 4 Abs. 1 nicht ausdrücklich erwähnt, er ist jedoch als "anderes ähnliches Merkmal", das eine unbeschränkte Steuerpflicht begründet, zu betrachten (vgl. hierzu auch *Vogel,* DBA, Art. 4 Tz. 30).

15   Im **US-amerikanischen Steuerrecht** ist dagegen der **Ort der Gründung** (place of incorporation/foundation) das entscheidende Anknüpfungskriterium für die unbeschränkte Steuerpflicht. Der Status der unbeschränkt steuerpflichtigen Körperschaft wird in den USA also dadurch begründet, daß die Gesellschaft nach dem Recht eines Bundesstaates oder des District of Columbia errichtet wird. Eine solche Gesellschaft unterliegt dann mit ihren Welt-Einkünften der US-Besteuerung. Auch die auf den Ort der Gründung gestützte unbeschränkte Körperschaftsteuerpflicht führt zu einer Ansässigkeit i. S. v. Art. 4 Abs. 1. Eine Gesellschaft, die nach dem Recht eines US-Bundesstaates gegründet ist, den Ort ihrer Geschäftsleitung aber in der Bundesrepublik Deutschland hat, ist also i. S. v. Art. 4 Abs. 1 in beiden Vertragsstaaten ansässig. Die Frage, wie in diesem Falle eine Doppelbesteuerung vermieden oder zumindest gemildert werden kann, behandelt Art. 4 Abs. 3; s. Rz. 25.

4. Ansässigkeit von Personengesellschaften, Estates (Nachlaßvermögen) und Trusts (Treuhandvermögen)

16   Daß Personengesellschaften, Personenhandelsgesellschaften sowie die Trusts und Estates des US-amerikanischen Rechts "Personen" im Sinne des Abkommens darstellen, ergibt sich bereits aus der Definition des Art. 3 Abs. 1 d; vgl. hierzu auch die dortige Kommentierung. Art. 4 Abs. 1b regelt nun, wann und inwieweit die genannten Rechtsgebilde als in einem Vertragsstaat ansässig und damit als **abkommensberechtigt** zu behandeln sind. Die genannte Regelung ist dem US-Muster DBA vom 16. Juni 1981 (Draft Model Income Tax Treaty) wörtlich entnommen (siehe auch dort Art. 4 Abs. 1 b). Die Auslegung und auch die Anwendung der genannten Abkommensnorm dürften nicht unerhebliche Schwierigkeiten aufwerfen, die im folgenden – für die einzelnen Rechtsgebilde getrennt – untersucht werden sollen.

a) Personengesellschaften

Auch in den USA stellen Personengesellschaften, wenn sie sich nicht für Be- 17 steuerungszwecke als „corporation" qualifizieren, keine selbständigen Steuersubjekte dar, vielmehr werden ihre **Einkünfte den Gesellschaftern** anteilig **zugerechnet** und entsprechend besteuert (vgl. hierzu Sec. 701 IRC).

Unterstellt, **an einer US-Partnership,** die nicht als Corporation zu besteuern 18 ist, wären **zur Hälfte US-Amerikaner, zur anderen Hälfte Deutsche** als Gesellschafter **beteiligt.** Für diesen Fall stellt sich nun die Frage, in welchem Staat oder welchen Staaten die Personengesellschaft ansässig ist. Bei einer ersten Lektüre des Art. 4 Abs. 1 b DBA könnte man dabei zu dem Ergebnis gelangen, die Gesellschaft sei zur Hälfte in den USA, zur anderen Hälfte in der Bundesrepublik Deutschland ansässig, weil ihre Einkünfte zur Hälfte in den USA, zur anderen Hälfte in der Bundesrepublik Deutschland als Einkünfte hier Ansässiger besteuert werden. Nach dem eindeutigen Wortlaut des Art. 4 Abs. 1 b spielt es nämlich für die Ansässigkeit keine Rolle, ob die Einkünfte bei der Gesellschaft selbst oder bei ihren Gesellschaftern einer unbeschränkten Steuerpflicht unterliegen.

Eine genauere Untersuchung des Art. 4 Abs. 1 führt jedoch zu dem Ergebnis, 19 daß die Personengesellschaft nur in dem Staat ganz oder teilweise als ansässig behandelt werden kann, nach dessen Recht sie gegründet ist oder wo sich ihre Geschäftsleitung befindet. Nach diesem Verständnis der Abkommensnorm kann eine Personengesellschaft oder Personenhandelsgesellschaft nur dann in einem Vertragsstaat ansässig sein, wenn sie sich dort für die Ansässigkeit durch den Ort ihrer Geschäftsleitung, den Ort ihrer Gründung oder ein ähnliches Merkmal qualifiziert. Es reicht danach für die Ansässigkeit einer Personengesellschaft oder Personenhandelsgesellschaft nicht aus, daß in einem Vertragsstaat lediglich ein oder mehrere Gesellschafter ansässig sind, die dort mit ihren von der Gesellschaft erzielten Einkünften einer unbeschränkten Steuerpflicht unterliegen. Für die Lösung des skizzierten Beispielsfalles bedeutet das, daß die **Gesellschaft nur in den USA** (wegen des Ortes ihrer Gründung) **ansässig** sein kann; sie gilt **jedoch dort nur zur Hälfte** als ansässig, weil "in diesem Staat" nur die Hälfte ihrer Einkünfte (bei ihren Gesellschaftern) als Einkünfte dort Ansässiger einer unbeschränkten Steuerpflicht unterliegen. Demgegenüber gilt die Gesellschaft in der Bundesrepublik Deutschland als nicht ansässig; aus Sicht der Bundesrepublik Deutschland muß vielmehr auf die Abkommensberechtigung der hier ansässigen einzelnen Gesellschafter abgestellt werden. Etwas anderes, nämlich auch eine partielle Ansässigkeit der Personengesellschaft in der Bundesrepublik Deutschland, könnte sich nur dann ergeben, wenn sich etwa der Ort der Geschäftsleitung dieser Gesellschaft und damit eben eines der Kriterien des Art. 4 Abs. 1 in der Bundesrepublik befände. Nur bei einer derartigen Sachla-

ge könnte sich also eine **Doppelansässigkeit** der Personengesellschaft ergeben, auf die erforderlichenfalls Art. 4 Abs. 3 zur Anwendung gelangen müßte.

b) Trust and Estates

20   **Trusts** (Treuhandvermögen) sind **in den USA weit verbreitet;** im deutschen Rechtskreis gibt es jedoch kein wirklich entsprechendes Rechtsgebilde. Trusts können sowohl durch Verfügung von Todes wegen wie auch durch Rechtsgeschäfte unter Lebenden begründet werden. Sie zeichnen sich dadurch aus, daß ein Treugeber (grantor) Vermögen auf einen Treuhänder (fiduciary/trustee) überträgt; der Treuhänder hat dann das Vermögen unter Beachtung der Trustbedingungen zu verwalten und die Erträge des Vermögens an den oder die Begünstigten (beneficiary) abzuführen oder anzusammeln (vgl. hierzu auch *Christoph Laubrock,* Nachlaß und Erbschaft in den USA, Münchener Schriften zum Internationalen Steuerrecht, Heft 10, S. 7 f.). Ein Trust ist in den USA dann unbeschränkt steuerpflichtig, wenn er nach US-amerikanischem Recht **errichtet** wurde. Der Trust ist also ein selbständiges Steuerrechtssubjekt; vgl. hierzu Sec. 641 (a) IRC. Er wird im wesentlichen wie eine natürliche Person besteuert. Ein Wesensmerkmal der Trustbesteuerung ist es aber, daß die an die Begünstigten abgeführten Einkünfte auf der Ebene des Trusts steuerlich abzugsfähig sind; vgl. dazu Sec. 651 und Sec. 661 IRC.

21   Da nach US-amerikanischem Recht errichtete Trusts in den USA unbeschränkt steuerpflichtig sind, ergibt sich ihre **Ansässigkeit** in den USA und damit ihre Abkommensberechtigung bereits hieraus. Vgl. im übrigen zu den steuerlichen Folgen von Ausschüttungen US-amerikanischer Trusts an deutsche Begünstigte den Erlaß des Finanzministeriums Nordrhein-Westfalen vom 16. 2. 1968, der als sog. koordinierter Ländererlaß erging (*Baranowski,* Praktiker-Handbuch 1989, Außensteuerrecht, S. 1607).

22   In steuerlicher Hinsicht sind den Trusts die **Estates** (unverteilte Nachlaßvermögen) gleichgestellt. Auch das unverteilte Nachlaßvermögen ist somit ein eigenständiges Steuersubjekt und ist in den USA unbeschränkt steuerpflichtig, sofern es nach US-amerikanischem Recht gebildet wurde.

II. Probleme der Doppelansässigkeit

1. Bei natürlichen Personen

23   Ergibt sich für eine natürliche Person aufgrund des Art. 4 Abs. 1 eine Ansässigkeit in beiden Vertragsstaaten, so ist nach der Regelung des Art. 4 Abs. 2

(sog. tie-breaker) der **maßgebliche Ansässigkeitsstaat zu bestimmen.** Die Regelung entspricht dem OECD-MA, weshalb für ihre Auslegung auch auf den amtlichen Kommentar hierzu zurückgegriffen werden kann.

In systematischer Hinsicht ist zu beachten, daß die einzelnen Kriterien des   24
Art. 4 Abs. 2 **nacheinander** in der dort angegebenen Reihenfolge zu prüfen sind. Ein nachrangiges Kriterium kommt dabei nur dann zur Anwendung, wenn ein vorrangiges aus den im Abkommen jeweils angegebenen Gründen nicht in der Lage ist, den maßgeblichen Ansässigkeitsstaat zu bestimmen. Das in der Praxis wichtigste Merkmal ist dabei der **"Mittelpunkt der Lebensinteressen";** dieses Merkmal kann allerdings nur dann zur Anwendung gelangen, wenn die natürliche Person – wie meist in solchen Fällen – in beiden Vertragsstaaten über eine "ständige Wohnstätte" verfügt (vgl. zum Begriff der ständigen Wohnstätte die ausführliche Darlegung von *F. Wassermeyer,* in: Flick/Wassermeyer/Wingert, Doppelbesteuerungsabkommen Deutschland/Schweiz, Art. 4 Tz. 25–36). Der Mittelpunkt der Lebensinteressen bestimmt sich danach, zu welchem Staat die Person die engeren persönlichen und wirtschaftlichen Beziehungen hat. Unter **persönlichen Beziehungen** ist dabei alles zu verstehen, was die private Lebensführung eines Steuerpflichtigen ausmacht. Die **wirtschaftlichen Interessen** bestimmen sich dagegen nach dem Vorhandensein örtlich gebundener Einkunftsquellen. Der Mittelpunkt der Lebensinteressen ist dabei durch eine Abwägung der persönlichen und der wirtschaftlichen Beziehungen zu den beiden Vertragsstaaten zu ermitteln. Eine gewisse Hilfe hierbei gibt Tz. 15 des amtlichen Kommentars zum OECD-MA: "Begründet eine Person, die in einem Staat über eine ständige Wohnstätte verfügt, ohne diese aufzugeben, im anderen Staat eine zweite Wohnstätte, so kann die Tatsache, daß sie die erste Wohnstätte dort beibehält, wo sie bisher stets gelebt und gearbeitet hat und wo sie ihre Familie und ihren Besitz hat, zusammen mit anderen Gesichtspunkten als Zeichen dafür sprechen, daß diese Person den Mittelpunkt ihrer Lebensinteressen im ersten Staat beibehalten hat."

2. Bei Gesellschaften (Körperschaften)

Sind andere als natürliche Personen, also insbesondere körperschaftsteuer-   25
pflichtige Gebilde, nach der Regelung des Art. 4 Abs. 1 in beiden Vertragsstaaten ansässig, so bemühen sich die zuständigen Behörden der Vertragsstaaten gem. Art. 4 Abs. 3, **durch Konsultation den Vertragsstaat zu bestimmen,** in dem die Person im Sinne des Abkommens als ansässig gilt. Läßt sich ein gegenseitiges Einvernehmen dabei nicht erzielen, so gilt die Person für Zwecke der Inanspruchnahme der Vergünstigungen nach den Abkommen als in keinem der beiden Vertragsstaaten ansässig. Ist also eine Körperschaft nach dem Recht eines US-amerikanischen Gliedstaates errichtet, befindet

sich aber ihre Geschäftsleitung in der Bundesrepublik Deutschland, so kann sie sich – vorbehaltlich einer Einigung der zuständigen Behörden – auf **keine Begünstigung** des Abkommens berufen. Eine Einigung der zuständigen Behörden in diesen Fällen dürfte außerordentlich selten sein: Einerseits ist nämlich nicht damit zu rechnen, daß sich die USA im Hinblick auf eine Gesellschaft, die nach US-amerikanischem Recht errichtet ist, nur mit der sog. Quellenstaats-Besteuerung zufrieden geben werden; auf der anderen Seite wird wohl auch die Bundesrepublik nicht auf die Besteuerung als Ansässigkeitsstaat verzichten wollen, wenn sich die Geschäftsleitung der Gesellschaft in der Bundesrepublik Deutschland befindet. Derartige **Fallgestaltungen sollten** also **in der Beratungspraxis vermieden werden.** Die Bundesrepublik Deutschland wird in diesen Fällen zwar nach ihrem nationalen Recht (§ 26 Abs. 6 KStG, § 34 c EStG) US-amerikanische Steuern in Deutschland zur Anrechnung zulassen, jedoch nur insoweit, als die US-amerikanische Steuer auch US-amerikanische Einkünfte betrifft. Soweit dagegen die US-amerikanische Besteuerung auf Drittstaateneinkünfte entfällt, ist lediglich ein Abzug der US-Steuer bei Ermittlung des Gesamtbetrags der Einkünfte gem. § 34 c Abs. 3 EStG möglich.

3. Qualifikationskonflikte bei Personengesellschaften

26 Wie vorstehend unter Rz. 12 ff. ausgeführt, können sich Personengesellschaften und Personenhandelsgesellschaften für Zwecke der US-Besteuerung als Corporation qualifizieren und demnach als eigene Steuersubjekte behandelt werden. Eine solche **Umqualifizierung von Personengesellschaften** ist jedoch nach deutschem Steuerrecht nicht möglich (vgl. hierzu BFH, Großer Senat, BStBl. 1984 II S. 751). Sind mithin in Deutschland ansässige Personen an einer US-Partnership beteiligt, die sich für Zwecke der US-Besteuerung als Corporation qualifiziert, so kommt es – was die Besteuerung der von dieser Personengesellschaft erzielten Einkünfte anbelangt – zu einem Qualifikationskonflikt: Die USA behandeln die von der Partnership erzielten Einkünfte als Einkünfte des selbständigen Steuersubjekts („corporation"); die Bundesrepublik dagegen betrachtet die auf die deutschen Gesellschafter anteilig entfallenden Einkünfte als Einkünfte dieser Gesellschafter. Es entspricht der herrschenden Auffassung in der Bundesrepublik Deutschland und der ständigen Praxis der deutschen Finanzverwaltung, bei der Qualifikation einer ausländischen Gesellschaft von den leitenden Gedanken des deutschen Steuerrechts auszugehen. Dabei ist zu untersuchen, ob die **ausländische Gesellschaft** sich **mit einer Gesellschaft des deutschen Rechts vergleichen** läßt. Ergibt sich dabei eine weitgehende Übereinstimmung mit dem Aufbau und der wirtschaftlichen Bedeutung einer deutschen Gesellschaft, so ist die ausländische Gesellschaft für das deutsche Steuerrecht entsprechend zu behan-

deln (vgl. dazu RFH-Urt. v. 12. 2. 1930, RStBl. 1930 S. 440; BFH-Urt. v. 17. 7. 1968, BStBl. 1968 II S. 695; Erlaß des FinMin NRW v. 11. 5. 1976, DB 1976 S. 1087). Eine US-Partnership – mit einer Corporation als „General Partner" – entspricht nun aber genau einer deutschen GmbH & Co. KG; für Zwecke der deutschen Besteuerung kann sie demnach, sofern sie gewerblich tätig ist, nur als Mitunternehmerschaft qualifiziert werden.

Dabei sind nach dem deutschen Recht alle weltweit bezogenen **Einkünfte der**   27
Mitunternehmer in Deutschland steuerpflichtig, wenn kein Doppelbesteuerungsabkommen die Freistellung vorsieht.

Bei der Anwendung des DBA USA stellt sich zunächst einmal die Frage, ob   28
die Qualifikation des deutschen Rechts, nämlich die Behandlung der Personengesellschaft als Mitunternehmerschaft, auch auf Abkommensebene gilt. Hierbei ist zunächst einmal zu bedenken, daß nach Art. 3 Abs. 1 e die genannte Partnership eine „Gesellschaft" i. S. d. Abkommens darstellt, weil sie in ihrem Sitzstaat wie eine juristische Person besteuert wird. Diese Qualifikation auf der Ebene des Abkommens hat zur Folge, daß die Bundesrepublik Deutschland nach diesem Abkommen die **Gewinne der Partnership nicht besteuern** darf, es sei denn, sie werden ausgeschüttet. Das Abkommen erlaubt also der Bundesrepublik Deutschland überhaupt nur eine **Besteuerung der ausgeschütteten Dividenden.** Gerade diese Dividenden kann jedoch das nationale deutsche Recht nicht besteuern, weil es diese als Entnahmen aus einer Personengesellschaft qualifiziert. Entnahmen aus einer Betriebsstätte und Entnahmen aus einer Personengesellschaft sind in der Bundesrepublik Deutschland nicht steuerbar (vgl. hierzu auch *Vogel,* Doppelbesteuerungsabkommen, Kommentar, Anm. 64 zur Einleitung, mit zahlreichen weiteren Nachweisen).

Eine **Mindermeinung in der Literatur** vertritt indes folgende Auffasung: 29
Nach nationalem deutschen Recht seien die gesamten Gewinnanteile der deutschen Mitunternehmer an der ausländischen Personengesellschaft in der Bundesrepublik Deutschland steuerpflichtig. Das Abkommen erlaube immerhin eine Besteuerung der ausgeschütteten Dividenden. Liegen nun die in einem Wirtschaftsjahr ausgeschütteten Dividenden (nach dem Verständnis des deutschen Rechts: Entnahmen) niedriger als die in dem betreffenden Wirtschaftsjahr auf den deutschen Mitunternehmer entfallenden Gewinnanteile, so sollen die Gewinnanteile bis zur Höhe der ausgeschütteten Beträge steuerpflichtig sein. Liegen dagegen in einem Wirtschaftsjahr die Dividenden (ausnahmsweise) höher als der betreffende Gewinnanteil des deutschen Mitunternehmers, so soll der Mitunternehmer nur bis zur Höhe seines Gewinnanteils besteuert werden können, da das deutsche Recht keine höhere Besteuerung vorsehe (so etwa *Mancke,* JbFfSt 1978/79 S. 345).

30   Die Mindermeinung ist abzulehnen, weil sie nicht steuerbare Entnahmen
      aus Mitunternehmerschaften in der Bundesrepublik Deutschland einer Steu-
      erpflicht unterwirft. Im übrigen würde die Mindermeinung auch zu mehr
      oder minder willkürlichen Ergebnissen führen, denn die Besteuerungsmög-
      lichkeiten der Bundesrepublik Deutschland wären allein vom **Entnahmever-
      halten** abhängig. Eine Rechtsmeinung, die zu einer offensichtlich willkürli-
      chen Besteuerung führt, sollte aber preisgegeben werden.

31   U. E. darf in diesen Fällen, in denen eine Partnership in den USA als Corpo-
      ration besteuert wird, der ausländische Gewinnanteil des deutschen Gesell-
      schafters auch nicht im Rahmen des **Progressionsvorbehalts** herangezogen
      werden. Hier handelt es sich nämlich um eine selbst abkommensberechtigte
      ausländische Gesellschaft; die **Bundesrepublik Deutschland** muß also **auf je-
      de steuerliche Berücksichtigung** ihres Gewinns, auch im Rahmen eines Pro-
      gressionsvorbehalts, **verzichten;** aus abkommensrechtlicher Sicht ist hier
      nämlich der Sachverhalt nicht anders, als läge eine US-Corporation vor, die
      sich auch für Zwecke der deutschen Besteuerung als Körperschaft qualifi-
      ziert (vgl. dazu auch *Vogel,* a. a. O.).

32   Da es andererseits für die **Anwendung des § 2 AIG** (künftig § 2 a Abs. 3 und
      4 EStG) allein auf die Qualifizierung nach dem nationalen Recht der Bundes-
      republik Deutschland ankommt, sind die deutschen Gesellschafter unter
      den Voraussetzungen der genannten Rechtsnormen nicht daran gehindert,
      durch einen entsprechenden Antrag die Abzugsfähigkeit eines anteilig auf
      sie entfallenden Verlusts bei der Ermittlung ihres Gesamtbetrags der Ein-
      künfte geltend zu machen. Bei späteren Gewinnen der US-Partnership sind
      sie dann allerdings auch gehalten, die anteilig auf sie entfallenden Gewinne
      bis zur Höhe des früher gemachten Verlusts in Deutschland zu besteuern.

Artikel 5

Betriebsstätte

(1) Im Sinne dieses Abkommens bedeutet der Ausdruck „Betriebsstätte" eine feste Geschäftseinrichtung, durch die die Tätigkeit eines Unternehmens ganz oder teilweise ausgeübt wird.

(2) Der Ausdruck „Betriebsstätte" umfaßt insbesondere:

a) einen Ort der Leitung,

b) eine Zweigniederlassung,

c) eine Geschäftsstelle,

d) eine Fabrikationsstätte,

e) eine Werkstätte und

f) ein Bergwerk, ein Öl- oder Gasvorkommen, einen Steinbruch oder eine andere Stätte der Ausbeutung von Bodenschätzen.

(3) Eine Bauausführung oder Montage ist nur dann eine Betriebsstätte, wenn ihre Dauer zwölf Monate überschreitet.

(4) Ungeachtet der vorstehenden Bestimmungen dieses Artikels gelten nicht als Betriebsstätten:

a) Einrichtungen, die ausschließlich zur Lagerung, Ausstellung oder Auslieferung von Gütern oder Waren des Unternehmens benutzt werden;

b) Bestände von Gütern oder Waren des Unternehmens, die ausschließlich zur Lagerung, Ausstellung oder Auslieferung unterhalten werden;

c) Bestände von Gütern oder Waren des Unternehmens, die ausschließlich zu dem Zweck unterhalten werden, durch ein anderes Unternehmen bearbeitet oder verarbeitet zu werden;

d) eine feste Geschäftseinrichtung, die ausschließlich zu dem Zweck unterhalten wird, für das Unternehmen Güter oder Waren einzukaufen oder Informationen zu beschaffen;

e) eine feste Geschäftseinrichtung, die ausschließlich zu dem Zweck unterhalten wird, für das Unternehmen zu werben, Informationen zu erteilen, wissenschaftliche oder ähnliche Tätigkeiten auszuüben, die vorbereitender Art sind oder eine Hilfstätigkeit darstellen; oder

f) eine feste Geschäftseinrichtung, die ausschließlich zu dem Zweck unterhalten wird, mehrere der unter den Buchstaben a bis e genannten Tätigkeiten auszuüben, vorausgesetzt, daß die sich daraus ergebende Gesamttätigkeit der festen Geschäftseinrichtung vorbereitender Art ist oder eine Hilfstätigkeit darstellt.

(5) Ist eine Person (mit Ausnahme eines unabhängigen Vertreters im Sinne des Absatzes 6) für ein Unternehmen tätig und besitzt sie in einem Vertragsstaat die Vollmacht, im Namen des Unternehmens Verträge abzuschließen, und übt sie die Vollmacht dort gewöhnlich aus, so wird das Unternehmen ungeachtet der Absätze 1 und 2 so behandelt, als habe es in diesem Staat für alle von der Person für das Unternehmen ausgeübten Tätigkeiten eine Betriebsstätte, es sei denn, diese Tätigkeiten beschränken sich auf die in Absatz 4 genannten Tätigkeiten, die, würden sie durch eine feste Geschäftseinrichtung ausgeübt, diese Einrichtung nach dem genannten Absatz nicht zu einer Betriebsstätte machen.

(6) Ein Unternehmen wird nicht schon deshalb so behandelt, als habe es eine Betriebsstätte in einem Vertragsstaat, weil es dort seine Tätigkeit durch einen Makler, Kommissionär oder einen anderen unabhängigen Vertreter ausübt, sofern diese Person im Rahmen ihrer ordentlichen Geschäftstätigkeit handeln.

(7) Allein dadurch, daß eine in einem Vertragsstaat ansässige Gesellschaft eine Gesellschaft beherrscht oder von einer Gesellschaft beherrscht wird, die im anderen Vertragsstaat ansässig ist oder dort (entweder durch eine Betriebsstätte oder auf andere Weise) ihre Tätigkeit ausübt, wird keine der beiden Gesellschaften zur Betriebsstätte der anderen.

Protokoll

(3) Zu Artikel 5 (Betriebsstätte) und Artikel 14 (Selbständige Arbeit)

Eine in einem Vertragsstaat ansässige Person, die im anderen Vertragsstaat Konzerte oder Theateraufführungen gibt oder als Unterhaltungskünstler auftritt oder ähnliche Darbietungen und Revuen veranstaltet und die im anderen Vertragsstaat nicht nach Artikel 17 (Künstler und Sportler) besteuert werden kann, wird nicht so behandelt, als habe sie eine Betriebsstätte oder feste Einrichtung in diesem Staat, wenn sie sich dort nicht länger als insgesamt 183 Tage im betreffenden Kalenderjahr aufhält.

Inhaltsübersicht

Erläuterungen zu Artikel 5

I. Überblick über die Terminologie des nationalen Rechts und des Abkommens

1. Allgemeines

Die **Begriffe** „**Betriebsstätte**" im nationalen Recht der Bundesrepublik   1
Deutschland und in Doppelbesteuerungsabkommen – wie dem hier vorlie-
genden – stimmen keineswegs miteinander überein. So kann zunächst ein-
mal der Abkommensbegriff „Betriebsstätte" sowohl sach- wie auch personen-
bezogen verstanden werden (vgl. hierzu Art. 5 Abs. 1–4 einerseits und
Abs. 5–7 andererseits); er umfaßt also sowohl Gebilde, die das nationale
Recht als Betriebsstätte (§ 12 AO) wie auch solche, welche das nationale
Recht als „ständiger Vertreter" bezeichnet.

Andererseits ist aber die **sachbezogene Betriebsstätte** des Abkommens erheb-   2
lich enger gefaßt als die Betriebsstätte des § 12 AO; und was die personenbezogene Betriebsstätte im Sinne des Abkommens anbelangt, so wird damit der
geradezu uferlose Begriff des ständigen Vertreters nach nationalem Recht
(§ 13 AO) entscheidend eingeengt.

Das Abkommen unterscheidet zwischen „**Betriebsstätten**" auf der einen und   3
„**festen Einrichtungen**" auf der anderen Seite, wobei die Betriebsstätte gem.
Art. 7 im Hinblick auf die gewerblichen Gewinne eines Unternehmens Be-

deutung gewinnt, während der festen Einrichtung gem. Art. 14 Rechtsfolgen im Hinblick auf die Besteuerung von Einkünften aus selbständiger Arbeit zukommen. Demgegenüber beziehen sich die rein nationalen Begriffe der Betriebsstätte und des ständigen Vertreters nach §§ 12 und 13 AO auf die Tätigkeit oder die Geschäfte eines Unternehmens: Sie umfassen also nicht nur die gewerbliche, sondern auch die land- und forstwirtschaftliche und die selbständige Tätigkeit i. S. d. § 18 EStG.

4   Bei dieser geradezu verwirrend vielfältigen Terminologie ist es entscheidend zu wissen, **wann der eine, wann der andere Begriff** der Betriebsstätte zur Anwendung gelangt. Die Regel hierfür ist denkbar einfach: Im Zusammenhang mit dem rein innerstaatlichen Recht der Bundesrepublik Deutschland kann überhaupt nur der Betriebsstättenbegriff des § 12 AO oder der Begriff des ständigen Vertreters nach § 13 AO zur Anwendung gelangen; steht jedoch eine Anwendung des Doppelbesteuerungsabkommens zur Prüfung an, etwa eine Anwendung des Art. 7, so kann hierbei nur die abkommensrechtliche Begriffsbestimmung eine Rolle spielen.

Beispiele:

5   a) Ein US-amerikanisches Unternehmen unterhält in der Bundesrepublik Deutschland eine feste Einrichtung, die ausschließlich zur Lagerung, Ausstellung oder Auslieferung von Gütern oder Waren des Unternehmens bestimmt ist. Können Teile des Gewinns des US-amerikanischen Unternehmens in der Bundesrepublik besteuert werden?

Gem. § 49 Abs. 1 Nr. 2 a EStG i. V. m. § 12 AO fallen im Hinblick auf die feste Einrichtung inländische gewerbliche Einkünfte an: Das hier unterhaltene Warenlager bildet nämlich eine Betriebsstätte gem. § 12 Nr. 5 AO. Es stellt sich jedoch sodann die Frage, ob die Bundesrepublik Deutschland nach dem DBA berechtigt ist, diese gewerblichen Gewinne zu besteuern. Da es sich – wie erwähnt – um ein US-amerikanisches Unternehmen handelt, kann sich gem. Art. 7 Abs. 1 ein Besteuerungsrecht der Bundesrepublik nur ergeben, wenn das Unternehmen hier über eine Betriebsstätte verfügt. Bei der Anwendung von Art. 7 ist selbstverständlich vom abkommensrechtlichen Begriff der Betriebsstätte auszugehen: Nach Art. 5 Abs. 4 a liegt aber hier keine Betriebsstätte in der Bundesrepublik vor. Eine Besteuerung der in Deutschland anfallenden inländischen Einkünfte ist der Bundesrepublik somit nach dem Abkommen untersagt.

6   b) Ein US-amerikanisches Unternehmen unterhält eine feste Einrichtung in West-Berlin, die ausschließlich zu dem Zweck unterhalten wird, wissenschaftliche Tätigkeiten, nämlich Forschungsarbeiten auszuüben, die lediglich vorbereitender Art sind.

Kann das Unternehmen eine Investitionszulage gem. § 19 BerlinFG beanspruchen? Muß es seine Betriebsstättengewinne in der Bundesrepublik besteuern?

7   Gem. § 19 BerlinFG hängt die Berechtigung für eine Investitionszulage davon ab, ob der Steuerpflichtige in Berlin (West) einen Betrieb (eine Betriebsstätte) unterhält.

Bei der Anwendung des § 19 BerlinFG kann selbstverständlich nur der nationale Begriff der Betriebsstätte gem. § 12 AO zur Anwendung gelangen. Das Unternehmen unterhält eine Betriebsstätte in Berlin (West) und ist somit dem Grunde nach berechtigt, eine Investitionszulage für Investitionen in Berlin (West) zu beanspruchen.

Im Hinblick auf die Frage, ob die Bundesrepublik Deutschland die Gewinne der   8
Berliner Betriebsstätte besteuern darf, gilt das oben zu Beispiel a) Ausgeführte entsprechend: Da eine Betriebsstätte im Sinne des nationalen Rechts vorliegt, fallen inländische Einkünfte gem. § 49 Abs. 1 Nr. 2 a EStG an. Das Abkommen verbietet jedoch der Bundesrepublik, diese zu besteuern. Ein Besteuerungsrecht käme gem. Art. 7 Abs. 1 nur in Betracht, wenn sich in der Bundesrepublik eine Betriebsstätte im Sinne des Abkommens befindet: Gem. Art. 5 Abs. 4 e ist dies jedoch nicht der Fall.

II. Betriebsstätte und ständiger Vertreter nach nationalem deutschem Recht

1. Der Betriebsstättenbegriff des § 12 AO

§ 12 AO hat den **Betriebsstättenbegriff** gegenüber dem früheren § 16 Steuer-   9
anpassungsgesetz erheblich **erweitert**: Die Geschäftseinrichtung oder Anlage stellt bereits dann eine Betriebsstätte dar, wenn sie der Tätigkeit eines Unternehmens dient, während es früher darauf ankam, ob sie der Ausübung des Betriebs eines stehenden Gewerbes diente. § 12 AO umfaßt mithin auch feste Geschäftseinrichtungen oder Anlagen von Unternehmen der Land- und Forstwirtschaft und der selbständigen Arbeit (§ 18 EStG). Demgegenüber dürfte der Unternehmensbegriff des § 12 AO aber nicht mit dem noch weiter gefaßten des § 2 Abs. 1 UStG übereinstimmen: Die bloße Vermietung von Grundvermögen dürfte nämlich keine Betriebsstätte im Sinne des § 12 AO bilden (vgl. hierzu auch BFH-Urt. v. 6. 7. 1978, BStBl. 1979 II S. 18). Widersprüchlich insoweit *Tipke/Kruse*, AO, § 12 Tz. 7 und *Flick/Wassermeyer/Wingert*, DBA Deutschland/Schweiz, Art. 5 Tz. 27: Nach ihrer Meinung stimmt der Unternehmensbegriff des § 12 AO mit dem des § 2 Abs. 1 UStG überein, gleichwohl vertreten die genannten Autoren aber die Auffassung, der bloße Besitz und die Vermietung von Grundvermögen bildeten keine Betriebsstätte. (In umsatzsteuerlicher Hinsicht stellt aber die Vermietung von Grundbesitz eine unternehmerische Tätigkeit i. S. d. § 2 Abs. 1 UStG dar.)

Auch der **Anwendungserlaß zur AO** (§ 12 AO Nr. 1) beinhaltet lediglich, daß   10
die Begriffsbestimmung auch für die freiberufliche Tätigkeit und für die Einkünfte aus Land- und Forstwirtschaft gilt; auch hier wird also eine Ausdehnung auf die bloße Vermietung von Grundbesitz nicht befürwortet.

11   **Geschäftseinrichtung** i. S. d. § 12 AO ist jeder der Tätigkeit eines Unternehmens dienende Gegenstand; als Anlage im Sinne der Definition dürfte eine
Zusammenfassung funktional aufeinander abgestimmter körperlicher Ge-
genstände zu betrachten sein (ähnlich *Tipke/Kruse,* § 12 AO Tz. 1 a). Besondere bauliche Vorrichtungen sind also nicht erforderlich: Ein bloßer Lager-
platz kann also bereits eine Betriebsstätte begründen; nach dem Anwendungserlaß zur AO zählen auch bewegliche Geschäftseinrichtungen mit vorübergehend festem Standort (z. B. fahrbare Verkaufsstätten mit wechselndem
Stammplatz) zu den Betriebsstätten im Sinne des nationalen Rechts. Demgegenüber sind Stätten der Erkundung von Bodenschätzen (z. B. Versuchsboh-
rungen) nur unter den Voraussetzungen des § 12 Nr. 8 AO (mehr als 6 Monate Dauer) als Betriebsstätten anzusehen. Bereits aus diesen wenigen Beispielen erhellt sich, daß der Betriebsstättenbegriff des nationalen Rechts
durch eine nicht immer aufeinander abgestimmte Kasuistik geprägt ist.
Auch die Wohnung eines Betriebsinhabers kann danach Betriebsstätte sein,
wenn er von dort aus mangels anderer Geschäftsräume tätig wird, was z. B.
bei Handelsvertretern des öfteren vorkommen kann (vgl. dazu FG Stuttgart,
EFG 1959, 167 und FG Berlin EFG 1968, 501).

12   Es muß sich um eine **feste** Geschäftseinrichtung oder Anlage handeln. „Fest"
bedeutet dabei, daß sie eine Beziehung zu einem bestimmten Punkt der Erdoberfläche aufweisen muß; diese Beziehung muß auf eine gewisse Dauer
angelegt sein (BFH BStBl. 1975 II S. 203).

13   Entscheidend für das Vorliegen einer Betriebsstätte ist – obwohl in § 12 AO
nicht ausdrücklich erwähnt –, daß dem Unternehmer die **Verfügungsmacht**
oder zumindest eine Mitverfügungsmacht über die Geschäftseinrichtung
oder -anlage zustehen (vgl. dazu *Tipke/Kruse,* AO, § 12 Tz. 5 sowie die dortigen zahlreichen Nachweise aus der Rechtsprechung). Eine große Bedeutung
kommt der Frage der Verfügungsmacht dann zu, wenn ein ausländisches Be-
ratungsunternehmen technische oder kaufmännische Berater in ein inlän-
disches Unternehmen entsendet. Der BFH hat sich mit dieser Problematik in
seinem Urteil vom 17. 3. 1982 (BStBl. II S. 624) befaßt und ausgeführt: „Stellt
ein Unternehmen, das von einem anderen Unternehmen eine technische
Anlage gemietet hat, diesem anderen Unternehmen unentgeltlich Aufent-
halts-, Arbeits- und Lagerräume zur Verfügung, damit dessen Mitarbeiter
darin ständig Wartungs- und Reparaturarbeiten verrichten können, so können die Räume eine Betriebsstätte des anderen Unternehmens bilden. Voraussetzung dafür ist aber, daß dem anderen Unternehmen mit der Überlassung bestimmter Räume eine Rechtsposition eingeräumt worden ist, die ihm
ohne seine Mitwirkung nicht mehr ohne weiteres entzogen oder die ohne
seine Mitwirkung nicht ohne weiteres verändert werden kann." Zu einer
derart eindeutigen Aussage konnte sich allerdings die Finanzverwaltung in

ihrem Erlaß vom 1. 7. 1982 nicht durchringen; vielmehr führt sie aus: „... den hier zu beurteilenden Fallgestaltungen liegt aber die Besonderheit zugrunde, daß sich die ausländischen Unternehmen aus der Natur der Geschäftsabwicklung heraus regelmäßig keiner besonderen eigenen Geschäftseinrichtung, sondern der Geschäftsräume der jeweiligen inländischen Unternehmen bedienen. Dementsprechend ist bei der Betriebsstättenbesteuerung weder dem Zeitfaktor noch der Tätigkeit eines bestimmten Beraterteams in den jeweiligen inländischen Unternehmen eine isolierte Bedeutung beizumessen. Es ist vielmehr auf die Gesamttätigkeit der ausländischen Beraterfirma im Inland abzustellen" (vgl. *Baranowski*, Praktiker-Handbuch 1989 Außensteuerrecht, S. 1049). Unseres Erachtens ist das ausländische Unternehmen in derartigen Fällen gut beraten, wenn es dokumentieren kann, daß seinen Mitarbeitern von dem inländischen (zu beratenden) Unternehmen des öfteren neue Aufenthaltsräume zugewiesen worden sind und daß die Mitarbeiter des ausländischen Unternehmens über keinen dieser Räume eine Verfügungsmacht (Schlüssel und dgl.) hatten.

Von den in § 12 Satz 2 Nrn. 1–8 AO angeführten Beispielsfällen für das Vorliegen von Betriebsstätten sollen hier lediglich die Bauausführungen oder Montagen der Nr. 8 näher erörtert werden, weil insoweit der Betriebsstättenbegriff des Abkommens von dem des nationalen Rechts entscheidend abweicht. 14

Bauausführungen i. S. d. § 12 Satz 2 Nr. 8 AO sind Arbeiten aller Art zur Errichtung von Hoch- und Tiefbauten im weitesten Sinne (vgl. hierzu *Tipke/Kruse*, AO, § 12 Tz. 18). **Montagen** im Sinne dieser Regelung sind nicht nur die Aufstellung von Fertighäusern, der Einbau von Heizungsanlagen oder sanitären Anlagen, sondern auch das Aufstellen von Maschinen und Anlagen, die mit der Errichtung und Fertigstellung von Bauwerken in keinem notwendigen Zusammenhang stehen (vgl. dazu die weiteren Nachweise bei *Tipke/Kruse* a. a. O.). 15

Für die Berechnung der **6-Monats-Frist** ist unerheblich, ob die Arbeiten planmäßig oder wider Erwarten länger als 6 Monate dauerten (vgl. hierzu auch BFH BStBl. 1957 III S. 8). Andererseits liegt keine Betriebsstätte vor, wenn eine für mehr als 6 Monate geplante Bauausführung in 6 Monaten oder weniger Zeit abgeschlossen werden kann. 16

Nach der Regelung des § 12 Satz 2 Nr. 8 AO **spielt es für das Vorliegen einer Betriebsstätte keine Rolle**, ob 17

a) die einzelne Bauausführung oder Montage länger als 6 Monate dauert oder ob

b) eine von mehreren zeitlich nebeneinander bestehenden Bauausführungen oder Montagen länger als 6 Monate dauert oder ob

c) mehrere ohne Unterbrechung aufeinander folgende Bauausführungen oder Montagen länger als 6 Monate dauern.

18 Dabei wirft gerade die Regelung des **§ 12 Satz 2 Nr. 8 b AO erhebliche Zweifelsfragen** auf, da sie ihrem Wortsinn nach nur auf das zeitliche Nebeneinander, jedoch nicht auf einen funktionalen Bezug zwischen den einzelnen Bauausführungen oder Montagen abstellt.

19 Hieraus ergeben sich für die Regelungen der **§§ 9 Nr. 3 und 12 Abs. 4 Nr. 1 GewStG erhebliche Zweifelsfragen,** die anhand der nachfolgenden Beispielsfälle erörtert werden sollen:

Beispiel 1:

20 Ein deutscher Unternehmer führt in Nordfrankreich Bauausführungen durch. Eine der zeitlich nebeneinander laufenden Bauausführungen dauert dabei 8 Monate, die andere nur 2 Monate.

Zwischen den Bauausführungen besteht ein funktionaler Bezug dergestalt, daß Baumaschinen wie Gerüst- und Schalungsmaterial, das an der einen Bauausführung nicht mehr benötigt wird, an die andere verbracht wird.

21 Gem. § 12 Satz 2 Nr. 8 b AO stellen hier beide Bauausführungen Betriebsstätten dar. Es reicht aus, wenn eine der zeitlich nebeneinander bestehenden Bauausführungen länger als 6 Monate dauert. Bereits nach nationalem Recht der Bundesrepublik Deutschland unterliegen mithin beide Bauausführungen weder der Gewerbeertrag- noch der Gewerbekapitalsteuer. Auf das Doppelbesteuerungsabkommen mit Frankreich kommt es insoweit überhaupt nicht an.

Beispiel 2:

22 Wie unter 1. Zwischen den beiden Bauausführungen besteht jedoch kein funktionaler Zusammenhang: Baumaschinen sowie Gerüst- und Schalungsmaterial werden also jeweils vom Inland an die ausländische Bauausführung und von dort zurück ins Inland verbracht.

23 Da § 12 Satz 2 Nr. 8 b AO allein auf das zeitliche Nebeneinander mehrerer Bauausführungen oder Montagen abstellt und es andererseits nach § 9 Nr. 3 bzw. § 12 Abs. 4 Nr. 1 GewStG lediglich darauf ankommt, ob das Unternehmen im Ausland Betriebsstätten unterhält, wird man auch hier allein wegen des zeitlichen Nebeneinanders mehrerer Bauausführungen im Ausland eine Gewerbesteuerfreiheit für jede Bauausführung bereits nach nationalem deutschen Recht annehmen müssen. Der Gesetzgeber hat nämlich in § 12 Satz 2 Nr. 8 b AO bewußt auf einen funktionalen Zusammenhang zwischen den Betriebsstätten verzichtet; andererseits stellt er im Gewerbesteuergesetz nur darauf ab, ob sich im Ausland eine Betriebsstätte befindet, man wird deshalb in diesen Fällen jede ausländische Bauausführung oder Montage als Betriebsstätte betrachten müssen, wenn nur eine der zeitlich nebeneinander bestehenden länger als 6 Monate dauert.

Beispiel 3:

Ein deutsches Unternehmen führt vom 1. 1. 1986 bis zum 30. 6. 1989 eine umfangrei- 24
che Bauausführung in den USA durch. Während dieser Zeit hat es Bauausführungen
oder Montagen in Italien sowie in afrikanischen und asiatischen Staaten, von denen
keine länger als 6 Monate dauert.

Auch hier führt ein wörtliches Verständnis des § 12 Nr. 8 b AO zu dem Ergebnis, daß 25
die Gewinne sämtlicher ausländischer Bauausführungen von der deutschen Gewerbesteuer, was den Gewerbeertrag und das Gewerbekapital anbelangt, freizustellen sind,
ohne daß es hierfür auf Doppelbesteuerungsabkommen ankäme. Hätte der Gesetzgeber die unter 2. und 3. genannten Fälle anders gelöst haben wollen, so hätte er in
Nr. 8 b nicht allein auf das zeitliche Nebeneinander, sondern auf einen funktionalen
Bezug abstellen müssen. Das ist aber nicht geschehen.

2. Der „ständige Vertreter" nach § 13 AO

Nach § 13 AO ist ständiger Vertreter eine Person, die **nachhaltig die Geschäf-** 26
te eines Unternehmens besorgt und dabei dessen **Sachweisungen unterliegt.**

Jede Tätigkeit wirtschaftlicher Art für ein Unternehmen kann dabei als „Be- 27
sorgung" von dessen Geschäften betrachtet werden. Der **Begriff des Unter-**
nehmens ist dabei in gleicher Weise zu verstehen wie bei § 12 AO. Er umfaßt also neben gewerblichen Unternehmen auch solche der Land- und
Forstwirtschaft sowie der selbständigen Arbeit gem. § 18 EStG. Die bloße
Vermietung von Grundvermögen stellt dagegen auch i. S. d. § 13 AO kein
Unternehmen dar.

Der **Begriff des ständigen Vertreters** i. S. v. § 13 AO setzt nicht voraus, daß 28
die betreffende Person mit Vollmacht für den Unternehmer handelt; uner-
heblich ist auch, ob sie nach außen im eigenen oder in fremdem Namen (im
Namen des Unternehmers) auftritt (so auch *Tipke/Kruse*, AO, § 13 Tz. 3;
Kumpf, Besteuerung inländischer Betriebsstätten von Steuerausländern,
S. 47).

Die für das Unternehmen besorgten Geschäfte brauchen keine Rechtsge- 29
schäfte zu sein, vielmehr genügen auch **Handlungen tatsächlicher Art** (vgl.
dazu BFH BStBl. 1971 II S. 776). Bei den besorgten Geschäften muß es sich jedoch um Geschäfte handeln, die unmittelbar dazu dienen, den Zweck des
„vertretenen" Unternehmens zu verwirklichen; dieser Gesichtspunkt ergibt
sich insbesondere aus den Beispielen, die § 13 Satz 2 AO im Hinblick auf das
Vorliegen eines ständigen Vertreters anführt: Ständiger Vertreter ist danach
insbesondere, wer für ein Unternehmen nachhaltig Verträge abschließt oder
vermittelt oder Aufträge einholt oder einen Bestand von Gütern oder Waren
unterhält und davon Auslieferungen vornimmt. Unzweifelhaft führt deshalb die bloße Ausführung sog. Hilfsgeschäfte nicht zum Vorliegen eines

ständigen Vertreters (vgl. dazu beispielsweise *Tipke/Kruse*, AO, § 13 Tz. 4). Die Abgrenzung zwischen bloßen Hilfsgeschäften und Geschäften, welche unmittelbar dazu dienen, den Unternehmenszweck zu verwirklichen, kann sich dabei als außerordentlich schwierig erweisen, weil sie vom Einzelfall, nämlich vom Gegenstand des betreffenden Unternehmens abhängt, für welches die Tätigkeiten erbracht werden.

30   Die Besorgung der Geschäfte eines Unternehmens muß „**nachhaltig**" erfolgen. Dem Terminus „nachhaltig" kommt hier eine andere begriffliche Bedeutung zu als in § 2 Abs. 1 Satz 3 UStG. Ein Tätigwerden in Wiederholungsabsicht vermag noch keine Nachhaltigkeit i. S. v. § 13 AO zu begründen (soweit ersichtlich unstreitig; vgl. z. B.: *Kumpf*, Besteuerung inländischer Betriebsstätten von Steuerausländern, S. 50 mit weiteren Nachweisen). Eine Nachhaltigkeit i. S. d. § 13 AO liegt nur vor, wenn der „Vertreter" gem. einem vorher gefaßten Plan über einen längeren Zeitraum hinweg für das Unternehmen tätig werden soll. Der 6-Monats-Zeitraum des § 12 Nr. 8 AO kann dabei einen Anhaltspunkt dafür bieten, welche Zeitspanne ein „ständiges" Vertreter-Verhältnis begründen kann.

31   Des weiteren ist ein ständiger Vertreter nur dann vorhanden, wenn die betreffende Person den **Sachweisungen des Unternehmers unterliegt**. Bei der Ausübung nichtselbständiger Arbeit für das Unternehmen i. S. v. § 19 EStG kann dabei an der Weisungsabhängigkeit überhaupt kein Zweifel bestehen; bei selbständig Tätigen kann es jedoch durchaus schwierig sein, zu prüfen, ob sie den Sachweisungen eines anderen Unternehmers zu folgen haben. Unbeachtlich ist es dabei, ob der Vertreter neben seiner Tätigkeit für den einen Unternehmer noch für weitere Unternehmer die Geschäfte besorgt oder ob er selbst noch eine eigenständige gewerbliche Tätigkeit ausübt (vgl. hierzu auch RFHE 20, 13 ff.). Im übrigen kommt es im Hinblick auf die Weisungsabhängigkeit weniger auf die Ausgestaltung des zivilrechtlichen Vertragsverhältnisses als vielmehr auf die **tatsächliche Durchführung** an. Nach *Kumpf* (a. a. O. S. 49) liegt eine Weisungsgebundenheit i. S. d. § 13 AO nur dann vor, „wenn das vertretene Unternehmen in die Vertretungsausführung – und zwar nicht nur fallweise – aktiv eingreift". *Kumpf* bezieht sich in diesem Zusammenhang auf Tz. 37 zu Art. 5 des Kommentars zum OECD-MA 1977. Der amtlichen Kommentierung geht es aber in Tz. 37 darum, den unabhängigen Vertreter i. S. d. Art. 5 Abs. 5 MA von einem abhängigen Vertreter abzugrenzen. M. E. spielt diese Abgrenzung für den Begriff des ständigen Vertreters nach § 13 AO keine Rolle; die Dichte der ergehenden Weisungen kann mithin kein Kriterium für die Beurteilung der Weisungsabhängigkeit i. S. d. § 13 AO sein.

III. Die „sachbezogene" Betriebsstätte im Sinne des Abkommens

1. Begriffsbestimmung gem. Art. 5 Abs. 1

Die Definition der sachbezogenen Betriebsstätte in Art. 5 Abs. 1 stimmt im 32
wesentlichen mit der Begriffsbestimmung des nationalen Rechts in § 12 AO
überein; die entscheidenden Abweichungen des Abkommensbegriffs von
dem des nationalen Rechts ergeben sich nämlich aus den Abs. 2–4.

Für die Fragen, unter welchen Voraussetzungen eine feste Geschäftseinrich- 33
tung vorliegt und wann dem Unternehmer hierüber die Verfügungsmacht
oder zumindest eine Mit-Verfügungsmacht zusteht, kann somit auf die Ausführungen unter Rz. 9 ff. verwiesen werden.

2. Der Beispielskatalog des Art. 5 Abs. 2

Art. 5 Abs. 2 enthält eine keineswegs abschließende **Aufzählung von Beispie-** 34
len, bei denen jeweils dann eine Betriebsstätte vorliegt, wenn gleichzeitig die
Voraussetzungen des Abs. 1, also der allgemeinen Definition, erfüllt sind.

Nach Abs. 2 Buchst. f umfaßt der Ausdruck „Betriebsstätte" neben Bergwer- 35
ken, Öl- oder Gasvorkommen und Steinbrüchen auch „andere Stätten der
Ausbeutung von Bodenschätzen"; im Einklang mit dem Kommentar zum
OECD-MA (Tz. 13 zu Art. 5) ist der Ausdruck „andere Stätte der Ausbeu-
tung von Bodenschätzen" weit auszulegen; er umfaßt z.B. auch Stätten der
Ausbeutung von Kohlenwasserstoffvorkommen; des weiteren umfaßt er die
Ausbeutung von Bodenschätzen sowohl auf dem Festland wie auch auf See.

Buchst. f erwähnt nur die Ausbeutung von Bodenschätzen, nicht jedoch de- 36
ren Aufsuchen, sei es auf dem Festland oder auf See. Bei der Frage, ob eine
Explorationstätigkeit zu einer Betriebsstätte führt, muß mithin auf die allgemeine Definition des Abs. 1 abgestellt werden, also auf die Frage, ob eine
feste Geschäftseinrichtung besteht. Ist diese Frage bejaht, so bleibt noch gem.
Art. 5 Abs. 4 zu prüfen, ob die Exploration nicht nur eine vorbereitende Tätigkeit gem. Abs. 4e darstellt. Letzteres wird dann der Fall sein, wenn die
Exploration von einem Unternehmen durchgeführt wird, das selbst zur Ausbeutung der gefundenen Bodenschätze bereit und entschlossen ist. Stellt
dagegen die Exploration die Haupttätigkeit des Unternehmens dar, so muß
unter den Voraussetzungen des Art. 5 Abs. 1 das Vorliegen einer Betriebsstätte im Sinne des Abkommens bejaht werden (vgl. zu diesem von der Sache
her wenig überzeugenden Ergebnis die Bemerkung der Republik Irland zum
Kommentar des OECD-MA, Tz. 42).

3. Bauausführungen oder Montagen (Art. 5 Abs. 3)

37 Nach Abs. 3 ist eine Bauausführung oder Montage nur dann eine Betriebsstätte, wenn ihre **Dauer 12 Monate überschreitet.**

38 **Überschreitet sie diese Dauer nicht,** so ist die Bauausführung oder Montage für sich allein keine Betriebsstätte, auch dann nicht, wenn sie im übrigen die allgemeine Begriffsbestimmung des Abs. 1 erfüllen würde, weil etwa mit der Bauausführung eine Geschäftsstelle oder eine Werkstätte des Unternehmens verbunden ist (vgl. hierzu auch Tz. 15 des Kommentars zum OECD-MA).

39 Umgekehrt führt das Vorliegen einer Bauausführung oder Montage, deren Dauer 12 Monate überschreitet, zum Vorliegen einer Betriebsstätte im Sinne des Abkommens, ohne daß es auf die Erfüllung der allgemeinen Voraussetzungen nach Art. 5 Abs. 1 ankäme. Art. 5 Abs. 3 enthält somit eine **Spezialregelung** gegenüber Abs. 1.

40 Der Ausdruck „Bauausführung oder Montage" bezieht sich dabei nicht nur auf die **Erstellung von Bauwerken,** sondern auch auf den Bau von Straßen, Brücken und Kanälen, das Legen von Rohrleitungen sowie Erd- und Baggerarbeiten (vgl. hierzu den Kommentar zum OECD-MA, Tz. 16 zu Art. 5). **Planung und Überwachung** der Erstellung eines Bauwerks sollen nur dann unter Art. 5 Abs. 3 fallen, wenn sie vom Bauunternehmer selbst durchgeführt werden; wird die Planungs- und Überwachungstätigkeit dagegen von einem anderen Unternehmen durchgeführt, das seine Mitwirkung auf die Planung und die Überwachung beschränkt, so soll Art. 5 Abs. 3 nicht zur Anwendung gelangen; das Vorliegen einer Betriebsstätte soll in diesem Fall nach Art. 5 Abs. 1 beurteilt werden (Kommentar zum OECD-MA a. a. O.). Im Gegensatz zu § 12 Nr. 8 AO gilt die zeitliche Anforderung (mehr als 12 Monate Dauer) für jede einzelne Bauausführung oder Montage. Etwas anderes gilt nur dann, wenn **mehrere Bauausführungen** sachlich eine Einheit bilden, etwa weil sie wirtschaftlich und geographisch ein zusammenhängendes Ganzes bilden. Unter dieser Voraussetzung werden mehrere Bauausführungen im Hinblick auf die Berechnung der Zeitdauer auch dann zusammengefaßt, wenn sie auf verschiedenen privatrechtlichen Aufträgen beruhen. Der Kommentar zum OECD-MA nennt als Beispiel hierfür die Erstellung von Reihenhäusern für mehrere Auftraggeber (Tz. 17 zu Art. 5).

41 Im übrigen enthält der amtliche Kommentar zum OECD-MA unter Tz. 18 zu Art. 5 wertvolle Hinweise zu Zweifelsfragen im Hinblick auf die **Berechnung der 12-Monats-Frist.** Eine Bauausführung besteht danach von dem Zeitpunkt an, an dem das Unternehmen mit den Arbeiten – einschließlich aller vorbereitenden Arbeiten – beginnt, also zum Beispiel mit der Einrichtung eines Bauplanungsbüros. In der Regel dauert die Bauausführung so lange, bis die Arbeit abgeschlossen oder endgültig eingestellt ist. Vorüberge-

hende Unterbrechungen – seien sie jahreszeitlich oder aus anderen Gründen
(z. B. Materialmangel) bedingt – sind bei der Ermittlung der Dauer der Bauausführung einzubeziehen. In einem vom amtlichen Kommentar zum
OECD-MA (a. a. O.) vorgelegten Beispiel beginnt ein Unternehmer am 1. Mai
Straßenbauarbeiten. Er stellt die Arbeiten dann am 1. November wegen ungünstiger Witterung oder wegen Materialmangels ein und nimmt sie erst am
1. Februar des folgenden Jahres wieder auf, um sie am 1. Juni dieses Jahres
fertigzustellen. Hier sind zwischen Beginn und Fertigstellung 13 Monate ver-
gangen, so daß eine Betriebsstätte im Sinne des Abkommens vorliegt.

Hat ein Unternehmen die gesamte Erstellung eines Baus übernommen und   42
vergibt es **Teile der Arbeiten an Subunternehmer,** so werden die Zeiten, während welcher die Subunternehmer auf der Baustelle arbeiten, dem General-
unternehmer zugerechnet. Der Subunternehmer selbst unterhält indes nur
dann eine Betriebsstätte im Sinne des Abkommens, wenn seine Tätigkeit
dort 12 Monate überschreitet (so auch der amtliche Kommentar zum OECD-
MA a. a. O.).

4. Der Negativ-Katalog des Abs. 4

a) Allgemeines

Die in Abs. 4 angeführten Sachgesamtheiten und Tätigkeiten stellen auch   43
dann keine Betriebsstätte im Sinne des Abkommens dar, wenn alle Voraussetzungen des Art. 5 Abs. 1 erfüllt sind; des weiteren schließen die in Abs. 4
genannten **Vorbereitungs- und Hilfstätigkeiten** die Annahme einer Betriebsstätte auch dann aus, wenn sie nicht im Rahmen einer Geschäftseinrichtung,
sondern von einem Vertreter ausgeübt werden (vgl. hierzu Abs. 5, 2. Hs.).
Die in Abs. 4 beschriebenen Tätigkeiten sind allgemein dadurch gekenn-
zeichnet, daß es sich um Hilfstätigkeiten oder um solche vorbereitender Art
handelt, was unter f klar zum Ausdruck kommt. Mit dem Negativ-Katalog
des Abs. 4 wird auch einem Gesichtspunkt der Praktikabilität Rechnung getragen: Es wäre nämlich außerordentlich schwierig und zwischen den beteiligten Staaten mit Sicherheit sehr umstritten, welche Teile des Unternehmensgewinns auf die in Abs. 4 angeführten Vorbereitungs- und Hilfstätigkeiten entfallen.

b) Die Ausnahmetatbestände gem. a–d

Einrichtungen, die ausschließlich **zur Lagerung, Ausstellung oder Ausliefe-**   44
rung von Gütern oder Waren benutzt werden, dürften in der Regel die
allgemeine Betriebsstättendefinition des Abs. 1 erfüllen; kraft der speziellen
Regelung von Abs. 4a stellen sie jedoch keine Betriebsstätten im Sinne des

Abkommens dar. Wird jedoch die feste Geschäftseinrichtung auch für andere Zwecke, etwa für den **Verkauf** oder als **Kundendienstorganisation** genutzt, so gilt sie als eine Betriebsstätte im Sinne des Abkommens und kann im Hinblick auf all ihre Tätigkeiten im Belegenheitsstaat besteuert werden: Die Ausnahmeregelung des Abs. 4 greift also nur ein, wenn die Einrichtung **ausschließlich** den dort genannten Zwecken dient (vgl. hierzu auch den Kommentar zum OECD-MA, Art. 5 Tz. 24 und 29).

45   Die Tatbestände der Buchst. b und c dürften bereits den Betriebsstättenbegriff des Abs. 1 nicht erfüllen; den genannten Regelungen kommt mithin nur eine **klarstellende Bedeutung** zu.

46   Wird eine feste Geschäftseinrichtung ausschließlich zu dem Zweck unterhalten, für das Unternehmen Güter oder Waren einzukaufen, so stellt sie nach d keine Betriebsstätte im Sinne des Abkommens dar. Die Regelung steht in sachlichem Zusammenhang mit Art. 7 Abs. 4, wonach einer Betriebsstätte aufgrund des **bloßen Einkaufs von Gütern oder Waren für das Unternehmen** kein gewerblicher Gewinn zugerechnet wird. Erfüllt also eine Geschäftseinrichtung die Voraussetzungen von Buchst. d deshalb nicht, weil sie auch für andere Zwecke unterhalten wird, so ist immerhin nach Art. 7 Abs. 4 der bloßen Einkaufstätigkeit kein Gewinn zuzuordnen, den der Belegenheitsstaat besteuern könnte. Auch eine Geschäftseinrichtung, die ausschließlich der **Beschaffung von Informationen** dient, stellt keine Betriebsstätte im Sinne des Abkommens dar; die Regelung bezieht sich insbesondere auf die Tätigkeit der Auslandskorrespondenten von Zeitungen (vgl. hierzu: Kommentar zum OECD-MA, Art. 5 Tz. 21). Unterhält allerdings der Herausgeber einer Tageszeitung im Ausland Redaktionsaußenstellen, mit deren Hilfe Informationen nicht nur beschafft, sondern zusätzlich übersetzt und/oder in Form von Nachrichten, Berichten oder Kommentaren druckfertig ausgewertet werden, so stellen diese Redaktionsaußenstellen sehr wohl Betriebsstätten im Sinne des Abkommens dar (vgl. hierzu BFH-Urt. v. 23. 1. 1985, BStBl. II S. 417).

c) **Die Vorbereitungs- und Hilfstätigkeiten nach e**

47   Die **Ausnahmeregelung** des Buchst. e setzt zweierlei voraus:

   – Es muß sich um eine Tätigkeit vorbereitender Art oder um eine Hilfstätigkeit handeln und

   – dieselbe muß ausschließlich für das Unternehmen selbst (also nicht für Dritte) ausgeübt werden.

48   Wann eine **Tätigkeit vorbereitender Art** oder eine Hilfstätigkeit vorliegt, kann nur von Fall zu Fall im Hinblick auf die Gesamttätigkeit des Unterneh-

mens entschieden werden. Besteht etwa der Hauptgegenstand des Unternehmens in Forschung und Entwicklung sowie der Vergabe von Lizenzen, so entfaltet eine Geschäftseinrichtung, die der Forschung dient, keine nur vorbereitende Tätigkeit; sie stellt also in diesem Fall eine Betriebsstätte im Sinne des Abkommens dar. Ebenso führt es zu einer Betriebsstätte nach Abkommensrecht, wenn etwa eine Geschäftseinrichtung nicht nur zum Zwecke der Werbung für das Unternehmen selbst unterhalten wird, sondern auch Werbeleistungen für Dritte erbringt. Vgl. zu den dabei entstehenden Abgrenzungsproblemen auch den Kommentar zum OECD-MA, Art. 5 Tz. 22 und 23.

d) Zusammentreffen mehrerer privilegierter Tätigkeiten

Buchst. f regelt die Frage, ob und unter welchen Voraussetzungen eine Häufung von privilegierten Tätigkeiten i. S. d. Abs. 4 a–e gleichfalls nicht zu einer Betriebsstätte im Sinne des Abkommens führt. Eine derartige „**Geschäftsverdichtung**" begründet dann keine Betriebsstätte nach Abkommensrecht, wenn die sich daraus ergebende Gesamttätigkeit noch vorbereitender Art ist oder eine Hilfstätigkeit darstellt. Die Zusammenfassung mehrerer Tätigkeiten in einer Geschäftseinrichtung kann deshalb nur unter Berücksichtigung der besonderen Umstände eines jeden Einzelfalles rechtlich beurteilt werden. Die oben unter c aufgezeigten Abgrenzungsschwierigkeiten gelten hier entsprechend. Im übrigen kann zu den Problemen, die sich aus einer derartigen „Geschäftsverdichtung" ergeben, auf Art. 5 Tz. 26 des Kommentars zum OECD-MA verwiesen werden.

IV. Die „personenbezogene" Betriebsstätte (ständiger Vertreter) nach Abkommensrecht

1. Überblick über die Voraussetzungen

Eine **personenbezogene Betriebsstätte** im Sinne des Abkommens liegt nur dann vor, wenn

– eine Person i. S. d. Art. 3 Abs. 1 d,

– die kein unabhängiger Vertreter i. S. v. Abs. 6 ist,

– in einem Vertragsstaat für ein Unternehmen des anderen Vertragsstaates tätig wird,

– und dabei die Vollmacht besitzt, im Namen des Unternehmens Verträge abzuschließen

– und diese Vollmacht auch gewöhnlich ausübt.

49

50

51   **Keine personenbezogene Betriebsstätte** liegt jedoch vor, wenn sich die Person auf die in Abs. 4 genannten Tätigkeiten beschränkt, also auf Tätigkeiten, die selbst bei Vorhandensein einer festen Geschäftseinrichtung keine Betriebsstätte im Sinne des Abkommens begründen könnten.

2. Subsidiarität der Vertreter-Betriebsstätte

52   Der Regelung des Art. 5 Abs. 5 kommt insoweit nur **subsidiäre Bedeutung** zu, als dieser Tatbestand überhaupt nur dann zu prüfen ist, wenn das Unternehmen über keine Betriebsstätte i. S. d. Abs. 1 und 2 (vorbehaltlich des Abs. 4) verfügt. Verfügt das Unternehmen im anderen Vertragsstaat über eine derartige sachbezogene Betriebsstätte, so kommt es nicht darauf an, ob deren Geschäftsführer die Voraussetzungen des Art. 5 Abs. 5 erfüllt. Art. 5 Abs. 5 enthält also einen Ersatztatbestand, der nur dann zum Tragen kommen kann, wenn keine sachbezogene Betriebsstätte vorliegt oder wenn die Finanzbehörden deren Vorhandensein nicht nachweisen können.

3. Abhängigkeit

53   Wie sich aus Art. 5 Abs. 6 ausdrücklich ergibt, begründet die **Tätigkeit eines unabhängigen Vertreters** keine personenbezogene Betriebsstätte im Sinne des Abkommens.

54   Ein **Makler, Kommissionär** oder ein anderer unabhängiger Vertreter begründen somit für ein Unternehmen keine Betriebsstätte, wenn sie von dem Unternehmen rechtlich und wirtschaftlich unabhängig sind und sich ihre für das Unternehmen ausgeübte Tätigkeit im Rahmen ihrer ordentlichen Geschäftstätigkeit hält. Ist eine dieser beiden Voraussetzungen nicht erfüllt, so ist das Vorliegen einer personenbezogenen Betriebsstätte nicht mehr ausgeschlossen. Der Kommentar zum OECD-MA, Art. 5 Tz. 37, führt in diesem Zusammenhang folgendes Beispiel an: Verkauft ein Kommissionär nicht nur Güter oder Waren des Unternehmens im eigenen Namen, sondern betätigt er sich auch gewöhnlich für dieses Unternehmen als ständiger Vertreter mit Vollmacht zum Abschluß von Verträgen, so gilt er hinsichtlich dieser besonderen Tätigkeit als Betriebsstätte, da er damit außerhalb des Rahmens seiner ordentlichen Geschäftstätigkeit, nämlich derjenigen eines Kommissionärs handelt.

55   Ob eine **Person von dem vertretenen Unternehmen unabhängig** ist, hängt von dem konkreten Ausmaß der Verpflichtungen gegenüber dem Unternehmen ab. Unter den Begriff des „abhängigen" Vertreters fallen somit nicht nur Angestellte des Unternehmens, sondern alle Personen (natürliche Personen) und Gesellschaften, die bei ihren Tätigkeiten für das Unternehmen

eingehenden Anweisungen oder einer umfassenden Aufsicht durch das Unternehmen unterliegen. Ein weiteres wichtiges Merkmal bei der Prüfung der Abhängigkeit ist die Frage, ob das Unternehmerrisiko von den „Vertretern" oder von dem vertretenen Unternehmen zu tragen ist (vgl. hierzu den Kommentar zum OECD-MA, a. a. O). Bei der Prüfung der Abhängigkeit kommt es dabei allein auf das Innenverhältnis zwischen dem Vertreter und dem Unternehmen an; nicht entscheidend ist also, ob die Abhängigkeit des Vertreters nach außen hin erkennbar ist.

Nach der klarstellenden Regelung des Art. 5 Abs. 7 wird eine personenbezogene Betriebsstätte nicht allein dadurch begründet, daß eine in einem Vertragsstaat ansässige Gesellschaft eine **Gesellschaft beherrscht** oder von einer Gesellschaft beherrscht wird, die im anderen Vertragsstaat ansässig ist oder dort ihre Tätigkeit ausübt. Das bloße gesellschaftsrechtliche Beherrschtwerden oder Beherrschen begründet also noch nicht die Rechtsstellung eines abhängigen Vertreters im Sinne des Abkommens; selbstverständlich kann jedoch auch eine Tochter- oder Schwestergesellschaft eine personenbezogene Betriebsstätte darstellen, nämlich dann, wenn sie eine Vollmacht besitzt, im Namen der Mutter- oder Schwestergesellschaft Verträge abzuschließen und diese Vollmacht gewöhnlich ausübt. Etwas anderes gilt hier selbstverständlich dann, wenn die Voraussetzungen des Abs. 6, also die **Stellung eines unabhängigen Vertreters** erfüllt sind. 56

4. Abschlußvollmacht

Die Abschlußvollmacht, welche die Rechtsstellung eines ständigen Vertreters begründet, muß sich auf **Rechtsgeschäfte** beziehen, welche die eigentliche Unternehmenstätigkeit darstellen. Außerdem muß die Vollmacht im anderen Staat gewöhnlich genutzt werden; ein einmaliger Vertragsabschluß reicht also nicht aus; vielmehr muß die **Vollmacht wiederholt** und nicht nur gelegentlich ausgeübt werden (vgl. dazu auch *Vogel*, DBA, Art. 5 Rdn. 132). Entscheidend ist dabei, ob die Tätigkeit von vornherein für einen **längeren Zeitraum geplant** ist, oder ob sie nur vorübergehend ausgeübt werden soll. Nicht erforderlich ist, daß die **nachhaltige Vertretertätigkeit** von ein und derselben Person ausgeübt wird; entscheidend ist allein, ob das Unternehmen im anderen Vertragsstaat eine auf Dauer angelegte Vertretung unterhält (so auch *Vogel*, DBA, Art. 5 Rdn. 133). 57

Eine **Vollmacht** i. S. d. Art. 5 Abs. 5 ist dabei grundsätzlich nur dann gegeben, wenn das vertretene Unternehmen durch die Erklärungen des Vertreters rechtlich gebunden wird (FG Berlin, EFG 1970 S. 327). Eine **Duldungsvollmacht** im Sinne des deutschen Privatrechts stellt somit durchaus eine Vollmacht im Sinne des Abkommens dar. Der amtliche Kommentar zum OECD- 58

MA stellt aber neben diese rein rechtliche Betrachtung der Abschlußvollmacht noch eine wirtschaftliche; er führt nämlich aus: „Ist eine Person bevollmächtigt, alle Einzelheiten eines Vertrags verbindlich für das Unternehmen auszuhandeln, kann davon ausgegangen werden, daß sie die Vollmacht in diesem Staat ausübt, auch wenn der Vertrag von einer anderen Person in dem Staat unterzeichnet wird, in dem sich das Unternehmen befindet." Wenn also ein Vertreter gewöhnlich Verträge für das Unternehmen abschließend aushandelt, so liegt eine personbezogene Betriebsstätte auch dann vor, wenn der formale Akt der Unterzeichnung nicht von dem „Vertreter", sondern von den Organen des Unternehmens in dessen Ansässigkeit vorgenommen wird (vgl. hierzu den Kommentar zum OECD-MA, Art. 5 Tz. 32).

5. Gewinnzuordnung auf eine personenbezogene Betriebsstätte

59   „Sind die Voraussetzungen des Abs. 5 erfüllt, so besteht eine Betriebsstätte des Unternehmens in dem Ausmaß, in dem die Person für das Unternehmen tätig wird, d. h. nicht nur insoweit, als die Person die Abschlußvollmacht im Namen des Unternehmens ausübt" (so der Kommentar zum OECD-MA, Art. 5 Tz. 33). Von diesem Grundsatz abgesehen, ist aber die Frage, welche Teile des Unternehmensgewinns einer personenbezogenen Betriebsstätte zuzuordnen sind, **außerordentlich problematisch.** Bereits die Gewinnabgrenzung zwischen einem Stammhaus und einer sachbezogenen Betriebsstätte gehört zu den schwierigsten Fragen des internationalen Steuerrechts; bei einer nur personenbezogenen Betriebsstätte dürften sich die Schwierigkeiten noch etwas erhöhen. Unseres Erachtens ist dabei von dem Grundsatz des Art. 7 Abs. 2 DBA auszugehen, d. h. es ist zu prüfen, welche Provisionen oder sonstigen Vergütungen ein **selbständiges Unternehmen** für die Ausübung all der Tätigkeiten verlangt hätte, welche von dem abhängigen Vertreter gegenüber dem Unternehmen erbracht wurden. Auf diese Weise läßt sich der Bruttobetrag der personenbezogenen Betriebsstätte ermitteln; dieser ist dann noch um die der Betriebsstätte zuzuordnenden Kosten, insbesondere um die an den abhängigen Vertreter gezahlten Vergütungen zu kürzen. Mit dem sich danach ergebenden Gewinn ist das Unternehmen selbst in dem anderen Vertragsstaat steuerpflichtig; daneben besteht selbstverständlich noch eine persönliche Steuerpflicht des ständigen Vertreters.

60   Wie der auf die personenbezogene Betriebsstätte entfallende **Gewinn im Ansässigkeitsstaat des Unternehmens steuerlich zu behandeln** ist, bestimmt sich dabei nach Art. 23; die Bundesrepublik Deutschland als Ansässigkeitsstaat würde diesen Gewinn freistellen.

Artikel 6
Einkünfte aus unbeweglichem Vermögen

(1) Einkünfte, die eine in einem Vertragsstaat ansässige Person aus unbeweglichem Vermögen (einschließlich der Einkünfte aus land- und forstwirtschaftlichen Betrieben) bezieht, das im anderen Vertragsstaat liegt, können im anderen Staat besteuert werden.

(2) Der Ausdruck „unbewegliches Vermögen" hat die Bedeutung, die ihm nach dem Recht des Vertragsstaats zukommt, in dem das Vermögen liegt. Der Ausdruck umfaßt in jedem Fall das Zubehör zum unbeweglichen Vermögen, das lebende und tote Inventar land- und forstwirtschaftlicher Betriebe, die Rechte, für die die Vorschriften des Privatrechts über Grundstücke gelten, Nutzungsrechte an unbeweglichem Vermögen sowie Rechte auf veränderliche oder feste Vergütungen für die Ausbeutung oder das Recht auf Ausbeutung von Mineralvorkommen, Quellen und anderen Bodenschätzen. Seeschiffe und Luftfahrzeuge gelten nicht als unbewegliches Vermögen.

(3) Absatz 1 gilt für Einkünfte aus der unmittelbaren Nutzung, der Vermietung oder Verpachtung sowie jeder anderen Art der Nutzung unbeweglichen Vermögens.

(4) Die Absätze 1 und 3 gelten auch für Einkünfte aus unbeweglichem Vermögen eines Unternehmens und für Einkünfte aus unbeweglichem Vermögen, das der Ausübung einer selbständigen Arbeit dient.

Erläuterungen zu Artikel 6

I. Überblick

Art. 6 entspricht in seinem Wortlaut genau dem **OECD-Musterabkommen** 1
von 1977. Er weist das Besteuerungsrecht dem Belegenheitsrecht zu, wenn

derjenige, der die Einkünfte erzielt, seinen Wohnsitz im anderen Vertragsstaat hat. Dies gilt sowohl für Einkünfte aus direkten Investitionen, als auch
für Einkünfte aus Beteiligungen an Personengesellschaften, die wiederum
Einkünfte aus in einem der Vertragsstaaten belegenem Grundvermögen beziehen.

2   Ist dagegen ein Deutscher an einer **US-Grundstückskapitalgesellschaft** (US-
    Real Property Holding Company oder Real Estate Investment Trust) beteiligt
    und schüttet diese Gesellschaft ihre Gewinne an den deutschen Gesellschaf-
    ter aus, so handelt es sich hierbei um normale Dividendeneinkünfte, für die
    Art. 10 anwendbar ist (Art. 10 Rz. 21 ff.). Gewinne aus der Veräußerung von
    Anteilen an solchen Gesellschaften unterliegen jedoch einer Sonderregelung
    (Art. 13 Rz. 11).

3   Abs. 2 enthält eine nicht abschließende **Aufzählung** dessen, was zum **unbe-
    weglichen Vermögen** zählt. Grundsätzlich ist für die Definition das jeweilige
    Recht des Staates maßgebend, in dem das Grundvermögen belegen ist. Ab-
    satz 3 regelt, daß sowohl die unmittelbare **Nutzung** als auch jede andere Art
    von Nutzung von unbeweglichem Vermögen unter diesen Artikel fällt. So-
    mit gilt auch die Gewährung eines entgeltlichen Nießbrauchs an Grundver-
    mögen als Einkünfte aus unbeweglichem Vermögen. Hypothekenzinsen sind
    dagegen wie Zinsen allgemein zu behandeln (siehe Art. 11).

4   Einkünfte aus **Schiffen und Luftfahrzeugen** gelten nicht als Einkünfte aus
    unbeweglichem Vermögen. Falls die Schiffe und Luftfahrzeuge im interna-
    tionalen Verkehr eingesetzt werden, ist Art. 8 zu berücksichtigen. Ist dies
    nicht der Fall, findet Art. 7 Anwendung.

5   Einkünfte aus **unbeweglichem Vermögen** werden auch dann entsprechend
    diesem Artikel behandelt, wenn sie zu den Einkünften eines Unternehmens
    oder zu den Einkünften aus selbständiger Tätigkeit zählen. Wenn z. B. ein
    deutsches gewerblich tätiges Unternehmen in den USA ein Gebäude vermie-
    tet und somit die Einkünfte aus diesem Gebäude zweifelsohne zu den ge-
    werblichen Gewinnen im Sinne des Art. 7 zählen, so sind diese Einkünfte
    trotz nicht vorhandener US-Betriebsstätte in den USA steuerpflichtig, da es
    sich um Einkünfte im Sinne des Art. 6 handelt.

II. Ermittlung der Einkünfte

6   Das Abkommen enthält – bis auf die Regelungen des Art. 9 – keine Vor-
    schriften über die Art der Gewinnermittlung bei den einzelnen Einkunfsar-
    ten. Somit ist auch für die Frage der Ermittlung der Einkünfte aus unbewegli-
    chem Vermögen ausschließlich **nationales Recht maßgebend**. Dies spielt z. B.

für die Einkünfte eines US-Amerikaners aus einem in der BRD belegenem Grundstück eine Rolle. Die deutsche Steuer wird in diesem Fall auf der Basis der Vorschriften des deutschen Einkommensteuerrechts ermittelt. Für die Ermittlung der ausländischen Einkünfte aus amerikanischer Sicht, für die dann die deutsche Steuer anrechnungsfähig ist, sind jedoch die amerikanischen Vorschriften entscheidend.

Wesentliche **Unterschiede in der Gewinnermittlung** bestehen z. B. darin, daß   7
in den USA die Finanzierungskosten während der Bauphase aktivierungspflichtig sind und daß die Abschreibungsdauer für Gebäude in der Regel kürzer ist als in der BRD (seit 1987: Wohngebäude 27,5 Jahre, gewerbliche Gebäude 31,5 Jahre). Außerdem ist zu beachten, daß die Zinsaufwendungen, die dem deutschen Gesellschafter für die Fremdfinanzierung seines Anteils an einer Personengesellschaft mit Einkünften aus US-Grundvermögen entstanden sind, in den USA nicht gewinnmindernd geltend gemacht werden können.

Im umgekehrten Fall – ein Bundesbürger bezieht Einkünfte aus US-Grund-   8
vermögen – spielt die unterschiedliche Gewinnermittlung beim **Progressionsvorbehalt** eine Rolle.

Eine Art **Nutzungswertbesteuerung,** wie sie in der BRD bis 1987 bei selbstge-   9
nutzten Häusern/Wohnungen gültig war, gibt es in den USA nicht, so daß selbstgenutzte Häuser (z.B. Ferienhäuser/-wohnungen) nunmehr in beiden Ländern steuerlich vollkommen unbeachtet bleiben.

Im **bisher** gültigen DBA ermöglichte es Art. IX Abs. 2 dem deutschen Steuer-   10
pflichtigen, ein **Wahlrecht** dahingehend auszuüben, ob er seine Einkünfte in den USA nach der **Netto- oder** der **Bruttomethode** versteuern wollte. Der Internal Revenue Code sieht nämlich vor, daß grundsätzlich die Bruttomieteinkünfte vor Abzug aller Aufwendungen mit dem Quellensteuersatz von 30% zu besteuern sind. Als Alternative besteht die Möglichkeit, die Nettoeinkünfte, d.h. die Mieteinnahmen nach Abzug der Aufwendungen, den normalen Steuersätzen (siehe zu Art. 2) zu unterwerfen. Dieses Wahlrecht konnte bisher entweder nach nationalem US-Recht oder nach dem DBA ausgeübt werden. Der Vorteil des DBA-Wahlrechts bestand darin, daß dieses Wahlrecht jedes Jahr neu ausgeübt werden konnte, während das Wahlrecht nach dem Internal Revenue Code nur mit Zustimmung der Finanzbehörde widerrufen werden kann.

Nach dem **neuen DBA** besteht **kein Wahlrecht** mehr, so daß man sich nur   11
noch nach dem IRC für die **Nettomethode** entscheiden kann mit dem erwähnten Problem, dies zu revidieren. Allerdings ist in der Praxis kaum mehr eine Situation denkbar, in der die Bruttomethode von Vorteil wäre.

III. Vermeidung der Doppelbesteuerung

1. Deutscher Steuerpflichtiger mit Einkünften aus US-Grundvermögen

12   Erzielt eine in der BRD ansässige natürliche Person Einkünfte aus US-Grundvermögen, so ist sie mit diesen Einkünften in den USA steuerpflichtig. Es ist beim Internal Revenue Service in Philadelphia eine **Steuererklärung** auf dem **Vordruck 1040 NR** einzureichen, in der die Einkünfte aus US-Grundvermögen und ggf. aus anderen US-Quellen ermittelt werden und die Steuer errechnet wird. Auch in Verlustjahren muß eine Steuererklärung abgegeben werden, um sicherzustellen, daß in Folgejahren die Gewinne um die Verluste der Vorjahre reduziert werden können.

13   Gleiches gilt für eine deutsche Kapitalgesellschaft. In diesem Fall ist der **Vordruck 1120 F** einzureichen. Die Kapitalgesellschaft muß auf den an sie ausgeschütteten Gewinn außerdem 5 % Branch Profits Tax entrichten (siehe auch Art. 10 Rz. 38 ff.).

14   Ist eine natürliche Person oder eine Kapitalgesellschaft an einer deutschen oder amerikanischen Personengesellschaft beteiligt, die ihrerseits Einkünfte aus US-Grundvermögen erzielt, so muß die Personengesellschaft auf dem **Vordruck 1065** ihre Einkünfte erklären und die Aufteilung der Einkünfte auf dem Vordruck K-1 vornehmen. Letzterer ist dann die Basis für die Erstellung der Steuererklärung 1040 NR bzw. 1120 F für den einzelnen Gesellschafter.

15   Seit 1988 muß die Personengesellschaft eine Steuer i. H. von 28 % (bzw. 34 %) des Gewinnanteils jedes ausländischen Gesellschafters einbehalten und abführen. Die **einbehaltene Steuer** wird in der Steuererklärung des Gesellschafters wie eine Vorauszahlung von der Steuerschuld abgezogen. Übersteigen die einbehaltenen Steuern die Steuerschuld, wird die Differenz erstattet.

16   Gem. Art. 23 Abs. 2 gewährt die BRD als Wohnsitzstaat bei den Einkünften aus unbeweglichem Vermögen die **Freistellung unter Berücksichtigung des Progressionsvorbehaltes** (§ 32 b EStG). D. h., die nach deutschen Steuervorschriften ermittelten Einkünfte aus US-Grundvermögen werden lediglich bei der Ermittlung des auf die übrigen Einkünfte anzuwendenden Einkommensteuersatzes einbezogen. Dies gilt zweifelsohne bei **positiven Einkünften**. Ob dieses Verfahren auch bei **negativen Einkünften** anzuwenden ist, muß der BFH noch entscheiden, da das Gesetz nicht einwandfrei regelt, ob § 2 a EStG auch auf § 32 b EStG durchschlägt (vgl. *Baranowski,* DB 1983 S. 2484 ff.; *Dücker,* DB 1983 S. 1847 ff.).

17   Handelt es sich bei dem US-Grundstücksbesitzer um eine deutsche Kapitalgesellschaft, **entfällt der Progressionsvorbehalt**. Die Einkünfte bleiben auf

der Ebene der Kapitalgesellschaft steuerfrei und werden in das EK 01 eingestellt. Bei Ausschüttung an die Gesellschafter ist die Ausschüttungsbelastung
herzustellen, d. h. die Nettoeinkünfte nach US-Steuern aus den USA unterliegen letztendlich der vollen deutschen Einkommensbesteuerung.

Sofern die Einkünfte von einer Personengesellschaft erzielt werden, die in   18
den USA wie eine Kapitalgesellschaft besteuert wird (Art. 2 Rz. 70 f.), so ist
aus US-Sicht Art. 10 anwendbar. Unseres Erachtens bleibt es jedoch aus
deutscher Sicht bei der Behandlung als Personengesellschaft, d. h., die BRD
gewährt die Freistellung ggf. unter Anwendung des Progressionsvorbehaltes.

2. US-Amerikaner mit Einkünften aus deutschem Grundvermögen

Eine in den USA unbeschränkt steuerpflichtige **natürliche Person**, die auch   19
im Sinne dieses Abkommens in den USA steuerpflichtig ist, muß ihre Einkünfte aus deutschen Grundvermögen gem. § 49 Abs. 1 Nr. 6 EStG in der
BRD versteuern und eine Steuererklärung für beschränkt Steuerpflichtige
einreichen. Das gleiche gilt für eine **US-Kapitalgesellschaft.**

In seiner **US-Steuererklärung** ermittelt der Steuerpflichtige die fraglichen   20
Einkünfte nach US-Grundsätzen. Die hiermit in Zusammenhang stehende
deutsche Steuer wird auf die US-Steuer, die auf diese Einkünfte entfällt, angerechnet. Übersteigt die deutsche Steuer die US-Steuer, kann die Differenz
zwei Jahre zurück- und fünf Jahre vorgetragen werden.

Artikel 7

Gewerbliche Gewinne

(1) Gewerbliche Gewinne eines Unternehmens eines Vertragsstaats können nur in diesem Staat besteuert werden, es sei denn, das Unternehmen übt seine Tätigkeit im anderen Vertragsstaat durch eine dort gelegene Betriebsstätte aus. Übt das Unternehmen seine Tätigkeit auf diese Weise aus, so können die gewerblichen Gewinne des Unternehmens im anderen Staat besteuert werden, jedoch nur insoweit, als sie dieser Betriebsstätte zugerechnet werden können.

(2) Übt ein Unternehmen eines Vertragsstaats seine Tätigkeit im anderen Vertragsstaat durch eine dort gelegene Betriebsstätte aus, so werden vorbehaltlich des Absatzes 3 in jedem Vertragsstaat dieser Betriebsstätte die gewerblichen Gewinne zugerechnet, die sie hätte erzielen können, wenn sie eine gleiche oder ähnliche Tätigkeit unter gleichen oder ähnlichen Bedingungen als selbständiges und unabhängiges Unternehmen ausgeübt hätte.

(3) Bei der Ermittlung der gewerblichen Gewinne einer Betriebsstätte werden die für diese Betriebsstätte entstandenen Aufwendungen, einschließlich der Forschungs- und Entwicklungskosten, Zinsen und anderen ähnlichen Ausgaben sowie eines angemessenen Betrags der Geschäftsführungs- und allgemeinen Verwaltungskosten, zum Abzug zugelassen, gleichgültig, ob sie in dem Staat, in dem die Betriebsstätte liegt, oder anderswo entstanden sind.

(4) Aufgrund des bloßen Einkaufs von Gütern oder Waren für das Unternehmen wird einer Betriebsstätte kein gewerblicher Gewinn zugerechnet.

(5) Im Sinne dieses Abkommens umfassen die der Betriebsstätte zuzurechnenden gewerblichen Gewinne nur die Gewinne aus dem Vermögen oder der Tätigkeit der Betriebsstätte.

(6) Gehören zu den gewerblichen Gewinnen Einkünfte, die in anderen Artikeln dieses Abkommens behandelt werden, so werden die Bestimmungen jener Artikel durch die Bestimmungen dieses Artikels nicht berührt.

(7) Im Sinne dieses Abkommens umfaßt der Ausdruck „gewerbliche Gewinne" Einkünfte aus der Vermietung beweglicher Sachen und der Vermietung oder Lizenzerteilung im Fall von kinematographischen Filmen oder Werken auf Film, Tonband oder einem anderen Reproduktionsträger für Rundfunk- oder Fernsehsendungen.

Protokoll

(4) Zu Artikel 7 Absätze 1 und 2 (Gewerbliche Gewinne) und Artikel 13 Absatz 3 (Veräußerungsgewinne)

Einnahmen, Veräußerungsgewinne oder Ausgaben, die einer Betriebsstätte oder festen Einrichtung zuzurechnen sind, sind bei der Durchführung der Artikel 7 Absätze 1 und 2 und Artikel 13 Absatz 3 im Staat der Betriebsstätte oder festen Einrichtung auch dann zu versteuern oder abzuziehen, wenn ihre Zahlung aufgeschoben wird, bis die Betriebsstätte oder feste Einrichtung nicht mehr besteht. Der vorhergehende Satz schließt es nicht aus, auf die aufgeschobenen Zahlungen innerstaatliche Regelungen eines Vertragsstaats über die periodengerechte Zurechnung von Einnahmen und Ausgaben anzuwenden.

(5) Zu Artikel 7 (Gewerbliche Gewinne) und Artikel 13 (Veräußerungsgewinne)

Gewinne aus der Veräußerung beweglichen Vermögens, das während einer bestimmten Zeit Betriebsvermögen einer Betriebsstätte oder festen Einrichtung war, die eine in einem Vertragsstaat ansässige Person im anderen Vertragsstaat hat oder hatte, können vom anderen Staat nur bis zur Höhe des Gewinns besteuert werden, der auf diese Zeit entfällt. Ungeachtet der Bestimmungen des Artikels 7 oder des Artikels 13 kann die Steuer auf diese Gewinne zu dem Zeitpunkt erhoben werden, zu dem die Gewinne nach dem Recht des anderen Staates realisiert und steuerlich erfaßt werden, wenn dieser Zeitpunkt innerhalb von zehn Jahren nach dem Datum liegt, von dem ab das Vermögen nicht mehr Betriebsvermögen der Betriebsstätte oder festen Einrichtung ist (oder innerhalb des von dem Recht eines der beiden Vertragsstaaten vorgesehenen kürzeren Zeitraums).

(6) Zu Artikel 7 Absatz 3 (Gewerbliche Gewinne)

Die zuständigen Behörden können für die Zurechnung der in Artikel 7 Absatz 3 erwähnten Aufwendungen bei einer Betriebsstätte in gegenseitigem Einvernehmen gemeinsame Verfahren vereinbaren, die von den im innerstaatlichen Recht vorgesehenen Verfahren abweichen.

Inhaltsübersicht

Erläuterungen zu Artikel 7

I. Gewerbliche Gewinne eines Unternehmens

1   Der **Begriff** „gewerbliche Gewinne eines Unternehmens" ist im Abkommen nicht definiert, von der partiellen Regelung des Art. 7 Abs. 7 einmal abgesehen. Er dürfte jedoch mit dem Begriff der gewerblichen Einkünfte des deutschen Steuerrechts weitgehend übereinstimmen. Die Begriffsbestimmung des § 15 Abs. 2 EStG ist somit auch auf Abkommensebene durchaus verwertbar: Ein Gewerbebetrieb ist danach eine selbständige nachhaltige Betätigung, die mit der Absicht, Gewinn zu erzielen, unternommen wird und sich als Beteiligung am allgemeinen wirtschaftlichen Verkehr darstellt.

2   Im übrigen kann jedoch dem Abkommen nicht ohne weiteres unterstellt werden, daß es genau dieselbe **Grenzziehung** vornimmt wie das deutsche Recht zwischen Unternehmensgewinnen auf der einen Seite und der selbständigen Arbeit (Art. 14) sowie den Einkünften aus Land- und Forstwirtschaft auf der anderen Seite, die das Abkommen den Einkünften aus unbeweglichem Vermögen zuordnet (wie hier auch *Vogel*, DBA, Art. 7 Tz. 21–24; anders dagegen, also für eine völlige Übereinstimmung der **Unternehmensgewinne** mit den **gewerblichen Einkünften** des deutschen Rechts: *Flick/Wassermeyer/Wingert*, DBA Deutschland/Schweiz, Art. 7 Anm. 20 ff.).

3   Gem. Art. 7 Abs. 6 gelten die **abkommensrechtlichen Regelungen** über Unternehmensgewinne im übrigen nur **subsidiär**: Gehören nämlich zu den gewerblichen Gewinnen Einkünfte, die in anderen Artikeln des Abkommens behandelt werden, so werden die Bestimmungen jener Artikel durch Art. 7 nicht berührt. Bezieht also beispielsweise ein deutsches Unternehmen Dividenden aus den USA, so richtet sich das US-amerikanische Besteuerungsrecht ausschließlich nach Art. 10 Abs. 2 und 4 ff.; die USA sind also an einer

Besteuerung dieser Dividenden nicht gehindert, auch wenn das deutsche Unternehmen in den USA keine Betriebsstätte unterhält. Wegen der nur subsidiären Geltung des Art. 7 ist es im übrigen auch nicht sinnvoll, eine ins einzelne gehende Definition der „gewerblichen Gewinne eines Unternehmens" herauszuarbeiten; es muß ohnehin stets geprüft werden, ob die Einkünfte des konkreten Falles nicht unter eine andere „Einkunftskategorie" im Sinne des Abkommens fallen.

Entgegen der deutschen Abkommenspraxis, aber im Einklang mit dem US-Musterabkommen (Draft Model Income Tax Treaty of 16 June 1981) umfaßt der Ausdruck gewerbliche Gewinne im Sinne des Abkommens auch Einkünfte aus der **Vermietung beweglicher Sachen** und der Vermietung oder **Lizenzerteilung** im Fall von kinematographischen Filmen oder Werken auf Film, Tonband oder einem anderen Reproduktionsträger für Rundfunk- oder Fernsehsendungen. Diese Einkünfte werden durch die von der Bundesrepublik Deutschland abgeschlossenen Abkommen üblicherweise dem Art. 12 (Lizenzgebühren) zugeordnet. Da diese Einkünfte oft hohe Aufwendungen voraussetzen, vertreten die USA die Auffassung, eine Quellenstaatsbesteuerung dieser Einkünfte solle, soweit sie im Abkommen überhaupt vorgesehen wird, nur von den Nettoeinkünften erhoben werden dürfen (vgl. dazu auch *Shannon*, Die Doppelbesteuerungsabkommen der USA, Münchener Schriften zum Internationalen Steuerrecht, Heft 11, S. 132). Da nach Art. 12 Abs. 1 des vorliegenden Abkommens auch Lizenzgebühren grundsätzlich nur im Ansässigkeitsstaat des Lizenzgebers besteuert werden dürfen, führt hier die von der deutschen Abkommenspraxis abweichende Zuordnung dieser Einkünfte zu keiner anderen Besteuerung: Die genannten Einkünfte dürfen nur dann im Quellenstaat besteuert werden, wenn dort eine Betriebsstätte oder feste Einrichtung unterhalten wird, zu deren Vermögen die Rechte oder Vermögenswerte gehören, für welche die genannten Entgelte bezahlt werden. Zu diesem Ergebnis käme man aber auch über den Betriebsstättenvorbehalt des Art. 12 Abs. 3. Die Abweichung von der üblichen deutschen Abkommenspraxis hat also in diesem Punkt keine Auswirkungen.

4

II. Betriebsstättenprinzip – Wegfall der Attraktionskraft der Betriebsstätte

Das Betriebsstättenprinzip, das – nach dem Vorbild des OECD-MA – in Art. 7 Abs. 1 verankert ist, läßt eine Besteuerung von Unternehmensgewinnen im anderen Vertragsstaat nur unter der Voraussetzung zu, daß dort eine **Betriebsstätte i. S. v. Art. 5 unterhalten** wird. Liegt dagegen im anderen Vertragsstaat keine Betriebsstätte vor, so bleibt das Unternehmen von der Besteuerung dieses Staates freigestellt, sofern es nicht aus dem anderen Staat

5

Einkünfte bezieht, die – in Folge der Subsidiaritätsklausel des Art. 7 Abs. 6 –
dort nach anderen Bestimmungen des Abkommens besteuert werden können. Eine Besteuerung im anderen Staat trotz Fehlens einer Betriebsstätte
kann somit gem. Art. 6 Abs. 4 dann in Betracht kommen, wenn das Unternehmen im anderen Staat über unbewegliches Vermögen verfügt; des weiteren kann bei Fehlen einer Betriebsstätte im anderen Staat die Besteuerung
von dort bezogener Dividenden gem. Art. 10 Abs. 2 ff. in Betracht kommen.

6 Verfügt das Unternehmen im anderen Staat über eine **Betriebsstätte,** so können die **gewerblichen Gewinne des Unternehmens** im anderen Staat nur
insoweit besteuert werden, als sie dieser Betriebsstätte **zugerechnet** werden
können. Nach Art. III Abs. 1 Satz 2 des bisherigen Abkommens konnte der
Betriebsstättenstaat die Gewinne eines Unternehmens darüber hinaus insoweit besteuern, als sie aus Quellen innerhalb dieses anderen Staates durch
den Verkauf von Gütern oder Waren der gleichen Art wie die von der Betriebsstätte verkauften Güter oder Waren oder durch andere Geschäfte erzielt wurden, die von gleicher Art waren, wie die von der Betriebsstätte
getätigten Geschäfte. Diese dem OECD-MA widersprechende Regelung, sog.
art- oder branchengleiche Direktgeschäfte des Stammhauses im anderen
Staat der dort gelegenen Betriebsstätte zuzurechnen, ist in das neue Abkommen nicht übernommen worden. Betriebsstätten im anderen Staat werden
also künftig keine Attraktionskraft mehr entfalten.

7 Entscheidend für das Besteuerungsrecht des Betriebsstättenstaates ist also die
Frage, inwieweit die gewerblichen Gewinne des Unternehmens der Betriebsstätte **zugerechnet** werden können. In diesem Zusammenhang bestimmt
Art. 7 Abs. 5, daß die der Betriebsstätte zuzurechnenden gewerblichen Gewinne nur die **Gewinne aus dem Vermögen oder der Tätigkeit der Betrieb-
stätte** umfassen. Diese dem US-Musterabkommen vom 16. Juni 1981 ent-
stammende Regelung knüpft ersichtlich an das innerstaatliche Recht der
USA an, nämlich an die beiden Kriterien zur Prüfung der Frage, ob Einkünfte effektiv verbunden sind mit einem in den USA betriebenen Gewerbe
(income effectively connected with a US trade or business). Zur Prüfung dieser Frage sehen nämlich die US-Regulations (Sec. 1.864-4 [c] [2] u. [3]) alternativ den Asset-use Test oder den Business Activities Test vor. Es ist anzunehmen, daß zumindest die US-Steuerverwaltung versuchen wird, einige der
im Rahmen dieser Tests entwickelten Regeln zur Auslegung des Art. 7
Abs. 5 heranzuziehen. Die Anwendung des Business Activities Test darf dabei aber nicht so weit führen, daß der US-Betriebsstätte doch wieder eine
Attraktionskraft zukommt.

8 Da der Grundsatz des Art. 7 Abs. 1 (Besteuerungsrecht des Betriebsstättenstaats nur insoweit, als der Betriebsstätte Gewinne zugerechnet werden können) dem OECD-MA entstammt, sollten die **Zurechnungsregeln des amtli-**

chen **Kommentars zum OECD-MA** bei der Anwendung des Art. 7 eine entscheidende Rolle spielen (vgl. hierzu Kommentar zum OECD-MA, Art. 7
Tz. 3–9).

III. Anzuwendende Gewinnermittlungsvorschriften

Die Ermittlung der zu besteuernden Unternehmensgewinne richtet sich   9
auch bei grenzüberschreitenden Sachverhalten immer und ausschließlich
nach den nationalen Gewinnermittlungsregeln des jeweils besteuernden
Staates. Die Bundesrepublik ermittelt somit die Gewinne deutscher Betriebsstätten von US-Unternehmen unter Anwendung ihres nationalen Rechts.
Allein **nach deutschem Recht** bestimmen sich also

– die Gewinnermittlungsart (Betriebsvermögensvergleich oder Überschuß-
  rechnung nach § 4 Abs. 3 EStG),
– die Buchführungs- und Aufzeichnungspflichten,
– die Abzugsfähigkeit oder Nicht-Abzugsfähigkeit von Betriebsausgaben,
– die Aktivierungspflichten und ggf. die Passivierungsverbote und
– die Abschreibungsmethoden.

Entsprechendes gilt für die **Anwendung US-amerikanischen Rechts** auf die
in den USA gelegenen Betriebsstätten deutscher Unternehmer (vgl. Art. 2
Rz. 108).

Der Grundsatz der **ausschließlichen Anwendung der eigenen innerstaatli-**   10
chen Gewinnermittlungsvorschriften gilt auch im Hinblick auf ausländische
Betriebsstätten: Spielt deren Gewinn für die Besteuerung im Ansässigkeitsstaat des Unternehmers eine Rolle (in der Bundesrepublik etwa im Rahmen
des Progressionsvorbehalts), so wird für diese Zwecke der Betriebsstättenge-
winn unter Anwendung der Rechtsregeln des Ansässigkeitsstaats des Unternehmers bestimmt.

Das **Protokoll** enthält nun einige – zumeist klarstellende – Regelungen, die   11
der Anwendung des jeweils nationalen Rechts bei der Ermittlung der Betriebsstättengewinne Rechnung tragen sollen.

1. Abschn. 4 des Protokolls

In Abschn. 4 des Protokolls hat die US-Regelung über „**defferred payments**"   12
Eingang gefunden (vgl. Sec. 864 [c] [6] IRC). Hiervon abweichen dürften aller-
dings die innerstaatlichen Rechtsregeln der Bundesrepublik: Danach sind bei
Aufgabe einer Betriebsstätte die erwarteten nachlaufenden Einnahmen und
Ausgaben im letzten Jahr der Betriebsstätte steuerlich zu berücksichtigen.

13   Abschn. 4 Satz 2 des Protokolls stellt dabei auch klar, daß in erster Linie die innerstaatliche Regelung eines jeden Vertragsstaats über die **periodengerechte Zuordnung** von Einnahmen und Ausgaben maßgebend sind.

2. Abschn. 5 des Protokolls

14   In Abschn. 5 des Protokolls ist die sog. **„post-cessation sales"-Regelung** des US-amerikanischen Rechts verankert worden; vgl. Sec. 864 (c) (7) IRC. Dem US-amerikanischen Recht entstammt dabei auch die **10-Jahresfrist** von Abschn. 5 Satz 2. Nach dem innerstaatlichen Recht der USA liegt danach (in den USA zu besteuerndes) „effectively connected income" auch dann vor, wenn ein Ausländer oder eine ausländische Gesellschaft ein Wirtschaftsgut veräußert, das innerhalb der letzten 10 Jahre vor der Veräußerung in einem US-Gewerbebetrieb genutzt worden war. Voraussetzung hierfür ist nur, daß in dem Zeitpunkt, zu dem die Nutzung endete, eine Veräußerung des Wirtschaftsguts in den USA steuerpflichtig gewesen wäre.

IV. Gewinnabgrenzung zwischen mehreren Betriebsstätten eines international tätigen Unternehmers

15   Die Gewinnabgrenzung zwischen mehreren (in verschiedenen Staaten belegenen) Betriebsstätten eines international tätigen Unternehmers gehört zu den **schwierigsten steuerrechtlichen Problemen** überhaupt. Im Rahmen dieses Kommentars können nur einige Grundlagen dieses Problembereichs abgehandelt werden. Dabei werden im wesentlichen Erfahrungen wiedergegeben, die im Rahmen unserer steuerberatenden Tätigkeit zu diesem Problemkreis mit der Betriebsprüfung, insbesondere mit Prüfern des Bundesamtes für Finanzen, gesammelt wurden.

16   Zunächst einmal ist festzuhalten, daß ein Unternehmer mit ausländischen Betriebsstätten in seinem Ansässigkeitsstaat einen **handelsrechtlichen Jahresabschluß** erstellen muß, der auch das Vermögen der ausländischen Betriebsstätten und deren Ergebnisse mitumfaßt. Die ausländischen Betriebsstätten sind nämlich nichts anderes als Betriebsvermögen eines Rechtsträgers, eben des inländischen Unternehmers. Hieraus ergibt sich auch, daß die Verbringung von Wirtschaftsgütern von einer Betriebsstätte in die andere im Gesamtunternehmen keinen Gewinn auslösen kann; die früher von der Finanzverwaltung vertretene **Entstrickungstheorie** (vgl. dazu noch Abschn. 13 a Abs. 1 Satz 3 EStR 1984) war also mit dem Grundsatz der Maßgeblichkeit der Handelsbilanz für die Steuerbilanz schlechthin nicht zu vereinbaren. Im anderen Staat, also im Belegenheitsstaat der Betriebsstätte, wird in aller Regel eine Zweigniederlassungs-Buchführung eingerichtet werden müssen. Die

Zweigniederlassungs-Buchführung umfaßt sowohl handels-, als auch steuer-
rechtlich nur das Betriebsvermögen der Zweigniederlassung und deren Geschäftsvorfälle.

Die Grundregel für die Gewinnabgrenzung zwischen Betriebsstätte und   17
Stammhaus findet sich nun in Art. 7 Abs. 2: Danach wird für Zwecke der
Gewinnabgrenzung (aber auch nur für diese Zwecke) danach gefragt, welche
Gewinne die Betriebsstätte hätte erzielen können, wenn sie eine **gleiche oder
ähnliche Tätigkeit unter gleichen oder ähnlichen Bedingungen als selbständiges Unternehmen** ausgeübt hätte und im Verkehr mit ihrem „Stammhaus"
völlig **unabhängig** gewesen wäre.

Um diese Regelung zum Tragen bringen zu können, ist es also unerläßlich,   18
vorab die **Aufgabenverteilung** zwischen Stammhaus und Betriebsstätte sowie
die vom Stammhaus einerseits und der Betriebsstätte andererseits ausgeübten Funktionen zu untersuchen. Sodann ist eine Hypothese darüber zu
wagen, zu welchen **Verrechnungspreisen** der Leistungsverkehr zwischen
Stammhaus und Betriebsstätte abgerechnet worden wäre, wenn sich insoweit
voneinander unabhängige Unternehmen gegenüber gestanden hätten. Bei
der Überlassung von Umlaufvermögen wird dabei eine Rolle spielen, auf
welcher Stufe der Marktgängigkeit sich die überlassenen Wirtschaftsgüter befinden und welche Funktionen die Betriebsstätte auszuüben hat. Hat sie nur
Großhändlerfunktion oder hat sie noch die Endfertigung vorzunehmen, welche weiteren Aufgaben, etwa Montage, Beratung, Gewährleistung hat die
Betriebsstätte gegenüber dem Kunden zu erbringen? All diese Fragen müssen
beantwortet werden, bevor der angemessene Verrechnungspreis für den Leistungsverkehr zwischen Stammhaus und Betriebsstätte im Wege einer Schät-
zung festgelegt werden kann. Diese **Festlegung** trifft zunächst einmal das
Unternehmen selbst durch seine hierfür zuständigen Organe; den Finanzbehörden beider Staaten steht selbstverständlich ein Prüfungsrecht zu, wobei
allerdings berücksichtigt werden sollte, daß insoweit doch ein erheblicher
Beurteilungsspielraum anerkannt werden muß.

Sowohl im Stammhaus wie auch in der Betriebsstättenbuchführung kann al-   19
lerdings eine **Gewinnrealisierung** erst dann eintreten, wenn die Ware an
fremde Dritte abgesetzt wird.

Beispiel:

Die US-amerikanische Betriebsstätte eines deutschen Unternehmers erfüllt in den
USA die Funktionen eines Großhändlers. Das deutsche Unternehmen stellt Waren
her mit Herstellungskosten von 50 DM pro Einheit. Der angemessene Verrechnungspreis zwischen dem Hersteller und einem US-amerikanischen Großhändler soll – unterstellt – bei 85 DM pro Einheit liegen. Im Dezember 1989 liefert das deutsche
Stammhaus an die US-Betriebsstätte 100 Einheiten, welche von der US-Betriebsstätte
im Jahre 1990 zu einem durchschnittlichen Preis von umgerechnet 110 DM pro Einheit veräußert werden.

Sowohl im Stammhaus als auch in der US-Betriebsstätte entsteht aus diesen Geschäftsvorfällen erst im Jahre 1990 ein steuerlich relevanter Ertrag. Für das deutsche Stammhaus beträgt er 3500 DM, für die US-Betriebsstätte umgerechnet 2500 DM.

20   Erbringt die Betriebsstätte eines Unternehmens gegenüber einer anderen Betriebsstätte gewerbliche Dienstleistungen, so wird der angemessene „Verrechnungspreis" oft nur nach der sog. **Kostenaufschlagsmethode** zu ermitteln sein (vgl. hierzu Tz. 2.2.4 des Erlasses zur Einkunftsabgrenzung bei international verbundenen Unternehmen vom 23. 2. 1983; dieser Erlaß kann übrigens auf die Gewinnabgrenzung zwischen Betriebsstätten keine unmittelbare und nur äußerst selten eine sinngemäße Anwendung finden, weil er die Leistungsbeziehungen zwischen verschiedenen, wenn auch einander nahestehenden Rechtsträgern regelt). Auch in dem Fall, daß eine Betriebsstätte einer anderen Betriebsstätte gegenüber Dienstleistungen erbringt, kann ein steuerpflichtiger Ertrag erst dann entstehen, wenn das endgültige Produkt oder die endgültige Leistung gegenüber dem Kunden erbracht ist.

21   Wird ein **Anlagegut** in die US-amerikanische Betriebsstätte eines deutschen Unternehmens überführt, so werden die im **Zeitpunkt der Überführung** vorhandenen **stillen Reserven** durch die Nutzung in der ausländischen Betriebsstätte aufgezehrt und damit realisiert. Es ist deshalb geboten, die im Zeitpunkt der Überführung vorhandenen stillen Reserven nach der Restnutzungsdauer zu Lasten des Betriebsstättenergebnisses und zugunsten des steuerlichen Ergebnisses des inländischen Stammhauses gleichmäßig aufzulösen.

Beispiel:

22   Anfang des Jahres 1989 wird von einem deutschen Unternehmer ein Wirtschaftsgut des beweglichen Anlagevermögens mit einer betriebsgewöhnlichen Nutzungsdauer von 10 Jahren nach 5jähriger Nutzung im deutschen Stammhaus in die US-Betriebsstätte zur weiteren Nutzung als Anlagegut verbracht. In der Bilanz zum 31. 12. 1988 war das Wirtschaftsgut mit einem Restbuchwert von 100 000 DM ausgewiesen; die stillen Reserven betrugen zu diesem Zeitpunkt 50 000 DM.

23   In den nach deutschem Handelsrecht zu erstellenden Jahresabschlüssen ist der **Buchwert des Anlageguts** nach der bisherigen **Abschreibungsmethode** fortzuentwickeln. Bei linearer Abschreibung beträgt also die jährliche AfA 20 000 DM. Für steuerliche Zwecke ist zunächst einmal dieser jährliche AfA-Betrag ab 1989 dem Ergebnis der US-Betriebsstätte zu belasten. Des weiteren ist bei der Gewinnaufteilung zwischen Stammhaus und Betriebsstätte zu berücksichtigen, daß stille Reserven, die sich während der Verweildauer beim Stammhaus gebildet haben, nunmehr in der Betriebsstätte aufgezehrt werden. Aus diesem Grunde ist im Rahmen einer Nebenrechnung, die nur der steuerlichen Gewinnaufteilung zwischen Stammhaus und Betriebsstätte dient, ein jährlicher Betrag von 10 000 DM (⅕ von 50 000 DM) dem Ergebnis der Betriebsstätte zu belasten, dem Stammhaus dagegen gutzuschreiben.

Die früher von der Finanzverwaltung vertretene Entstrickungstheorie hätte hier mit Verbringung des Anlageguts in die Betriebsstätte in der Bundesrepublik einen Entstrickungsgewinn von 50 000 DM besteuert. Dieses Ergebnis wäre nur dann zu rechtfertigen, wenn die Betriebsstätte das Anlagegut kurz nach der Verbringung veräußert und damit die stillen Reserven sofort aufgedeckt hätte. Werden dagegen die stillen Reserven des Wirtschaftsguts in der Betriebsstätte durch einen dortigen Gebrauch erst allmählich aufgezehrt, so führt allein die in dem Beispiel aufgezeigte Methode zu einer sachgerechten Ergebnisaufteilung.

Wird das **Wirtschaftsgut nach 3jähriger Verweildauer** in der Betriebsstätte, also nach dem insgesamt 8. Jahr, **veräußert**, so ist dem Stammhaus in jedem Fall ein Veräußerungsgewinn von 20 000 DM zuzurechnen, d. h. die restlichen 20 000 DM stiller Reserven, die bislang dem Stammhaus in Folge der nur 3jährigen Nutzung des Wirtschaftsguts in der Betriebsstätte nicht gutgeschrieben wurden, müssen nun als Ertrag des Stammhauses erfaßt werden. Dabei kann es keine Rolle spielen, ob die Betriebsstätte das Wirtschaftsgut selbst mit einem Gewinn oder Verlust veräußert. Veräußert sie es mit einem Verlust, so ist der Wertverfall eindeutig während der Verweildauer des Anlagegutes in der Betriebsstätte eingetreten und muß deshalb folgerichtig von der Betriebsstätte getragen werden.   24

Nach der hier aufgezeigten Methode kann wohl dann nicht verfahren werden, wenn ein **Wirtschaftsgut** des Anlagevermögens von vornherein nur **für vorübergehende Zwecke** und auch noch **für einen relativ kurzen Zeitraum** einer ausländischen Betriebsstätte **überlassen** wird: Hier sollte von einer Zuordnung des Wirtschaftsguts an die Betriebsstätte abgesehen werden; in einem solchen Fall, wo auch zwischen fremden Dritten lediglich ein Miet- oder Pachtvertrag abgeschlossen worden wäre, ist es durchaus angebracht, zum Zwecke der steuerlichen Gewinnabgrenzung dem Stammhaus einen fiktiven Pachtvertrag gutzuschreiben und die Betriebsstätte entsprechend hiermit zu belasten. Der dabei angenommene **Miet- oder Pachtzins** muß selbstverständlich „arms-length"-Grundsätzen entsprechen. Dieselbe Vorgehensweise empfiehlt sich dann, wenn Wirtschaftsgüter des Stammhauses von anderen Betriebsstätten mitbenutzt werden können.   25

Eine weitere bedeutsame Regelung für die Gewinnabgrenzung zwischen Betriebsstätten enthält Art. 7 Abs. 3: Danach sind bei der Ermittlung der gewerblichen Gewinne einer Betriebsstätte die für diese Betriebsstätte entstandenen **Aufwendungen** zum Abzug zuzulassen, gleichgültig, ob sie in dem Staat, in dem die Betriebsstätte liegt oder anderswo entstanden sind. Entscheidend ist also nicht, in welchem Staat die Aufwendungen entstehen, sondern ob und inwieweit sie mit der einzelnen Betriebsstätte in einem wirtschaftlichen Veranlassungszusammenhang stehen (vgl. dazu auch BFH-Urt.   26

201

v. 20. 7. 1988, BStBl. 1989 II S. 140). In dem genannten Urteil hat der BFH des weiteren klargestellt, daß es für den Betriebsausgabenabzug unerheblich ist, ob die Aufwendungen im In- oder im Ausland anfallen, ob sie mit Mitteln des Stammhauses oder der Betriebsstätte getragen werden und wo sie gebucht werden. Ggf. muß das buchmäßige Ergebnis der Betriebsstätte um vom Stammhaus getragene und dort gebuchte Aufwendungen korrigiert werden. Bei der Zuordnung von Aufwendungen im Rahmen einer Betriebsstättengewinnermittlung ist eben zu berücksichtigen, daß die Betriebsstätte stets nur unselbständiger Teil des Gesamtunternehmens ist.

27   Auch Geschäftsführungs- und allgemeine **Verwaltungskosten** einer Hauptniederlassung sind anteilig der Betriebsstätte zuzurechnen, wenn und soweit die Aufwendungen durch eine spezielle Leistung der Hauptniederlassung an die Betriebsstätte ausgelöst sind oder wenn und soweit die den Aufwendungen zugrunde liegende Leistung im Gesamtunternehmensinteresse liegt und damit auch der Betriebsstätte zugute kommt (BFH a. a. O.).

28   Einige Sonderfälle der Zurechnung von Aufwendungen behandelt noch der **amtliche Kommentar zum OECD-MA** in den Tz. 17–20 zu Art. 7; hierauf sei hier noch eingegangen: **Zinsen und Lizenzgebühren** können danach einer Betriebsstätte vom Stammhaus dann nicht in Rechnung gestellt werden, wenn es sich um Eigenkapital oder eigene Patente des Stammhauses handelt. Insoweit wird dem Gedanken Rechnung getragen, daß beide – Stammhaus und Betriebsstätte – von einem Rechtsträger gehalten werden.

29   Andererseits kann jedoch das Stammhaus **Zinsen,** die ihm selbst für aufgenommene Kredite in Rechnung gestellt werden, der Betriebsstätte entsprechend den entstandenen Kosten weiterbelasten, soweit das Fremdkapital der Betriebsstätte zur Verfügung gestellt wird. Ein Gewinnaufschlag bei dieser Weiterberechnung ist allerdings nur möglich, wenn es sich um ein geld- oder kreditwirtschaftliches Unternehmen handelt; diese Ausnahme erklärt sich damit, daß bei derartigen Unternehmen die Gewährung und Entgegennahme von Krediten die gewöhnliche Geschäftstätigkeit darstellt; insoweit kommt also Art. 7 Abs. 2 bei der Berechnung der Kreditzinsen zum Tragen; es handelt sich hierbei um keine bloße Aufwandszuordnung i. S. v. Art. 7 Abs. 3.

30   Eine Weiterbelastung von **Lizenzgebühren** an die Betriebsstätte durch das Stammhaus ist dann möglich, wenn das Stammhaus selbst Lizenzgebühren an Dritte entrichten muß; die Weiterbelastung entspricht hier den anteiligen Kosten.

31   **Nebenleistungen** zwischen einzelnen Betriebsstätten werden zu den tatsächlich damit verbundenen Kosten weiterbelastet. Unternimmt etwa eine in den USA gelegene Betriebsstätte auch die Werbung für solche Produkte ihres Stammhauses, welche die Betriebsstätte gar nicht selbst vertreibt, so hat sie

nach Tz. 18 zu Art. 7 des Kommentars zum OECD-MA die dadurch entstandenen Werbeaufwendungen in tatsächlicher Höhe an das Stammhaus zu belasten. Ein Gewinnaufschlag ist dabei nicht möglich, weil die Leistung der Betriebsstätte an das Stammhaus hier nicht im Zusammenhang mit speziellen Kundenaufträgen steht. Ob dieses Beispiel von der US-Steuerverwaltung im Einklang mit dem amtlichen Kommentar zum OECD-MA gelöst würde, erscheint indes zweifelhaft: Gestützt auf Art. 7 Abs. 5 und die US-Grundsätze zum „effectively connected income" ließe sich nämlich auch argumentieren, Teile des Gewinns, welche das Stammhaus durch die Direktgeschäfte erzielt, seien auf Tätigkeiten der Betriebsstätte zurückzuführen, so daß ein Teil dieser Gewinne der US-Betriebsstätte zugeordnet werden müßte.

Gewerbliche Dienstleistungen einer Betriebsstätte für eine andere sind je-   32
doch unseres Erachtens dann mit einem Gewinnaufschlag für Zwecke der Betriebsstättengewinnabgrenzung abzurechnen, wenn die Leistung in unmittelbarem Zusammenhang zu einem Kundenauftrag steht, z. B. die Unterstützung bei der Planung einer für den Kunden zu erstellenden Großanlage. Wie bereits ausgeführt, kann jedoch in diesem Zusammenhang im Gesamtunternehmen und damit auch in den einzelnen Betriebsstätten ein Gewinn erst ausgewiesen werden, wenn gegenüber dem Kunden eine abrechenbare Leistung erbracht ist.

Durch den bloßen **Einkauf von Gütern oder Waren** für das Unternehmen   33
wird einer Betriebsstätte kein gewerblicher Gewinn zugerechnet (Art. 7 Abs. 4). Die Regelung steht in sachlichem Zusammenhang mit Art. 5 Abs. 4 d, wonach das bloße Einkaufen und Beschaffen von Gütern oder Waren für sich keine Betriebsstätte begründet. Wird diese Funktion im Rahmen einer durch andere Umstände begründeten Betriebsstätte ausgeübt, so kann der Betriebsstätte deswegen kein Gewinn zugerechnet werden.

Nach Abschn. 6 des Protokolls können die **zuständigen Behörden** für die Zu-   34
rechnung der in Art. 7 Abs. 3 erwähnten Aufwendungen bei einer Betriebsstätte **im gegenseitigen Einvernehmen gemeinsame Verfahren vereinbaren,** die von den im innerstaatlichen Recht vorgesehenen Verfahren abweichen. An welche Verfahren hierbei gedacht ist, bleibt unklar. Im übrigen enthält das geschriebene Recht der Bundesrepublik Deutschland zumindest express sis verbis keine Regelungen über Verfahren zur Aufteilung von Aufwendungen auf einzelne Betriebsstätten eines international tätigen Rechtsträgers. Soweit daran gedacht sein sollte, auch die eindeutig nach dem Veranlassungsprinzip zuteilbaren Aufwendungen im Wege von Verteilungsschlüsseln auf einzelne Betriebsstätten umzulegen, wäre ein solches Vorgehen verfassungsrechtlich außerordentlich problematisch: Im Hinblick auf den Gleichheitsgrundsatz kann es nämlich nicht hingenommen werden, im Einzelfall oder in einer Reihe gleichgelagerter Fälle von einem so wichtigen Auftei-

lungsgrundsatz wie dem Veranlassungsprinzip abzuweichen. Sind dagegen Aufwendungen nicht direkt zuzuordnen, so würden die zuständigen Behörden ohnehin nicht gegen das innerstaatliche Recht der Bundesrepublik Deutschland verstoßen, wenn sie hierfür sachgerechte Aufteilungsschlüssel festlegen.

V. Besteuerung der Gewinne ausländischer Betriebsstätten im Ansässigkeitsstaat des Unternehmers

35   Art. 7 regelt nicht, wie die Gewinne ausländischer Betriebsstätten im Ansässigkeitsstaat des Unternehmers zu besteuern sind. Gem. Art. 23 Abs. 2 a **stellt die Bundesrepublik Deutschland** die Gewinne US-amerikanischer Betriebsstätten deutscher Unternehmer unter Progressionsvorbehalt **frei**. Demgegenüber **besteuern die USA** gem. der Saving Clause die deutschen Betriebsstättengewinne US-amerikanischer Unternehmer; sie rechnen jedoch gem. Art. 23 Abs. 1 nach den Regelungen ihres innerstaatlichen Rechts die in Deutschland bezahlten Ertragsteuern (Einkommensteuer bzw. Körperschaftsteuer und Gewerbeertragsteuer) an.

Artikel 8
Seeschiffahrt und Luftfahrt

(1) Gewinne eines Unternehmens eines Vertragsstaats aus dem Betrieb von Seeschiffen oder Luftfahrzeugen im internationalen Verkehr können nur in diesem Staat besteuert werden.

(2) Gewinne eines Unternehmens eines Vertragsstaats aus der Benutzung oder Vermietung von Containern (einschließlich Trailerschiffen, Leichtern und ähnlichem Gerät für die Beförderung von Containern) im internationalen Verkehr können nur in diesem Staat besteuert werden.

(3) Die Absätze 1 und 2 gelten auch für Gewinne aus der Beteiligung an einem Pool, einer Betriebsgemeinschaft oder einer internationalen Betriebsstelle.

Inhaltsübersicht

Erläuterungen zu Artikel 8

I. Überblick

Dieser **Artikel regelt** die Besteuerungsrechtszuordnung für Gewinne, die aus dem Betrieb von Seeschiffen und Luftfahrzeugen (Abs. 1) sowie aus der Benutzung oder Vermietung von Containern (Abs. 2) erzielt werden. Abs. 3 bestimmt, daß unter diesen Artikel auch das Ergebnis aus Beteiligungen an diesen Zwecken dienenden Pools, Betriebsgemeinschaften oder Betriebsstellen zu rechnen ist.

1

2   Dieser Artikel geht als **Spezialnorm** der allgemein für gewerbliche Gewinne geltenden Vorschrift des Art. 7 vor. Dies bedeutet, daß nicht das Betriebsstättenprinzip gilt, sondern Steuerbefreiung in dem aus Sicht eines Unternehmens eines Vertragsstaates anderen Staat ohne Einschränkung gewährt wird.

3   Die **Steuerbefreiung** gilt auch für die Vermögensbesteuerung (Art. 22 Abs. 3) sowie die Gewerbesteuer.

II. Gewinne eines Unternehmens eines Vertragsstaats aus dem Betrieb von Seeschiffen und Luftfahrzeugen (Abs. 1)

1. Unternehmen eines Vertragsstaats

4   Abs. 1 weist das Besteuerungsrecht – abweichend vom OECD-Muster, das an den Ort der Geschäftsleistung anknüpft – wie das bisherige Abkommen ausschließlich dem **Wohnsitzstaat** eines Unternehmens eines der Vertragsstaaten zu. Die Definition des Begriffs „Unternehmen eines Vertragsstaats" ergibt sich aus Art. 3 Abs. 1 Buchst. f. Danach ist Wohnsitzstaat der Staat, in dem die Person ansässig ist, die das Verkehrsunternehmen betreibt (Art. 3 Rz. 16 ff.). Bei **Doppelansässigkeit** eines Unternehmens ist diese Vorschrift nicht anwendbar. Die Frage der Ansässigkeit entscheidet sich nach Art. 4. Da darin für natürliche Personen zur Lösung der „Doppelwohnsitzfälle" einem der Vertragsstaaten der Vorrang als Wohnsitzstaat zuerkannt wird, stellt sich diese Frage nur bei „anderen als natürlichen Personen". Gelingt es den zuständigen Behörden nicht, einen der Vertragsstaaten als Wohnsitzstaat zu bestimmen, gilt die Person nicht als ansässig und ist mithin Art. 8 nicht anwendbar auf die Gewinne, die die das Unternehmen betreibende Person aus dem Betrieb von Seeschiffen oder Luftfahrzeugen im internationalen Verkehr erzielt. Folge ist, daß jeder Staat sein innerstaatliches Recht anwenden kann (Art. 4 Rz. 25)

5   Nicht erforderlich ist, daß es sich bei dem Unternehmen um ein solches der Schiffahrt oder Luftfahrt handelt. Die Vorschrift ist daher auch auf die Gewinne von Unternehmen anwendbar, die sich **nicht ausschließlich** mit **Seeschiffahrt oder Luftfahrt** befassen.

2. Begünstigte Einkünfte

6   Die uneingeschränkte Steuerbefreiung erstreckt sich nur auf **Gewinne**, die **aus dem Betrieb von Seeschiffen oder Luftfahrzeugen** stammen. Gewinne aus anderen Betätigungen fallen nicht unter diese Vorschrift.

Im Abkommen ist nicht definiert, was unter dem **Begriff des „Betreibens"**   7
eines Seeschiffs oder Luftfahrzeugs zu verstehen ist. Dieser Begriff bedarf daher der Auslegung. Für die Auslegung ist das innerstaatliche Recht maßgeblich, wobei der Kommentar zu Art. 8 des OECD-Musterabkommens eine
wichtige Auslegungshilfe ist. Danach sind unter dem Begriff des „Betreibens"
die Beförderung von Personen und Fracht, aber auch die damit in engem Zusammenhang stehenden Geschäftstätigkeiten zu verstehen. Letztere umfassen in erster Linie Vorbereitungs- und Hilfstätigkeiten, etwa Kartenverkauf
(vgl. *Vogel*, DBA Kommentar, Art. 8 Rz. 29, 30; *Debatin/Walter*, Kommentar
DBA-USA, Art. V Rz. 31–34).

Auch die **Vercharterung** von vollständig ausgerüsteten und bemannten   8
Seeschiffen und Luftfahrzeugen gilt als Betrieb von Seeschiffen und Luftfahrzeugen. Die Vercharterung unausgerüsteter und unbemannter Seeschiffe und Luftfahrzeuge (bare boat charter) fällt dagegen nicht unter diese
Vorschrift, sondern unter Abs. 7 des Artikels über die gewerblichen Gewinne.

Nicht zu den Gewinnen aus dem Betrieb von Seeschiffen und Luftfahr-   9
zeugen rechnen **Einkünfte aus beweglichem Kapitalvermögen** sowie Einkünfte aus der **Vermietung und Verpachtung unbeweglichen Vermögens.**
Desgleichen fällt die **Veräußerung** eines Seeschiffes oder Luftfahrzeugs
nicht unter den Betrieb (vgl. BFH, BStBl. 1966 III S. 93). Nach Art. 13
Abs. 4 folgt aber das Besteuerungsrecht für Gewinne aus der Veräußerung
von Seeschiffen, Luftfahrzeugen oder Containern, die im internationalen
Verkehr betrieben werden, der Besteuerungsrechtszuordnung für Gewinne
des Unternehmens aus dem Betrieb von Seeschiffahrt und Luftfahrt
(Art. 13 Rz. 81).

3. Internationaler Verkehr

Abweichend zum bisherigen Abkommen ist Voraussetzung dieser Vor-   10
schrift, daß die Seeschiffe und Luftfahrzeuge im internationalen Verkehr
betrieben werden. Der **Begriff** „internationaler Verkehr" ist in Art. 3 Abs. 1
Buchst. g definiert als „jede Beförderung mit einem Seeschiff oder Luftfahrzeug, es sei denn, das Seeschiff oder Luftfahrzeug wird ausschließlich zwischen Orten in einem der Vertragsstaaten betrieben" (vgl. Art. 3 Rz. 19).

Die Frage, ob ein Luftfahrzeug im internationalen Verkehr betrieben wird,   11
stellt sich insbesondere im Zusammenhang mit dem **Berlin-Verkehr.** Nach
der gegebenen Definition des internationalen Verkehrs in Art. 3 Abs. 1
Buchst. g ist der Berlin-Verkehr, als Luftverkehr zwischen Punkten im Bun-

desgebiet (Anfangs- oder Endpunkt) und Westberlin, nicht als internationaler Verkehr anzusehen.

12 Allerdings ist zu beachten, daß nach Art. 5 des 12. Teiles des Deutschlandvertrages der **Berlin-Luftverkehr** von den Drei Mächten geregelt wird. Zwar sagt der Vorbehalt der Drei Mächte für den Berlin-Verkehr nichts darüber aus, ob dieser Verkehr als internationaler oder als nationaler Verkehr zu qualifizieren ist. Andererseits ist der Berlin-Verkehr weder internationaler noch – im engeren Sinne – nationaler Luftverkehr, sondern ein Verkehr, der aufgrund alliierter Vorbehaltsrechte, des Überfliegens der DDR und besonderer Tarifregelungen als ein Verkehr sui generis zu qualifizieren ist. Unabhängig davon, wie der Berlin-Verkehr zu qualifizieren ist, erscheint eine Sonderbehandlung angezeigt, indem er dem internationalen Verkehr gleichgestellt wird.

13 Unternehmen, die sich ausschließlich im **Binnenverkehr** betätigen, werden nach der Vorschrift über die Besteuerung von Unternehmensgewinnen besteuert.

III. Benutzung und Vermietung von Containern (Abs. 2)

14 **Bislang** wurden Einkünfte aus der Vermietung und Gestellung von Containern insoweit in den Geltungsbereich des Art. 8 einbezogen, als sie gelegentlich und in **Ergänzung zu dem Betrieb von Seeschiffen und Luftfahrzeugen** erzielt wurden (vgl. Kommentar zum OECD-Muster, Art. 8 Tz. 10). Nach deutscher Auffassung fallen danach im Zusammenhang mit dem Containerverkehr stehende Leistungen, die über die Beförderung von Gütern hinausgehen, unter Art. 8, wenn für sie kein besonderes Entgelt erhoben wird. Die Bundesrepublik hat im Kommentar zum OECD-Musterabkommen dazu eine Bemerkung angefügt, wonach sie sich ihre Auffassung bezüglich der Anwendung des Art. 8 auf Einkünfte aus Container-Leistung vorbehält (vgl. Kommentar zum OEDC-Muster, Art. 8 Tz. 29; Erlaß des Hessischen Ministers der Finanzen vom 15. 4. 1969 S. 1300 A, abgedruckt bei *Debatin/Walter*, Kommentar DBA-USA C 7.1.2. [3]).

15 **Nunmehr** ist für die Besteuerung der Gewinne aus der Benutzung oder Vermietung von Containern im internationalen Verkehr eine **eigenständige Regelung** geschaffen, die das Besteuerungsrecht ausschließlich dem Wohnsitzstaat der das Unternehmen betreibenden Person zuweist. Das Abkommen trägt damit den veränderten Gegebenheiten Rechnung. Denn dem Containerverkehr kommt im Transportbereich wachsende Bedeutung zu. Dabei ergeben sich die gleichen Schwierigkeiten, die zur Schaffung einer Sonder-

vorschrift für die Besteuerung von Gewinnen aus dem Betrieb von Seeschiffen und Luftfahrzeugen führten. Auch der Containerverkehr erstreckt sich über eine Vielzahl von Staaten, in denen häufig Betriebsstätten des Transportunternehmens unterhalten werden, so daß eine Gewinnabgrenzung nach dem Betriebsstättenprinzip zu großen Schwierigkeiten führen würde (vgl. auch Art. 7 Rz. 15 ff.).

1. „Unternehmen eines Vertragsstaats" – „internationaler Verkehr"

Hinsichtlich der Tatbestandsmerkmale „Unternehmen eines Vertragsstaats"   16
und „internationaler Verkehr" gelten die Ausführungen unter Rz. 4 ff.

2. Benutzung oder Vermietung von Containern

Aus der Vorschrift ergibt sich nicht, welche Tätigkeiten unter den Begriff   17
der Nutzung oder Vermietung von Containern zu subsumieren sind. Dieser
Begriff bedarf daher wie der des „Betreibens von Seeschiffahrt und Luftfahrt"
der Auslegung. Nach bisheriger **deutscher Verwaltungsauffassung** (s. o.) gehören zum **Containerverkehr** insbesondere:

– Gestellung von Containern und Spezialfahrgestellen zur Beförderung in
  den Abgangsseehafen und während des Überseetransports,
– Umladen der Container vom Spezialfahrgestell oder vom Eisenbahnwaggon in das Seeschiff,
– Transport auf dem Seeschiff,
– Entladen der Container im Bestimmungshafen auf Spezialfahrgestell oder
  Eisenbahnwaggons,
– Gestellung von Containern und Spezialfahrgestellen vom Eingangsseehafenplatz zum Inlandsempfänger.

Soweit es um die **Auslegung des Begriffs „Containerverkehr"** geht, kann auf   18
diese Verwaltungsregelung zurückgegriffen werden. Die Verwaltungsregelung ist jedoch dadurch, daß nunmehr die Vermietung und Benutzung von
Containern als selbständiger Tatbestand in Art. 8 Abs. 2 genannt ist, insoweit überholt, als darin bestimmt ist, daß diese Tätigkeiten nur dann unter
Art. 8 fallen, wenn für sie kein besonderes Entgelt vereinbart ist. Art. 8 ist
damit auch dann anwendbar, wenn diese Tätigkeiten entgeltlich erbracht
werden.

IV. Beteiligung an einem Pool, einer Betriebsgemeinschaft oder internationalen Betriebsstelle

19 Gewinne aus dem Betrieb von Seeschiffen oder Luftfahrzeugen sowie aus der Vermietung und Benutzung von Containern, fallen auch dann unter diese Vorschrift, wenn sie aus der **Beteiligung des Unternehmens** an einem Pool, einer Betriebsgemeinschaft oder einer internationalen Betriebsstelle erzielt werden.

Artikel 9
Verbundene Unternehmen

(1) Wenn

a) ein Unternehmen eines Vertragsstaats unmittelbar oder mittelbar an der Geschäftsleitung, der Kontrolle oder dem Kapital eines Unternehmens des anderen Vertragsstaats beteiligt ist oder

b) dieselben Personen unmittelbar oder mittelbar an der Geschäftsleitung, der Kontrolle oder dem Kapital eines Unternehmens eines Vertragsstaats und eines Unternehmens des anderen Vertragsstaats beteiligt sind

und in diesen Fällen die beiden Unternehmen in ihren kaufmännischen oder finanziellen Beziehungen an vereinbarte oder auferlegte Bedingungen gebunden sind, die von denen abweichen, die unabhängige Unternehmen miteinander vereinbaren würden, so dürfen die Gewinne, die eines der Unternehmen ohne diese Bedingungen erzielt hätte, wegen dieser Bedingungen aber nicht erzielt hat, den Gewinnen dieses Unternehmens zugerechnet und entsprechend besteuert werden.

(2) Werden in einem Vertragsstaat den Gewinnen eines Unternehmens dieses Staates Gewinne zugerechnet – und entsprechend besteuert –, mit denen ein Unternehmen des anderen Vertragsstaats in diesem Staat besteuert worden ist, und stimmt der andere Vertragsstaat zu, daß es sich bei den zugerechneten Gewinnen um solche handelt, die das Unternehmen des erstgenannten Staates erzielt hätte, wenn die zwischen den beiden Unternehmen vereinbarten Bedingungen die gleichen gewesen wären, die unabhängige Unternehmen miteinander vereinbaren würden, so nimmt der andere Staat eine entsprechende Änderung der dort von diesen Gewinnen erhobenen Steuer vor. Bei dieser Änderung sind die übrigen Bestimmungen dieses Abkommens zu berücksichtigen; erforderlichenfalls werden die zuständigen Behörden der Vertragsstaaten einander konsultieren.

Protokoll

(7) Zu Artikel 9 (Verbundene Unternehmen)

Jeder Vertragsstaat kann die Bestimmungen seines innerstaatlichen Rechts, nach denen Einnahmen, abzuziehende Beträge, Steueranrechnungs- oder Freibeträge zwischen verbundenen Personen aufzuteilen oder zuzurechnen sind, anwenden, um abzuziehende Beträge, Steueranrechnungs- oder Freibeträge nach den allgemeinen Grundsätzen des Artikels 9 Absatz 1 aufzuteilen oder zuzurechnen. Artikel 9 ist nicht so auszulegen, als beschränke er einen

Vertragsstaat bei der Aufteilung von Einkünften zwischen Personen, die auf andere Weise als durch mittelbare oder unmittelbare Beteiligung im Sinne des Absatzes 1 miteinander verbunden sind (zum Beispiel durch kommerzielle oder vertragliche Beziehungen, die zu beherrschendem Einfluß führen); die Aufteilung muß aber sonst den allgemeinen Grundsätzen des Artikels 9 Absatz 1 entsprechen.

Inhaltsübersicht

Erläuterungen zu Artikel 9

I. Das innerstaatliche Recht der Einkunftsabgrenzung bei verbundenen Unternehmen und sein Verhältnis zu Art. 9

1   Als **Rechtsgrundlagen** für Gewinnberichtigungen zwischen verbundenen Unternehmen kommen nur die Vorschriften des innerstaatlichen Rechts in Betracht. Auf seiten der **Bundesrepublik Deutschland** sind das die Regelungen über die verdeckte Gewinnausschüttung (§ 8 Abs. 3 KStG), die verdeckte Einlage sowie – subsidiär – § 1 AStG. Von besonderer praktischer Bedeutung ist dabei auf deutscher Seite auch der Erlaß betreffend die „Einkunftsabgrenzung bei international verbundenen Unternehmen" vom 23. 2. 1983 (BStBl. I S. 218).

2   **Auf US-amerikanischer Seite** ist zunächst einmal Sec. 482 des Internal Revenue Code (IRC) zu nennen. Von besonderer Bedeutung ist dabei auch die Ergänzung, welche diese Regelung durch das Steuerreformgesetz 1986 erfahren hat. Danach muß der Ertrag aus der Übertragung oder der Lizenzierung eines immateriellen Wirtschaftsguts in einem angemessenen Verhältnis zu dem Ertrag stehen, der mit diesem Wirtschaftsgut erzielt wird. Neben Sec. 482 IRC kommt den Regulations § 1.482 in der Praxis der Einkunftsabgrenzung eine große Bedeutung zu.

3   Was das Verhältnis von Art. 9 zu den nationalen Regelungen betreffend die Einkunftsabgrenzung bei international verbundenen Unternehmen anbe-

langt, so wurde bereits betont, daß **Art. 9 keine selbständige Rechtsgrundlage** für eine Einkünftekorrektur abgeben kann (so auch BFH-Urt. v. 21. 1. 1981, BStBl. II S. 517). Das ergibt sich schon aus dem allgemeinen Grundsatz, wonach Doppelbesteuerungsabkommen keine Besteuerungsmöglichkeiten begründen, sondern nur vorhandene beschränken. Die Frage, ob Art. 9 des OECD-MA und die ihm nachgebildeten Abkommensnormen die nationalen Regelungen zur Einkunftsabgrenzung bei verbundenen Unternehmen in ihrer Wirkungsweise begrenzen, ist durchaus umstritten. Nach einer älteren, insbesondere von *Debatin* vertretenen Auffassung „liegt in der Einführung der Gewinnberichtigungsklausel" in die Abkommen „eine Verbesserung in der Selbstdarstellung der Abkommen, ohne daß damit eine materielle Rechtsänderung gegenüber dem bisherigen Zustand verbunden wäre" (DStZ 1971 S. 385, 388). Begründet wird diese Auffassung damit, die Besteuerung einer Gesellschaft in ihrem Ansässigkeitsstaat sei „wesensmäßig nicht Gegenstand der im DBA vorgesehenen Steuerbegrenzungen" (a. a. O. S. 389).

Nach heute herrschender Auffassung haben indes die **Gewinnberichtigungsklauseln der Abkommen** denselben **Zweck** wie die anderen Abkommensnormen, nämlich den, das innerstaatliche Recht zu beschränken (vgl. hierzu *Vogel*, DBA, Art. 9 Tz. 12; *Lehner*, Möglichkeiten zur Verbesserung des Verständigungsverfahrens auf der Grundlage des EWG-Vertrages, S. 33 ff.; *Goutier*, in: Festgabe für Günther Felix, S. 63, 71). Daß der Unternehmensgewinn nur in dem Staat besteuert wird, in dem er wirtschaftlich entstanden ist, wird eben nur dann gewährleistet, wenn beide Abkommenspartner die dem Art. 9 OECD-MA entsprechende Abkommensnorm als rechtlich wirksame Begrenzung ihrer nationalen Gewinnkorrekturregelungen anerkennen (so auch *Vogel*, DBA, Art. 9 Rz. 15). | 4

Daß sich das Bundesministerium der Finanzen und auch die Gesetzgebungsorgane der Bundesrepublik Deutschland der zuletzt genannten Auffassung angeschlossen haben, ergibt sich gerade aus Abschn. 7 des Protokolls: Der dort in Satz 2 aufgenommene Vorbehalt zugunsten von § 1 Abs. 2 AStG wäre nämlich sinnlos und überflüssig, wenn nicht dem Art. 9 grundsätzlich die Bedeutung beigemessen würde, die **nationalen Korrekturnormen zu beschränken.** Es ist von weitreichender Bedeutung für die meisten von der Bundesrepublik Deutschland abgeschlossenen Doppelbesteuerungsabkommen, daß nunmehr klargestellt ist, daß auch die gesetzgebenden Körperschaften der Bundesrepublik Deutschland den Gewinnkorrekturklauseln der Abkommen eine rechtliche Bedeutung im Sinne einer Beschränkung des nationalen Rechts beimessen. | 5

II. Der Regelungsgehalt des Art. 9 Abs. 1

6   Art. 9 Abs. 1 erlaubt den Vertragsstaaten die **Korrektur von Verrechnungspreisen nur,** wenn

   – es sich um verbundene Unternehmen (Mutter- und Tochtergesellschaften sowie Gesellschaften unter gemeinsamer Kontrolle) handelt und
   – wenn diese bei ihren kaufmännischen oder finanziellen Beziehungen „arm's-length"-widrige Bedingungen vereinbart haben.

7   **Verbundene Unternehmen** i. S. d. Art. 9 Abs. 1 liegen dabei nur vor, wenn

   – ein Unternehmen unmittelbar oder mittelbar an der Geschäftsleitung, der Kontrolle oder dem Kapital des anderen Unternehmens beteiligt ist oder wenn
   – dieselben Personen unmittelbar oder mittelbar an der Geschäftsleitung, der Kontrolle oder dem Kapital beider Unternehmen beteiligt sind.

8   Art. 9 befaßt sich somit nur mit der **Einkunftsabgrenzung zwischen verschiedenen Unternehmen,** anders ausgedrückt zwischen den Unternehmen verschiedener Rechtsträger. Die Gewinnabgrenzung innerhalb eines Unternehmens, also zwischen den verschiedenen Betriebsstätten eines Rechtsträgers, wird dagegen in Art. 7 geregelt (vgl. Art. 7 Rz. 15 ff.).

9   Die unmittelbare oder mittelbare Beteiligung an der Geschäftsleitung, der Kontrolle oder dem Kapital des Unternehmens i. S. d. Art. 9 Abs. 1 kann nur auf Fällen **gesellschaftsrechtlicher Verflechtungen oder Einflußnahmen** beruhen. Gem. Abschn. 7 Satz 2 des Protokolls hat jedoch diese Einschränkung gerade in der Bundesrepublik Deutschland keine Bedeutung: Nach der zitierten Rechtsnorm soll nämlich Art. 9 nicht so aufgelegt werden, als beschränke er einen Vertragsstaat „bei der Aufteilung von Einkünften zwischen Personen, die auf andere Weise als durch mittelbare oder unmittelbare Beteiligung i. S. d. Abs. 1 miteinander verbunden sind (z. B. durch kommerzielle oder vertragliche Beziehungen, die zu beherrschendem Einfluß führen)". Damit ist die Bundesrepublik Deutschland durch dieses Abkommen nicht gehindert, Gewinnkorrekturen zwischen allen nahestehenden Personen i. S. d. § 1 Abs. 2 AStG vorzunehmen, sofern „arm's-length"-widrige Bedingungen vereinbart sind.

10 Unzweifelhaft erlaubt aber Art. 9 Abs. 1 beiden Vertragsstaaten eine **Korrektur von Verrechnungspreisen** nur, wenn „die beiden Unternehmen in ihren kaufmännischen oder finanziellen Beziehungen an vereinbarte oder auferlegte Bedingungen gebunden sind, die von denen abweichen, die unabhängige Unternehmen miteinander vereinbaren würden". Nur bei einem Verstoß gegen den „arm's-length"-Grundsatz ist mithin ein Vertragsstaat nach Abkommensrecht zu einer Einkunftskorrektur berechtigt.

Nach ständiger Rechtsprechung des Bundesfinanzhofs kommen **verdeckte** 11
Gewinnausschüttungen bei Leistungen einer Kapitalgesellschaft **an beherr-**
schende Gesellschafter insbesondere in Betracht, wenn nicht von vornherein
klar und eindeutig bestimmt ist, ob und in welcher Höhe ein Entgelt für eine
Leistung des Gesellschafters bezahlt werden soll (vgl. hierzu BFH BStBl. 1988
II S. 590, 591; eine Zusammenfassung dieser Rechtsprechung findet sich in
Abschn. 31 Abs. 5 KStR 1988). Der Bundesfinanzhof prüft in diesen Fällen
überhaupt nicht die Angemessenheit der vereinbarten Bedingungen, also
nicht die Ausgewogenheit von Leistung und Gegenleistung; es kommt ihm
auch nicht darauf an, ob aufgrund eines privatrechtlich wirksamen Schuld-
verhältnisses geleistet wird oder nicht; vielmehr stellt er allein auf den for-
malen Gesichtspunkt ab, ob die von der Kapitalgesellschaft gegenüber ihrem
beherrschenden Gesellschafter erbrachte Leistung im vorhinein klar und eindeutig bestimmt war. Im Anwendungsbereich des Art. 9 und anderer vergleichbarer Abkommensbestimmungen wird der Bundesfinanzhof diese
Rechtsprechung im Hinblick auf § 2 AO nicht aufrecht erhalten können.

Wird etwa von einer beherrschten Kapitalgesellschaft an ihren Gesellschaf- 12
ter zur Erfüllung eines kraft Gesetzes entstandenen Anspruchs geleistet (etwa zur **Erfüllung eines Schadensersatzanspruchs** oder – wie im Falle des
soeben zitierten BFH-Urteils – eines gesetzlichen Zinsanspruchs), so wird
niemand behaupten können, daß sich die Kapitalgesellschaft „arm's-
length"-widrig verhält. Damit ist aber der Bundesrepublik Deutschland kraft
Abkommens eine Gewinnkorrektur im Hinblick auf diese Gesellschaft untersagt. Eine gegenteilige Ansicht ließe sich nur noch rechtfertigen, wenn
man der älteren (von *Debatin* vertretenen) Auffassung folgt, welche den Ge-
winnkorrekturklauseln der Abkommen jegliche rechtliche Bedeutung ab-
spricht. Von dieser Auffassung ist aber nunmehr – wie Abschn. 7 Satz 2 des
Protokolls beweist – auch der deutsche Gesetzgeber abgewichen (sofern er sie
überhaupt jemals vertreten haben sollte).

Des weiteren verhalten sich verbundene Unternehmen oder einander nahe- 13
stehende Personen dann nicht „arm's-length"-widrig, wenn sie schuldrechtli-
che Verträge schließen, bei denen eine oder mehrere **Leistungen** im vorhinein nicht klar und eindeutig **festgelegt** werden, wohl aber **in inhaltlich be-**
stimmbarer Weise. Derartige Verträge kommen nämlich auch zwischen
fremden Dritten in großer Zahl vor; auch knüpft das deutsche Privatrecht
mit den §§ 612 Abs. 2, 632 Abs. 2 und 653 Abs. 2 BGB an diese ständige Praxis an. Nach den genannten Regelungen bestimmt das Gesetz für die Gegenleistung beim Dienst-, Arbeits-, Werk- und Maklervertrag, daß dann, wenn
die Höhe der Vergütung nicht vertraglich festgelegt ist, in Ermangelung einer
Taxe die „übliche" Vergütung geschuldet wird. Als weitere gesetzliche Regelung, nach denen jeweils eine „übliche" Vergütung zu erbringen ist, sind die

§§ 59, 87 b Abs. 1, 354 Abs. 1 und 420 Abs. 1 HGB zu nennen. In all diesen Fällen ist die Vergütung nach objektiven Maßstäben zu bestimmen; für eine einseitige Bestimmung – etwa nach billigem Ermessen – bleibt somit kein Raum.

14   Verträge, bei denen eine oder mehrere Leistungen nicht klar und eindeutig, sondern lediglich in bestimmbarer Weise festgelegt werden, sind **auch unter fremden Dritten** immer dann anzutreffen, wenn es außerordentlich schwierig ist, im voraus den Umfang oder den Wert einer Leistung genau abzuschätzen und somit die zu erbringende Gegenleistung der Höhe nach zu beziffern (vgl. hierzu *Goutier*, in: Festgabe für Günther Felix, S. 63, 69).

15   Zwischen fremden Dritten wird also in der Regel dann auf eine klare und eindeutige, im voraus getroffene Vereinbarung verzichtet, wenn die **Gefahr** besteht, daß dadurch die Vereinbarung einer **materiell angemessenen Gegenleistung verfehlt** wird. Unter diesen Voraussetzungen kann es aber verbundenen Unternehmen und einander nahestehenden Personen nicht verwehrt sein, gleichfalls nur inhaltlich bestimmbare Gegenleistungen zu vereinbaren. Sie verstoßen mit einem derartigen Verhalten jedenfalls nicht gegen „arm's-length"-Grundsätze, so daß hier das Abkommen eine Einkunftskorrektur verbietet. Es bleibt zu hoffen, daß der Bundesfinanzhof seine Rechtsprechung insoweit beschränken wird. Ansonsten wird sich nämlich die Bundesrepublik Deutschland einer ständig wachsenden Flut von Verständigungsverfahren mit den USA ausgesetzt sehen.

16   Gerade auf seiten der USA verbietet nämlich die durch das Steuerreformgesetz 1986 erfolgte Ergänzung von Sec. 482 IRC die Vereinbarung klar bestimmter Gegenleistungen in all den Fällen, in denen der **Wert eines immateriellen Wirtschaftsguts bei Vertragsabschluß** (also bei Übertragung oder Lizenzierung des Wirtschaftsguts) **nicht eindeutig feststeht.** Wie unter Rz. 2 ausgeführt, muß nämlich der Ertrag aus der Übertragung oder der Lizenzierung eines immateriellen Wirtschaftsguts in einem angemessenen Verhältnis zu dem Ertrag stehen, der mit diesem Wirtschaftsgut erzielt wird. Steht mithin bei Vertragsabschluß nicht fest, welche Einkünfte sich mit dem immateriellen Wirtschaftsgut erzielen lassen, welcher Ertragswert also dem immateriellen Wirtschaftsgut zukommt, so sind die Parteien aus Sicht des US-Steuerrechts gehalten, genau den Weg zu beschreiten, den auch fremde Dritte üblicherweise in einem solchen Fall wählen: Sie legen die Gegenleistung nicht vertragsmäßig fest, vereinbaren aber objektive Kriterien, von denen die Höhe der Gegenleistung abhängen soll, so daß sie notfalls durch ein Gericht oder Schiedsgericht bestimmt werden kann. Daß die US-amerikanische Steuerverwaltung, gestützt auf Sec. 482 IRC, für die Beurteilung der Angemessenheit eines Übertragungspreises oder einer Lizenzgebühr nicht mehr allein auf die Verhältnisse zum Zeitpunkt des Vertragsabschlusses abstellt, sondern auch auf die danach

mit dem immateriellen Wirtschaftsgut erzielbaren Erträge, verstößt somit dem Grundsatz nach nicht gegen das „arm's-length"-Prinzip.

Betrachtet man noch die Einschränkungen, die das „Sec. 482 White Paper on 17 Intercompany Pricing" vom 20. Oktober 1988 vorsieht, so ist ein Verstoß gegen das „arm's-length"-Prinzip nicht zu erkennen. Danach ist es nämlich unter bestimmten Umständen angemessen, die **tatsächliche Ertragsentwicklung gem. dem „arm's-length"-Standard unberücksichtigt** zu lassen. Um solches zu erreichen, müßte der Steuerpflichtige eine jede der folgenden Voraussetzungen nachweisen, daß nämlich

– nach Abschluß des Lizenzvertrages Ereignisse eintraten, die die unerwartete Profitabilität des immateriellen Wirtschaftsguts auslösten;

– der Lizenzvertrag keine Klausel enthält, unter der fremde Vertragspartner die Lizenzgebühr angepaßt hätten;

– fremde Vertragspartner keine Klausel vereinbart hätten, die eine Berücksichtigung der Umstände erlaubt hätte, welche die unerwartete Profitabilität auslösten (vgl. dazu S. 64 und 65 des erwähnten White Paper).

Mit dieser – sachgerechten – **Beschränkung** verlangt die US-Steuerverwal- 18 tung – gestützt auf die Ergänzung zu Sec. 482 IRC – von den Steuerpflichtigen nichts anderes als das in solchen Fällen unter fremden Dritten übliche Verhalten.

III. Die Gegenberichtigung gem. Art. 9 Abs. 2

Werden durch eine **Korrektur der Verrechnungspreise** in einem Vertragsstaat 19 die Gewinne des dort ansässigen Unternehmens erhöht, so kann das zu einer wirtschaftlichen Doppelbesteuerung führen, wenn im anderen Vertragsstaat die Gewinne beibehalten und besteuert werden, die sich aufgrund der zwischen den Parteien vereinbarten kaufmännischen oder finanziellen Beziehungen ergaben. Art. 9 Abs. 2 sieht für diesen Fall vor, daß der andere Staat, bei dem in seinem Hoheitsgebiet ansässigen Unternehmen eine Gegenberichtigung vornimmt, falls er die Korrektur der Verrechnungspreise im erstgenannten Staat für geboten hält.

Erforderlichenfalls werden die **zuständigen Behörden** der Vertragsstaaten 20 **einander konsultieren**. Die Frage kann auch gem. Art. 25 Abs. 5 Satz 2 einem Schiedsverfahren unterworfen werden, wenn die zuständigen Behörden beider Vertragsstaaten einem solchen Verfahren zustimmen. In diesem Fall wird das Verfahren zwischen den Vertragsstaaten durch Notenwechsel auf diplomatischem Weg vereinbart und geregelt (vgl. hierzu Art. 25 Abs. 5 und die dazu erfolgte Kommentierung).

21 Mit der Durchführung einer Gegenberichtigung ist aber noch nicht der Zustand herbeigeführt, der sich ergeben hätte, wenn die Parteien von vornherein „arm's-length"-Bedingungen vereinbart hätten. Mit der **Gegenberichtigung** wird nämlich zunächst einmal nur im anderen Vertragsstaat der Gewinn um den Betrag herabgesetzt, um den er durch die Korrektur des Verrechnungspreises im erstgenannten Staat erhöht wurde. Die unangemessen hohe Leistung oder Gegenleistung befindet sich aber trotz der Gegenberichtigung noch beim Unternehmen des anderen Staates. Erforderlich ist also noch eine sog. „sekundäre" Berichtigung (vgl. hierzu auch den Kommentar zum OECD-MA, Art. 9 Tz. 5). Wurden einer deutschen Muttergesellschaft durch ihre US-amerikanische Tochtergesellschaft unangemessen hohe Gegenleistungen (etwa Vergütungen für gelieferte Waren) zugewendet, so werden im Rahmen der Gegenberichtigung die Erträge aus Warenverkauf herabgesetzt; der überhöhte Teil der zugeflossenen Gegenleistung wird nunmehr als Zufluß einer verdeckten Gewinnausschüttung behandelt, die unter den Voraussetzungen des Art. 23 Abs. 2 Buchst. a Satz 3 ff. freizustellen ist. Wurden umgekehrt von einer US-amerikanischen Muttergesellschaft ihrer deutschen Tochtergesellschaft unangemessene Vorteile zugewendet, so sind im Rahmen der Gegenberichtigung die entsprechenden Erträge zu kürzen; statt dessen ist eine verdeckte Einlage anzunehmen, die ertragsteuerfrei den Kapitalrücklagen (steuerlich: EK 04) zuzuführen ist. Der Anfall von Gesellschaftsteuer ist hier zu prüfen.

22 Es kommt allerdings auch vor, daß die Behörden der Vertragsstaaten den beiden Unternehmen erlauben, die sekundäre **Berichtigung durch das Einstellen von Forderungen bzw. Verbindlichkeiten** durchzuführen. Gezwungen werden können die Unternehmen zu einem solchen Verfahren jedoch m. E. nicht, da privatrechtlich keine derartigen Ausgleichsforderungen bestehen, wenn die Verträge – trotz ihres Verstoßes gegen „arm's-length"-Prinzipien – zivilrechtlich wirksam sind. In allseitigem Einverständnis ist jedoch das Einstellen von Forderungen und Verbindlichkeiten ohne jede Frage der beste Weg zur Durchführung der Sekundär-Berichtigungen.

Artikel 10

Dividenden

(1) Dividenden, die eine in einem Vertragsstaat ansässige Gesellschaft an eine im anderen Vertragsstaat ansässige Person zahlt, können im anderen Staat besteuert werden.

(2) Diese Dividenden können jedoch auch in dem Vertragsstaat, in dem die die Dividenden zahlende Gesellschaft ansässig ist, nach dem Recht dieses Staates besteuert werden; die Steuer darf aber, wenn der Nutzungsberechtigte der Dividenden im anderen Vertragsstaat ansässig ist, nicht übersteigen:

a) 5 vom Hundert des Bruttobetrags der Dividenden, wenn der Nutzungsberechtigte eine Gesellschaft ist, die unmittelbar über mindestens 10 vom Hundert der stimmberechtigten Anteile der die Dividenden zahlenden Gesellschaft verfügt, und

b) 15 vom Hundert des Bruttobetrags der Dividenden in allen anderen Fällen.

Im Fall von Dividenden, die von einer Person der Vereinigten Staaten gezahlt werden, bei der es sich um eine Regulated Investment Company handelt, oder von Ausschüttungen auf Anteilscheine einer deutschen Kapitalanlagegesellschaft ist Buchstabe b und nicht Buchstabe a anzuwenden. Buchstabe a ist nicht auf Dividenden anzuwenden, die von einer Person der Vereinigten Staaten gezahlt werden, bei der es sich um einen Real Estate Investment Trust handelt; Buchstabe b ist nur anzuwenden, wenn der Nutzungsberechtigte der Dividenden eine natürliche Person ist, die mit weniger als 10 vom Hundert an dem Real Estate Investment Trust beteiligt ist. Dieser Absatz berührt nicht die Besteuerung der Gesellschaft in bezug auf die Gewinne, aus denen die Dividenden gezahlt werden.

(3) Solange eine in der Bundesrepublik Deutschland ansässige natürliche Person nach deutschem Recht Anspruch auf Anrechnung der Körperschaftsteuer bei Dividenden hat, die von einer in der Bundesrepublik Deutschland ansässigen Gesellschaft gezahlt werden, gilt für die von einer solchen Gesellschaft gezahlten Dividenden folgendes:

a) Der Nutzungsberechtigte von Dividenden, die unter Absatz 2 Buchstabe b fallen, hat Anspruch auf eine weitere Entlastung in Höhe von 5 vom Hundert des Bruttobetrags der Dividenden, und

b) für Zwecke der Einkommensteuer der Vereinigten Staaten (auch für Zwecke der Anrechnung gezahlter ausländischer Steuern) gilt die aus der Anwendung des Buchstabens a folgende Entlastung als Dividendenzahlung an den in den Vereinigten Staaten ansässigen Nutzungsberechtigten.

Dieser Absatz gilt nicht für Ausschüttungen auf Anteilscheine einer Kapital-anlagegesellschaft.

(4) Der in diesem Artikel verwendete Ausdruck „Dividenden" bedeutet Ein-künfte aus Aktien, Genußrechten oder Genußscheinen, Kuxen, Gründeran-teilen oder anderen Rechten (ausgenommen Forderungen) mit Gewinnbetei-ligung sowie aus sonstigen Rechten stammende andere Einkünfte, die nach dem Recht des Vertragsstaats, in dem die ausschüttende Gesellschaft ansäs-sig ist, den Einkünften aus Aktien steuerlich gleichgestellt sind. Der Aus-druck „Dividenden" umfaßt in der Bundesrepublik Deutschland auch Ein-künfte aus einer stillen Gesellschaft, aus partiarischen Darlehen oder Ge-winnobligationen sowie Ausschüttungen auf Anteilscheine einer Kapitalan-lagegesellschaft.

(5) Ungeachtet des Absatzes 2 Satz 1 und des Artikels 11 Absatz 1 (Zinsen) können Einkünfte aus Rechtsbeziehungen (einschließlich Schuldverpflich-tungen), die ein Recht auf Gewinnbeteiligung verleihen (in der Bundesrepu-blik Deutschland einschließlich der Einkünfte aus einer stillen Gesellschaft, aus partiarischen Darlehen, Gewinnobligationen oder Genußrechten oder Genußscheinen), in dem Vertragsstaat, aus dem sie stammen, nach dessen Recht besteuert werden, wenn die Einkünfte bei der Ermittlung des Gewinns der zahlenden Person abzugsfähig sind.

(6) Die Absätze 1 und 2 sind nicht anzuwenden, wenn der in einem Ver-tragsstaat ansässige Nutzungsberechtigte im anderen Vertragsstaat, in dem die die Dividenden zahlende Gesellschaft ansässig ist, eine gewerbliche Tä-tigkeit durch eine dort gelegene Betriebsstätte oder eine selbständige Arbeit durch eine dort gelegene feste Einrichtung ausübt und die Beteiligung, für die die Dividenden gezahlt werden, Betriebsvermögen dieser Betriebsstätte oder festen Einrichtung ist. In diesem Fall ist Artikel 7 (Gewerbliche Gewin-ne) beziehungsweise Artikel 14 (Selbständige Arbeit) anzuwenden.

(7) Bezieht eine in einem Vertragsstaat ansässige Gesellschaft Gewinne oder Einkünfte aus dem anderen Vertragsstaat, so darf dieser andere Staat die von der Gesellschaft gezahlten Dividenden nicht besteuern, es sei denn, daß die-se Dividenden an eine im anderen Staat ansässige Person gezahlt werden oder daß die Beteiligung, für die die Dividenden gezahlt werden, Betriebsver-mögen einer im anderen Staat gelegenen Betriebsstätte oder festen Einrich-tung ist, selbst wenn die gezahlten Dividenden ganz oder teilweise aus im anderen Staat erzielten Gewinnen oder Einkünften bestehen.

(8) Eine in einem Vertragsstaat ansässige Gesellschaft, die eine Betriebsstät-te im anderen Vertragsstaat hat oder die im anderen Vertragsstaat mit Ein-künften auf Nettobasis steuerpflichtig ist, die dort nach Artikel 6 (Einkünfte aus unbeweglichem Vermögen) oder Artikel 13 Absatz 1 (Veräußerungsge-winne) besteuert werden können, kann im anderen Vertragsstaat neben der

nach anderen Bestimmungen dieses Abkommens zulässigen Steuer einer weiteren Steuer unterliegen. Diese Steuer darf jedoch

a) im Fall der Vereinigten Staaten nur

aa) von dem Teil der der Betriebsstätte zurechenbaren gewerblichen Gewinne der Gesellschaft und

bb) von dem Teil der im vorhergehenden Satz genannten Einkünfte, die nach Artikel 6 oder Artikel 13 Absatz 1 besteuert werden können,

erhoben werden, der dem ausschüttungsgleichen Betrag (dividend equivalent amount) der Gewinne oder Einkünfte entspricht; der Ausdruck „ausschüttungsgleicher Betrag" hat für Zwecke dieses Buchstabens die Bedeutung, die ihm nach dem Recht der Vereinigten Staaten (unter Beachtung künftiger, seine tragenden Prinzipien wahrenden Änderungen) zukommt; und

b) im Fall der Bundesrepublik Deutschland nur auf den Teil der in Buchstabe a genannten Einkünfte erhoben werden, der, falls eine inländische Tochtergesellschaft die Einkünfte bezogen hätte, als ausgeschüttet anzusehen wäre.

(9) Der Steuersatz darf im Fall des Absatzes 8 Buchstabe a den in Absatz 2 Buchstabe a vorgesehenen Satz nicht übersteigen.

(10) Die in Absatz 8 Buchstabe b genannte Steuer darf nur erhoben werden, wenn nach deutschem Recht der Körperschaftsteuersatz für nicht in der Bundesrepublik Deutschland ansässige Gesellschaften mit Einkünften im Sinne des Absatzes 8 Buchstabe a den Körperschaftsteuersatz für ausgeschüttete Gewinne deutscher Gesellschaften nicht um mindestens 5 Prozentpunkte übersteigt. Die in Absatz 8 Buchstabe b genannte Steuer darf aber höchstens zu einem Satz erhoben werden, der nach Erhöhung um die Spanne zwischen den Körperschaftsteuersätzen für Betriebsstätten und für ausgeschüttete Gewinne deutscher Gesellschaften 5 vom Hundert nicht übersteigt.

Protokoll

(8) Zu Artikel 10 Absatz 3 (Dividenden)

Für Zwecke der Einkommensteuer der Vereinigten Staaten wird der in den Vereinigten Staaten ansässige Anteilseigner so behandelt, als habe er eine Erstattung deutscher Steuer in Form einer Dividende in Höhe von 5,88 vom Hundert der tatsächlich gezahlten Dividende (vor deutscher Kapitalertragsteuer) erhalten. Die Summe dieser Erstattung und der tatsächlichen Dividende gilt als mit deutscher Kapitalertragsteuer zu dem in Artikel 10 Absatz 2 Buchstabe b vorgesehenen Satz belastet.

(9) Zu Artikel 10 Absatz 8 (Dividenden)

Das tragende Prinzip des „ausschüttungsgleichen Betrages" nach dem Recht der Vereinigten Staaten besteht darin, den Teil der in Absatz 8 Buchstabe a genannten Einkünfte darzustellen, der dem Betrag vergleichbar ist, der als Dividende ausgeschüttet würde, falls eine inländische Tochtergesellschaft diese Einkünfte erzielt hätte.

(10) Zu den Artikeln 10 (Dividenden), 11 (Zinsen) und 12 (Lizenzgebühren)

Für einen Vertragsstaat gilt der im anderen Vertragsstaat ansässige Bezieher von Dividenden, Zinsen oder Lizenzgebühren als Nutzungsberechtigter im Sinne der Artikel 10, 11 und 12, wenn der Bezieher die Person ist, der die Einkünfte nach dem Recht des erstgenannten Staates steuerlich zuzurechnen sind.

Inhaltsübersicht

Erläuterungen zu Artikel 10

I. Überblick

1   Art. 10 löst Art. VI DBA-USA 1954/65 ab und regelt in einer dem **OECD-Musterabkommen vergleichbaren** Weise die Besteuerung von Dividenden. Dementsprechend weist Art. 10 Abs. 2 dem Staat, in dem die Dividenden zahlende Gesellschaft ansässig ist, ein Besteuerungsrecht zu, ohne daß dies mit einer Freistellung im Ansässigkeitsstaat des Dividendenempfängers verbunden wäre (Art. 10 Abs. 1). Gegenüber der alten Regelung enthält Art. 10 erhebliche Neuerungen bei bestimmten Gesellschaftsformen, die sich bislang angesichts erheblicher Steuerpräferenzen besonderer Beliebtheit erfreuten.

Wie üblich, wird die in diesem **Zuordnungsartikel** vorgenommene Regelung   2
ergänzt durch den Art. 23, der die Besteuerung im Wohnsitzstaat regelt. Hier
haben sich erhebliche Veränderungen bei der Gewährung des sog. Schachtelprivilegs ergeben (s. unten Rz. 20 ff. und Art. 23 Rz. 27).

II. Begriff der Dividende

Der Begriff der Dividende wird in Art. 10 Abs. 4 in Anlehnung an Art. 10   3
Abs. 3 MA definiert. Diese **Definition** ist primär für die Besteuerung in dem
Staat von Bedeutung, in dem die Dividenden zahlende Gesellschaft ansässig
ist. Für die Besteuerung im Wohnsitzstaat ist sie freilich insofern von Relevanz, als sie für die Frage, ob bestimmte Einkünfte als Dividenden anzusehen sind oder nicht, auch für den Wohnsitzstaat verbindlich ist. Zur Frage
von Qualifikationskonflikten siehe Rz. 17 f.

Nach der Definition des Art. 10 Abs. 4 sind **Dividenden Einkünfte**   4

– aus Aktien, Genußrechten oder Genußscheinen, Kuxen, Gründeranteilen,

– aus anderen Rechten (ausgenommen Forderungen) mit Gewinnbeteiligung,

– sowie aus sonstigen Rechten stammende andere Einkünfte, die nach dem
  Recht des Vertragsstaats, in dem die ausschüttende Gesellschaft ansässig
  ist, den Einkünften aus Aktien steuerlich gleichgestellt sind.

Insbesondere mit dieser dritten Variante wird das einschlägige innerstaatli-   5
che Recht des Quellenstaates zum Abkommensrecht erhoben. Sollte etwa
mit einem neuen § 8 a KStG eine innerstaatliche Regelung über die **Gesell-
schafter-Fremdfinanzierung** geschaffen werden, würde die damit vorgenommene Qualifikation ggf. den Dividendenartikel anwendbar machen.

Soweit Dividenden von einer in der **Bundesrepublik Deutschland** ansässigen   6
Gesellschaft gezahlt werden, umfaßt der Dividendenbegriff auch Einkünfte
aus einer stillen Gesellschaft, aus partiarischen Darlehen oder Gewinnobligationen sowie Ausschüttungen auf Anteilscheine einer Kapitalanlagegesellschaft. Damit soll das Besteuerungsrecht der Bundesrepublik Deutschland
bei bestimmten Gestaltungen gesichert werden.

Beispiel:

Die US-Muttergesellschaft einer deutschen Tochter-Kapitalgesellschaft gibt dieser ein   7
partiarisches Darlehen. Die für das Darlehen gezahlten Zinsen konnten bei der Ermittlung des Gewinns der Tochtergesellschaft abgezogen werden und wegen des Zinsarti-
kels (Art. VII a. F.; Art. 11 n. F.) hier steuerlich nicht erfaßt werden. Mit der Änderung
kann eine Besteuerung als Dividende – Belastung mit Kapitalertragsteuer – erfolgen.
Diese Neuregelung gewinnabhängiger Vergütungen wird ergänzt durch den Art. 10

Abs. 5, der für solche Finanzierungsformen keine Reduzierung der Kapitalertragsteuer vorsieht und das ertragsteuerliche Schachtelprivileg versagt (s. u. Rz. 20 ff.).

III. Besteuerung im Wohnsitzstaat

8   Art. 10 Abs. 1 folgt dem DBA-USA 1954/65 und dem OECD-MA, in dem er ein **Besteuerungsrecht des Wohnsitzstaates** vorsieht. Wie weit das damit gegebene Besteuerungsrecht des Staates, in dem die Dividenden empfangende Person ansässig ist, reicht, hängt vom nationalen Recht und von der Grundregelung im Art. 23 ab. Danach wird etwa bei der Besteuerung von Schachteldividenden in den meisten Fällen dieses Recht reduziert.

IV. Besteuerung im Quellenstaat

9   Gem. Art. 10 Abs. 2 Satz 1, 1. Halbsatz hat der Quellenstaat ein **Besteuerungsrecht**. Inwiefern bei Dividendenzahlungen der in diesem Staat ansässigen Gesellschaft eine Dividendenbesteuerung erfolgt, richtet sich nach dessen nationalem Recht. Dabei regelt das Abkommen selbst nicht die Frage, ob die Steuer – wie es tatsächlich der Fall ist – durch **Abzug** bei der Gesellschaft oder durch Veranlagung des Dividendenempfängers (Gesellschafters) erhoben wird.

10   Sowohl nach dem Musterabkommen wie in der Abkommenspraxis sind für Schachtelbeteiligungen (direct-investment) und für Streubesitz (portfolio-investment) **unterschiedliche Quellensteuersätze** vorgesehen.

11   Der **reguläre Quellensteuersatz** auf Dividenden beträgt in der Bundesrepublik Deutschland z. Z. 25 v. H., in den USA z. Z. 30 v. H. Art. 10 Abs. 2 Satz 1, 2. Halbsatz modifiziert diese Quellenbesteuerung und reduziert den Quellensteuersatz

– bei Schachteldividenden auf 5 %,
– bei allen anderen Dividenden auf 15 %,

wenn der Nutzungsberechtigte der Dividenden im anderen Vertragsstaat ansässig ist. Es kommt also zunächst entscheidend auf die Abkommensberechtigung an, die bei doppelt ansässigen Gesellschaften gegebenenfalls fehlt (vgl. Art. 4 Rz. 23 ff.).

12   Zudem kommt es insoweit auf die **Person des Nutzungsberechtigten** an. Nach Abschn. 10 des Protokolls ist der Nutzungsberechtigte im anderen Vertragsstaat ansässig, wenn er die Person ist, der die Einkünfte nach dem Recht des erstgenannten Staates steuerlich zuzurechnen sind. Zweck der Beschrän-

kung ist es, einen Abkommensmißbrauch zu verhindern. Die Möglichkeit, daß nicht abkommensberechtigte Personen sich die Vorteile eines DBA durch Mittelspersonen beschaffen (sog. „treaty-shopping"; s. u. Art. 28 Rz. 3 ff.), sollte unterbunden, zumindest eingeschränkt werden (vgl. *Vogel*, DBA, Vor Art. 10–12 Anm. 6).

Dabei ist der Begriff des Nutzungsberechtigten (englisch: „beneficial owner")   13
nicht mit dem Begriff des **wirtschaftlichen Eigentümers** i. S. d. § 39 Abs. 2 Nr. 1 AO identisch. Nach Ansicht von *Vogel* (a. a. O. Anm. 9) ist Nutzungsberechtigter, wer entweder über die Hingabe des Kapitals oder Wirtschaftsgutes zur Nutzung oder über die Verwendung der Nutzungen, ggf. über beides, entscheiden kann. Dies kann auch ein Treuhänder sein, etwa ein Trustee des angloamerikanischen Rechts, wenn er über entsprechende Entscheidungsbefugnisse verfügt. Insbesondere ist für den Begriff des Nutzungsberechtigten nicht vorausgesetzt, daß dieser auch Inhaber des Stammrechts sein muß; auch der Nießbraucher ist daher Nutzungsberechtigter. Im übrigen wird die Regelung in Art. 10 Abs. 2 – wie auch andere Regelungen des Doppelbesteuerungsabkommens – durch den Art. 28 (Schranken für die Abkommensvergünstigungen) ggf. beschränkt bzw. modifiziert.

Ist der Nutzungsberechtigte eine **natürliche Person** und im anderen Vertrags-   14
staat ansässig, darf die vom Quellenstaat erhobene Steuer auf die Dividende 15 v. H. des Bruttobetrags der Dividenden nicht übersteigen. Freilich bleibt das Recht des Quellenstaates unberührt, zunächst den üblichen Satz zu erheben (Art. 29 Abs. 1) und die im Abzugswege zuviel erhobene Steuer auf Antrag zu erstatten (Art. 29 Abs. 2); vgl. Art. 29 Rz. 6.

Ist der Nutzungsberechtigte eine (im anderen Vertragsstaat ansässige) **Gesell-**   15
schaft, die unmittelbar über mindestens 10 v. H. der stimmberechtigten Anteile der die Dividenden zahlenden Gesellschaft verfügt, reduziert sich der vom Quellenstaat letztlich zu erhebende Steuersatz auf 5 v. H. Dieser Quellensteuerhöchstsatz gilt gem. Art. 32 für nach dem 31. Dezember 1991 ausgeschüttete Dividenden. Bis dahin gilt ein Höchstsatz von 10 v. H. (vgl. Art. 32 Rz. 13).

Gesellschaft in diesem Sinne ist nur eine **Kapitalgesellschaft** oder ein ihr   16
steuerlich gleichgestelltes Gebilde. Um in den Genuß der Schachtelvergünstigung zu kommen, muß diese über mindestens 10 v. H. der **„stimmberechtigten Anteile"** der Dividenden zahlenden Gesellschaft verfügen. Insofern unterscheidet sich die Formulierung vom Art. 10 Abs. 2 Buchst. a des OECD-MA 1977, wo eine quotale Beteiligung am **Kapital** der Dividenden zahlenden Gesellschaft vorausgesetzt wird. Wie auch bei anderen Doppelbesteuerungsabkommen der Bundesrepublik Deutschland ist bei der Berechnung von der Zahl der Stimmrechte auszugehen, die die Dividenden bezie-

hende Gesellschaft aus den ihr gehörenden (bzw. zuzurechnenden) Anteilen ausüben kann.

17   Insbesondere bei den der Kapitalgesellschaft gleichgestellten Gebilden sind **Qualifikationskonflikte** denkbar. Der Begriff „Kapitalgesellschaft" als solcher ist zwar nicht problematisch (vgl. Art. 3 Rz. 14), wird es aber dann, wenn Personengesellschaften und Personenhandelsgesellschaften für Zwecke der US-Besteuerung als Corporation qualifizieren und danach als eigene Steuersubjekte behandelt werden (vgl. Art. 2 Rz. 70; Art. 4 Rz. 26).

Beispiel:

18   X ist an einer US-Gesellschaft beteiligt, die nach deutschem Recht als Personengesellschaft, nach US-Recht als Kapitalgesellschaft anzusehen ist. Die Bundesrepublik hat hier kein Besteuerungsrecht, weil die Gesellschaft in den USA ansässig ist und Art. 7 das alleinige Besteuerungsrecht den Vereinigten Staaten zuweist.

19   Werden nun Gewinne ausgeschüttet, würde die US-Steuerverwaltung die Zahlungen dem Art. 10 unterwerfen; die Bundesrepublik Deutschland könnte an sich gem. Art. 10 Abs. 1 diese „Dividenden" besteuern. Nach nationalem Steuerrecht müßte die deutsche Steuerverwaltung diese Zahlungen aber als Entnahmen einstufen, so daß es zu einer Besteuerung nicht kommt (vgl. Art. 4 Rz. 26 ff.).

20   Eine Änderung dieser Situation durch **Notifikation** und Umstellung von der Freistellungs- auf die Anrechnungsmethode ist in diesem Falle nicht gangbar, weil nach nationalem deutschem Steuerrecht keine Ermächtigungsgrundlage für eine Besteuerung gegeben ist.

21   Die **Begünstigung einer Schachtelbeteiligung** wird nach Art. 10 Abs. 2 Satz 2 bei bestimmten Gesellschaften suspendiert. Der Quellensteuersatz beträgt 15 %, wenn die Dividenden zahlende Gesellschaft auf seiten der USA eine Regulated Investment Company ist, auf seiten der Bundesrepublik Deutschland eine Ausschüttung auf Anteile einer deutschen Kapitalgesellschaft vorliegt. Der „normale" Quellensteuersatz von 15 % gilt ebenfalls, wenn es sich bei der zahlenden Person um einen Real Estate Investment Trust (REIT) im Sinne des US-Gesellschaftsrechts handelt (Art. 10 Abs. 2 Satz 3 1. Halbsatz). Aber auch dieser 15 %-Satz gilt nur in den Fällen,

– in denen der Nutzungsberechtigte eine **natürliche Person** ist,

– die mit weniger als 10 v. H. an dem Real Estate Investment Trust beteiligt ist.

Sonst gilt der für das US-Steuerrecht übliche Quellensteuersatz von 30 v. H.

22   Grund für diese **abweichende Behandlung** sog. **REITs** ist deren steuerliche Behandlung in den Vereinigten Staaten (vgl. Art. 2 Rz. 63). Bei einem REIT handelt es sich um eine Investmentgesellschaft, die gegen Ausgabe von Betei-

ligungsrechten Kapital aufnimmt und dieses anschließend vorrangig zum Erwerb von Grundvermögen verwendet. Dabei ist die Bezeichnung „Trust" irreführend, da die Gesellschaft regelmäßig als Kapitalgesellschaft organisiert wird. Der US-Gesetzgeber gewährt den REITs eine steuerliche Vorzugsbehandlung bei Erfüllung eines sehr umfangreichen Kataloges von Bedingungen (vgl. *Sieker*, IWB Gruppe 2 [USA], S. 487). Sind diese Voraussetzungen erfüllt, läßt der US-Gesetzgeber den Abzug der Ausschüttungen bei der Ermittlung des steuerpflichtigen Einkommens eines REIT zu. Da nach Sec. 857 (a) IRC die Gesellschaft 95 % ihrer steuerpflichtigen Einkommen an die Anteilseigner ausschütten muß, werden die Gewinne des REIT praktisch nur auf der Ebene der Anteilseigner besteuert. Soweit diese in der Bundesrepublik Deutschland, und nicht in USA ansässig sind, gelangen die Ausschüttungen also praktisch steuerfrei in die Bundesrepublik Deutschland. Dieses Ergebnis wird durch die Anwendung des regulären Quellensteuersatzes von 30 v. H. abgemildert.

Vergleichbar ist die Situation bei der **Regulated Investment Company** (RIC; 23 vgl. AnhArt. 2 Rz. 61), die in den USA lediglich mit 15 % Steuern belastet wird und für die bislang das Schachtelprivileg galt. Nunmehr nimmt die Beteiligung an einer RIC nicht an der Schachtelbegünstigung teil, hier gilt der „normale" ermäßigte Quellensteuersatz von 15 %; zur Übergangsregelung siehe Art. 32 Rz. 16.

Sollten sich in der Zukunft weitere Organisationsformen ergeben, bei denen 24 die Regelungen des Art. 10 Abs. 2 Satz 1 zu einer nach Ansicht der Bundesrepublik Deutschland zu niedrigen Besteuerung führen, kann diese nach Abschn. 21 des Protokolls nach **Notifikation** ggf. vom Freistellungs- auf das Anrechnungsverfahren umstellen (Abschn. 21 Buchst. b des Protokolls).

Art. 10 Abs. 2 Satz 4 stellt klar, daß sich jedwelche Modifizierungen für bestimmte Gesellschaftsformen nicht auf die Besteuerung der die Dividenden zahlenden Gesellschaft auswirken. 25

Im übrigen ist die in Art. 23 Abs. 2 vorgenommene **Beschränkung des** 26 **Schachtelprivilegs** zu beachten (Art. 23 Rz. 32), die freilich nur für die Ertragsteuern, nicht jedoch für die Vermögensteuer gilt (vgl. Art. 22 Rz. 19).

V. Dividendenzahlungen an eine in den USA ansässige natürliche Person

Art. 10 Abs. 3 **modifiziert** die in Art. 10 Abs. 2 Buchst. b vorgesehene 27 15 %ige Quellensteuer für Dividendenzahlungen an in den USA ansässige natürliche Personen, wobei die Regelung nicht für Ausschüttungen auf Anteilscheine einer Kapitalanlagegesellschaft gilt.

28   Solange in der Bundesrepublik Deutschland das Anrechnungsverfahren bei
      der Körperschaftsteuer gilt, reduziert sich nach Art. 10 Abs. 3 Buchst. a der
      in Art. 10 Abs. 2 Buchst. b vorgesehene Quellensteuersatz von 15 % um wei-
      tere 5 Punkte auf 10 v. H. Auch diese **weitere Entlastung** ist im Erstattungs-
      verfahren (Art. 29) geltend zu machen.

29   Würde man es bei dieser Reduzierung des deutschen Quellensteuersatzes be-
      lassen, käme die damit bewirkte Entlastung allein dem US-amerikanischen
      Fiskus zugute, denn dieser besteuert die Dividende nach US-Steuerrecht und
      rechnet lediglich die in der Bundesrepublik Deutschland gezahlte Steuer
      nach den entsprechenden Bestimmungen an. Art. 10 Abs. 3 Buchst. b stellt
      sicher, daß dem Anteilseigner diese Entlastung nahezu vollständig verbleibt.
      Dies wird dadurch erreicht, daß die 5%ige Entlastung **im Rahmen der US-
      Veranlagung** als Dividendenzahlung **der Bruttodividende zugeschlagen** wird
      und zugleich zu einer Erhöhung der später anzurechnenden Kapitalertrag-
      steuer führt.

      Beispiel:

30   Bruttodividende (= Bemessungsgrundlage für die Kapitalertragsteuer)   100

      Nettodividende nach Kapitalertragsteuer   90

      Die USA, ausgehend von der tatsächlichen Nettodividende von 90, unterstellen auf-
      grund eines Kapitalertragsteuersatzes von 15 v. H. eine Bruttodividende von 105,88
      $(\frac{90 \times 100}{85})$.

      Den über die tatsächliche Bruttodividende von 100 hinausgehenden Betrag (5,88) be-
      trachten sie als Steuererstattung.

      Daraus ergibt sich folgendes für die Steueranrechnung in den USA:

      Bruttodividende   100

      Steuererstattung   5,88

      unterstellte Bemessungsgrundlage für die deutsche Kapitalertragsteuer   105,88

      Kapitalertragsteuersatz   15 %

      unterstellte Kapitalertragsteuer   15,88

      Nettodividende   90

      Bemessungsgrundlage für die US-Steuer   105,88

      Steuer (28 %)   29,65

      anzurechnende deutsche Kapitalertragsteuer   15,88

      zu erheben   13,77

      Nettoertrag   76,23

      bisher   72

      Der zusätzliche deutsche Steuerverzicht in Höhe von 5%-Punkten kommt mithin fast
      vollständig dem US-Investor zugute.

Für Ausschüttungen auf **Anteilscheine an einer Kapitalanlagegesellschaft** gilt   31
diese Reduzierung des Quellensteuersatzes nicht (Art. 10 Abs. 3 Satz 2).

VI. Quellensteuersatz bei abzugsfähigen Dividenden

Nach Art. 10 Abs. 5 gilt die insbesondere in Art. 10 Abs. 2 Satz 1 getroffene   32
Regelung über die Höhe der Quellensteuersätze nicht, wenn die Zahlungen
den **Gewinn der die Dividenden zahlenden Körperschaft gemindert** haben.
Vorausgesetzt ist, daß nach dem nationalen Steuerrecht des Staates, in dem
die Dividenden zahlende Gesellschaft ansässig ist, diese Dividendenzahlung
bei der Ermittlung des Gewinns abzugsfähig ist. Dies trifft nach nationalem
deutschem Recht etwa für die Zinszahlungen auf partiarische Darlehen zu,
die nach Art. 10 Abs. 4 Satz 2 zu Dividenden umqualifiziert sind. In diesen
Fällen verbleibt es bei der deutschen Quellensteuer von 25% bzw. der US-
Quellensteuer von 30 v. H.

Sollte es zu einer **Einfügung eines § 8 a KStG** (s. Rz. 5) kommen, so daß etwa   33
gewinnabhängige Vergütungen für Darlehen unter bestimmten Voraussetzungen körperschaftsteuerpflichtig sind, würde sich die Kapitalertragsteuer
insofern auf die üblichen Sätze reduzieren.

VII. Betriebsstättenvorbehalt

Art. 10 Abs. 6 entspricht Art. VI Abs. 6 DBA-USA 1954/65, freilich mit der   34
Erweiterung auf die Einkünfte aus selbständiger Arbeit. Danach findet eine
Limitierung des Besteuerungsrechtes des Quellenstaates dann nicht statt,
wenn

– eine gewerbliche Tätigkeit durch eine dort gelegene Betriebsstätte ausgeübt wird und die Beteiligung, für die die Dividenden gezahlt werden,
  Betriebsvermögen dieser Betriebsstätte ist, oder

– eine selbständige Arbeit durch eine dort gelegene feste Einrichtung ausgeübt wird und die Beteiligung, für die die Dividenden gezahlt werden,
  Betriebsvermögen dieser festen Einrichtung sind.

In diesen Fällen verbleibt es bei der Besteuerung der Dividendeneinkünfte   35
als gewerblicher Gewinn (Art. 7) der Betriebsstätte bzw. als Gewinn aus selbständiger Arbeit im Rahmen der festen Einrichtung gem. Art. 14.

VIII. Secondary Withholding Tax

36   Nach US-Steuerrecht können Dividendenzahlungen einer in der Bundesrepublik Deutschland ansässigen Gesellschaft unter folgenden **Voraussetzungen** in den USA besteuert werden:

— die BRD-Körperschaft unterhält in den USA eine Betriebsstätte;
— das steuerliche Ergebnis der deutschen Körperschaft wird zu mindestens 25 % von Gewinnen der US-Betriebsstätte bestimmt.

37   Art. 10 Abs. 7 (vergleichbar dem Art. 11 Abs. 5 für die Zinsbesteuerung) schließt dieses Besteuerungsrecht der Vereinigten Staaten aus. Die **USA behalten das Besteuerungsrecht, wenn**

— die Dividendenzahlungen an eine in den USA ansässige Person erfolgen,
— oder die Beteiligung an der deutschen Körperschaft Betriebsvermögen einer in den USA gelegenen Betriebsstätte oder festen Einrichtung ist.

IX. Branch Profits Tax

38   Art. 10 Abs. 8–10 regeln die Erhebung der Branch Profits Tax von seiten der Vereinigten Staaten und schaffen zugleich für die Bundesrepublik Deutschland die Möglichkeit, abkommensgerecht eine ebensolche Steuer – wenn sie im nationalen Recht geschaffen worden ist – zu erheben.

39   Die Branch Profits Tax ist eine **Quellensteuer,** die u. a. auf die Betriebsstättengewinne eines ausländischen Unternehmens erhoben wird; erfaßt werden aber auch Einkünfte aus Vermietung und Verpachtung usw. (vgl. Art. 2 Rz. 100 ff.). Amerikanische Niederlassungen inländischer Unternehmen unterliegen der Branch Profits Tax nicht. Da diese Steuer für Gewinne einer Betriebsstätte eines ausländischen Unternehmens, nicht aber für Gewinne einer Niederlassung eines inländischen Unternehmens gilt, ist sie nach dem US-Muster an sich diskriminierend und kann deswegen nicht erhoben werden (vgl. *Shannon,* Die Doppelbesteuerungsabkommen der USA, S. 158 f.). Der Umstand, daß die Branch Profits Tax in den meisten Doppelbesteuerungsabkommen nicht zugelassen wird, hat die Vereinigten Staaten freilich nicht davon abgehalten, eine solche zu erheben. Die USA wollen mit dieser durch den Tax Reform Act of 1986 neu eingeführte Steuer die Betriebsstätte der Tochtergesellschaft steuerlich gleichstellen.

40   Bemessungsgrundlage der BPT ist der **„ausschüttungsgleiche Betrag"** (dividend equivalent amount) einer ausländischen Körperschaft. Er errechnet sich durch Zu- und Abschläge zum laufenden Jahresüberschuß (Sec. 884 [b] IRC). Vereinfacht erfolgt die Berechnung ausgehend vom Gewinn nach Steu-

ern zuzüglich repatriierter Gewinne abzüglich Reinvestitionen. Der reguläre
Steuersatz beträgt 30% des ausschüttungsgleichen Betrages.

Art. 10 Abs. 8 räumt den **USA nunmehr das Recht** ein, mit der Branch Pro-   41
fits Tax **auch deutsche Körperschaften zu belasten,** soweit sie in den USA
eine Betriebsstätte unterhalten oder (auf Nettobasis besteuerte) Einkünfte
aus unbeweglichem Vermögen bzw. Gewinne aus der Veräußerung unbeweglichen Vermögens beziehen. Dabei erfolgt im Art. 10 Abs. 8 für die Definition des sog. „dividend equivalent amount" praktisch eine dynamische Verweisung auf das Recht der Vereinigten Staaten „unter Beachtung künftiger,
seine tragenden Prinzipien wahrenden Änderungen". Die Vereinigten Staaten können also praktisch durch eine Änderung nationalen Rechts die Be-
steuerungsvoraussetzungen modifizieren, ohne durch das Doppelbesteuerungsabkommen gehindert zu sein. Definitiv beschränkt ist demgegenüber
der Steuersatz von 5% (Art. 10 Abs. 9).

Art. 10 Abs. 10 zieht den abkommensrechtlichen Rahmen für den Fall, daß   42
die **Bundesrepublik Deutschland** von ihrem Recht Gebrauch machen sollte,
eine der Branch Profits Tax vergleichbare deutsche Steuer einzuführen.

Nach Art. 10 Abs. 10 ist die **Erhebung** dieser im Art. 10 Abs. 8 Buchst. b als   43
zulässig definierten Steuer nur in gewissen **Grenzen** zulässig.

Dem Grunde nach darf eine solche Steuer erhoben werden, wenn nach deut-   44
schem Steuerrecht der Körperschaftsteuersatz für nicht in der BRD ansässige
Gesellschaften mit Betriebsstätteneinkünften bzw. Einkünften nach Art. 6
oder Art. 13 Abs. 1 den Körperschaftsteuersatz für ausgeschüttete Gewinne
deutscher Gesellschaften nicht um mindestens 5 %-Punkte übersteigt. Ist der
Unterschied zwischen diesen Besteuerungen größer als 5%, ist die Erhebung
einer der BPT vergleichbaren Steuer unzulässig.

Der Höhe nach wird diese Steuer durch Art. 10 Abs. 10 Satz 2 begrenzt. Sie   45
darf höchstens 5 v.H. erreichen. Sollte etwa die Differenz zwischen den in
Abs. 10 Satz 1 beschriebenen Steuersätzen lediglich 3 % betragen, dürften
auch nur diese 3 % einer der BPT entsprechenden Steuer erhoben werden.

Artikel 11

Zinsen

(1) Zinsen, die eine in einem Vertragsstaat ansässige Person als Nutzungsberechtigter bezieht, können nur in diesem Staat besteuert werden.

(2) Der in diesem Artikel verwendete Ausdruck „Zinsen" bedeutet Einkünfte aus Forderungen jeder Art, auch wenn die Forderungen durch Pfandrechte an Grundstücken gesichert sind, und insbesondere Einkünfte aus öffentlichen Anleihen und aus Obligationen einschließlich der damit verbundenen Aufgelder und der Gewinne aus Losanleihen sowie alle sonstigen Einkünfte, die nach dem Steuerrecht des Vertragsstaats, aus dem sie stammen, als Einkünfte aus Darlehen behandelt werden. Zuschläge für verspätete Zahlung gelten nicht als Zinsen im Sinne dieses Abkommens. Der Ausdruck „Zinsen" umfaßt jedoch nicht Einkünfte, die in Artikel 10 (Dividenden) behandelt sind.

(3) Absatz 1 ist nicht anzuwenden, wenn der in einem Vertragsstaat ansässige Nutzungsberechtigte im anderen Vertragsstaat eine gewerbliche Tätigkeit durch eine dort gelegene Betriebsstätte oder eine selbständige Arbeit durch eine dort gelegene feste Einrichtung ausübt und die Forderung, für die die Zinsen gezahlt werden, Betriebsvermögen dieser Betriebsstätte oder festen Einrichtung ist. In diesem Fall ist Artikel 7 (Gewerbliche Gewinne) beziehungsweise Artikel 14 (Selbständige Arbeit) anzuwenden.

(4) Bestehen zwischen dem Schuldner und dem Nutzungsberechtigten oder zwischen jedem von ihnen und einem Dritten besondere Beziehungen und übersteigen deshalb die Zinsen, gemessen an der zugrunde liegenden Forderung, den Betrag, den Schuldner und Nutzungsberechtigter ohne diese Beziehungen vereinbart hätten, so wird dieser Artikel nur auf den letzteren Betrag angewendet. In diesem Fall kann der übersteigende Betrag nach dem Recht eines jeden Vertragsstaats und unter Berücksichtigung der anderen Bestimmungen dieses Abkommens besteuert werden.

(5) Bezieht eine in einem Vertragsstaat ansässige Gesellschaft Gewinne oder Einkünfte aus dem anderen Vertragsstaat, so darf dieser andere Staat die von der Gesellschaft gezahlten Zinsen nicht besteuern, es sei denn, daß diese Zinsen von einer in diesem anderen Staat gelegenen Betriebsstätte dieser Gesellschaft oder aus Einkünften im Sinne von Artikel 10 Absatz 8 Buchstabe a Doppelbuchstabe bb (Dividenden) oder an eine im anderen Staat ansässige Person gezahlt werden oder daß die Forderung, für die die Zinsen gezahlt werden, Betriebsvermögen einer im anderen Staat gelegenen Betriebsstätte oder festen Einrichtung ist.

Protokoll

(11) Zu Artikel 11 (Zinsen)

Bei einer in den Vereinigten Staaten gelegenen Betriebsstätte einer deutschen Gesellschaft ist der Überschuß der bei der Betriebsstätte abzugsfähigen Zinsen über die von ihr tatsächlich gezahlten Zinsen als Zins zu behandeln, der von einer in der Bundesrepublik Deutschland ansässigen Person als Nutzungsberechtigtem bezogen wird.

Inhaltsübersicht

Erläuterungen zu Artikel 11

I. Überblick

Art. 11 enthält die **Zuordnungsnorm** für die Besteuerung von Zinsen, die im Art. 11 Abs. 2 eine Legaldefinition erfahren. Die Regelung entspricht in weiten Teilen der in Art. 11 MA und in Art. VII DBA-USA 1954/65.   1

II. Begriff der „Zinsen"

In Anlehnung an Art. 11 Abs. 3 MA wird der für das DBA maßgebliche Zinsbegriff im Art. 11 Abs. 2 definiert. Zinsen sind danach **Einkünfte aus Forderungen jeder Art**, auch bei dinglicher Besicherung. Erfaßt sind auch Einkünfte aus öffentlichen Anleihen und Obligationen einschließlich der damit verbundenen Aufgelder usw. Entsprechend der Regelung im OECD-MA gelten Zuschläge für verspätete Zahlung nicht als Zinsen im Sinne des Abkommens (Art. 11 Abs. 2 Satz 2).   2

Während Art. 11 Abs. 3 Satz 1 MA Einkünfte aus Forderungen auch dann als „Zinsen" erfaßt, wenn es sich um Forderungen handelt, die mit einer **Beteiligung am Gewinn des Schuldners** ausgestattet sind, ist eine entsprechen-   3

de Formulierung im Art. 11 Abs. 2 nicht vorhanden. Dies ist die notwendige Konsequenz aus der in Art. 10 Abs. 5 vorgenommenen Umqualifikation bestimmter Einkünfte, etwa aus partiarischen Darlehen. Insofern konsequent, ordnet Art. 11 Abs. 2 Satz 3 ausdrücklich an, daß die in Art. 10 als Dividenden behandelten Einkünfte nicht dem Zinsbegriff unterfallen.

III. Zuordnung der Besteuerung

4   Art. 11 Abs. 1 weist – entsprechend der Vorläuferregelung in Art. VII DBA 1954/65 – das alleinige Besteuerungsrecht dem Staat zu, in dem der **Nutzungsberechtigte ansässig** ist. Dabei richtet sich die Ansässigkeit, wie auch sonst, nach Art. 4; der Begriff des Nutzungsberechtigten entspricht dem in Art. 10 verwendeten (vgl. Art. 10 Rz. 12).

IV. Betriebsstättenvorbehalt

5   Nach Art. 11 Abs. 3 wird – in Anlehnung an Art. VII Abs. 4 DBA-USA 1954/65 – der **Zinsartikel suspendiert, wenn** der Nutzungsberechtigte

– im anderen Vertragsstaat eine gewerbliche Tätigkeit durch eine dort gelegene Betriebsstätte ausübt und die Forderung, für die die Zinsen gezahlt werden, Betriebsvermögen dieser Betriebsstätte ist, oder

– der Nutzungsberechtigte seine selbständige Arbeit durch eine im Quellenstaat gelegene feste Einrichtung ausübt und die Forderung Betriebsvermögen dieser festen Einrichtung ist.

Gem. Art. 11 Abs. 3 Satz 2 sind in diesem Fall der Betriebsstättenartikel (Art. 7) bzw. der Artikel über die selbständige Arbeit (Art. 14) anzuwenden.

V. Prüfung der Angemessenheit der Bedingungen

6   Entsprechend Art. VII Abs. 4 DBA-USA 1954/65 sieht Art. 11 Abs. 4 eine sog. Schutzklausel für die Besteuerung der Zinsen vor. Bestehen zwischen Schuldner und Gläubiger, unmittelbar oder über eine dritte Person, „**besondere Beziehungen**", die zur Vereinbarung einer überhöhten Verzinsung geführt haben, so gilt der Zinsartikel nur für den „angemessenen" Zins. Ist ein unangemessener Zins vereinbart, kann nach Art. 11 Abs. 4 Satz 2 der diesen Zins übersteigende Betrag nach dem Recht des betreffenden Quellenstaates entgegen Art. 11 Abs. 1 besteuert werden; auch die steuerliche Behandlung im Ansässigkeitsstaat des Nutzungsberechtigten richtet sich nach dem entsprechenden nationalen Recht.

Beispiel:

Der Zinssatz, der zwischen Nahestehenden vereinbart wurde, übersteigt den angemes-   7
senen Zins um 3 v.H. Der angemessene Zins wird im Quellenstaat nicht besteuert.
Der übersteigende Betrag ist nicht im Quellenstaat freigestellt und kann – wenn das
nationale Steuerrecht eine entsprechende Besteuerung vorsieht – trotz des Art. 11 im
Quellenstaat besteuert werden. Der Ansässigkeitsstaat rechnet die entsprechende Steuer nach Maßgabe des Art. 23 an.

Die **Voraussetzung der „besonderen Beziehung"** ist weit gespannt (vgl. *Korn/*   8
Debatin Art. VII DBA-USA Anm. 5 b). Im Hinblick auf das Moment des
Drittvergleichs kommt es darauf an, ob es zu einer Zinsvereinbarung gekommen ist, die zwischen Dritten nicht oder zu einem niedrigeren Betrag abgeschlossen worden wäre.

Welcher **Zinssatz angemessen** ist, bestimmt sich nach den Umständen des   9
Einzelfalls. Da es hier um die Frage des Besteuerungsrechts des Quellenstaates geht, wird man bei der Prüfung der Angemessenheit auf dessen nationa-
les Steuerrecht abzustellen haben. Dabei ist zu beachten, daß die Prüfung der
Angemessenheit von Unternehmensgewinnen sich nach Art. 9 richtet.

VI. Branch Level Interest Tax

Art. 11 Abs. 5 enthält für Zinszahlungen einer Gesellschaft entsprechend   10
Art. 10 Abs. 7 das **Verbot der exterritorialen Besteuerung.** Aus der Regelung
in Verbindung mit Abs. 1 ergibt sich auch, daß Zinszahlungen einer Gesellschaft eines Vertragsstaates, die einer Betriebsstätte der Gesellschaft im anderen Vertragsstaat zuzurechnen sind, von dem anderen Vertragsstaat nicht
besteuert werden dürfen, wenn der Gläubiger in der BRD ansässig ist.

Neben den Zinszahlungen der Niederlassung einer ausländischen Körper-   11
schaft unterliegt der Branch Level Interest Tax (BLIT) auch der sogenannte
Zinsüberhang. Zu diesem Zinsüberhang kommt es nach den Regelungen in
§ 1.882-5 DRC, wenn die tatsächlich ausgewiesenen Fremdverbindlichkeiten
der US-Betriebsstätte im Verhältnis zu den Verbindlichkeiten des Gesamtunternehmens und der Proportionale niedrig sind. Es kommt also praktisch auf
einen **Kapitalspiegel** an.

Die BLIT erfaßt den Zinsüberhang als **Entgelt für ein fiktives Darlehen,** wel-   12
ches das ausländische Stammhaus der US-Zweigniederlassung gewährt hat.
Die US-Zweigniederlassung gilt in diesem Zusammenhang wiederum als eine rechtlich selbständige US-Körperschaft (vgl. *Jakob,* IWB Fach 8 Gruppe 2 – USA, S. 534). Abschn. 11 des Protokolls stellt klar, daß die BLIT auf
diesen Zinsüberhang nicht erhoben werden kann, und daß die entsprechenden Zahlungen als Zins i. S. d. Art. 11 Abs. 1 in den USA freizustellen sind.

Artikel 12
Lizenzgebühren

(1) Lizenzgebühren, die eine in einem Vertragsstaat ansässige Person als Nutzungsberechtigter bezieht, können nur in diesem Staat besteuert werden.

(2) Der in diesem Artikel verwendete Ausdruck „Lizenzgebühren" bedeutet Vergütungen jeder Art, die für die Benutzung oder für das Recht auf Benutzung von Urheberrechten an literarischen, künstlerischen oder wissenschaftlichen Werken (jedoch ausgenommen kinematographische Filme und Werke auf Film, Tonband oder einem anderen Reproduktionsträger für Rundfunk- und Fernsehsendungen), von Patenten, Warenzeichen, Mustern oder Modellen, Plänen, geheimen Formeln oder Verfahren oder für andere ähnliche Rechte oder Vermögenswerte oder für die Mitteilung gewerblicher, kaufmännischer oder wissenschaftlicher Erfahrungen gezahlt werden. Der Ausdruck „Lizenzgebühren" umfaßt auch Gewinne aus der Veräußerung dieser Rechte oder Vermögenswerte, soweit sie von der Ertragskraft, Nutzung oder der Weiterveräußerung der Rechte oder Vermögenswerte abhängen.

(3) Absatz 1 ist nicht anzuwenden, wenn der in einem Vertragsstaat ansässige Nutzungsberechtigte im anderen Vertragsstaat eine gewerbliche Tätigkeit durch eine dort gelegene Betriebsstätte oder eine selbständige Arbeit durch eine dort gelegene feste Einrichtung ausübt und die Rechte oder Vermögenswerte, für die die Lizenzgebühren gezahlt werden, Betriebsvermögen dieser Betriebsstätte oder festen Einrichtung sind. In diesem Fall ist Artikel 7 (Gewerbliche Gewinne) beziehungsweise Artikel 14 (Selbständige Arbeit) anzuwenden.

(4) Bestehen zwischen dem Schuldner und dem Nutzungsberechtigten oder zwischen jedem von ihnen und einem Dritten besondere Beziehungen und übersteigen deshalb die Lizenzgebühren, gemessen an der zugrunde liegenden Leistung, den Betrag, den Schuldner und Nutzungsberechtigter ohne diese Beziehungen vereinbart hätten, so wird dieser Artikel nur auf den letzteren Betrag angewendet. In diesem Fall kann der übersteigende Betrag nach dem Recht eines jeden Vertragsstaats und unter Berücksichtigung der anderen Bestimmungen dieses Abkommens besteuert werden.

Protokoll

(12) Zu Artikel 12 (Lizenzgebühren)

Wird bei einem in einem Vertragsstaat ansässigen Künstler eine Darbietung im anderen Vertragsstaat aufgezeichnet, hat er ein Recht in bezug auf die

Nutzung der Aufzeichnung und bezieht er dafür ein nach Verkauf oder öffentlicher Aufführung bemessenes Entgelt, so wird das Entgelt nach Maßgabe dieses Artikels behandelt.

Erläuterungen zu Artikel 12

I. Überblick

Art. 12 behandelt die **Zuordnung der Besteuerung bei Lizenzgebühren.** In
Abs. 1 der Vorschrift ist geregelt, daß Lizenzgebühren, die eine in einem Vertragsstaat ansässige Person bezieht, nur im Wohnsitzstaat besteuert werden
dürfen. Was gegenständlich unter dem Begriff „Lizenzgebühr" zu verstehen
ist, ergibt sich aus Abs. 2, während Abs. 4 der Höhe nach bestimmt, inwieweit eine Lizenzgebühr gegeben ist, wenn zwischen Zahlendem und Nutzungsberechtigtem oder diesen und Dritten „besondere Beziehungen" bestehen. Abs. 3 enthält den üblichen „Betriebsstättenvorbehalt".

II. Nutzungsberechtigter

Die Vorschrift behandelt Lizenzgebühren, die eine in einem Vertragsstaat
ansässige Person als Nutzungsberechtigter bezieht. Damit wird der persönliche Geltungsbereich dieser Vorschrift, der zunächst durch eine in einem
Vertragsstaat ansässige Person bestimmt wird, eingeschränkt. Zweck dieser
Einschränkung ist, darauf hinzuwirken, daß die Abkommensvergünstigung
durch Verzicht des Quellenstaates auf Besteuerung nur Abkommensberech-
tigten zugute kommt. Nutzungsberechtigter ist, wem die Einkünfte nach

dem Recht des Quellenstaates steuerlich zuzurechnen sind (vgl. Abschn. 10 des Protokolls und Art. 10 Rz. 13).

III. Quelle der Lizenzzahlungen

3   Abweichend vom OECD-Musterabkommen ist nicht erforderlich, daß die Lizenzgebühren aus Quellen des aus Sicht des Wohnsitzstaates des Empfängers der Lizenzgebühren anderen Staates stammen. Damit sind auch **Lizenzgebühren, die aus dritten Staaten** stammen, in die Regelung einbezogen. Materialrechtlich ergibt sich aus der abweichenden Regelung keine Änderung zum OECD-Musterabkommen, wonach aus Drittstaaten stammende Lizenzgebühren nach Art. 21 ebenfalls nur im Wohnsitzstaat besteuert werden. Die Abweichung, die sich auch im amerikanischen Muster (Art. 12) findet, ist in der amerikanischen Abkommenspolitik begründet. Die USA halten es nicht für zweckmäßig, die Verteilungsnorm von einer Quellenbestimmung abhängig zu machen, die im Abkommen nicht festgelegt und nach dem innerstaatlichen Recht der Staaten unterschiedlich geregelt ist (vgl. *Shannon,* Die DBA der USA, S. 140).

IV. Begriff der Lizenzgebühr

4   Abs. 2 definiert den Begriff der Lizenzgebühr anhand einer **Auflistung** von Bezügen, die unter die Regelung für Lizenzgebühren fallen. Die Lizenzgebühren lassen sich in 4 Gruppen unterteilen: **Vergütungen**

a) für die Benutzung oder das Recht auf Benutzung von Urheberrechten an literarischen, künstlerischen oder wissenschaftlichen Werken wobei kinematographische Filme und Werke auf Film, Tonband oder einem anderen Reproduktionsträger für Rundfunk- und Fernsehsendungen (kinematographische Filme) ausgenommen sind;

b) für die Benutzung oder das Recht auf Benutzung von gewerblichen Schutzrechten in Form von Patenten, Warenzeichen, Mustern oder Modellen, Plänen, Verfahren und ähnlichen Vermögenswerten oder Rechten;

c) für die Mitteilung gewerblicher, kaufmännischer oder wissenschaftlicher Erfahrung (Know-how) und

d) für Gewinne aus der Veräußerung von Vermögenswerten, für die die unter a bis c genannten Vergütungen gezahlt werden.

5   Ergänzend zur Definition des Begriffs der Lizenzgebühren ist in Abschn. 12 des Protokolls ausgeführt, daß auch Vergütungen unter diesen Begriff fallen, die ein **Künstler** aus der Aufzeichnung einer musikalischen Darbietung und

dem Verkauf von Schallplatten erhält, wenn sich der Künstler die Zahlung
von Lizenzgebühren für den Verkauf und/oder das öffentliche Abspielen
der Schallplatten vertraglich ausbedungen hat. Diese Auffassung entspricht
der, wie die in Tz. 13 des Kommentars zu Art. 12 des OECD-Musterabkommens dargelegt ist. Damit ist die Abgrenzungsfrage zwischen der Qualifikation der Einkünfte als solche aus unselbständiger Arbeit zugunsten der Ein-
stufung als Lizenzgebühr entschieden.

V. Abweichungen zum Lizenzgebührenbegriff des OECD-Muster-
abkommens

1. Kinematographische Filme

Der Katalog der Vergütungen, die als Lizenzgebühren behandelt werden, ent-   6
spricht dem des OECD-Musterabkommens, mit der Ausnahme, daß Vergütungen für kinematographische Filme aus dem Lizenzbegriff ausdrücklich
ausgenommen sind. Diese **Vergütungen gelten als gewerbliche Gewinne**
i. S. d. Art. 7. Die Abweichung entspricht amerikanischer Abkommenspolitik. Abweichend vom OECD-Muster und den deutschen Abkommen, sehen
amerikanische Abkommen oft eine eingeschränkte Besteuerung der Lizenzgebühren im Quellenstaat vor (vgl. *Shannon,* Die DBA der USA, S. 132). Um
zu vermeiden, daß in diesen Fällen bei einem Quellensteuerabzug vom Brut-
toertrag Kosten nicht gegengerechnet werden können, sind die Lizenzgebühren für die Benutzung oder das Recht auf Benutzung kinematographischer
Filme in der Vorschrift über die gewerblichen Gewinne angesiedelt (vgl. US-
Muster Art. 7 Abs. 7). Damit wird nach dem Nettoprinzip, also nach Abzug
der mit den Lizenzgebühren in Zusammenhang stehenden Kosten besteuert.

Da nach dem revidierten deutsch-amerikanischen Abkommen Lizenzgebüh-   7
ren für die Benutzung oder das Recht auf Nutzung kinematographischer
Filme auch dann, wenn sie unter dem Lizenzartikel erfaßt werden, im Quellenstaat nur besteuert werden dürfen, wenn sie einer **Betriebsstätte zuzurechnen** sind, ergibt sich aus der Ansiedelung in dem Artikel über die gewerblichen Gewinne weder eine Änderung der Besteuerungsbefugnis noch
der Besteuerungsart.

2. Gewerbliche, kaufmännische oder wissenschaftliche Ausrüstung

Eine weitere Ausnahme gegenüber dem OECD-Musterabkommen ist, daß   8
Vergütungen für die Benutzung oder das Recht auf Benutzung gewerblicher,
kaufmännischer oder wissenschaftlicher Ausrüstungen nicht unter den Begriff der Lizenzgebühr fallen. Diese Vergütungen sind **unter dem Begriff der
„beweglichen Sachen"** i. S. d. Art. 7 Abs. 7 zu erfassen. Für die Ansiedelung

in dem Artikel über die gewerblichen Gewinne gelten die Ausführungen unter Rz. 6, die die Unterstellung der Vergütungen für die Benutzung oder das Recht auf Benutzung kinematographischer Filme unter den Artikel über die gewerblichen Gewinne betreffen.

VI. Veräußerungsgewinne

9 Abweichend zum OECD-Musterabkommen werden Gewinne aus der Veräußerung der in Abs. 2 Satz 1 genannten Rechte oder Vermögensrechte ausdrücklich in den Lizenzartikel aufgenommen, soweit sie von der Ertragskraft, Nutzung oder der Weiterveräußerung der Rechte oder Vermögenswerte abhängen. Veräußerungsgewinne wurden bereits nach dem bisherigen Abkommen unter dem Lizenzartikel erfaßt. Damit werden **Abgrenzungsschwierigkeiten** zwischen der Einordnung als Lizenz oder Veräußerungsgewinn **vermieden**. Gegenüber der bisherigen Fassung kommt nunmehr klarer zum Ausdruck, daß an Gewinne gedacht ist, die den Lizenzgebühren gleichgestellt werden sollen, nicht aber an Gewinne aus der Veräußerung von Rechten oder Vermögenswerten, aus denen tatsächlich Lizenzgebühren erzielt werden.

10 Wird nur der Anspruch auf Lizenzgebühr **ohne das dazugehörige Stammrecht veräußert**, bleibt der Artikel auf den Lizenzgeber anwendbar, während dem Erwerber des Lizenzgebührenanspruchs kein Entlastungsanspruch zusteht.

VII. „Betriebsstättenvorbehalt"

11 Abs. 3 regelt abweichend von der Besteuerungsrechtszuordnung in Abs. 1, daß der Quellenstaat Lizenzgebühren besteuern darf, wenn der in dem anderen Vertragsstaat ansässige Nutzungsberechtigte eine **Betriebsstätte im Quellenstaat** unterhält, und die Rechte oder Vermögenswerte, für die die Lizenzgebühren gezahlt werden, tatsächlich zum Betriebsvermögen dieser Betriebsstätte gehören.

12 **Neu gegenüber dem bisherigen Abkommen** ist, daß der Vorbehalt zugunsten des Besteuerungsrechts des Quellenstaates auf Fälle ausgedehnt ist, in denen im Quellenstaat eine feste Einrichtung zur Ausübung einer selbständigen Arbeit unterhalten wird.

13 Der Betriebsstättenvorbehalt greift nur dann, wenn Vergütungen für Rechte und Vermögenswerte gezahlt werden, die tatsächlich **zum Vermögen einer Betriebsstätte oder festen Einrichtung gehören**. Die eingeschränkte Attrakti-

vität der Betriebsstätte, wie sie nach dem bisherigen Abkommen gegeben war, ist entfallen. Danach entfiel die Befreiung im Quellenstaat auch dann, wenn die Vergütungen für Rechte oder Vermögenswerte gezahlt wurden, die nicht zum Vermögen der Betriebsstätte gehörten, aber aus sogenannten Direktgeschäften des ausländischen Stammhauses erzielt wurden, die von gleicher Art waren wie die Geschäfte der Betriebsstätte.

VIII. Angemessenheit der Lizenzgebühr

Abs. 4 schränkt den Anwendungsbereich der Vorschrift für den Fall ein, daß zwischen Schuldner und Nutzungsberechtigtem oder zwischen jedem von ihnen und einem Dritten **besondere Beziehungen** bestehen, die ursächlich sind für die **Vereinbarung einer höheren Lizenzgebühr**. In diesem Fall wird die Vorschrift über die Besteuerung von Lizenzgebühren nur soweit angewandt, als die vereinbarte Lizenzgebühr der entspricht, wie sie ohne diese Beziehung vereinbart worden wäre. Der übersteigende Betrag ist nach dem innerstaatlichen Recht jedes Vertragsstaates und unter Berücksichtigung der übrigen Bestimmungen des Abkommens zu behandeln. 14

Diese Regelung zielt auf Fälle, in denen das Rechtsverhältnis als solches anzuerkennen ist und lediglich die **Höhe der vereinbarten Gebühr in Frage gestellt** ist, nicht aber auf solche, in denen das Rechtsverhältnis als solches unabhängig von der Höhe der Lizenzgebühr nicht anerkannt wird (vgl. *Debatin/Walter*, DBA USA, Art. VIII Rz. 80). 15

Der **Begriff der „besonderen Beziehungen"** ist weiter als der der gesellschaftsrechtlichen Verbundenheit. Er umfaßt neben kapitalmäßigen und wirtschaftlichen Beziehungen beispielsweise auch solche persönlicher Art. 16

Die **Angemessenheit von Lizenzgebühren** wird an den innerstaatlichen Rechtsvorschriften der Vertragsstaaten gemessen. 17

Artikel 13

Veräußerungsgewinne

(1) Gewinne, die eine in einem Vertragsstaat ansässige Person aus der Veräußerung unbeweglichen Vermögens im Sinne des Artikels 6 (Einkünfte aus unbeweglichem Vermögen) bezieht, das im anderen Vertragsstaat liegt, können im anderen Staat besteuert werden.

(2) Im Sinne dieses Artikels umfaßt der Ausdruck „unbewegliches Vermögen, das im anderen Vertragsstaat liegt",

a) unbewegliches Vermögen im Sinne des Artikels 6 (Einkünfte aus unbeweglichem Vermögen); und

b) Anteile oder vergleichbare Beteiligungen an einer Gesellschaft, die in diesem anderen Vertragsstaat ansässig ist oder als dort ansässig behandelt wird und deren Vermögen ganz oder überwiegend aus im anderen Vertragsstaat gelegenem unbeweglichem Vermögen besteht oder bestand, und Beteiligungen an einer Personengesellschaft, einem Treuhandvermögen (trust) oder einem Nachlaß (estate), soweit deren Vermögen aus im anderen Vertragsstaat gelegenem unbeweglichem Vermögen besteht.

(3) Gewinne aus der Veräußerung beweglichen Vermögens, das Betriebsvermögen einer Betriebsstätte, die ein Unternehmen eines Vertragsstaats im anderen Vertragsstaat hat, oder einer festen Einrichtung ist, die einer in einem Vertragsstaat ansässigen Person für die Ausübung einer selbständigen Arbeit im anderen Vertragsstaat zur Verfügung steht, einschließlich derartiger Gewinne, die bei der Veräußerung einer solchen Betriebsstätte (allein oder mit dem übrigen Unternehmen) oder einer solchen festen Einrichtung erzielt werden, können im anderen Staat besteuert werden.

(4) Gewinne aus der Veräußerung von Seeschiffen, Luftfahrzeugen oder Containern, die im internationalen Verkehr betrieben werden, und von beweglichem Vermögen, das dem Betrieb dieser Schiffe, Luftfahrzeuge oder Container dient, können nur in dem Vertragsstaat besteuert werden, in dem die Gewinne des Unternehmens, das diese Einkünfte bezieht, gemäß Artikel 8 (Seeschiffahrt und Luftfahrt) besteuert werden können.

(5) Gewinne aus der Veräußerung des in den vorhergehenden Absätzen nicht genannten Vermögens können nur in dem Vertragsstaat besteuert werden, in dem der Veräußerer ansässig ist.

(6) Im Fall einer natürlichen Person, die in einem Vertragsstaat ansässig war und die nach ihrem Wegzug aus diesem Staat im anderen Vertragsstaat nach Artikel 4 (Ansässigkeit) ansässig geworden ist, berührt Absatz 5 nicht das Recht des erstgenannten Staates, nach seinen innerstaatlichen Rechtsvor-

schriften die Person mit dem Gewinn aus der Veräußerung von Anteilen jeder Art zu besteuern, die zu einer Beteiligung von mindestens 25 vom Hundert an einer im erstgenannten Staat ansässigen Gesellschaft gehören, vorausgesetzt die Veräußerung erfolgt innerhalb von zehn Jahren seit dem Zeitpunkt des Wegzugs. Die nach dem vorhergehenden Satz zu besteuernden Gewinne sind begrenzt auf die Gewinne, die innerhalb des Zeitraums entstanden sind, in dem die Person im erstgenannten Staat ansässig war. Der andere Vertragsstaat berechnet im Fall einer dem Wegzug folgenden Veräußerung den Veräußerungsgewinn auf der Grundlage des Wertes dieser Anteile im Zeitpunkt des Wegzugs der Person aus dem erstgenannten Staat; er kann hierbei jedoch Gewinne erfassen, die bis zu diesem Zeitpunkt entstanden und im erstgenannten Staat nicht besteuert worden sind.

Protokoll

(13) Zu Artikel 13 Absatz 2 (Veräußerungsgewinne)

Der Ausdruck „unbewegliches Vermögen, das im anderen Vertragsstaat liegt" im Sinne dieses Absatzes umfaßt, wenn es sich bei dem anderen Vertragsstaat um die Vereinigten Staaten handelt, ein „real property interest" nach dem Recht der Vereinigten Staaten.

(14) Zu Artikel 13 Absatz 3 (Veräußerungsgewinne)

Dieser Artikel ist nicht so auszulegen, als verhindere er die Behandlung von Gewinnen als Veräußerungsgewinn im Sinne von Absatz 3, wenn der Gewinn durch eine in einem Vertragsstaat ansässige Person aus der Veräußerung einer Beteiligung an einer Personengesellschaft, einem Treuhandvermögen (trust) oder einem Nachlaß (estate) erzielt wird, welche(r) eine im anderen Vertragsstaat gelegene Betriebsstätte hat.

Erläuterungen zu Artikel 13

I. Überblick

1   1. Die Vorschrift des Art. 13 befaßt sich mit der Zuordnung der Besteuerung für Gewinne, die von einem Steuerpflichtigen anläßlich der **Veräußerung eines Vermögensgegenstandes** erzielt werden. Damit kommt diesem Artikel eine zentrale Bedeutung neben den die Zuordnung der Besteuerung laufender Einkünfte regelnden Abkommensvorschriften zu. Dies findet auch darin seinen Niederschlag, daß die Vorschrift nach den die laufende Besteuerung der Einkünfte aus Vermögenswerten (unbewegliches Vermögen, Betriebsstättenvermögen, Seeschiffe und Luftfahrzeuge, Anteilsrechte, Forderungsrechte und Schutzrechte) und vor den Artikeln, die sich mit den Einkünften aus persönlichen Dienstleistungen befassen, in das Abkommen eingestellt ist.

2   In seinem **Aufbau** folgt Art. 13 der bekannten Vertragsrechtspraxis, wie sie insbesondere durch das OECD-Musterabkommen vorgezeichnet ist. Abs. 1, 3, 4 und 5 sind im wesentlichen identisch mit den Abs. 1 bis 4 des Art. 13 MA. Wesentliche Abweichung gegenüber Art. 13 Abs. 3 MA ist insoweit (Art. 13 Abs. 4) die Aufnahme der Gewinne aus der Veräußerung von Containern, die im internationalen Verkehr betrieben werden, und von zum Betrieb solcher Container erforderlichen beweglichen Vermögens.

3   **Art. 13 Abs. 1** befaßt sich mit der Zuordnung der Besteuerung der Gewinne aus der Veräußerung unbeweglichen Vermögens und bildet somit die komplementäre Vorschrift zu Art. 6, der die laufenden Einkünfte aus unbeweglichem Vermögen behandelt.

4   In **Abs. 2** findet sich eine Definition für Zwecke des Art. 13, was unter dem Ausdruck „unbewegliches Vermögen, das im anderen Vertragsstaat liegt", zu verstehen ist.

5   **Abs. 3** regelt die Besteuerungszuordnung der Gewinne aus der Veräußerung von Betriebsstättenvermögen sowie von Vermögen, das einer für die Ausübung selbständiger Arbeit dienenden festen Einrichtung zur Verfügung steht, einschließlich der Gewinne aus der Gesamt- oder Teilveräußerung der Betriebsstätte oder festen Einrichtung selbst. Abs. 3 steht damit in Zusammenhang mit Art. 7 und Art. 14.

6   **Abs. 4** befaßt sich mit den Veräußerungsgewinnen bei Seeschiffen, Luftfahrzeugen oder Containern, die im internationalen Verkehr betrieben werden, und von beweglichem Vermögen, das dem Betrieb dieser Seeschiffe, Luftfahrzeuge oder Container dient, und ist als Ergänzung zu Art. 8 zu sehen.

Abs. 5 regelt die Besteuerung des in den vorhergehenden Absätzen nicht ge-   7
nannten Vermögens.

Abs. 6 schließlich behandelt die Veräußerungsgewinnbesteuerung auf be-   8
stimmte Anteile nach Wegzug einer natürlichen Person aus einem Vertragsstaat in den anderen Vertragsstaat und enthält eine Regelung, wonach die
Wertansätze abzustimmen bzw. anzugleichen sind.

Insgesamt befaßt sich Art. 13 nur mit der Besteuerungszuordnung zu entwe-   9
der dem Quellenstaat oder dem Ansässigkeitsstaat. In welcher Form eine
aufgrund der Zuordnung verbleibende Doppelbesteuerung zu vermeiden ist,
folgt auch hier aus Art. 23.

2. Von entscheidender Bedeutung für das Abkommen sind die **neu eingefüg-**   10
ten Abs. 2 und 6.

Vordergründig könnte Abs. 2 als eine Ergänzung zu Abs. 1 gesehen werden,   11
indem Abs. 2 eine Definition des Ausdrucks „unbewegliches Vermögen, das
im anderen Vertragsstaat liegt", enthält. Tatsächlich führt aber Abs. 2 die Besteuerung der **Gewinne aus der Veräußerung von Anteilen an einer Grund-**
stücksgesellschaft in das Abkommen ein. Neben dem Abkommen mit Kanada, für das erstmalig die deutsche Seite der Aufnahme einer solchen Vorschrift in das Abkommen zustimmte, enthält somit nun auch das Abkommen mit den USA eine entsprechende Regelung (in modifizierter Form enthalten die Abkommen mit Finnland von 1979 – Art. 13 Abs. 2 i. V. m. Art. 6
Abs. 4 – und mit Neuseeland – Abschn. 5 des Protokolls zu Art. 13 – eine
vergleichbare Regelung). Damit ist es den Amerikanern gelungen, ihre seit
1980 bestehende innerstaatliche Rechtslage in das Abkommen umzusetzen.
Diese neue Abkommensvorschrift ist zusammen mit einer Modifizierung im
Bereich des Art. 23 – Vermeidung der Doppelbesteuerung – zu sehen, indem
in bestimmten Fällen auf deutscher Seite nicht die Freistellungsmethode,
sondern die Anrechnungsmethode bei Gewinnen aus der Veräußerung unbeweglichen Vermögens angewandt wird. Sie wird sicherlich Auswirkungen
auf die steuerliche Behandlung von Grundstücksinvestitionen insbesondere
von der Bundesrepublik Deutschland aus in die USA haben, aber wohl auch
in umgekehrter Richtung.

Ebenfalls von erheblicher Bedeutung ist die neu eingefügte Vorschrift des   12
Abs. 6, die einen Vorläufer in Art. 13 Abs. 5 DBA Deutschland-Schweiz von
1971 bzw. in Art. 13 Abs. 6 DBA Deutschland-Kanada von 1981 findet. Mit
Abs. 6 hat die deutsche Seite die Vorschrift des § 6 AStG **in modifizierter**
Form in das Abkommen eingebracht. Die Vorschrift gestattet ein nachklap-
pendes Besteuerungsrecht und enthält eine Angleichung des Wertansatzes.
Sie gilt in beide Richtungen, d. h. sowohl bei Wegzug von der Bundesrepu-
blik Deutschland in die Vereinigten Staaten als auch umgekehrt bei Wegzug

von den Vereinigten Staaten in die Bundesrepublik Deutschland. Praktische
Bedeutung wird sie aber primär im erstgenannten Fall haben.

II. Unbewegliches Vermögen

13   1. In Anlehnung an die internationale Vertragspraxis, wonach den Gewinn
aus der Veräußerung eines Vermögensgegenstandes grundsätzlich der Staat
besteuern darf, der auch das Besteuerungsrecht für die aus dem Vermögensgegenstand vor der Veräußerung erzielten laufenden Einkünfte hatte, regelt
Abs. 1, daß die aus der Veräußerung unbeweglichen Vermögens erzielten Gewinne im **Belegenheitsstaat** besteuert werden können. Art. 13 Abs. 1 ist daher die komplementäre Vorschrift zu Art. 6 und statuiert auch für die Veräußerungsgewinne bei unbeweglichem Vermögen das Belegenheitsprinzip.

14   2. Den **Begriff „Veräußerungsgewinn"** definiert das Abkommen selbst nicht.
In Anlehnung an das OECD-Musterabkommen (Art. 13, Kommentar zu
Art. 13 Tz. 5) sollen mit der Verwendung der Worte „Veräußerung von Vermögen" insbesondere die Gewinne aus dem Verkauf oder dem Tausch –
auch aus einer Teilveräußerung – von Vermögenswerten, der Enteignung,
der Einbringung in eine Gesellschaft, dem Verkauf von Rechten, der unent-
geltlichen Übertragung und dem Übergang von Todes wegen erfaßt werden.
Daraus folgt für die Abkommensanwendung, daß grundsätzlich jede Veräußerung eines Vermögensgegenstandes unter den Begriff „Veräußerung von
Vermögen" zu fassen ist, wobei allerdings die Regelungen des jeweiligen innerstaatlichen Rechts zu berücksichtigen sind. Da das Abkommen nur eine
Zuordnung von Besteuerungsrechten vornimmt, ohne selbst dieses Besteuerungsrecht zu statuieren, bleibt es dem Recht der beiden Vertragsstaaten
überlassen, ob und in welchem Umfang sie ihr nach dem Abkommen zuge-
wiesenes Besteuerungsrecht, etwa bei Spekulationsgewinnen, nutzen und
ausfüllen.

15   Ebenfalls keine Aussage enthält das Abkommen zu der Frage, wie der jeweilige Veräußerungsgewinn zu ermitteln ist, welche **Bemessungsgrundlage** für
die Ermittlung des Veräußerungsgewinns heranzuziehen ist, ob und ggf. in
welchem Umfang Abschreibungen wieder hinzuzurechnen sind, und ob und
in welchem Umfang Währungsschwankungen zu berücksichtigen sind. Diese Probleme sind ebenfalls unter Rückgriff auf das innerstaatliche Recht zu
lösen. In Konfliktfällen, in denen es zu einer definitiven Doppelbesteuerung
kommt, ist eine Klärung über Art. 25 – Verständigungsverfahren – zu su-
chen.

16   In Art. 13 Abs. 1 ist auch nicht geregelt, wie sich die **Besteuerung im Wohnsitzstaat** darstellt, nachdem dem **Belegenheitsstaat** ein Besteuerungsrecht zu-

erkannt wird. Die Verwendung des Wortes „können" ohne das Wort „nur" zeigt, daß neben dem Belegenheitsstaat auch der Wohnsitzstaat besteuern darf. Auch hier gilt, daß die Doppelbesteuerung über Art. 23 auszugleichen ist.

Der **Begriff „Person"** ergibt sich aus Art. 3 Abs. 1 d (vgl. Art. 3 Rz. 8 ff.), ihre   17
Ansässigkeit bestimmt sich nach Art. 4.

Der **Begriff „unbewegliches Vermögen, das im anderen Vertragsstaat liegt"**   18
wird in Art. 13 Abs. 1 durch Verweis auf Art. 6 – Einkünfte aus unbeweglichem Vermögen – definiert. Dies entspricht inhaltlich und wörtlich der
Vorschrift des Art. 13 Abs. 1 MA.

Weiterhin findet sich die **Bezugnahme auf die Definition des Art. 6** in   19
Art. 13 Abs. 2 a. Dieser Wiederholung kommt inhaltlich keine Bedeutung
zu; sie beruht offensichtlich auf einem Versehen und erklärt sich aus dem
Bemühen, im Abs. 2 eine spezielle Definition des Begriffs für Zwecke des
Art. 13 zu schaffen. Damit wäre freilich der Verweis im Abs. 1 entbehrlich
gewesen.

Aufgrund der Bezugnahme auf Art. 6 gilt, daß auch für Art. 13 der Ausdruck   20
„unbewegliches Vermögen" die Bedeutung hat, die ihm nach dem **Recht des
Vertragsstaates** zukommt, **in dem das Vermögen liegt** (Art. 6 Abs. 2 Satz 1).
Ob unbewegliches Vermögen gegeben ist, richtet sich somit nach den zivilrechtlichen Vorschriften des jeweiligen Vertragsstaates (vgl. Art. 6 Rz. 3).

Des weiteren gilt auch für Art. 13 über Art. 6 Abs. 4, daß unbewegliches Ver-   21
mögen, das als **Betriebsvermögen** einem Unternehmen oder einer selbständig
tätigen Person gehört, im Belegenheitsstaat mit den bei Veräußerung erzielten Gewinnen zu besteuern ist, auch wenn im Belegenheitsstaat keine Betriebsstätte oder eine der Ausübung der selbständigen Tätigkeit dienende
feste Einrichtung vorhanden ist. Der Vorrang des Art. 6 zu Art. 7 bzw.
Art. 14 wirkt sich damit folgerichtig auf Art. 13 aus.

Zu dem unbeweglichen Vermögen rechnet auch das **Umlaufvermögen** eines   22
Unternehmens, so daß Art. 13 Abs. 1 auch auf Gewinne aus der Veräußerung von Umlaufvermögen (z. B. bei einer Bauträgergesellschaft der Verkauf
von errichteten Wohnungen oder Häusern) anzuwenden ist (*Vogel*, a. a. O.,
Art. 13 Tz. 32).

3. Neben der Verweisung in Art. 13 auf Art. 6 ist zu der Frage, was unter   23
dem Ausdruck „unbewegliches Vermögen, das im anderen Vertragsstaat
liegt", das **Protokoll** Abschn. 13 zu berücksichtigen. In Abschn. 13 haben
sich die Vertragsparteien darauf verständigt, daß der **Ausdruck „unbewegliches Vermögen, das im anderen Vertragsstaat liegt"**, i. S. d. Abs. 2 ein Real
Property Interest nach dem Recht der Vereinigten Staaten umfaßt, wenn es

sich bei dem „anderen Vertragsstaat" um die Vereinigten Staaten handelt. Damit hat im Sinne einer Verstärkung und Untermauerung der Regelung in Art. 2 b die amerikanische Vertragsseite ihre innerstaatlichen Rechtsvorstellungen zu den steuerlichen Behandlungen von Grundstücksrechten und insbesondere auch von Grundstücksgesellschaften in das Abkommen eingebracht.

24 a) Die US-Amerikaner haben im Jahr 1980 mit dem **Foreign Investment Real Property Tax Act** – FIRPTA (Titel XI, Subtitle C, Omnibus Reconciliation Act of 1980, P.L. 96–499) (Steuergesetz 1980 betreffend Ausländische Investitionen in Grundvermögen) ein Gesetz geschaffen, das die steuerliche Behandlung ausländischer Investoren in US-Grundvermögen der steuerlichen Behandlung von US-Amerikanern gleichgestellt hat. Vor dem Inkrafttreten von FIRPTA bestanden verschiedene Gestaltungsmöglichkeiten für ausländische Investoren, ihr US-Grundvermögen ohne oder mit nur einer geringen US-Ertragsteuerbelastung zu veräußern. Dies galt sowohl bei unmittelbar als auch bei mittelbar gehaltenen Eigentumsrechten, also auch, wenn z. B. eine US-Kapitalgesellschaft zwischen den Investor und das US-Grundvermögen geschaltet wurde. Zielsetzung von FIRPTA war, den Gestaltungsmöglichkeiten die steuerliche Effizienz zu nehmen.

25 Im Zusammenhang mit FIRPTA und der insoweit einschlägigen Vorschrift des § 897 Internal Revenue Code – IRC – ist der Ausdruck US Real Property Interest zu sehen.

26 b) Nach § 897 [c] [1] [A] IRC umfaßt der Ausdruck **US Real Property Interest** (Eigentumsrecht an US-Grundvermögen) alle direkten und indirekten Eigentumsrechte an Grundvermögen, das in den USA oder den Virgin Islands belegen ist. Unerheblich ist, ob das Grundvermögen für gewerbliche oder private Zwecke oder als Investitionsanlage gehalten wird. Neben den Eigentumsrechten am Grundvermögen erstreckt sich das US Real Property Interest z. B. auch auf einen Anteil an einer Öl- oder Gasquelle oder einem sonstigen Vorkommen von Naturschätzen (Kohle, Metalle etc.), wobei hierzu nicht nur unmittelbare Eigentumsrechte sondern auch Nutzungsrechte (royalty rights) zählen. Auch Miteigentumsrechte (ownership rights) aufgrund von Gesamt- oder Bruchteilseigentum an Grundstücken und Gebäuden sowie Erbbaurechte und auch Vorkaufsrechte rechnen zu den Eigentumsrechten an US-Grundvermögen. Neben dem somit sehr weitgefaßten Ausdruck „Eigentumsrechte an US-Grundvermögen" sieht FIRPTA auch für den Begriff „Grundvermögen" (real property) eine weite Anwendung vor. So umfaßt dieser Begriff z. B. bewegliche Wandelemente, Einbauten und sonstige (auch bewegliche) Vermögensgegenstände, die mit der Nutzung des Grundvermögens unmittelbar verknüpft sind (§ 897 [c][6][B] IRC).

Der Ausdruck US Real Property Interest erstreckt sich aber nicht nur auf   27
direkte Eigentumsrechte, sondern umfaßt auch – und darin liegt die Bedeutung für das Abkommen – die **Beteiligung an einer US-Kapitalgesellschaft**
oder an einer Personengesellschaft, einem Treuhandvermögen (trust) oder einem Nachlaß (estate), die wiederum US-Vermögen halten. Bei den drei letztgenannten Rechtsformen ist es unerheblich, ob es sich um eine nach US-
Recht oder nach einem anderen Recht gegründete Personengesellschaft,
Treuhandvermögen oder Nachlaß handelt.

Damit gilt: **Als ein US Real Property Interest qualifiziert sich**   28
– das direkte Eigentumsrecht eines Ausländers an US-Grundvermögen
  (§ 897 [c][1][A][i] IRC)
– die Beteiligung eines Ausländers an einer US-Kapitalgesellschaft, die US-
  Grundvermögen besitzt und sich als US-Grundstücksgesellschaft qualifiziert (§ 897 [c][1][A][ii] IRC)
– die Beteiligung eines Ausländers an einer US- oder ausländischen Personengesellschaft, einem Treuhandvermögen oder einem Nachlaß, die direkt US-Grundvermögen besitzen oder eine Beteiligung an einer US-
  Grundstücksgesellschaft halten (zu § 897 Richtlinien § 6 a 897-1[e]).

FIRPTA unterwirft die Veräußerung eines US-Eigentumsrechts der US-Ein-   29
kommensbesteuerung. Dabei ist auch hier der **Begriff „Veräußerung"** sehr
weit zu verstehen und umfaßt jede Übertragung eines solchen Eigentumsrechtes aufgrund einer Aufgabe der Verfügungsmöglichkeiten gegen ein Entgelt einschließlich Tausch oder Einbringung in eine Kapitalgesellschaft gegen
Gewährung von Gesellschaftsrechten.

c) Eine US-Kapitalgesellschaft qualifiziert sich dann als US-Grundstücksge-   30
sellschaft, wenn ihre **Eigentumsrechte an US-Grundvermögen** mindestens
50 % des Verkehrswertes ihrer gesamten, in den USA oder außerhalb gelegenen Eigentumsrechte an Grundvermögen, zuzüglich ihrer gesamten sonstigen Vermögenswerte, die für ihre unternehmerischen Zwecke (trade or business) genutzt werden, ausmachen. Dabei ist auf das laufende Jahr, in dem die
Veräußerung des US-Eigentumsrechtes erfolgt, und auf die vier vorangegan-
genen Jahre abzustellen. Sofern während dieses 5-Jahres-Zeitraumes die Qualifikation als US-Grundstücksgesellschaft nicht erfüllt war, unterbleibt die
steuerliche Erfassung eines Veräußerungsgewinns aus US-steuerlicher Sicht.

Alternativ gilt nach den zu § 897 IRC erlassenen Richtlinien, daß eine US-   31
Kapitalgesellschaft dann **nicht als US-Grundstücksgesellschaft angesehen**
wird, wenn während des gleichen 5-Jahres-Zeitraumes der Buchwert der Eigentumsrechte an US-Grundvermögen nicht mehr als 25 % der Buchwerte
des Brutto-Betriebsvermögens der Gesellschaft betrug (Reg. 1.897-2).

32 Zu den **Eigentumsrechten an US-Grundvermögen** rechnen insoweit auch

- Anteile an einer US-Kapitalgesellschaft, die sich als US-Grundstücksgesellschaft qualifiziert, sowie

- Anteile an einer US-Kapitalgesellschaft, die wiederum an einer außerhalb der USA errichteten Kapitalgesellschaft beteiligt ist, die als US-Grundstücksgesellschaft anzusehen wäre, wenn es sich um eine US-Kapitalgesellschaft handelte, d. h. die auch Eigentumsrechte an US-Grundvermögen hält.

33 Damit können auch über einen **mehrstöckigen Gesellschaftsaufbau,** bei der die Obergesellschaft eine US-Kapitalgesellschaft ist, die sich aus einer US-Grundstücksgesellschaft ergebenden US-steuerlichen Folgen nicht vermieden werden.

34 Ebenfalls rechnen zu den Eigentumsrechten an US-Grundvermögen einer US-Grundstückskapitalgesellschaft die über eine Personengesellschaft, ein Treuhandvermögen oder einen Nachlaß, bei denen die US-Kapitalgesellschaft als Mitgesellschafter oder Begünstigter beteiligt ist, **vermittelten Anteile** an einem Eigentumsrecht an US-Grundvermögen, einschließlich der anteiligen Beteiligung an einer US-Grundstücksgesellschaft.

35 Eine **US-Kapitalgesellschaft qualifiziert sich dann nicht als US-Grundstücksgesellschaft,** auch wenn sie die quantitativen und zeitlichen Voraussetzungen erfüllt, wenn

- es sich um eine als **Real Estate Investment Trust** (REIT) anzusehende US-Kapitalgesellschaft handelt, deren Anteile zu weniger als 50% während des fraglichen Qualifikationszeitraumes von 5 Jahren von Ausländern gehalten werden;

- die Anteile an der US-Grundstücksgesellschaft regelmäßig **an einer anerkannten Börse gehandelt** werden und der Ausländer von diesen Anteilen zu keinem Zeitpunkt mehr als 5% hielt.

36 d) Für eine **nicht nach US-Recht errichtete Kapitalgesellschaft** kommt in keinem Fall eine Qualifikation als US-Grundstücksgesellschaft in Betracht, unabhängig von der Höhe ihrer Eigentumsrechte in US-Grundvermögen. Für diese abweichende Behandlung einer ausländischen Kapitalgesellschaft im Vergleich zu einer US-Kapitalgesellschaft hat sich die amerikanische Seite u. a. wohl auch aus Gründen der Nachvollziehbarkeit und Praktikabilität entschieden. Die Übertragung von Anteilen an einer nicht-amerikanischen Kapitalgesellschaft läßt sich durch die US-Finanzverwaltung nicht nachvollziehen und überprüfen, so daß eine Behandlung von Anteilen an einer ausländischen Kapitalgesellschaft mit Eigentumsrechten an US-Grundvermögen als Anteile an einer US-Grundstücksgesellschaft nicht möglich ist.

Anders dagegen ist die **Behandlung einer Personengesellschaft** und entspre-   37
chend eines Treuhandvermögens oder Nachlasses. Da grundsätzlich auch in
den USA eine Personengesellschaft als eine transparente Rechtsform angesehen wird, d. h. die Vermögenswerte der Personengesellschaft werden im Ergebnis anteilig den Gesellschaftern zugerechnet, sind keine rechtlichen Hin-
dernisse ersichtlich, die Übertragung eines Anteils an einer Personengesellschaft, die ein Eigentumsrecht an US-Grundvermögen hält, als anteilige
Übertragung des Eigentumsrechtes zu behandeln. Aufgrund von FIRPTA
(§ 897 [g] IRC) gilt sowohl für natürliche als auch für juristische ausländische
Personen die Übertragung eines Anteils an einer Personengesellschaft, die
ein Eigentumsrecht an US-Grundvermögen einschließlich einer Beteiligung
an einer US-Grundstückskapitalgesellschaft hält, als Übertragung eines
Eigentumsrechts an US-Grundvermögen, d. h., der veräußernde Gesellschafter wird insoweit als in den USA aktiv gewerblich tätig angesehen (actively
engaged in a US trade or business). Entsprechendes gilt für die Übertragung
eines Anteils an einem Treuhandvermögen mit einem Eigentumsrecht an
US-Grundvermögen.

e) Seit 1980 unterliegt somit ein ausländischer Investor, der ein Eigentums-   38
recht an US-Grundvermögen veräußert, mit dem daraus erzielten Gewinn
der regulären US-Besteuerung. Der ausländische Investor muß eine **US-Steuererklärung** abgeben, aus der sich der Gewinn und die darauf entfallende
US-Einkommensteuer ergeben. Entsprechendes gilt natürlich auch für eine
ausländische Kapitalgesellschaft, die ein Eigentumsrecht an US-Grundvermögen hält und dieses mit Gewinn veräußert. Auch sie muß auf ihrer Ebene
diesen Veräußerungsgewinn versteuern und entsprechend eine US-Steuererklärung abgeben, auch wenn sie selbst nicht als US-Grundstücksgesellschaft
angesehen wird.

Der US-amerikanische Steueranspruch wird dadurch sichergestellt, daß der   39
Erwerber von US-Grundvermögen grundsätzlich 10 % des Kaufpreises einbehalten und an das US-Finanzamt abführen muß, wenn er das US-Grundvermögen von einem nicht in den USA ansässigen Ausländer erwirbt (§ 1445
IRC). Diese 10 % **Einbehaltungssteuer** bezieht sich auf den Brutto-Kaufpreis
und besteht unabhängig davon, ob und in welcher Höhe Schulden übernommen werden und ob und in welcher Höhe ein Veräußerungsgewinn entsteht.

Eine sich als Grundstücksgesellschaft qualifizierende **US-Kapitalgesellschaft,**   40
die im Rahmen einer Kapitalherabsetzung oder einer Liquidation Sachver-
mögen (Grundvermögen) an einen ausländischen Anteilseigner auskehrt,
muß **10 % des Verkehrswertes des ausgeschütteten Vermögens** einbehalten.
Eine **ausländische Kapitalgesellschaft** muß für Wirtschaftsjahre, die nach
dem 31. Dezember 1986 beginnen, **34 % des Gewinns** einbehalten, der bei
Auskehrung von US-Grundvermögen an einen ausländischen Anteilsinhaber

in Höhe der Differenz zwischen Marktwert und Buchwert entsteht (§ 1445 [e][2] IRC).

41 **US-Personengesellschaften, Treuhandvermögen und Nachlässe** müssen für Wirtschaftsjahre, die nach dem 31. Dezember 1986 beginnen, 34% des anteiligen Gewinns je Gesellschafter einbehalten, der aus der Veräußerung von US-Grundvermögen entsteht (§ 1445 [e][1] IRC). In bestimmten, im Gesetz näher definierten Einzelfällen kann u. U. mit vorheriger Bestätigung durch den Internal Revenue Service von dem Steuereinbehalt abgesehen werden. Die Einbehaltungsverpflichtungen entbinden den ausländischen Verkäufer nicht von seiner eigenen Verpflichtung, eine US-Steuererklärung abzugeben. Die einbehaltene Steuer wird insoweit als Vorauszahlung betrachtet.

42 f) Aus den vorstehend dargestellten US-amerikanischen Besteuerungsgrundsätzen aufgrund der FIRPTA-Gesetzgebung von 1980 ergibt sich das Verständnis des erläuternden Abschn. 13 des Protokolls sowie der in Art. 13 Abs. 2 b getroffenen Abkommensregelung.

43 Die FIRPTA-Bestimmungen finden nach inneramerikanischem Recht auf die **Veräußerung eines Eigentumsrechts** an US-Grundvermögen Anwendung, die **nach dem 18. Juni 1980** stattfindet. In Anbetracht der verschiedenen Abkommen – so auch des deutsch-amerikanischen Abkommens von 1954/65; vgl. dort Art. IXA – sah FIRPTA eine Übergangsregelung vor, wonach die Abkommensbestimmungen für **Wirtschaftsjahre, die vor dem 31. Dezember 1984 beginnen,** vorgehen sollten. Danach allerdings hat die amerikanische Seite einseitig trotz entgegenstehender Abkommensbestimmungen im Sinne eines sog. „treaty override" die innerstaatlichen Besteuerungsvorschriften angewandt und hat entgegen Art. IXA DBA-USA 1954/65 den Gewinn aus der Veräußerung des Anteils an einer US-Grundstücksgesellschaft, der von einer in der Bundesrepublik Deutschland ansässigen Person erzielt wurde, der US-Besteuerung unterworfen. Aufgrund des eindeutigen Regelungsinhaltes von Art. IXA DBA-USA 1954/65 stellt sich für die deutsche Seite die Frage, inwieweit die US-Steuer in Deutschland überhaupt anrechenbar ist. Eine offizielle Verlautbarung zu diesem Problem liegt nicht vor. Sollte die Anrechnung der US-Steuer versagt werden, wofür nach dem DBA-USA 1954/65 durchaus eine Rechtsgrundlage besteht, bliebe dem Steuerpflichtigen nur die Möglichkeit, ein Verständigungsverfahren einzuleiten.

44 Die US-steuerliche Behandlung der Gewinne aus der Veräußerung eines Anteils an einer US-Grundstücksgesellschaft nach FIRPTA wird nunmehr über Art. 13 Abs. 2 und dort insbesondere Buchst. b sanktioniert.

45 Nach **Art. 13 Abs. 2 b** umfaßt der Ausdruck „unbewegliches Vermögen, das im anderen Vertragsstaat liegt", auch Anteile oder vergleichbare Beteiligungen an einer Gesellschaft, die in diesem anderen Vertragsstaat ansässig ist

oder dort als ansässig behandelt wird, und deren Vermögen ganz oder überwiegend aus in dem anderen Vertragsstaat gelegenem unbeweglichem Vermögen besteht oder bestand. Desweiteren umfaßt der Ausdruck auch Beteiligungen an einer Personengesellschaft, einem Treuhandvermögen (trust) oder
einem Nachlaß (estate), soweit deren Vermögen aus in dem anderen Vertragsstaat gelegenem unbeweglichem Vermögen besteht.

Bei der **Grundstückskapitalgesellschaft** muß es sich um eine im Belegenheits-   46
staat ansässige oder dort als ansässig behandelte Kapitalgesellschaft handeln.
Auf deutscher Seite kommen für die Kapitalgesellschaft die Aktiengesellschaft und die Gesellschaft mit beschränkter Haftung sowie die Kommanditgesellschaft auf Aktien, auf US-amerikanischer Seite die Corporation und die
Association Taxable as a Corporation in Betracht. Bei der letztgenannten
Rechtsform handelt es sich im Grundsatz um eine Personengesellschaft, die
aufgrund verschiedener Merkmale wie eine Kapitalgesellschaft besteuert
wird (siehe Art. 4 Rz. 10 ff.).

Der US-amerikanischen Rechtsvorstellung folgend muß es sich um eine **in**   47
dem Staat ansässige Kapitalgesellschaft handeln, **in dem das unbewegliche**
Vermögen belegen ist. Ausreichend ist auch, wenn die Kapitalgesellschaft als
in dem Belegenheitsstaat ansässig angesehen und behandelt wird. Für die Bestimmung der Ansässigkeit einer Kapitalgesellschaft ist Art. 4 Abs. 1 und bei
Doppelansässigkeit (Sitz der Gesellschaft in einem Vertragsstaat, Geschäftsleitung im anderen Vertragsstaat) Abs. 3 heranzuziehen. Insoweit kann auf
die dortige Kommentierung verwiesen werden. Bei Doppelansässigkeit ist
entscheidend, daß die Ansässigkeit der Gesellschaft von den zuständigen Behörden der Vertragsstaaten für den Belegenheitsstaat des unbeweglichen Vermögens definiert wird, damit die Rechtsfolge aus Art. 13 Abs. 2 b eintritt.

Nicht umfaßt von Art. 13 Abs. 2 Buchst. b ist eine Kapitalgesellschaft, deren   48
Ansässigkeit nicht im Staat der Belegenheit des unbeweglichen Vermögens
gegeben ist. Hält also ein deutscher Investor sein US-Grundvermögen über
eine deutsche oder englische Kapitalgesellschaft, und veräußert er diese Gesellschaftsanteile mit Gewinn, kann dieser Vorgang keine US-Besteuerung
über Art. 13 Abs. 2 b auslösen.

Aus deutscher Sicht ergeben sich **zu der Frage der Ansässigkeit** der das in der   49
Bundesrepublik Deutschland belegene unbewegliche Vermögen haltenden
Kapitalgesellschaft keine besonderen Aspekte. Handelt es sich um eine au-
ßerhalb der Bundesrepublik Deutschland ansässige Kapitalgesellschaft, steht
der Bundesrepublik Deutschland kein Besteuerungsrecht über Art. 13 Abs. 2
Buchst. b zu. Für den Fall einer deutschen Kapitalgesellschaft kann die Bun-
desrepublik Deutschland eine Besteuerung nur über die Regelungen in § 49
Abs. 1 Nr. 2 e i. V. m. § 17 EStG vornehmen.

50   4. Die in einem Vertragsstaat ansässige, veräußernde Person muß an der in
     dem anderen Vertragsstaat ansässigen Kapitalgesellschaft beteiligt sein. Das
     Abkommen spricht von „**Anteilen oder vergleichbaren Beteiligungen**".

51   Unter **Anteilen** sind jedenfalls die gesellschaftsrechtlichen Beteiligungs- und
     Mitgliedschaftsrechte zu verstehen, die für den Gesellschafter über Aktien
     oder GmbH-Anteile bzw. über Shares vermittelt werden. Als vergleichbare
     Beteiligungen (der englische Text spricht von „comparable interests in a
     company") kommen Stimmrechtsbeteiligungen oder, wenn es sich um eine
     in eine Kapitalgesellschaft umqualifizierte Personengesellschaft handelt, die
     Beteiligungen der Personengesellschafter in Betracht. Inwieweit Genußschei-
     ne, die kein Mitgliedschaftsrecht, sondern nur ein Genußrecht einräumen,
     oder eine (typische) stille Beteiligung, die als Innengesellschaft ausgestaltet
     ist und keinen Anteil an der Kapitalgesellschaft vermittelt, oder ein partiari-
     sches Darlehen, das nur einen Anteil am Gewinn der Kapitalgesellschaft
     einräumt, als eine vergleichbare Beteiligung i. S. d. Art. 13 Abs. 2 Buchst. b
     anzusehen sind, ist aus deutscher Sicht ablehnend zu beantworten. Nach
     dem Wortlaut des Abkommens und seiner Zielsetzung der Veräußerungsge-
     winnbesteuerung in nur bestimmten eingegrenzten Fällen sind nur solche
     Beteiligungen als „vergleichbare Beteiligung" einzustufen, die ein Mitglied-
     schaftsrecht an der Kapitalgesellschaft vermitteln, d. h. nur Rechte, die einer
     Beteiligung ähnlich sind und von ihrem inneren Wesensgehalt her mit ihr
     vergleichbar sind. Allerdings könnte das Abkommen durch die US-Seite eine
     erweiternde Auslegung erfahren, indem nach den FIRPTA-Regelungen auch
     ein Darlehen, das mit einer Beteiligung am laufenden Gewinn aus dem
     Grundvermögen und/oder an seiner Wertsteigerung ausgestattet ist (equity
     kicker) als ein Eigentumsrecht an US-Grundvermögen angesehen werden
     kann.

52   Die **Höhe der Beteiligung** ist im Abkommen, im Gegensatz zum DBA
     Deutschland-Kanada von 1981, wo in Art. 13 Abs. 4a eine wesentliche Betei-
     ligung gefordert wird, nicht angesprochen. Für Art. 13b ist daher davon
     auszugehen, daß grundsätzlich jede Anteilshöhe an einer Grundstücksgesell-
     schaft nach Art. 13 die jeweiligen innerstaatlichen Steuerfolgen auslösen
     kann. Dies gilt uneingeschränkt für die US-Seite, da nach den FIRPTA-Rege-
     lungen eine Mindestbeteiligungshöhe nicht bekannt ist. Auf deutscher Seite
     sind allerdings die Vorschriften des § 49 Abs. 1 Nr. 2e i. V. m. § 17 EStG zu
     beachten. Nur bei einer Beteiligung von mehr als 25 % kann die Bundesrepu-
     blik Deutschland ihr über Art. 13 Abs. 2b zugewiesenes Besteuerungsrecht
     ausüben.

53   5. Das Vermögen der Kapitalgesellschaft muß **ganz oder überwiegend aus un-
     beweglichem Vermögen** bestehen oder bestanden haben, das im anderen
     Vertragsstaat gelegen ist.

Die Beantwortung dieses quantitativen (ganz oder überwiegend) sowie des   54
zeitlichen (besteht oder bestand) Tatbestandsmerkmals dürfte für die US-
amerikanische Seite keine Schwierigkeiten bedeuten. Aufgrund der innerstaatlichen FIRPTA-Regelungen gilt jedenfalls in den Vereinigten Staaten,
daß eine US-Grundstücksgesellschaft dann gegeben ist, wenn das US-Grundvermögen mehr als **50 % des Verkehrswerts des Brutto-Betriebsvermögens**
der Gesellschaft ausmacht. Damit besteht zwar sicherlich das Vermögen der
US-Grundstücksgesellschaft nach allgemeinem Sprachverständnis nicht
„ganz" i. S. v. Art. 13 Abs. 2 b aus US-Grundvermögen, und es erscheint auch
fraglich, ob das Tatbestandsmerkmal „überwiegend" erfüllt ist. In Ansehung
der US-FIRPTA-Regelungen ist aber davon auszugehen, daß die US-amerikanische Seite zur Ausfüllung dieser Abkommensbestimmungen, auch unter
Bezugnahme auf das Protokoll Abschn. 13, das quantitative Tatbestandsmerkmal „ganz oder überwiegend" unter Verweis auf diese FIRPTA-Regelungen bestimmen wird.

Daneben wird sich auch die **zeitliche Voraussetzung** „besteht oder bestand"   55
auf US-amerikanischer Seite mit Bezug auf die 5-Jahres-Regelung in FIRPTA
beantworten.

Aufgrund dieser im Vergleich zu der Sprachregelung im Abkommen sehr   56
weiten Auffassung der US-amerikanischen Regelung, wann eine US-Grundstücksgesellschaft anzunehmen ist, ist im Einzelfall die **Zusammensetzung**
der Aktivseite einer von der Bundesrepublik Deutschland aus gehaltenen
US-Tochtergesellschaft zu beobachten, wenn die Gesellschaft US-Grundvermögen hält und im übrigen z. B. als Vertriebs- oder Montagegesellschaft nur
wenig übriges Vermögen auf der Aktivseite aufweist. Die 50 %-Grenze ist
dann sehr leicht überschritten, so daß die US-Tochtergesellschaft zu einer
US-Grundstücksgesellschaft werden kann.

Auf deutscher Seite ist keine der FIRPTA-Regelung vergleichbare Gesetzge-   57
bung bekannt. In Ausfüllung der quantitativen Tatbestandsvoraussetzungen
„ganz oder überwiegend" ist, auch im Sinne einer einengenden Auslegung
dieser das direkte Halten von unbeweglichem Vermögen mit dem indirekten
Halten über eine Kapitalgesellschaft gleichsetzenden Abkommensvorschrift,
von einem Anteil von **80 % bis 90 % des Grundvermögens am Brutto-Be-**
triebsvermögen der Kapitalgesellschaft auszugehen. Hierbei kann zum einen
auf das allgemeine Sprachverständnis zurückgegriffen werden. „Ganz oder
überwiegend" bedeutet 100 % oder geringfügig weniger, indem das Grundvermögen im Vergleich zum übrigen Vermögen eine deutliche Dominanz
aufweist. Zum anderen kann für die qualitative Aussage auch auf § 9 AStG
verwiesen werden. Dort wird mit Blick auf die 10 %-Freigrenze davon ausgegangen, daß die Prüfung von § 9 AStG ohne weiteres übergangen werden
kann, wenn die ausländische Gesellschaft ausschließlich oder überwiegend

Zwischeneinkünfte im Sinne von § 8 AStG erzielt (*Flick/Wassermeyer/ Becker*, Kommentar zum Außensteuergesetz, § 9 Tz. 2). Das Merkmal „ausschließlich oder überwiegend" wird also im Bereich zwischen 100% und 90% gesehen werden können.

58   Die **zeitliche Voraussetzung** kann ebenfalls mit 4–5 Jahren definiert werden. Dieser Zeitrahmen ist einerseits kurz genug, um noch überschaubar zu sein, und andererseits genügend lang, um willkürliche Vermögensverlagerungen vor geplanten Anteilsübertragungen an einer Grundstücksgesellschaft zu verhindern. Für einen 5-Jahres-Zeitraum findet sich im übrigen ein Anknüpfungspunkt in § 17 EStG, der sich mit Veräußerungsgewinnen aus im Privatvermögen gehaltenen Kapitalbeteiligungen befaßt.

59   Über das zeitliche Merkmal „**besteht oder bestand**" wird vermieden, daß eine ursprünglich als Grundstücksgesellschaft sich qualifizierende Kapitalgesellschaft durch Veränderung der Vermögensrelationen (kurzfristige Übertragungen von unbeweglichem Vermögen) vor einer Übertragung von Anteilen an der Gesellschaft keine Grundstücksgesellschaft mehr ist mit der Folge des Wegfalls der Steuerberechtigung des Ansässigkeits- und Belegenheitsstaates.

60   Das Vermögen der Grundstücksgesellschaft muß (ganz oder überwiegend) aus **im Ansässigkeitsstaat gelegenem unbeweglichem Vermögen** bestehen.

61   Auch insoweit kann **für die US-amerikanische Seite** auf die dortigen innerstaatlichen FIRPTA-Regelungen verwiesen werden. Ein „**real property interest**" ist jedes direkt gehaltene Eigentumsrecht sowie jedes indirekt über eine inländische Kapitalgesellschaft oder eine in- oder ausländische Personengesellschaft, Treuhandvermögen oder Nachlaß gehaltene Eigentumsrecht an US-Grundvermögen. Bei dem über eine Kapitalgesellschaft gehaltenen Eigentumsrecht sind die vorbesprochenen quantitativen und zeitlichen Erfordernisse zu berücksichtigen.

62   **Auf deutscher Seite** gilt, daß durch den Verweis in Art. 13 Abs. 1 und Abs. 2a auf Art. 6 der Umfang dessen, was unbewegliches Vermögen für eine deutsche Kapitalgesellschaft als Grundstücksgesellschaft sein kann, bestimmt ist. Dies gilt insbesondere, da eine über dieses Begriffsverständnis hinausgehende Bewertung, vergleichbar den US-FIRPTA-Regelungen, im deutschen Recht fehlt. Aufgrund von Art. 13 Abs. 2b wird sich allerdings auch eine deutsche Holdinggesellschaft als Grundstücksgesellschaft qualifizieren, wenn das unbewegliche Vermögen über nachgeschaltete Kapitalgesellschaften gehalten wird.

63   Erwähnenswert ist, daß im Gegensatz zum Abkommen mit Kanada von 1981 **keine Ausnahme** für Grundstücke gemacht wird, in denen die Tätigkeit der Kapital- oder Personengesellschaft bzw. des Treuhandvermögens

oder Nachlasses ausgeübt wird (vgl. Art. 13 Abs. 4 DBA-Kanada von 1981). Damit bleibt der vorgemachte Hinweis uneingeschränkt stehen, daß auch dem eigenen Betrieb bzw. der eigenen Tätigkeit dienendes unbewegliches Vermögen zur Qualifikation als Grundstücksgesellschaft führen kann.

Ebenfalls kann der **Gewinn aus der Veräußerung einer Beteiligung an einer** 64 **Personengesellschaft, einem Treuhandvermögen (trust) oder einem Nachlaß** (estate) von dem anderen Vertragsstaat versteuert werden, soweit deren Vermögen aus in dem anderen Vertragsstaat belegenem unbeweglichem Vermögen besteht (zu den Begriffen Personengesellschaft, Treuhandvermögen und Nachlaß siehe Art. 3 Rz. 16 ff.). Bei diesen drei Rechtsformen sieht das Abkommen nicht vor, daß die Personengesellschaft, das Treuhandvermögen oder der Nachlaß nach dem Recht des Belegenheitsstaates des unbeweglichen Vermögens statuiert sein müssen, d. h. diese Rechtsformen können auch nach dem Recht eines Drittstaates begründet und dort ansässig sein.

Auf die Ansässigkeit im Staat der Belegenheit des unbeweglichen Vermögens 65 kann aus Abkommenssicht **verzichtet** werden, da in der Bundesrepublik Deutschland und grundsätzlich auch in den Vereinigten Staaten durch die Rechtsform der Personengesellschaft bis zum Gesellschafter hindurchgeschaut wird bzw. das Treuhandvermögen und der Nachlaß in der Bundesrepublik Deutschland als eigenständige Rechtsform unbekannt sind, aber für den anglo-amerikanischen Rechtskreis von Bedeutung sind und dort in bestimmten Fällen als transparent behandelt werden. Soweit in den USA eine Personengesellschaft steuerlich wie eine Kapitalgesellschaft behandelt wird, wird sie über den Begriff „Gesellschaft" i. S. v. Art. 3 Abs. 1 e erfaßt und kommt es für sie wieder auf die Ansässigkeit im Belegenheitsstaat an.

Als **Personengesellschaft** kennt das deutsche Recht die Gesellschaft bürgerli- 66 chen Rechts, die offene Handelsgesellschaft und die Kommanditgesellschaft sowie die atypisch stille Gesellschaft. Nicht hierunter zählt die typische stille Gesellschaft, sie bleibt dem Art. 10 zugeordnet.

Das US-Recht kennt die **General Partnership** sowie die **Limited Partnership,** 67 die jeweils mit der Gesellschaft bürgerlichen Rechts bzw. der offenen Handelsgesellschaft und der Kommanditgesellschaft vergleichbar sind.

Beachtenswert ist, daß im Hinblick auf die Personengesellschaft, das Treu- 68 handvermögen und den Nachlaß **auf das qualitative Erfordernis „ganz oder überwiegend" sowie auf das zeitliche Merkmal „bestand"** verzichtet wird. Dieser Verzicht findet seine Begründung in der Durchlässigkeit der Personengesellschaft, d. h., die Vermögenswerte einschließlich des unbeweglichen Vermögens werden unmittelbar anteilig dem Personengesellschafter zugerechnet. Damit wirkt jede, auch anteilige Veräußerung einer Beteiligung an einer Personengesellschaft unmittelbar durch bis zu dem entsprechenden

Vermögensgegenstand der Personengesellschaft, d. h. dieser gilt als entsprechend **anteilig veräußert**. Da jede Anteilsveräußerung, ob ganz oder anteilig, zu einer steuerlichen Erfassung des sie verkörpernden unbeweglichen Vermögens führt, ist auch das zeitliche Erfordernis entbehrlich, da Umgehungen soweit nicht zu besorgen sind. Ist eine in der Bundesrepublik Deutschland ansässige Person zu 50% über eine kanadische Personengesellschaft an US-Grundvermögen beteiligt, und macht dieses US-Grundvermögen 70% des Vermögens der Personengesellschaft aus, so führt eine Veräußerung von 20% des Anteils zu einer anteiligen Veräußerung von 14% US-Grundvermögen.

69 Auch bei der Personengesellschaft, dem Treuhandvermögen oder dem Nachlaß ist für die Definition des Ausdrucks „im anderen Vertragsstaat gelegenes unbewegliches Vermögen" auf Art. 6 verwiesen, bzw. – soweit es sich bei dem anderen Vertragsstaat um die Vereinigten Staaten handelt – über das Protokoll Abschn. 13 auf ein „real property interest". Damit kann sich für US-steuerliche Zwecke wiederum auch die von einer Personengesellschaft, einem Treuhandvermögen oder einem Nachlaß gehaltene **Beteiligung einer US-Grundstücksgesellschaft als unbewegliches Vermögen qualifizieren.** Dies gilt über Art. 13 Abs. 2 b entsprechend für die deutsche steuerliche Behandlung. Auch hier kann über eine Personengesellschaft und deren Beteiligung an einer Grundstückskapitalgesellschaft unbewegliches Vermögen i. S. v. Art. 13 Abs. 2 b vermittelt werden.

70 Von Bedeutung ist die unterschiedliche Vermeidung der Doppelbesteuerung über Art. 23 Abs. 2 in der Bundesrepublik Deutschland, je nachdem, ob es sich um die Veräußerung der Beteiligung an einer Grundstückskapitalgesellschaft oder an einer Grundstückspersonengesellschaft handelt. In der **Bundesrepublik Deutschland** wird nur dann freigestellt, wenn es sich um die Veräußerung von direkt oder über eine Personengesellschaft gehaltenem Grundvermögen handelt. Bei Veräußerung dagegen eines Anteils an einer US-Grundstückskapitalgesellschaft mit Gewinn wird die daraus entstehende US-Steuer in der Bundesrepublik Deutschland nur angerechnet (Art. 23 Abs. 2 b bb). Dieses Ergebnis folgt aus dem Wort „nur" in Art. 23 Abs. 2 b bb. In den **Vereinigten Staaten** können nur die Veräußerungsgewinne ausschließlich nach Art. 13 Abs. 2 b besteuert werden, die aus der Veräußerung eines Anteils an einer US-Grundstückskapitalgesellschaft resultieren. Der Gewinn aus der Veräußerung eines direkten Eigentumsrechts an US-Grundvermögen oder aus der Veräußerung eines Anteils an einer Personengesellschaft kann auch über Art. 13 Abs. 1 und 2 a besteuert werden, so daß insoweit Abs. 2 b nicht benötigt wird.

71 Aus dieser unterschiedlichen Handhabung folgt allerdings für den in der Bundesrepublik Deutschland ansässigen Anteilsinhaber einer US-Grund-

stücksgesellschaft **grundsätzlich keine Schlechterstellung** zu der bisherigen Rechtslage, da das Besteuerungsrecht für den Gewinn aus einer Anteilsveräußerung bereits bisher beim Wohnsitzstaat des Anteilsinhabers lag und auch hier in der Bundesrepublik Deutschland entsprechend ausgeübt wurde. Aufgrund der Sanktionierung der US-innerstaatlichen Besteuerung der von einem deutschen Anteilsinhaber erzielten Gewinne aus der Veräußerung einer US-Grundstückskapitalgesellschaft über das Abkommen wird vielmehr das unter dem DBA-USA 1954/65 gegebene Risiko einer Doppelbesteuerung, indem in der Bundesrepublik Deutschland die US-Steuer in solchen Fällen aufgrund der eindeutigen Abkommensregelung nicht anrechenbar ist, vermieden und verzichtet die Bundesrepublik Deutschland in Höhe der US-Steuererhebung auf eigenes Steueraufkommen. Eine Schlechterstellung könnte allerdings für einen deutschen Steuerpflichtigen, der Anteile von nicht mehr als 25 % an einer US-Grundstückskapitalgesellschaft für mehr als sechs Monate im Privatvermögen gehalten hat und diese mit Gewinn veräußert, darin gesehen werden, daß der bisher nur nach innerstaatlichem US-Recht gegebene Steueranspruch nun auch über das Abkommen verankert ist.

III. Bewegliches Vermögen

Gewinne aus der Veräußerung beweglichen Vermögens, das als Betriebsvermögen zu einer im anderen Vertragsstaat gelegenen Betriebsstätte eines im ersten Vertragsstaat ansässigen Unternehmens gehört, unterliegen der **Besteuerung im Belegenheitsstaat.** Entsprechendes gilt für das Betriebsvermögen, das zu einer festen Einrichtung im anderen Vertragsstaat gehört, die einer im ersten Vertragsstaat ansässigen Person für die Ausübung einer selbständigen Arbeit dient.   72

Das Besteuerungsrecht des Belegenheitsstaates besteht auch für Gewinne, die bei der ganzen oder teilweisen **Veräußerung** einer solchen Betriebsstätte oder festen Einrichtung erzielt werden.   73

Auch hier folgt das Besteuerungsrecht für die anläßlich einer Veräußerung erzielten Gewinne dem für die laufenden Einkünfte aus der Betriebsstätte oder festen Einrichtung zugewiesenen Besteuerungsrecht. Der **Belegenheitsstaat** kann auch diesen ganz oder teilweise letzten Vorgang unternehmerischer Betätigung in seinem Hoheitsgebiet der Besteuerung unterwerfen. Ob und in welchem Umfang und zu welchem Steuersatz ein solcher Aufgabegewinn im Belegenheitsstaat besteuert wird, ergibt sich nicht aus dem Abkommen, sondern ist nach innerstaatlichem Recht zu bestimmen.   74

Neben dem Belegenheitsstaat kann auch im **Wohnsitzstaat** besteuert werden. Die Vermeidung der Doppelbesteuerung, d. h. ob im Wohnsitzstaat   75

freigestellt oder angerechnet wird, ergibt sich aus Art. 23. Für die Bundesrepublik Deutschland gilt über Art. 23 Abs. 2a die Freistellung.

76 Art. 13 Abs. 3 behandelt nur die Veräußerungsgewinne bei beweglichem Betriebsvermögen. Soweit zu einer Betriebsstätte oder einer der Ausübung selbständiger Arbeit dienenden festen Einrichtung im anderen Vertragsstaat dort gelegenes **unbewegliches Vermögen** gehört, folgt die Besteuerungszuordnung aus Art. 13 Abs. 1 und 2. Was bewegliches Betriebsvermögen ist, leitet sich aus dem Abkommen selbst nicht her und ist daher aus der Abgrenzung zum unbeweglichen Betriebsvermögen zu entwickeln, d. h. alles nicht unbewegliche Betriebsvermögen i. S. d. Art. 6 und 13 ist bewegliches Betriebsvermögen (*Vogel*, a. a. O., Art. 13 Tz. 48).

77 Unerheblich ist, wo sich das **bewegliche Betriebsvermögen** befindet, solange es nur der Betriebsstätte oder der festen Einrichtung **zuzuordnen** ist. Sofern diese Zuordnung zu bejahen ist, liegt auch das in einem Drittstaat bzw. im Vertragsstaat der Ansässigkeit des Unternehmens befindliche bewegliche Betriebsvermögen mit seinem Veräußerungsgewinn dem Besteuerungsrecht des Belegenheitsstaates der Betriebsstätte oder festen Einrichtung.

78 Zu Art. 13 Abs. 3 sind Abschn. 4, 5 und 14 des Protokolls zu beachten. Der Abschn. 4 steht im Zusammenhang mit US-amerikanischen Regelungen, wonach seit dem Steuerreformgesetz von 1986 (Tax Reform Act 1986) die Vereinbarung des **Aufschiebens der Kaufpreiszahlung** (Deferred Payments) bzw. von Ratenzahlungen auf einen Zeitpunkt, in dem der Steuerpflichtige als nicht mehr in den USA gewerblich tätig angesehen wird (not engaged in US trade or business), nicht mehr zu einem Wegfall der US-Besteuerung führen kann. Mit Abschn. 4 wollen die Vereinigten Staaten erreichen, daß ihre innerstaatliche Regelung nicht über das Abkommen, das zeitlich danach liegt, obsolet wird. Aus deutscher Sicht stellt sich diese Problematik von „deferred payments" nicht, da die Aufgabe einer Betriebsstättentätigkeit im Regelfall stets zu einer unmittelbaren Schlußbesteuerung führt. Zu weiteren Einzelheiten ist auf die Kommentierung zu Art. 7 zu verweisen.

79 Abschn. 5 des Protokolls legt fest, daß der Belegenheitsstaat für eine Betriebsstätte oder feste Einrichtung den aus der Veräußerung beweglichen Betriebsvermögens der Betriebsstätte oder festen Einrichtung resultierenden Gewinn nur insoweit besteuern darf, als er betragsmäßig der Zeit der Zugehörigkeit des Betriebsvermögens zu der Betriebsstätte oder festen Einrichtung zuzuordnen ist. Dabei kann der Belegenheitsstaat für seinen Besteuerungszugriff auf die tatsächliche Veräußerung des in diesem Zeitpunkt nicht mehr zu der Betriebsstätte oder festen Einrichtung gehörenden Vermögens abstellen (d. h. insoweit liegt ein **Steueraufschub** – tax deferral – vor). Dieser Besteuerungszugriff kann innerhalb von längstens 10 Jahren erfolgen, nach-

dem das Vermögen nicht mehr zu der Betriebsstätte oder festen Einrichtung gehört. Auch insoweit handelt es sich um die Übernahme US-amerikanischer Regelungen in das Abkommen (zu weiteren Einzelheiten siehe die Kommentierung zu Art. 7).

Zu Abschn. 14 des Protokolls ist anzumerken, daß damit Art. 13 Abs. 3 auch   80
für die Gewinne aus der Veräußerung durch eine in einem Vertragsstaat ansässige Person einer **Beteiligung an einer Personengesellschaft**, einem Treuhandvermögen oder einem Nachlaß gilt, wenn diese eine Betriebsstätte im anderen Vertragsstaat hat. Damit wird trotz einer durch das Abkommen der Personengesellschaft zuerkannten eingeschränkten Abkommensberechtigung sichergestellt, daß für Zwecke des Art. 13 Abs. 3 durch die Personengesellschaft hindurchgeschaut wird. Eine teilweise oder vollständige Anteilsveräußerung wird als anteilige Veräußerung des zugrundeliegenden Gesellschafts-/Unternehmensvermögens angesehen.

IV. Seeschiffe, Luftfahrzeuge, Container

Art. 13 Abs. 4 enthält eine **Sonderregelung** für die Gewinne aus der Veräuße-   81
rung von Seeschiffen, Luftfahrzeugen oder Containern, die im internationalen Verkehr betrieben werden, sowie von beweglichem Vermögen, das dem Betrieb dieser Seeschiffe, Luftfahrzeuge oder Container dient. Entsprechend Art. 8, der die Zuordnung der Besteuerung laufender Einkünfte regelt, wird festgelegt, daß eine ausschließliche Besteuerung dieser Gewinne (... können nur ...) in dem Staat erfolgt, der das Besteuerungsrecht für die laufenden Einkünfte hat. Damit hat der Ansässigkeitsstaat des Unternehmens, das die Seeschiffe, Luftfahrzeuge oder Container im internationalen Verkehr betreibt, das Besteuerungsrecht. Soweit durch das bewegliche Vermögen eine Betriebsstätte im anderen Vertragsstaat begründet wird, hat dieser kein Besteuerungsrecht. Für unbewegliches Vermögen gilt allerdings weiterhin die Zuordnungsregel der Abs. 1 und 2.

V. Sonstiges Vermögen

Soweit Gewinne aus der Veräußerung von Vermögen erzielt werden, das in   82
den Abs. 1 bis 4 nicht genannt ist, hat gem. Art. 13 Abs. 5 der **Wohnsitzstaat** des Veräußerers das **ausschließliche Besteuerungsrecht** („können nur"). Abs. 5 ist somit eine Auffangvorschrift für die in den Abs. 1–4 nicht genannten Vermögenswerte. Dabei kann es sich um Privatvermögen handeln, aber auch um Unternehmensvermögen, das nicht einer Betriebsstätte oder festen Einrichtung im anderen Vertragsstaat zuzurechnen ist, z.B. weil es in einem

Drittstaat gelegen ist. Auch Privatvermögen in einem Drittstaat kann von Art. 13 Abs. 5 erfaßt werden, sofern nicht eine abweichende Abkommensregelung mit dem Drittstaat besteht.

83   Grundsätzlich unterfallen dem Art. 13 Abs. 5 auch Gewinne aus der **Veräußerung von Anteilen an einer Kapitalgesellschaft,** die somit der ausschließlichen Besteuerung im Wohnsitzstaat unterliegen. Eine Ausnahme für das ausschließliche Besteuerungsrecht des Wohnsitzstaates ergibt sich für **Grundstücksgesellschaften** (Art. 13 Abs. 1 und 2).

VI. Wegzugsbesteuerung

84   Mit Art. 13 Abs. 6 ist eine **neue Vorschrift** in das Abkommen aufgenommen worden, die keinen Vorläufer im DBA-USA 1954/65 hat.

85   Abs. 6 befaßt sich im wesentlichen mit der Zuordnung der Besteuerung und einer Aufteilung der Wertgrundlagen anläßlich der Veräußerung von Anteilen aus einer **mindestens 25 %igen Beteiligung** durch eine natürliche Person, die ihren Wohnsitz vor der Veräußerung von einem Vertragsstaat in den anderen Vertragsstaat verlegt hatte. Vereinfachend läßt sich sagen, daß mit Abs. 6 die Vorschrift des § 6 AStG in das Abkommen einbezogen wurde.

86   Abs. 6 gilt nur für **natürliche Personen.** Diese Begrenzung basiert auf der Überlegung, daß nur eine natürliche Person umziehen kann, während bei einer juristischen Person ein „Umzug", d. h. die Sitzverlegung von einem Vertragsstaat in den anderen Vertragsstaat, als Liquidation angesehen wird (vgl. § 12 KStG).

87   Die natürliche Person muß ihre **Ansässigkeit** in dem einen Vertragsstaat aufgegeben und in dem anderen Vertragsstaat begründet haben. Dabei ist es unerheblich, ob zwischenzeitlich eine Ansässigkeit in einem Drittstaat begründet worden war. Entscheidend ist die Begründung der Ansässigkeit in dem anderen Vertragsstaat.

88   Zur Bestimmung der Ansässigkeit ist Art. 4 heranzuziehen. Damit sind auch Fälle der **Doppelansässigkeit** zu lösen, wenn z. B. in der Bundesrepublik Deutschland als dem Wegzugsstaat durch Beibehalten eines Wohnsitzes die unbeschränkte Steuerpflicht fortbesteht, es wegen der Begründung eines Mittelpunktes der Lebensinteressen (Art. 4 Abs. 2 a) in den Vereinigten Staaten aber dort zu einer Ansässigkeit i. S. v. Art. 4 kommt.

89   Aus Sicht des deutschen Steuerrechts kommt es in Fällen eines **Wegzugs** aus der Bundesrepublik Deutschland, d. h. der Aufgabe des Wohnsitzes oder ständigen Aufenthaltes in der Bundesrepublik Deutschland und damit Auf-

gabe der unbeschränkten Steuerpflicht, dann zu einer Wegzugsbesteuerung, wenn der Steuerpflichtige an einer inländischen Kapitalgesellschaft nach § 17 EStG beteiligt ist und seine unbeschränkte Steuerpflicht bei Wohnsitzaufgabe mindestens 10 Jahre in der Bundesrepublik Deutschland bestanden hatte, oder wenn die Vorschrift des § 21 Abs. 2 UmwStG (einbringungsgeborene Anteile) eingreift. Diese Wegzugsbesteuerung findet gleichsam als letzter Vorgang innerhalb der Zeit der unbeschränkten Steuerpflicht in Deutschland statt, d. h. insoweit ist die Ansässigkeit in der Bundesrepublik Deutschland noch als Tatbestandsmerkmal erforderlich. Damit scheint auf den ersten Blick Abs. 6 Satz 1 und 2 die Wegzugsbesteuerung nach deutschem nationalem Recht nicht zu tangieren und erscheint insoweit nicht einschlägig.

Abs. 6 beläßt dem Wegzugsstaat ein auf einen **Zeitraum von 10 Jahren** seit   90
dem Wegzug begrenztes nachklappendes Besteuerungsrecht. Damit wird entgegen der Ausschließlichkeitsregel in Abs. 5 (ausschließliches Besteuerungsrecht liegt bei Veräußerung von Anteilen an einer Kapitalgesellschaft bei dem Wohnsitzstaat) dem bisherigen Wohnsitzstaat ein Besteuerungsrecht zuerkannt.

Der Zeitraum von 10 Jahren definiert sich ab dem **Tag der tatsächlichen Auf-**   91
gabe der Ansässigkeit im Sinne des Abkommens und ist taggenau, unabhängig vom Veranlagungszeitraum oder Kalender- bzw. Steuerjahr, zu ermitteln.

Dieses nachklappende Besteuerungsrecht, das seine Umsetzung in der Bun-   92
desrepublik Deutschland in § 49 Abs. 1 Nr. 2 e und § 17 EStG findet, besteht nur dann, wenn Anteile veräußert werden, die zu einer Beteiligung von mindestens 25 % an einer im ursprünglichen Ansässigkeitsstaat ansässigen Gesellschaft gehören. Dabei fällt auf, daß die **Beteiligungshöhe** nach Art. 13 Abs. 6 Satz 1 (mindestens 25 %) mit der deutschen innerstaatlichen wesentlichen Beteiligungshöhe (zu mehr als einem Viertel) nicht abgestimmt ist.

Offen bleibt nach dem Abkommen, in welchem **Zeitpunkt** die Beteiligung   93
von mindestens 25 % bestanden haben muß. Die Vorschrift des § 6 AStG greift aus deutscher Sicht für den Wegzug nur dann ein, wenn die Voraussetzungen des § 17 EStG gegeben sind. Davon unabhängig, d. h. losgelöst von der Frage, ob im Zeitpunkt des Wegzugs § 6 AStG zum Zuge kommt oder nicht, ist für die Anwendung des Abs. 6 davon auszugehen, daß das Mindestbeteiligungserfordernis von 25 % und mehr bei der Aufgabe der Ansässigkeit im bisherigen Vertragsstaat bestanden haben muß. Dies entspricht einer einengenden Auslegung der eine Doppelbesteuerung auslösenden Abkommensregelung.

Das nachklappende Besteuerungsrecht des ursprünglichen Ansässigkeitsstaa-   94
tes ist allerdings auf die Gewinne begrenzt, die **während der Zeit der Ansäs-**

sigkeit in diesem Vertragsstaat entstanden sind. Diese Formulierung ist unklar und könnte dahingehend verstanden werden, daß die Bundesrepublik Deutschland für den Fall, daß eine Wegzugsbesteuerung nach § 6 AStG stattgefunden hat, die Anteile aber nicht innerhalb des 10-Jahres-Zeitraumes tatsächlich veräußert werden, im vorhinein oder auch nachträglich auf die Besteuerung aus § 6 AStG verzichtet. Nur dann erklärt sich Art. 13 Abs. 6 Satz 2, da anderenfalls das in Abs. 6 Satz 1 dem ursprünglichen Ansässigkeitsstaat zuerkannte Besteuerungsrecht von Ausnahmefällen abgesehen ins Leere liefe. Indem Satz 2 das nachklappende Besteuerungsrecht auf die während der Zeit der Ansässigkeit entstandenen Gewinne begrenzt, kann nach Beendigung der Ansässigkeit kein weiterer Gewinn entstehen, der der Besteuerung im Wegzugsstaat zuzuweisen wäre. Sollte sich Satz 2 auf die Anwendung des § 6 AStG beziehen, bliebe die Regelung in Satz 1 unklar, wonach auf die tatsächliche Veräußerung und das damit erst in diesem Zeitpunkt gegebene bzw. wiederauflebende Besteuerungsrecht abgestellt wird. Das Zusammenwirken von Abs. 1 und 2 läßt sich nur dann erklären, wenn über Art. 13 Abs. 6 auch die Fälle einer mehr als 25 %-Beteiligung an einer in Deutschland ansässigen Kapitalgesellschaft für die Bundesrepublik Deutschland steuerverhaftet bleiben sollen, indem bei Wegzug die Vorschrift des § 6 AStG z. B. wegen Nichterfüllung der 10-Jahresfrist nicht zum Zuge kommt. Insoweit hätte die Bundesrepublik Deutschland über das Abkommen ihr Besteuerungsrecht nach § 49 Abs. 1 Nr. 2 e und § 17 EStG aufrechterhalten.

95   Art. 13 Abs. 6 Satz 3 verfolgt den Zweck, eine steuerliche **Doppelerfassung** zu vermeiden. Wenn der bisherige Ansässigkeitsstaat bei Wegzug der natürlichen Person eine Besteuerung des bis zu diesem Zeitpunkt entstandenen, wenn auch nicht realisierten Gewinns vornimmt, und der andere Vertragsstaat als neuer Ansässigkeitsstaat nach Art. 13 Abs. 5 bei tatsächlicher Veräußerung sein Besteuerungsrecht auf den gesamten Veräußerungsgewinn erstreckt, ergibt sich eine Doppelbesteuerung in tatsächlicher Hinsicht, wenn auch nicht im Sinne der Abkommensvorschriften. Hier soll Abs. 6 Satz 3 helfen. Die Aufnahme von Satz 3 in das Abkommen bedeutet, für sich isoliert betrachtet, eine Anerkennung der ggf. in einem Vertragsstaat bestehenden Wegzugsbesteuerung, d. h. für die deutsche Seite des § 6 AStG. Für die US-amerikanische Seite ist die Wegzugsbesteuerung ohne Relevanz, da dieses Besteuerungsinstrument im US-Steuerrecht nicht bekannt ist. Der Wegzug eines US-Staatsangehörigen beendet nicht seine unbeschränkte Steuerpflicht in den USA, da die USA ihre Staatsbürger unabhängig vom Wohnsitz der vollen US-Besteuerung unterwerfen. Bei Aufgabe der Staatsangehörigkeit kann die USA bis Ablauf von 10 Jahren den Gewinn aus der Veräußerung von Anteilen an einer US-Corporation besteuern (s. Protokoll Abschn. 1 a) und § 877 IRC).

Nach Satz 3 hat der neue Ansässigkeitsstaat bei einer Veräußerung der An-   96
teile nach dem Wegzug für Zwecke seiner Veräußerungsgewinnermittlung
den **fiktiven Erlös** aus Anlaß der Wegzugsbesteuerung zugrunde zu legen.
Daraus folgt, daß der neue Ansässigkeitsstaat nur den während der dortigen
Ansässigkeit entstandenen Wertzuwachs besteuern kann, während der in der
Zeit der Ansässigkeit im ursprünglichen Wohnsitzstaat entstandene Gewinn
dort der Besteuerung unterliegt. Sollte insoweit eine Besteuerung nicht
durchgeführt werden, kann der neue Ansässigkeitsstaat insgesamt den Veräußerungsgewinn versteuern.

Die Angleichung der Werte über Abs. 6 Satz 3 bewirkt im Ergebnis, daß eine   97
steuerliche Doppelerfassung verhindert wird, die ansonsten über die Abkommensregelung nicht zu vermeiden wäre. Der neue Ansässigkeitsstaat bindet
sich über Art. 13 Abs. 6 Satz 3 an den im Wegzugsstaat zugrunde gelegten
(fiktiven) Veräußerungswert (für die Bundesrepublik Deutschland der gemei-
ne Wert), indem er ihn für Zwecke seiner Ermittlung des Veräußerungsgewinns als Ausgangsgröße ansetzt.

Artikel 14

Selbständige Arbeit

(1) Einkünfte, die eine in einem Vertragsstaat ansässige natürliche Person aus selbständiger Arbeit bezieht, können nur in diesem Staat besteuert werden, es sei denn, daß die Arbeit im anderen Vertragsstaat ausgeübt wird und die Einkünfte einer festen Einrichtung zuzurechnen sind, die der natürlichen Person im anderen Staat für die Ausübung ihrer Tätigkeit gewöhnlich zur Verfügung steht.

(2) Der Ausdruck „selbständige Arbeit" umfaßt unter anderem die selbständig ausgeübte wissenschaftliche, literarische, künstlerische, erzieherische oder unterrichtende Tätigkeit sowie die selbständige Tätigkeit der Ärzte, Rechtsanwälte, Ingenieure, Volkswirte, Architekten, Zahnärzte und Buchsachverständigen.

Inhaltsübersicht

Erläuterungen zu Artikel 14

I. Überblick

1   Art. 14 regelt die Zuordnung des Besteuerungsrechts für **Einkünfte aus selbständiger Arbeit.** Danach steht grundsätzlich dem Wohnsitzstaat das **Besteuerungsrecht** zu, es sei denn, die der Einkunfterzielung zugrunde liegen-

de Tätigkeit wird im anderen Vertragsstaat ausgeübt und die Einkünfte sind einer für die Ausübung der selbständigen Tätigkeit dort unterhaltenen festen Einrichtung zuzurechnen, die dem selbständig Tätigen im anderen Vertragsstaat gewöhnlich zur Verfügung steht (Abs. 1). Abs. 2 nennt einen nicht erschöpfenden Beispielskatalog von Tätigkeiten, die als solche aus „selbständiger Arbeit" gelten.

II. Regelung im bisherigen Abkommen

Im bisherigen Abkommen war – früherer Abkommenspolitik entsprechend   2
– das Besteuerungsrecht für Einkünfte aus selbständiger Arbeit und für solche aus unselbständiger Arbeit in einer Vorschrift, Art. X, zusammengefaßt geregelt. Entsprechend wurde bei den Einkünften aus selbständiger Arbeit nicht auf das **Vorhandensein einer festen Einrichtung** abgestellt. Andererseits stand dem Quellenstaat das Besteuerungsrecht nur zu, wenn der selbständig Tätige sich im aus Sicht des Wohnsitzstaates anderen Vertragsstaat mehr als 183 Tage aufhielt (Arbeitsortprinzip).

III. Abgrenzungen

Art. 14 ist nicht anwendbar auf **Aufsichtsrats- und Verwaltungsratsvergütun-**   3
gen, für die die Besteuerungsrechtszuordnung in Art. 16 geregelt ist. Die Vorschrift ist gleichfalls nicht anwendbar auf Einkünfte berufsmäßiger **Sportler und Künstler,** für die die Zuordnung in Art. 17 geregelt ist. Die Besteuerungsrechtszuordnung für Gewinne aus der **Veräußerung von Berufs-vermögen** ist in Art. 13 Abs. 2 geregelt. Danach folgt die Besteuerung der Veräußerungsgewinne der Besteuerungsrechtszuordnung der laufenden Gewinne aus selbständiger Arbeit. Dies gilt auch für den Fall der **Veräußerung der festen Einrichtung.**

Unterhält eine in einem Vertragsstaat ansässige Person im anderen Vertrags-   4
staat eine **feste Einrichtung,** zu deren Betriebsvermögen Beteiligungen, Forderungen sowie Rechte oder Vermögenswerte gehören, auf die Dividenden, Zinsen oder Lizenzgebühren gezahlt werden, so sind die Einkünfte als solche aus selbständiger Arbeit zu qualifizieren. Dies ergibt sich aus den Art. 10 Abs. 7, 11 Abs. 3 und 12 Abs. 3, die einen entsprechenden Vorbehalt zugunsten der festen Einrichtung normieren.

IV. Personenkreis

5   Die Vorschrift findet Anwendung auf **natürliche Personen**, die in einem der Vertragsstaaten ansässig sind. Die Frage, ob und in welchem der Vertragsstaaten eine Person ansässig ist, entscheidet sich nach Art. 4 (vgl. Art. 4 Rz. 4 ff.). Damit ist der Personenkreis gegenüber dem in Art. 14 des OECD-Musterabkommens genannten Personenkreis, der auch nicht natürliche Personen umfaßt, eingeschränkt. Dies entspricht dem Vorbehalt, den die USA zu dieser Vorschrift im Kommentar des OECD-Musterabkommens gemacht haben (vgl. MA-Komm. Art. 14 Tz. 7 Satz 2). Juristische Personen können damit nach dem Abkommen keine Einkünfte aus selbständiger Arbeit beziehen.

V. Der Begriff „selbständige Arbeit"

a) Sprachliche Abweichungen

6   Sowohl im OECD-Musterabkommen als auch in diesem Abkommen lautet die Überschrift zu dieser Vorschrift **„selbständige Arbeit"** („independent services"). Während aber im OECD-Musterabkommen unter dieser Überschrift in der Vorschrift auf **„Einkünfte aus einer freien Berufstätigkeit** (income in respect of professional services) und Einkünfte aus **„sonstiger selbständiger Tätigkeit"** (other activities of independent character) abgestellt ist, wird in diesem Abkommen in der deutschen Übersetzung der Begriff aus der Überschrift wieder aufgegriffen (selbständige Arbeit), während in der englischen Fassung an den Begriff der **„unabhängigen persönlichen Tätigkeit"** (personal services in an independent capacity) angeknüpft wird.

7   Die **„freie Übersetzung"** begründet **keine inhaltliche Abweichung**; sie knüpft an die innerstaatliche Rechtsauffassung an, wonach aus amerikanischer Sicht Art. 14 nur auf Einkünfte aus der Erbringung persönlicher Leistung anzuwenden ist (vgl. MA-Komm. Art. 14 Tz. 7 Satz 2), und der Begriff des „freien Berufs" unbekannt ist. Nach amerikanischem Verständnis ist entscheidend, ob vertraglich unselbständige oder selbständige Arbeit vereinbart ist. Aus deutschem Rechtsverständnis ist die Abweichung in der deutschen Fassung dieses Abkommens gegenüber der deutschen Fassung des OECD-Musterabkommens ohne Bedeutung, weil der Begriff der „selbständigen Arbeit" sowohl die Einkünfte aus freier Berufstätigkeit als auch die aus sonstiger selbständiger Arbeit umfaßt (vgl. § 18 EStG).

b) Begriffserläuterung in Abs. 2

Der Begriff der „selbständigen Arbeit" ist in Abs. 2 der Vorschrift durch **bei-**   8
spielhafte Aufzählung typischer „selbständiger Tätigkeiten" veranschaulicht.
Die Beispiele entsprechen denen, die in Abs. 2 dieser Vorschrift im OECD-
Musterabkommen zur Erläuterung des Begriffs der freien Berufstätigkeit angeführt werden.

c) Abgrenzung zur unselbständigen Arbeit

Wesentliches Merkmal des Begriffs der selbständigen Arbeit ist die Selbstän-   9
digkeit der ausgeübten Tätigkeit.

Selbständigkeit ist zu bejahen, wenn eine natürliche Person nicht als Arbeit-   10
nehmer im öffentlichen oder privaten Dienst angestellt oder beschäftigt ist
oder war. Dies ist der Fall, wenn sie nicht einem Arbeitgeber ihre Arbeitskraft schuldet, und in der Betätigung ihres geschäftlichen Willens nicht
unter der Leitung des Arbeitgebers steht und nicht im geschäftlichen Organismus des Arbeitgebers dessen Weisungen zu folgen verpflichtet ist (vgl.
BFH BStBl. 1978 II S. 716, 718). Dabei kommt es auf die tatsächlichen Verhältnisse und die Art der Vertragsgestaltung an (vgl. Art. 15 Rz. 7 ff.).

d) Abgrenzung zur gewerblichen Tätigkeit

Charakteristikum der „freien Berufstätigkeit" ist die **auf Ausbildung und**   11
Können beruhende persönliche Arbeit. Damit unterscheidet sich die selbständige Arbeit vom gewerblichen oder land- und forstwirtschaftlichen Betrieb, in dem der Einsatz von Kapital gegenüber der geistigen Arbeit und der
eigenen Arbeitskraft in den Vordergrund tritt (vgl. BFH BStBl. 1964 III
S. 120, 121). Insoweit stimmen amerikanisches (vgl. MA-Komm. Art. 14
Tz. 7, Satz 2) und deutsches Verständnis (vgl. § 18 EStG) des Begriffs der
„selbständigen Arbeit" überein.

VI. Ausübung der Tätigkeit im anderen Vertragsstaat

Die **Ausübung einer Tätigkeit** knüpft an die physische Anwesenheit an und   12
ist zu unterscheiden von der **Verwertung einer Tätigkeit** (BFH BStBl. 1972 II
S. 660, 661). Die Besteuerung aufgrund bloßer Verwertung ist abweichend
zur Regelung der beschränkten Steuerpflicht im innerstaatlichen deutschen
Recht (§ 49 Abs. 1 Nr. 3) nach dem Abkommen ausgeschlossen. Bei der Abgrenzung ist darauf abzustellen, wo sich die eigentliche Berufsausübung voll-
zieht (vgl. BFH BStBl. 1964 III S. 463). Dies ist je nach der Eigenart der

selbständigen Arbeit unterschiedlich zu beantworten (vgl. *Vogel,* DBA, Art. 14 Rdn. 17–20).

VII. Feste Einrichtung

a) Parallelität zum Betriebsstättenprinzip

13   Voraussetzung für die Zuweisung des Besteuerungsrechts an den Quellenstaat ist, daß dem selbständig Tätigen dort gewöhnlich eine feste Einrichtung zur Verfügung steht, von der aus er die selbständige Tätigkeit ausübt. In diesem Punkt weist die Besteuerung der Einkünfte aus selbständiger Arbeit eine **Parallele zu der abkommensrechtlichen Besteuerung von Unternehmensgewinnen** auf. Wie bei den Unternehmensgewinnen die Besteuerung im Quellenstaat nach dem Betriebsstättenprinzip an das Vorhandensein einer Betriebsstätte anknüpft, dürfen die Einkünfte aus selbständiger Arbeit im Quellenstaat nur dann besteuert werden, wenn der selbständig Tätige für seine dort ausgeübte Tätigkeit über eine feste Einrichtung verfügt. Insoweit entspricht die feste Einrichtung gewissermaßen der Betriebsstätte eines Gewerbebetriebs.

b) Begriff der festen Einrichtung

14   Eine feste Einrichtung ist danach zu bejahen, wenn der selbständig Tätige seine **Tätigkeit unmittelbar dort ausübt oder** wenigstens dort die **wesentlichen Vorarbeiten** dazu leistet (vgl. BFH BStBl. 1966 III 463, 464 und BFH BStBl. 1979 II 64, 66). Eine feste Einrichtung ist nur dann gegeben, wenn sie nach Anlage und Einrichtung „dazu bestimmt ist, der Berufsausübung zu dienen. Dabei kommt es darauf an, welche Einrichtungen die im einzelnen Fall ausgeübte Berufstätigkeit erfordert" (vgl. BFH BStBl. 1966 III 463, 464).

15   Weitere Voraussetzung ist, daß die Einrichtung **fest** ist. Dieses Merkmal ist nicht nur in dem Sinne zu verstehen, daß eine Beziehung zu einem bestimmten Punkt der Erdoberfläche vorhanden sein muß, sondern auch in dem Sinne, daß die Einrichtung auf Dauer angelegt ist (vgl. *Vogel,* DBA, Art. 14 Rdn. 23).

16   Vorausgesetzt wird, daß die feste Einrichtung dem selbständig Tätigen **gewöhnlich zur Verfügung** steht. Das bedeutet, daß dieser Person die Verfügungsgewalt über die feste Einrichtung zustehen muß (vgl. auch Art. 5 Rz. 12). Eine ständige Nutzung wird dagegen nicht vorausgesetzt; dies ergibt sich aus der Formulierung, daß die feste Einrichtung gewöhnlich für die Ausübung der Tätigkeit zur Verfügung steht.

In Abschn. 3 des Protokolls ist festgelegt, daß eine Betriebsstätte oder feste   17
Einrichtung nicht angenommen wird, wenn eine in einem Vertragsstaat ansässige Person im anderen Vertragsstaat als **Künstler** auftritt oder ähnliche
Darbietungen und Revuen veranstaltet, aber nicht nach Art. 17 besteuert
wird, und sich diese Person weniger als 183 Tage im betreffenden Kalenderjahr im Ausübungsstaat aufhält. Diese Vorschrift dient der Vereinfachung
der Besteuerung von Unternehmen, die im Inland eine Betriebsstätte oder feste Einrichtung begründen, sich aber nur kurze Zeit im Ausübungsstaat
aufhalten.

VIII. Zurechnung der Einkünfte zu einer festen Einrichtung

Dem Quellenstaat steht das Besteuerungsrecht nur insoweit zu, als die dort   18
erzielten **Einkünfte** einer dort unterhaltenen **festen Einrichtung zuzurechnen** sind. Zur Gewinnabgrenzung zwischen Wohnsitz- und Quellenstaat
kann aufgrund der Vergleichbarkeit von Betriebsstätte und fester Einrichtung (vgl. oben unter Rz. 13) auf die Grundsätze der Betriebsstättenbesteuerung zurückgegriffen werden (vgl. MA-Komm. Art. 14 Abs. 1 Tz. 3).

IX. Nachträgliche Einkünfte

Dem „**Ursprungsprinzip**" folgend, findet auf nachträgliche Einkünfte aus   19
selbständiger Arbeit diese Vorschrift Anwendung. Unter diese Vorschrift fallen auch Ruhegehälter. Die in Art. 18 genannten Ruhegehälter beziehen sich
auf solche, die eine Person für frühere unselbständige Arbeit bezieht (vgl.
Art. 18 Rz. 3).

Artikel 15
Unselbständige Arbeit

(1) Vorbehaltlich der Artikel 16 (Aufsichtsrats- und Verwaltungsratsvergütungen), 17 (Künstler und Sportler), 18 (Ruhegehälter, Renten und Unterhaltszahlungen), 19 (Öffentlicher Dienst; Sozialversicherung) und 20 (Gastprofessoren und -lehrer; Studenten und Auszubildende) können Gehälter, Löhne und ähnliche Vergütungen, die eine in einem Vertragsstaat ansässige Person aus unselbständiger Arbeit bezieht, nur in diesem Staat besteuert werden, es sei denn, die Arbeit wird im anderen Vertragsstaat ausgeübt. Wird die Arbeit dort ausgeübt, so können die dafür bezogenen Vergütungen im anderen Staat besteuert werden.

(2) Ungeachtet des Absatzes 1 können Vergütungen, die eine in einem Vertragsstaat ansässige Person für eine im anderen Vertragsstaat ausgeübte unselbständige Arbeit bezieht, nur im erstgenannten Staat besteuert werden, wenn

a) der Empfänger sich im anderen Staat insgesamt nicht länger als 183 Tage während des betreffenden Kalenderjahres aufhält und

b) die Vergütungen von einem Arbeitgeber oder für einen Arbeitgeber gezahlt werden, der nicht im anderen Staat ansässig ist, und

c) die Vergütungen nicht von einer Betriebsstätte oder einer festen Einrichtung getragen werden, die der Arbeitgeber im anderen Staat hat.

(3) Ungeachtet der vorstehenden Bestimmungen dieses Artikels können Vergütungen, die eine in einem Vertragsstaat ansässige Person für unselbständige Arbeit als Mitglied der regulären Besatzung eines Seeschiffes oder Luftfahrzeuges bezieht, das im internationalen Verkehr betrieben wird, nur in diesem Staat besteuert werden.

Inhaltsübersicht

Erläuterungen zu Artikel 15

I. Überblick

Art. 15 befaßt sich mit der Zuordnung der Besteuerung von **Einkünften aus** 1
unselbständiger Arbeit. Im Gegensatz zu dem bisher geltenden DBA-USA
1954/65 sieht das neue Abkommen nicht mehr eine Zusammenfassung der
Regelungen über die Zuordnung der Besteuerung der Einkünfte aus persönlichen Dienstleistungen vor. Die Besteuerungszuordnung bei selbständiger Tätigkeit und der Aufsichtsratsvergütungen, die bislang einheitlich in Art. X
DBA-USA 1954/65 geregelt sind, wird in zwei zusätzliche Artikel eingestellt.

Daraus folgt für Art. 15, daß er sich **nur** noch mit der Zuordnung des Be- 2
steuerungsrechts für die unselbständige Arbeit befaßt, während die selbständige Arbeit eigenständig in einem neuen Art. 14 behandelt wird und die
Aufsichtsrats- und Verwaltungsratsvergütungen in ebenfalls einem neuen
Art. 16 geregelt werden. Damit **folgt das neue Abkommen in seiner Gliede-**
rung dem Regelungsaufbau des OECD-Musterabkommens von 1977, wo
ebenfalls der Bereich der persönlichen Dienstleistungen (selbständige oder
unselbständige Arbeit, Aufsichtsrats- und Verwaltungsratsvergütungen,
künstlerische und sportliche Tätigkeit, Tätigkeit im öffentlichen Dienst und
Tätigkeit von Gastprofessoren und Studenten sowie nachträgliche Einkünfte
[Renten/Pensionen]) in jeweils eigenen Artikeln geregelt wird.

Auch in einem weiteren Punkt folgt der neue Art. 15 dem OECD-Musterab- 3
kommen und verläßt die **Aufteilung und Sprachregelung des Art. X DBA-**
USA 1954/65. Das alte Abkommen enthält im Art. X noch vier Absätze,
von denen sich jeweils zwei Absätze mit der Behandlung der Einkünfte aus
Dienstleistungen befassen, die von einer in einem Vertragsstaat ansässigen
Person erzielt werden. Abs. 1 und 2 beziehen sich auf eine natürliche Person
mit Wohnsitz in der Bundesrepublik, Abs. 3 und 4 erstrecken sich auf eine
Person mit Wohnsitz in den Vereinigten Staaten. Diese Aufteilung wurde
aufgegeben. Art. 15 ist nun entsprechend internationaler Vertragsrechtspraxis unter Berücksichtigung der Regelungen im OECD-Musterabkommen auf-
gebaut.

Neu in das Abkommen aufgenommen wurde in Art. 15 Abs. 3 die Regelung 4
über die Besteuerung der von einem in einem Vertragsstaat ansässigen **Mit-**
glied der regulären Besatzung eines Seeschiffes oder Luftfahrzeuges erzielte
Einkünfte aus unselbständiger Arbeit. Das DBA-USA 1954/65 enthielt keine
eigene Bestimmung über die Besteuerung der Einkünfte aus unselbständiger
Arbeit von Schiffs- oder Flugzeugbesatzungen. Die Neuregelung im Abkom-

273

men stimmt allerdings nicht mit der Zuordnungsentscheidung in Art. 15 Abs. 3 MA überein, sondern enthält eine eigenständige Lösung.

II. Grundsätze der Zuordnung

5 Art. 15 Abs. 1 enthält die Grundaussage, wonach Gehälter, Löhne und ähnliche Vergütungen, die eine Person mit **Ansässigkeit** in einem Vertragsstaat für unselbständige Arbeit bezieht, nur **in diesem Vertragsstaat besteuert** werden können. Wird die Arbeit allerdings in dem anderen Vertragsstaat ausgeübt, so kann dieser die für diese Arbeitsausübung bezogenen Einkünfte bei sich besteuern.

6 Diese Grundaussage steht unter dem **Vorbehalt,** daß es sich nicht um Arbeitseinkünfte handelt, die in einem der nachfolgenden Artikel (Art. 16, Aufsichtsrats- und Verwaltungsratsvergütungen; Art. 17, Künstler und Sportler; Art. 18, Ruhegehälter, Renten und Unterhaltszahlungen; Art. 19, Öffentlicher Dienst, Sozialversicherung; Art. 20, Gastprofessoren und -lehrer, Studenten und Auszubildende) erfaßt werden. Sofern Einkünfte aus persönlichen Dienstleistungen bezogen werden, die in einem dieser Vorbehaltsartikel genannt sind, greift die jeweilige Regelung als **lex specialis** ein, und es bleibt für die Anwendung des Art. 15 kein Raum mehr. Entsprechendes gilt für eine Abgrenzung zu Art. 14, der sich mit den Einkünften aus selbständiger Arbeit befaßt.

7 Die **Abgrenzung von Art. 15,** einerseits zu Art. 14, andererseits zu den in Art. 15 genannten vorrangigen Artikeln, ist im Einzelfall von Bedeutung, da unterschiedliche Voraussetzungen (z. B. bei Art. 14 das Vorhandensein einer festen Einrichtung im anderen Vertragsstaat, die der Ausübung der selbständigen Arbeit gewöhnlich zur Verfügung steht) und unterschiedliche Rechtsfolgen (z. B. bei Art. 19 Besteuerung nur in dem Staat, in dem die zahlende Kasse sich befindet – Kassenstaatsprinzip) bestehen.

8 Abgrenzungsprobleme können sich für Art. 15 insbesondere zu Art. 18 – **Ruhegehälter, Renten und Unterhaltszahlungen** – ergeben. Bei einer Leistung des ehemaligen Arbeitgebers kann es sich entweder um eine nachträgliche Zahlung aus dem Arbeitsverhältnis (dann Art. 15) oder um ein Ruhegehalt (dann Art. 18) handeln. Da es für die Anwendung von Art. 15 unerheblich ist, zu welchem Zeitpunkt eine Zahlung für eine unselbständige Arbeit geleistet wird, d. h. auch nachträgliche – aber auch vorherige – Zahlungen aus dem bzw. für das Arbeitsverhältnis von Art. 15 erfaßt werden, kommt es für die Anwendungsabgrenzung von Art. 15 zu Art. 18 darauf an, aus welchem Grund die Zahlung geleistet wird (*Flick/Wassermeyer/Wingert,* Doppelbesteuerungsabkommen Deutschland–Schweiz, Art. 15 Tz. 6; BFH v. 27. 1.

1972, BStBl. 1972 II S. 459). Soll mit der Zahlung die Leistung aus dem bisherigen Arbeitsverhältnis nachträglich vergütet werden, greift Art. 15 ein. Liegt der Grund der Zahlung in dem Versorgungsgedanken, ist der Vorgang nach Art. 18 zu beurteilen.

Art. 15 regelt die aus der Ausübung unselbständiger Arbeit erzielten Einkünfte einer **natürlichen Person.** Aus der Natur der Sache ergibt sich, daß juristische Personen keine Einkünfte aus unselbständiger Arbeit beziehen können (vgl. *Flick/Wassermeyer/Wingert,* a. a. O., Art. 15 Tz. 20). Zum Begriff der Person vgl. Art. 3 Rz. 8 ff.   9

Die Person muß in einem Vertragsstaat ansässig sein. Die Frage der **Ansässig-** **keit** bestimmt sich nach Art. 4, wobei auch Fälle einer **Doppelansässigkeit** über Art. 4 Abs. 2 zu lösen sind (vgl. Art. 4 Rz. 23 ff.). Danach bestimmt sich bei z. B. Doppelwohnsitz die Ansässigkeit nach dem in Art. 4 Abs. 2 enthaltenen Kriterienkatalog und gilt der Vertragsstaat als Ansässigkeitsstaat i. S. d. Art. 15 Abs. 1, der über Art. 4 Abs. 2 als solcher definiert wird.   10

Wird der **Wohnsitz während eines Kalenderjahres gewechselt,** teilen sich die beiden Vertragsstaaten das Besteuerungsrecht auf Grundlage der jeweils dem einzelnen Vertragsstaat zuzuordnenden Ansässigkeitsdauer (vgl. *Flick/Wassermeyer/Wingert,* a. a. O., Art. 15 Tz. 23).   11

Bei Ausübung der unselbständigen Arbeit hat der Ansässigkeitsstaat das ausschließliche Besteuerungsrecht. Diese Rechtsfolge ergibt sich aus den Worten … können … nur … Damit kommt zum Ausdruck, daß diese Einkünfte **nur im Wohnsitzstaat der Besteuerung unterliegen** dürfen und daß der andere Vertragsstaat eine völlige und uneingeschränkte Freistellung zu gewähren hat (Art. 23 MA, Kommentar zu Art. 23 Ziffer 6; *Vogel,* a. a. O., Vor Art. 6–22 Tz. 3 und 4). Als Abgrenzung zu dieser Rechtsfolge der ausschließlichen Besteuerungsrechtszuordnung zu dem Wohnsitzstaat bedeutet die Verwendung des Wortes … können … ohne das Wort „nur" in Art. 15 Abs. 1 Satz 2, daß der andere Vertragsstaat als der Quellenstaat ein Besteuerungsrecht hat, daß aber auch der Ansässigkeitsstaat besteuern kann. Die Doppelbesteuerung ist dann über Art. 23 auszugleichen, wobei nach Art. 23 Abs. 2 a auf deutscher Seite im Rahmen des Art. 15 die Freistellung gewährt wird.   12

Art. 15 befaßt sich mit den Einkünften aus unselbständiger Arbeit. Weder hier noch in Art. 3 als dem Artikel, der die **Begriffsbestimmungen** enthält, ist der Ausdruck **„Einkünfte aus unselbständiger Arbeit"** näher definiert. Über Art. 3 Abs. 2 ist daher auf die im innerstaatlichen Recht der beiden Vertragsstaaten vorhandenen Begriffsinhalte zurückzugreifen. Dabei gibt Art. 15 Abs. 1 Satz 1 mit der Nennung der Begriffe „Gehälter, Löhne und ähnliche Vergütungen" einen gewissen Anhaltspunkt.   13

14   Aus deutscher Sicht ist zur Bestimmung des Ausdrucks „Einkünfte aus un-
     selbständiger Arbeit" auf § 19 EStG und § 2 LStDV zurückzugreifen. Damit
     sind Einkünfte aus unselbständiger Arbeit alle **Einnahmen,** die dem Arbeit-
     nehmer **aus dem Dienstverhältnis** zufließen, gleichgültig ob es sich um Geld
     oder um Sachleistungen handelt (BFH v. 17. 7. 1981, BStBl. 1981 II S. 773;
     Schmidt, a. a. O., § 19 Anm. 7 mit weiteren Nachweisen).

15   Entscheidend für Art. 15, auch in der Abgrenzung zu Art. 19 – Öffentlicher
     Dienst; Sozialversicherung – ist, daß die Einkünfte aus einem unselbständi-
     gen Arbeitsverhältnis mit einem **privaten Arbeitgeber** stammen. Um einen
     solchen handelt es sich auch bei einem gewerblichen Betrieb eines Hoheits-
     trägers bzw. einer Gebietskörperschaft (vgl. *Vogel,* a. a. O., Art. 15 Tz. 7).
     Dies folgt aus dem Regelungsinhalt von Art. 15 im Gegensatz zu Art. 19,
     auch wenn in diesem Abkommen eine dem Art. 19 Abs. 3 MA entsprechen-
     de Vorschrift fehlt.

16   Die einem Arbeitnehmer zufließenden **Geldmittel** (Gehalt, Bonuszahlungen,
     Tantieme etc.) lassen sich problemlos als Einnahmen definieren, so daß inso-
     weit keine Subsumtionsschwierigkeiten bestehen. Zu den Gehältern, Löh-
     nen und ähnlichen Vergütungen rechnen aber nicht nur Barleistungen, son-
     dern auch alle **Sachleistungen,** die aus Anlaß des Arbeitsverhältnisses ge-
     währt werden (z. B. Pkw-Gestellung auch für Privatfahrten, Wohnungsüber-
     lassung etc.). Ebenfalls zählen zu den Bezügen aus einem Arbeitsverhältnis
     die **Erstattungen von Werbungskosten** durch den Arbeitgeber, die in einem
     ersten Schritt zu den Einkünften aus unselbständiger Arbeit zu rechnen
     sind, und erst in einem zweiten Schritt als Werbungskostenabzugsbetrag gel-
     tend zu machen sind. Dies gilt für die Bundesrepublik Deutschland in jedem
     Fall aufgrund des § 3 Nr. 16 EStG i. d. F. des Steuerreformgesetzes 1990,
     BStBl. 1989 I S. 224, ab 1. Januar 1990, sowie bereits in der Vergangenheit in
     bestimmten Fällen für die Vereinigten Staaten.

17   Auch in den Vereinigten Staaten findet der Begriff der Gehälter, Löhne und
     ähnliche Vergütungen keine Definition im Gesetz. Das **US-amerikanische
     Steuerrecht kennt keine Einteilung in die 7 Einkunftsarten,** wie sie das deut-
     sche Steuerrecht vorsieht. Dennoch muß für Zwecke der Abkommensan-
     wendung eine Zuordnung vorgenommen werden, damit die im Einzelfall
     einschlägige Abkommensvorschrift (Art. 7, Unternehmensgewinne; Art. 14,
     selbständige Arbeit; Art. 15, unselbständige Arbeit) zutreffend herangezogen
     und angewendet werden kann.

18   In der Besteuerungspraxis bereitet immer wieder die Frage der steuerlichen
     Behandlung von sog. **aufgeschobenen Zahlungen** (deferred payments)
     Schwierigkeiten. Wenn ein Arbeitnehmer auf die Verfügung über eine Zah-
     lung verzichtet, d. h. zwischen ihm und dem Arbeitgeber wird vereinbart,

einen entstandenen Vergütungsanspruch nicht unmittelbar zu erfüllen, sondern die Erfüllung in die Zukunft zu verlagern, ist steuerlich grundsätzlich davon auszugehen, daß der Tatbestand der Einkunftserzielung bei dem Arbeitnehmer verwirklicht ist. Der Arbeitnehmer hat nur im Einvernehmen mit dem Arbeitgeber auf den tatsächlichen Zufluß verzichtet und hat die Vergütung (vorläufig) im Verfügungsbereich des Arbeitgebers belassen. Aus dieser Sachverhaltskonstellation können sich auch z. B. Probleme bei der steuerlichen Erfassung und Zuordnung von nach US-Recht errichteten Pensionsplänen ergeben.

Auch für den **Begriff „unselbständige Arbeit"** enthält das Abkommen keine 19
Definition, so daß über Art. 3 Abs. 2 wieder auf das jeweilige innerstaatliche Recht zurückzugreifen ist. Hierbei gilt unter deutschen Gesichtspunkten, daß eine unselbständige Arbeit dann anzunehmen ist, wenn die die Arbeit erbringende Person derart in den geschäftlichen Organismus eines Arbeitgebers eingegliedert ist, daß sie in der Betätigung ihres geschäftlichen Willens unter der Leitung dieses Arbeitgebers steht und dessen Weisungen verpflichtet ist (vgl. auf deutscher Seite auch § 1 Abs. 1 und 2 LStDV). Neben der Eingliederung und Weisungsgebundenheit ist das Fehlen eines Unternehmerrisikos entscheidendes Kriterium für die Annahme einer unselbständigen Tätigkeit.

Das US-Steuerrecht knüpft grundsätzlich an die **„common law"-Qualifizie-** 20
rung eines Arbeitnehmers an. Die Kriterien ähneln denen des deutschen Steuerrechts, wobei im Einzelfall Unterschiede denkbar sind.

Damit besteht auch keine Schwierigkeit, die von dem **Gesellschafter-Ge-** 21
schäftsführer einer juristischen Person (AG, GmbH, Corporation) bezogenen Einkünfte dem Bereich der unselbständigen Arbeit zuzuordnen, indem er diese Einkünfte für seine Tätigkeit zwar als Organ der juristischen Person, aber eben im Rahmen einer Eingliederung und Weisungsgebundenheit sowie mit insoweit fehlendem Unternehmerrisiko erhält.

Problematisch könnte unter Abkommensgesichtspunkten die Behandlung 22
der Vergütungen sein, die ein **Gesellschafter-Geschäftsführer einer Personen-**
gesellschaft (OHG, KG, General oder Limited Partnership) spezifisch für die Ausübung seiner Geschäftsführungstätigkeit oder u. U. auch für andere Tätigkeiten im Dienst der Gesellschaft erhält. Nach deutschem Recht (§ 15 Abs. 1 Nr. 2 EStG) zählen zwar alle derartigen Vergütungen zu den Einkünften aus Gewerbebetrieb. Da das Abkommen aber insoweit keine dem deutschen Recht folgende Regelung enthält, verbleibt es bei der Aussage in Art. 15 und der Qualifikation dieser Einkünfte als solche aus unselbständiger Arbeit mit der entsprechenden Zuordnung der Besteuerung. Entscheidend ist die Erbringung einer eigenen persönlichen Dienstleistung in Ab-

grenzung zu einer unternehmerisch erbrachten Leistung. Damit kann sich der Gesellschafter-Geschäftsführer einer deutschen Personenhandelsgesellschaft, die ausschließlich eine gewerbliche Betriebsstätte in den USA unterhält, nicht auf die ausschließliche Besteuerung seiner für die Geschäftsführungstätigkeit erhaltenen Vergütung in den Vereinigten Staaten berufen, sofern er seine Tätigkeit nur in Deutschland ausgeübt hat. Seine Einkünfte gehen nicht in die der US-Besteuerung unterliegenden Betriebsstätteneinkünfte ein, sondern es verbleibt bei der Zuordnung des Besteuerungsrechts über Art. 15 Abs. 1 an die Bundesrepublik Deutschland. Entsprechend gilt im umgekehrten Fall, daß die Vergütung für die Tätigkeit eines Gesellschafter-Geschäftsführers einer US-Personenhandelsgesellschaft mit einer Betriebsstätte in der Bundesrepublik Deutschland nur in den Vereinigten Staaten zu versteuern ist, vorausgesetzt, die Tätigkeit wird nur in den Vereinigten Staaten ausgeübt.

23   Dieses Ergebnis läßt sich im übrigen auch aus der Anerkennung einer zumindest **eingeschränkten Subjekteigenschaft der Personengesellschaft** im Abkommen ableiten (vgl. Art. 4 Rz. 16).

24   Von entscheidender Bedeutung ist der **Ort, an dem die Arbeit ausgeübt** wird. Solange die Arbeit einer in einem Vertragsstaat ansässigen Person nicht in dem anderen Vertragsstaat ausgeübt wird, behält der Wohnsitzstaat das Besteuerungsrecht. Dies gilt auch hinsichtlich der in einem Drittstaat ausgeübten unselbständigen Arbeit, für die eine Vergütung bezogen wird. Auch für diese Vergütung verbleibt es grundsätzlich bei dem Besteuerungsrecht des Wohnsitzstaates. Eine Ausnahme kann sich nur aus einem zwischen dem Wohnsitzstaat und dem Drittstaat abgeschlossenen Abkommen ergeben.

25   Wird die unselbständige Arbeit allerdings nicht im Wohnsitzstaat, sondern **in dem anderen Vertragsstaat ausgeübt,** weist Art. 15 Abs. 1 Satz 2 das Besteuerungsrecht dem anderen Vertragsstaat zu.

26   Wo die Arbeit ausgeübt wird, läßt sich **bei körperlich zu verrichtenden Arbeiten** (Beratungstätigkeit, Lehrtätigkeit, Montagearbeiten) unproblematisch entscheiden. Der Ort, an dem sich die Person aufhält, während sie die Arbeit ausführt, ist der Ort der Arbeitsausübung. Dabei spielt die Dauer des Aufenthalts keine Rolle. Auch ein kurzfristiger Aufenthalt von z. B. einem Tag im anderen Vertragsstaat führt zur Ausübung der unselbständigen Arbeit in diesem anderen Staat. Nach Art. 15 Abs. 1 i. V. m. Abs. 2 ist dann zu entscheiden, ob dieser andere Vertragsstaat auch tatsächlich das Besteuerungsrecht erhält.

27   In Anwendung einer **funktionalen Betrachtungsweise** (*Vogel*, MA, Art. 15 Tz. 16 unter Hinweis auf *Runge*, BB 1977 S. 184) unterliegt der Vergütungsanteil, der den mit dem Aufenthalt in dem anderen Vertragsstaat im Zusam-

menhang stehenden Tagen für z B. An- und Abreise zuzuordnen ist, ebenfalls dem Besteuerungsrecht des anderen Vertragsstaats (s. auch *Popp*, DB 1976 S. 2081).

Schwierigkeiten bei der Bestimmung des Ortes der Arbeitsausübung können 28 sich hingegen bei der **Tätigkeit von Organen einer Kapitalgesellschaft** ergeben. Nach deutscher Rechtsprechung (BFH v. 15. 1. 1971 – GrS 1/71, BStBl. 1972 II S. 68) soll gelten, daß die Tätigkeit einer natürlichen Person als Organ einer Kapitalgesellschaft dort als ausgeübt gilt, wo sich der Sitz der Gesellschaft befindet. Diese Meinung findet in Art. 15 keine Stütze. Dort wird ausdrücklich nur von Ausüben und nicht, auch nicht mittelbar von Verwerten gesprochen. Der im nationalen deutschen Recht in § 49 Abs. 1 Nr. 4 EStG gegebene Verwertungstatbestand findet im Abkommen keine Nennung und ergibt sich auch nicht aus dem Protokoll zum Abkommen. Da auch dem US-amerikanischen Recht eine Besteuerung aufgrund des Verwertungstatbestandes fremd ist, ist der klare Wortlaut des Abkommens maßgeblich mit der Folge, daß auch bei der Tätigkeit von Organen einer Kapitalgesellschaft ausschließlich auf den Ort der Ausübung der Tätigkeit durch das Organ abzustellen ist (a. A. *Korn/Debatin*, USA, Art. X Tz. 4 b bb).

Der Ort der Arbeitsausübung ist auch bei der **Zuordnung nachträglicher Ein-** 29 **künfte** aus unselbständiger Arbeit, bei denen es sich nicht um Ruhegehälter handelt, maßgeblich. Sofern die nachträglichen Einkünfte der Tätigkeit im anderen Vertragsstaat zuzuordnen sind, und dieser für die ursprünglichen Einkünfte das Besteuerungsrecht hatte, unterliegen die nachträglichen Einkünfte auch der Besteuerung im anderen Vertragsstaat.

Fraglich ist der Ort der Arbeitsausübung, wenn die **Tätigkeit in einem Unter-** 30 **lassen besteht** (z. B. ein Arbeitnehmer erhält eine Vergütung im Rahmen eines Wettbewerbsverbots, wonach er keine unselbständige Tätigkeit im anderen Vertragsstaat ausüben darf). Aufgrund des eindeutigen Wortlauts des Art. 15 sowie des Sinnzusammenhangs des Abkommens ist auch insoweit darauf abzustellen, wo die Tätigkeit des Unterlassens tatsächlich ausgeübt wird, unabhängig davon, ob sich das Unterlassen auf den anderen Vertragsstaat bezieht oder nicht (vgl. *Vogel*, a. a. O., Art. 15 Tz. 19).

III. Beschränkungen für den Tätigkeitsstaat

Nach der Grundregel in Abs. 1 enthält Abs. 2 die Ausnahmevorschrift im 31 Hinblick auf die Ausübung von unselbständiger Arbeit im anderen Vertragsstaat, wenn sich die Tätigkeit auf einen **begrenzten Zeitraum** erstreckt. Hier ist auf die sog. 183-Tage-Regel zu verweisen. Bei Vorliegen der in Art. 15 Abs. 2 genannten Voraussetzungen behält der Wohnsitzstaat das Besteue-

rungsrecht, auch wenn die Tätigkeit tatsächlich im anderen Vertragsstaat ausgeübt wurde. Art. 15 Abs. 2 folgt insoweit vollinhaltlich dem OECD-Musterabkommen und entspricht damit internationaler Vertragsrechtspraxis.

32   Die Regelung in Art. 15 Abs. 2, die auch in anderen modernen Abkommen der Bundesrepublik Deutschland zu finden ist, soll der **Erleichterung des grenzüberschreitenden Einsatzes von Mitarbeitern** dienen, ohne daß ein solcher Einsatz unmittelbar steuerliche Folgen für den Arbeitnehmer und damit mittelbar auch für den Arbeitgeber – zu denken ist an Steuereinbehaltungs- und Steuererklärungspflichten im Ausübungsstaat – auslöst.

33   Solange ein Arbeitnehmer eines in einem Vertragsstaat ansässigen Arbeitgebers **ohne eine besondere Verknüpfungswirkung im anderen Vertragsstaat tätig** ist, verbleibt es bei dem alleinigen und ausschließlichen Besteuerungsrecht des Wohnsitzstaates. Zu denken ist hierbei an Arbeitnehmer im Dienstleistungs-, Verkaufs- und Montagebereich, aber in Anbetracht der internationalen Verflechtung der Märkte und Geschäftsbeziehungen auch an Mitarbeiter in anderen Tätigkeitsbereichen.

34   Damit das Besteuerungsrecht des Wohnsitzstaates aufrechterhalten bleibt, müssen die drei in Art. 15 Abs. 2 genannten **Voraussetzungen kumulativ** vorhanden sein. Ein nur alternatives Vorliegen reicht nicht aus. Die Voraussetzungen sind:

– Der Vergütungsempfänger darf sich während des betreffenden Kalenderjahres im anderen Staat an nicht mehr als 183 Tagen aufhalten.

– Die Vergütungen dürfen nur von einem oder für einen Arbeitgeber gezahlt werden, der nicht im anderen Staat ansässig ist.

– Die Vergütungen dürfen nicht von einer Betriebsstätte oder einer festen Einrichtung getragen werden, die der Arbeitgeber im anderen Staat hat.

35   In der Praxis wird die sog. **183-Tage-Regel** häufig auch auf Fälle bezogen, in denen der Arbeitnehmer bereits in dem anderen Vertragsstaat ansässig ist, sich aber während eines Kalenderjahres in diesem anderen Vertragsstaat weniger als 183 Tage aufhält (z.B. ein US-Amerikaner begründet im Jahr 01 seinen Wohnsitz in der Bundesrepublik Deutschland im Oktober und nimmt dann unter Berufung auf die 183-Tage-Regel an, er sei in der Bundesrepublik Deutschland erst im Jahr 02 unbeschränkt steuerpflichtig). Wenn der andere Vertragsstaat als der Ausübungsstaat bereits auch der Ansässigkeitsstaat geworden ist, besteht für die Anwendung der Rückverweisungsregelung in Art. 15 Abs. 2 kein Raum. Es bleibt dann bei der Grundregelung des Art. 15 Abs. 1.

36   Das Vorliegen der ersten Voraussetzung bedingt, daß sich der Vergütungsempfänger mit Ansässigkeit in einem Vertragsstaat nicht länger als 183 Tage

in dem anderen Vertragsstaat aufhält. Dabei ist auf die **tatsächliche Anzahl der Aufenthaltstage** abzustellen. Ob an diesen Tagen dann auch tatsächlich eine unselbständige Arbeit ausgeübt wurde oder ob sich der Steuerpflichtige aus anderen Gründen (z.B. Urlaub) in dem anderen Vertragsstaat aufhält, ist insoweit unerheblich (BFH v. 12. 4. 1978, BStBl. 1978 II S. 425; *Vogel,* a.a.O., Art. 15 Tz. 20; a.A. *Korn/Debatin,* USA Art. X Tz. 5 c aa). Auch mehrere einzelne Aufenthalte, sowohl für einen Arbeitgeber, als auch bei Wechsel des Arbeitgebers für mehrere Arbeitgeber, sind zusammenzurechnen. Entscheidend ist daher, daß der Gesamtaufenthalt in einem Kalenderjahr nicht mehr als 183 Tage beträgt, wobei Aufenthaltstage im Wohnsitzstaat, z.B. anläßlich einer Urlaubsreise, herauszurechnen sind. Eine erweiternde Auslegung, wonach derartige Tage der für die Arbeitsausübung tatsächlich aufgewandten Aufenthaltszeit zuzurechnen sind, findet im Abkommen keine Stütze und ist auch von der Zielrichtung des Abkommens nicht gedeckt.

Die 183 Tage beziehen sich jeweils auf ein **Kalenderjahr.** Da in beiden Vertragsstaaten das Steuerjahr (Veranlagungszeitraum) für Steuerpflichtige, die (nur) Einkünfte aus unselbständiger Arbeit beziehen, im Regelfall mit dem Kalenderjahr übereinstimmt, sind insoweit keine Abgrenzungsschwierigkeiten ersichtlich. Fraglich kann allerdings sein, ob ein Aufenthalt von mehr als 183 Tagen im Kalenderjahr 01, aber von weniger als 183 Tagen im Kalenderjahr 02 auch auf die Besteuerungszuordnung im Kalenderjahr 02 ausstrahlt (auch der umgekehrte Fall ist denkbar). Nach dem eindeutigen Wortlaut des Art. 15 Abs. 2 wird nur im Kalenderjahr 01 der Ausübungsstaat das Besteuerungsrecht haben, während im Kalenderjahr 02 das Besteuerungsrecht wieder allein dem Wohnsitzstaat zusteht.

Für das Vorliegen der zweiten Voraussetzung ist entscheidend, daß der die Vergütung zahlende **Arbeitgeber nicht im anderen Vertragsstaat,** der nicht der Wohnsitzstaat ist, **ansässig** ist. Im Gegensatz zu Art. X DBA-USA 1954/65 kommt es nicht mehr darauf an, daß sich der Arbeitgeber ebenfalls im Wohnsitzstaat des Arbeitnehmers befindet. Von Bedeutung ist nur noch, daß der Arbeitgeber nicht in dem anderen Vertragsstaat, in dem sich der Ort der Arbeitsausübung findet, ansässig ist. Damit soll sichergestellt sein, daß das Steuersubstrat des Ausübungsstaates nicht gemindert wird, indem die an den Arbeitnehmer gezahlte Vergütung im Ausübungsstaat steuermindernd geltend gemacht wird. Der Arbeitgeber kann auch in einem Drittstaat ansässig sein (beachte dabei das Vorliegen der dritten Voraussetzung, Rz. 41). Allerdings wäre eine **Doppelansässigkeit des Arbeitgebers** im Wohnsitz- und im Ausübungsstaat des Arbeitnehmers schädlich, auch wenn über Art. 4 Abs. 2 oder 3 die (Haupt-)Ansässigkeit des Arbeitgebers für Zwecke der Abkommensanwendung im Wohnsitzstaat des Vergütungsempfängers läge (vgl. *Vogel,* MA, Art. 15 Tz. 27).

37

38

39   Auch für den **Begriff des Arbeitgebers,** wie er in Art. 15 Abs. 2 b verwendet wird, bietet das Abkommen keine Definition. Daher ist auf innerstaatliches Recht zurückzugreifen. Aus deutscher Sicht ist Arbeitgeber, in dessen Betrieb der Vergütungsempfänger eingegliedert ist und dessen Weisungen er unterworfen ist (vgl. *Schmidt,* a. a. O., § 19 Tz. 5). Entsprechendes gilt auch aus der Sicht des US-Rechts. Arbeitgeber kann sowohl eine natürliche Person als auch eine juristische Person oder eine Personengesellschaft sein, nicht dagegen jedoch die Betriebsstätte eines ausländischen Haupthauses im Wohnsitzstaat des Arbeitnehmers.

40   Die Vergütung darf nicht von einem oder für einen im Ausübungsstaat ansässigen Arbeitgeber gezahlt werden. Im Sinne der Abkommensregelung, wonach das Besteuerungsrecht nur dann bei dem Wohnsitzstaat verbleiben soll, wenn das Steuersubstrat des Ausübungsstaates nicht gemindert wird, ist der **Begriff Zahlung** insoweit als wirtschaftliches Tragen zu verstehen; auf den rein zahlungstechnischen Vorgang kommt es nicht an (so auch *Vogel,* a. a. O., Art. 15 Tz. 28).

41   Das Vorliegen der dritten Voraussetzung erfordert, daß die **Vergütungen nicht von einer Betriebsstätte oder einer festen Einrichtung getragen** werden, die der Arbeitgeber in dem anderen Staat hat. Auch hier gilt das zu der Minderung des Steuersubstrats bei der zweiten Voraussetzung Gesagte entsprechend.

42   Unzweifelhaft trägt eine Betriebsstätte oder sonstige feste Einrichtung des Arbeitgebers im Ausübungsstaat die Vergütungen, wenn sich diese unmittelbar **in ihrer Buchhaltung als Betriebsausgabe** niederschlagen, d. h. wenn entweder der Arbeitnehmer für die Zeit seiner weniger als 184 Tage dauernden Tätigkeit im anderen Vertragsstaat direkt von der dortigen Betriebsstätte vergütet wird, oder wenn das Haupthaus die Vergütung direkt und zeitnah an die Betriebsstätte belastet.

43   Fraglich könnte das Tragen der Vergütung durch die Betriebsstätte in den Fällen sein, in denen die **Vergütung nur mittelbar im Rahmen einer Kostenumlage an die Betriebsstätte belastet** wird. Die deutsche Finanzverwaltung vertritt insoweit die Auffassung, daß die Vergütungen dann nicht von einer Betriebsstätte oder festen Einrichtung getragen werden, die der Arbeitgeber im anderen Staat hat, wenn die Vergütungen als Teil von Verrechnungen für Warenlieferungen, Dienstleistungen oder Geschäftsführungs- und allgemeine Verwaltungskosten an die Betriebsstätte belastet werden (BMF v. 21. 4. 1981, BStBl. 1981 I S. 337). Diese Auffassung könnte dazu dienen, das Besteuerungsrecht der Bundesrepublik Deutschland als Wohnsitzstaat des Arbeitgebers und Arbeitnehmers weitestmöglich aufrechtzuerhalten und nicht dem anderen Vertragsstaat das Besteuerungsrecht zuzuerkennen (u. U. mit

der Folge der Freistellung der anteiligen Vergütung in der Bundesrepublik Deutschland).

Dieser Auffassung ist jedenfalls dann nicht zu folgen, wenn sich ein Vergü- **44** tungsempfänger im anderen Vertragsstaat körperlich aufgehalten hat und dort für die Betriebsstätte tätig geworden ist. In einem solchen Fall ist es un- erheblich, ob die Vergütung direkt oder als Teil einer Kostenumlage an die Betriebsstätte belastet wird, da dann jedenfalls die Betriebsstätte wirtschaft- lich und steuerlich den ihr belasteten Aufwand einschließlich der Vergütung für den Arbeitnehmer zu tragen hat (a. A. wohl *Vogel*, a. a. O., Art. 15 Tz. 30). Nur dann, wenn im Rahmen der Ergebnisabgrenzung zwischen Haupthaus und Betriebsstätte **allgemeine Geschäftsführungs- oder Verwal- tungskosten der Betriebsstätte zugeordnet** werden, ohne daß ein Zusammen- hang zu einer von einem Arbeitnehmer im Betriebsstättenstaat ausgeübten Tätigkeit herzustellen ist, kann von einem Tragen der Vergütung nicht mehr die Rede sein. Es verbleibt damit bei dem Besteuerungsrecht des Wohnsitz- staates.

IV. Besatzungen von Seeschiffen und Luftfahrzeugen

Art. 15 Abs. 3 enthält eine **Sonderregelung für** Personen, die als Mitglied der **45** regulären **Besatzung eines Seeschiffes oder Luftfahrzeuges** Vergütungen für unselbständige Arbeit beziehen. Diese Regelung wurde neu in das Abkom- men aufgenommen. Eine entsprechende Vorschrift fehlt im DBA-USA 1954/65.

Art. 15 Abs. 3 weicht von Art. 15 Abs. 3 MA ab, indem nicht auf den Ort **46** der tatsächlichen Geschäftsleitung des Unternehmens abgestellt wird, das ein Seeschiff oder Luftfahrzeug im internationalen Verkehr betreibt. Viel- mehr haben sich die Vertragsparteien dafür entschieden, allein auf die **An- sässigkeit des Empfängers der Vergütung** für die Ausübung der unselbständi- gen Arbeit abzustellen. Damit spielt das Problem der unterschiedlichen Per- sonen, die das Seeschiff bzw. Luftfahrzeug betreiben und die die Mannschaft stellen, keine Rolle mehr.

Aufgrund Art. 15 Abs. 3 wird das **Besteuerungsrecht** für derartige Vergütun- **47** gen **ausschließlich** („können … nur") **dem Wohnsitzstaat** des Vergütungs- empfängers zugewiesen. Dies gilt unabhängig davon, wo sich der Ort der Geschäftsleitung entweder des Betreiberunternehmens oder des Unterneh- mens befindet, das die reguläre Besatzung stellt. Der andere Vertragsstaat hat insoweit uneingeschränkt freizustellen.

Artikel 16
Aufsichtsrats- und Verwaltungsratsvergütungen

Aufsichtsrats- oder Verwaltungsratsvergütungen und ähnliche Zahlungen, die eine in einem Vertragsstaat ansässige Person für Dienste bezieht, die sie im anderen Vertragsstaat in ihrer Eigenschaft als Mitglied des Aufsichts- oder Verwaltungsrats einer im anderen Vertragsstaat ansässigen Gesellschaft leistet, können im anderen Vertragsstaat besteuert werden.

Erläuterungen zu Artikel 16

I. Überblick

1 Art. 16 enthält **nunmehr eine eigenständige Regelung** der Besteuerung der Aufsichtsrats- und Verwaltungsratsvergütungen, die bislang in Art. X DBA-USA 1954/65 mit den Einkünften aus selbständiger und unselbständiger Arbeit zusammengefaßt waren (vgl. Art. 15 Rz. 1).

2 In seinem **Aufbau und Regelungsinhalt folgt** Art. 16 grundsätzlich der entsprechenden Vorschrift im **OECD-Musterabkommen.** In Übereinstimmung mit moderner Vertragspraxis wird das Besteuerungsrecht für die an ein Mitglied des Aufsichts- oder Verwaltungsrats gezahlte Vergütung dem Vertragsstaat zugewiesen, in dem die Gesellschaft ansässig ist, für die die Aufsichtsrats- oder Verwaltungsratstätigkeit erbracht wird. Damit sind jedenfalls mit Blick auf dieses Abkommen die USA von ihrem zu Art. 16 MA erhobenen Vorbehalt abgerückt, wonach sie die Auffassung vertreten, daß Aufsichtsrats- und Verwaltungsratsvergütungen nach Art. 14 besteuert werden sollen (Art. 16 MA, Kommentar zu Art. 16 Tz. 5).

3 Eine **Abweichung zu dem OECD-Musterabkommen** besteht allerdings darin, daß das Besteuerungsrecht nur dann bei dem Ansässigkeitsstaat der überwachten Gesellschaft liegt, wenn die Tätigkeit dort ausgeübt wird. Insoweit übernimmt Art. 16 ein Tatbestandsmerkmal, das bereits aus Art. X DBA-USA 1954/65 bekannt ist.

II. Aufsichtsrats- und Verwaltungsratstätigkeiten

Grundsätzlich sind die Vergütungen für eine Aufsichtsrats- oder Verwaltungsratstätigkeit als **Einkünfte aus selbständiger Arbeit** anzusehen (siehe aus deutscher Sicht § 18 Abs. 1 Nr. 3 EStG). Damit wäre die Regelung der Besteuerungszuordnung über Art. 14 vorzunehmen gewesen. Art. 16 enthält jedoch insoweit eine **Sondervorschrift**.   4

Auch zu Art. 16 gilt, daß der **Begriff des Aufsichtsrats- und Verwaltungsratsmitglieds nicht definiert** ist. Dabei ist des weiteren zu beachten, daß diese beiden Begriffe sich nur in der deutschen Fassung des Abkommens finden lassen, während in der englischen Fassung für Art. 16 der Begriff „Member of the Board of Directors of a Company" verwendet wird.   5

Aus deutscher Sicht läßt sich der Ausdruck Aufsichtsrats- und Verwaltungsratsmitglied unter Bezugnahme auf § 100 AktG bzw. § 52 GmbHG bestimmen. Damit gilt über § 100 Abs. 1 AktG bzw. § 52 Abs. 1 GmbHG, daß nur eine natürliche Person als Mitglied des Aufsichtsrats einer AG bzw. GmbH (bei der GmbH wird insoweit auch von einem Beirat gesprochen) auftreten kann. Im übrigen ergibt sich aus § 105 AktG, der über § 52 GmbHG auch für die GmbH gilt, daß die Zugehörigkeit ein- und derselben Person zum Aufsichtsrat auf der einen Seite und zum Vorstand auf der anderen Seite für eine Gesellschaft nicht miteinander vereinbar ist. Das deutsche Gesellschaftsrecht geht von einer klaren Trennung der Zuständigkeiten und Verantwortlichkeiten aus. Die Geschäfte der Gesellschaft werden durch den Vorstand bei der Aktiengesellschaft und durch den oder die Geschäftsführer bei der GmbH geleitet und geführt. Diese Geschäftsführungstätigkeit unterliegt bei der AG kraft gesetzlicher Regelung der Überwachung durch den Aufsichtsrat, bei der GmbH bei entsprechender Bestimmung im Gesellschaftsvertrag durch ein vergleichbar strukturiertes Gremium. Ein Aufsichtsrat ist auch bei der Genossenschaft bekannt (§ 9 GenG). Auch hier hat der Aufsichtsrat eine klare Überwachungsfunktion (§ 38 GenG). Ein Verwaltungsrat findet sich im deutschen Rechtskreis bei Sparkassen und ähnlichen öffentlich-rechtlichen Einrichtungen.   6

Aus US-amerikanischer Sicht ergeben sich bei der Definition des Begriffs Director im Vergleich zu dem deutschen Begriffsverständnis gewisse Schwierigkeiten und Abweichungen. Nach anglo-amerikanischem Rechtsverständnis befindet sich der Director einer US-amerikanischen Corporation oder Company, d. h. einer juristischen Person nach US-Recht, eher in einer Zwischenstellung, die dem deutschen Rechtsverständnis mit seiner klaren Trennung der Verantwortlichkeiten und Zuständigkeiten fremd ist. Nach US-amerikanischem Verständnis kann ein Director sowohl eine Überwachungsfunktion als auch eine Geschäftsleitungsfunktion ausüben. Im Regelfall überträgt in   7

der Praxis einer US-Kapitalgesellschaft der Board of Directors die Aufgaben
der täglichen Geschäftsleitung und Geschäftsführung an sogenannte Officers, die dann an den Board of Diretors berichten und von ihm überwacht
werden. Dabei ist allerdings nicht auszuschließen, daß ein Mitglied des
Board of Directors auch gleichzeitig ein Officer sein kann, d. h., die Person
wird insoweit eine gewisse Doppelfunktion (Überwachung und gleichzeitig
Geschäftsführung) wahrnehmen.

8   Sowohl aus deutschem als auch aus US-amerikanischem Verständnis ist jedenfalls klar, daß sich Art. 16 auf die **Besteuerungszuordnung bei überwa-
chender Tätigkeit** eines Aufsichtsrats- oder Verwaltungsratsmitglieds bzw.
einer vergleichbaren Person (Director) im anderen Vertragsstaat beziehen
soll. Damit ist die Grundaussage getroffen, die der Anwendung und Umsetzung in die Praxis bedarf.

9   Wie sich der Schlußformel sowohl in der englischen als auch in der deutschen Sprache entnehmen läßt, ist der **Wortlaut** der zwei Urschriften, jede **in
deutscher und englischer Sprache, gleichermaßen verbindlich** (... both texts
being equally authentic). Aufgrund dieser Vereinbarung über eine gleichwer-
tige Verbindlichkeit stehen ein aus deutschem Rechtsverständnis eindeutig
faßbarer und klar strukturierter Begriff (Aufsichtsrat, Verwaltungsrat) und
ein aus US-Rechtsverständnis eher weit zu begreifender Begriff (Director) nebeneinander. Insoweit ist auf Art. 33 Abs. 4 des Wiener Übereinkommens
über das Recht der Verträge (WÜRV) vom 23. Mai 1969 (vgl. österreichisches
BGBl. 1980 S. 775) Bezug zu nehmen. Nach Art. 33 Abs. 4 WÜRV ist in einem solchen Fall die Bedeutung zugrunde zu legen, die unter Berücksichtigung von Ziel und Zweck des Vertrags die Wortlaute am besten miteinander
in Einklang bringt.

10   Da in Art. 16 die **überwachende, kontrollierende Tätigkeit** angesprochen ist,
ist auch bei einem Director einer US-Kapitalgesellschaft auf die überwachende Funktion abzustellen. Soweit er diese Überwachungstätigkeit ausübt und
dafür vergütet wird, greift Art. 16 ein. Andernfalls handelt es sich um eine
nach Art. 14 oder Art. 15 oder auch nach einer anderen Vorschrift (z. B.
Art. 10, wenn der Director gleichzeitig Gesellschafter ist) zu beurteilende
Zahlung (siehe auch die Differenzierung in Art. 16 MA; Kommentar zu
Art. 16 Nr. 2). Eine etwas abweichende Ansicht vertritt *Vogel* (a. a. O. Art. 16
Tz. 12), der die Organe der jeweils in einem Vertragsstaat ansässigen Gesellschaft in beiden Vertragsstaaten gemäß der Beurteilung in ihrem Ansässigkeitsstaat behandelt sehen will. Diese Auffassung mag zwar für die Umsetzung in der Praxis eine gewisse Erleichterung mit sich bringen, wird aber
dann der in Art. 16 geforderten Eingrenzung auf die beaufsichtigende und
überwachende Tätigkeit nicht mehr in jedem Fall gerecht. Der klaren Differenzierung ist daher der Vorzug zu geben.

In Art. 16 wird nur der **Ausdruck Person** verwendet, ohne näher zu differen-   11
zieren, ob es sich nur um eine natürliche Person oder auch um eine juristische Person handeln kann. Auch wenn sich aus deutscher Sicht nur eine
natürliche Person als Aufsichtsrat oder Verwaltungsrat qualifiziert, entfaltet
diese Betrachtung keine Bindungswirkung in das Abkommen hinein und wäre über Art. 3 Abs. 1 d grundsätzlich auch die Aufsichtsrats- oder Verwal-
tungsratsstellung einer Gesellschaft möglich.

Entscheidend für die Zuordnung des Besteuerungsrechts zu dem Ansässig-   12
keitsstaat der überwachten Gesellschaft ist, daß die Person die **Aufsichtsrats-
oder Verwaltungsratstätigkeit in dem anderen Staat leistet.** Auch hier
kommt es auf die körperliche Anwesenheit z.B. aus Anlaß von Aufsichts-
ratsitzungen oder Board Meetings an. Damit ist in Fortführung der bisherigen Zuordnungsregelungen in Art. X DBA-USA 1954/65 die amerikanische
Rechtsauffassung in das Abkommen eingeflossen, wonach die Aufsichtsrats-
tätigkeit in dem Ansässigkeitsstaat der überwachten Gesellschaft ausgeübt
wird, wenn dort die Sitzungen des Aufsichtsrats stattfinden (vgl. *Vogel*, MA,
Art. 16, Tz. 15).

Das Aufsichtsrats- oder Verwaltungsratsmitglied muß die **Vergütung** für sei-   13
ne entsprechende Tätigkeit **von einer im anderen Vertragsstaat ansässigen
Gesellschaft** beziehen. Nach Art. 3 Abs. 1 e bedeutet der Ausdruck „Gesellschaft" juristische Personen oder Rechtsträger, die für die Besteuerung wie
juristische Personen behandelt werden. Damit können nur die von einer Kapitalgesellschaft (AG, GmbH, Corporation, Company) oder von einem vergleichbaren Rechtsträger (Genossenschaft, Association Taxable as a Corporation) gezahlten Vergütungen unter Art. 16 subsumiert werden.

Die Verwendung des Wortes „können" ohne den Begriff „nur" beläßt **neben**   14
dem Ausübungsstaat auch dem Wohnsitzstaat das Besteuerungsrecht. Hier
ist aus deutscher Sicht von Bedeutung, daß über Art. 23 Abs. 2 b cc in
Deutschland nur noch die **Anrechnungsmethode** angewandt wird, während
nach dem bisherigen Abkommen in Deutschland die Freistellung (mit Progressionsvorbehalt) vorgesehen war. Damit wird im Ergebnis die Vergütung
für eine Aufsichtsrats- oder Verwaltungsratstätigkeit, die für eine US-amerikanische Kapitalgesellschaft in den USA ausgeübt wird, von dem niedrigeren
US-amerikanischen Einkommensteuerniveau auf das höhere deutsche Steu-
erniveau angehoben. Die in den USA gezahlte Einkommensteuer kann in
Deutschland nur angerechnet werden, und es verbleibt im Ergebnis bei der
regulären deutschen Einkommensbesteuerung.

Artikel 17

Künstler und Sportler

(1) Ungeachtet der Artikel 7 (Gewerbliche Gewinne), 14 (Selbständige Arbeit) und 15 (Unselbständige Arbeit) können Einkünfte, die eine in einem Vertragsstaat ansässige Person als Künstler (wie Bühnen-, Film-, Rundfunk- und Fernsehkünstler sowie Musiker) oder als Sportler aus ihrer im anderen Vertragsstaat persönlich ausgeübten Tätigkeit bezieht, im anderen Staat besteuert werden, es sei denn, daß der Betrag der von dem Künstler oder Sportler bezogenen Einnahmen aus dieser Tätigkeit einschließlich der ihm erstatteten oder für ihn übernommenen Kosten $ 20 000 (zwanzigtausend US-Dollar) oder den Gegenwert in Deutscher Mark für das betreffende Kalenderjahr nicht übersteigt.

(2) Fließen Einkünfte aus einer von einem Künstler oder Sportler in dieser Eigenschaft persönlich ausgeübten Tätigkeit nicht dem Künstler oder Sportler, sondern einer anderen Person zu, so können diese Einkünfte der anderen Person ungeachtet der Artikel 7 (Gewerbliche Gewinne) und 14 (Selbständige Arbeit) in dem Vertragsstaat besteuert werden, in dem der Künstler oder Sportler seine Tätigkeit ausübt, es sei denn, es wird nachgewiesen, daß weder der Künstler oder Sportler noch eine ihm nahestehende Person unmittelbar oder mittelbar in irgendeiner Weise an den Gewinnen jener anderen Person – einschließlich später zu zahlender Vergütungen, Gratifikationen, Honorare, Dividenden, Anteile am Gewinn einer Personengesellschaft oder anderer Einkünfte oder sonstiger Ausschüttungen – beteiligt ist.

(3) Die Absätze 1 und 2 gelten nicht für Einkünfte aus der von Künstlern oder Sportlern in einem Vertragsstaat ausgeübten Tätigkeit, wenn der Aufenthalt in diesem Staat in wesentlichem Umfang unmittelbar oder mittelbar aus öffentlichen Kassen des anderen Vertragsstaats oder einer seiner Gebietskörperschaften unterstützt wird. In diesem Fall können die Einkünfte nur in dem Vertragsstaat besteuert werden, in dem der Künstler oder Sportler ansässig ist.

Protokoll

(15) Zu Artikel 17 Absatz 1 (Künstler und Sportler)

Kann nach Artikel 17 Absatz 1 ein Künstler oder Sportler in der Bundesrepublik Deutschland nicht besteuert werden, so wird eine im Abzugsweg erhobene Steuer dem Steuerpflichtigen nur auf Antrag am Ende des betreffenden Kalenderjahrs erstattet. Artikel 29 Absatz 6 (Erstattung der Abzugsteuern) bleibt unberührt.

Inhaltsübersicht

Erläuterungen zu Artikel 17

I. Überblick

Art. 17 regelt die Besteuerung der Künstler und Sportler und ist damit eine **1**
Spezialvorschrift zu den Art. 7, 14 und 15 (vgl. Art. 15 Rz. 2). Im Grundsatz
entspricht der Artikel dem OECD-Musterabkommen und der neueren deutschen Abkommenspraxis (vgl. DBA Kanada 1981).

II. Natürliche Personen

Art. 17 Abs. 1 befaßt sich mit den Künstlern und Sportlern, die im jeweils **2**
anderen Staat **persönlich auftreten** und im Rahmen öffentlicher Veranstal-
tungen ihr Können vor Publikum vortragen bzw. darbieten. Dies bedeutet
z. B., daß Bildhauer, Schriftsteller und bei den Sportlern die Bergsteiger nicht
unter diesen Artikel fallen (vgl. *Vogel*, DBA, Art. 17 Tz. 12 und 13). Zudem
bezieht sich der Artikel nur auf **natürliche Personen**, da die persönliche Ausübung der Tätigkeit verlangt wird, was nur von natürlichen Personen erfüllt
werden kann.

Das **Besteuerungsrecht** hat uneingeschränkt der **Tätigkeitsstaat**, unabhängig **3**
davon, ob der Künstler oder Sportler in diesem Staat über eine Betriebsstätte
oder feste Einrichtung verfügt. Dies gilt nur dann nicht, wenn die Bruttoeinnahmen einschließlich erstatteter oder übernommener Kosten $ 20 000 pro
Jahr nicht übersteigen. Wird die Tätigkeit in der Bundesrepublik Deutschland ausgeübt, ist der entsprechende Gegenwert in DM maßgebend.

Wird das Besteuerungsrecht nach Abs. 1 der Bundesrepublik Deutschland als **4**
Tätigkeitsstaat zugewiesen, so wird dieses gem. den Vorschriften des § 50 a
Abs. 4 EStG ausgeübt, d. h. die **Bruttoeinnahmen** einschließlich übernomme-
ner Kosten unterliegen der 15 %igen Abzugsteuer. Diese Steuer muß vom
Schuldner der Vergütung auch dann einbehalten werden, wenn diese unter
$ 20 000 liegt. Dem Vergütungsempfänger wird diese Steuer auf Antrag er-
stattet, sofern seine Einnahmen insgesamt $ 20 000 im fraglichen Jahr nicht

übersteigen (Abschn. 15 des Protokolls). Die USA rechnen gem. Art. 23 Abs. 1 die deutsche Steuer auf die US-Steuer an.

5   Wird ein in der Bundesrepublik Deutschland ansässiger Künstler oder Sportler in den USA tätig, so üben die USA ihr Besteuerungsrecht als Tätigkeitsstaat aus, indem sie auf die Einnahmen abzüglich der Kosten die normalen Steuersätze für natürliche Personen erheben. Dies bedeutet, daß der Künstler/Sportler eine **US-Steuererklärung** (Vordruck 1040 NR) abzugeben hat. Die Bundesrepublik Deutschland rechnet die US-Steuern gem. Art. 23 Abs. 2 Buchst. b dd auf die deutsche Steuer an. Liegen die jährlichen Einnahmen unter $ 20 000, so dürfen die USA keine Steuern erheben. Da die USA die Steuern, so sie hierzu berechtigt sind, im Wege des normalen Veranlagungsverfahrens erheben, gilt Abschn. 15 des Protokolls nur für die Bundesrepublik Deutschland.

III. Zufluß an Dritte

6   Das Grundkonzept des Abs. 2 findet sich sowohl im OECD-Musterabkommen als auch in einer Vielzahl anderer deutscher Abkommen. Er ist gegen die häufig anzutreffenden **Künstlerverleihgesellschaften** gerichtet, die der Ausnutzung von Abkommensvorteilen dienen. Ähnliche Gestaltungen wurden auch für Sportler gewählt. Dabei tritt der Künstler nicht im eigenen Namen auf, sondern in der Regel als Angestellter der Künstlerverleihgesellschaft. Da diese im Tätigkeitsstaat des Künstlers nicht über eine Betriebsstätte verfügt, kann sie dort aufgrund der DBA-Bestimmungen im allgemeinen nicht der Steuerpflicht unterliegen. Der Künstler bezieht keine Einkünfte aus der persönlichen Tätigkeit als Künstler, sondern als Angestellter und fällt damit unter die Vorschriften für die Einkünfte aus nichtselbständiger Arbeit, die in solchen Fällen eine Befreiung im Tätigkeitsstaat vorsehen. Gegen diese Gestaltung wendet sich Abs. 2 ebenso wie § 50 a Abs. 4 Nr. 1 EStG, wonach die Einkünfte im Tätigkeitsstaat steuerpflichtig sind, unabhängig davon, wer die Einkünfte rechtlich erzielt.

7   Da sich dieser Absatz nur gegen Mißbräuche wenden soll, ist das Besteuerungsrecht des Tätigkeitsstaates bei Zwischenschaltung einer anderen Person (z. B. Kapitalgesellschaft) auf jene Fälle begrenzt, in denen der Künstler/Sportler in irgendeiner Form **am Gewinn der zwischengeschalteten Gesellschaft beteiligt** ist. Dies kann sowohl im Rahmen von Tantiemezahlungen an den angestellten Künstler/Sportler als auch durch Dividendenzahlungen an den Künstler/Sportler, der zugleich auch Gesellschafter ist, geschehen. Diese Einschränkung ist im § 50 a EStG nicht enthalten, so daß das DBA hier das Besteuerungsrecht der Bundesrepublik Deutschland einschränkt.

Beispiel:

Ein amerikanischer Künstler, der bei einer US-Corporation angestellt ist, an der er nicht beteiligt ist, erhält für eine Tournee in der Bundesrepublik Deutschland ein im voraus vereinbartes Honorar, das auch nicht entsprechend dem letztendlichen Tourneerfolg korrigiert wird. Der Künstler kann nur dann der deutschen Besteuerung unterliegen, wenn die Voraussetzungen des Art. 14 oder 15 erfüllt sind.

Den Künstler oder Sportler trifft dabei die Pflicht, das Fehlen gewinnabhängiger Vergütungen usw. nachzuweisen.

IV. Förderung aus öffentlichen Kassen

Von den Vertragsstaaten **unterstützte Künstler** (z. B. Staatsorchester) werden   8
von den Abs. 1 und 2 **nicht erfaßt** und sind gem. Art. 17 Abs. 3 nur im Wohnsitzstaat zur Steuer heranzuziehen.

Artikel 18
Ruhegehälter, Renten und Unterhaltszahlungen

(1) Vorbehaltlich des Artikels 19 (Öffentlicher Dienst; Sozialversicherung) können Ruhegehälter und ähnliche Vergütungen, die eine in einem Vertragsstaat ansässige Person für frühere unselbständige Arbeit als Nutzungsberechtigter bezieht, nur in diesem Staat besteuert werden.

(2) Vorbehaltlich des Artikels 19 (Öffentlicher Dienst; Sozialversicherung) können Renten, die eine in einem Vertragsstaat ansässige Person als Nutzungsberechtigter bezieht, nur in diesem Staat besteuert werden. Der in diesem Absatz verwendete Ausdruck „Renten" bedeutet einen bestimmten Betrag, der regelmäßig zu festgesetzten Zeitpunkten während einer bestimmten Anzahl von Jahren aufgrund einer Verpflichtung gegen angemessene und bewirkte Leistungen (ausgenommen geleistete Dienste) gezahlt wird.

(3) Unterhaltszahlungen, die von einer in einem Vertragsstaat ansässigen Person an eine im anderen Vertragsstaat ansässige Person gezahlt werden und die im erstgenannten Staat abzugsfähig sind, können nur im anderen Staat besteuert werden. Der in diesem Artikel verwendete Ausdruck „Unterhaltszahlungen" bedeutet regelmäßige Zahlungen (aufgrund einer schriftlichen Trennungsvereinbarung, eines Scheidungsurteils oder eines Urteils zur Leistung von Unterhaltszahlungen an getrennt lebende Ehepartner oder von Pflichtunterhaltszahlungen), die nach dem Recht des Staates, in dem der Empfänger ansässig ist, bei diesem besteuert werden können.

(4) Nichtabzugsfähige Unterhaltszahlungen und regelmäßige Zahlungen für den Unterhalt eines minderjährigen Kindes (aufgrund einer schriftlichen Trennungsvereinbarung, eines Scheidungsurteils oder eines Urteils zur Leistung von Unterhaltszahlungen an getrennt lebende Ehepartner oder Pflichtunterhaltszahlungen), die eine in einem Vertragsstaat ansässige Person an eine im anderen Vertragsstaat ansässige Person leistet, können nur im erstgenannten Staat besteuert werden.

Protokoll

(16) Zu Artikel 18 Absatz 3 (Ruhegehälter, Renten und Unterhaltszahlungen)

Bei der Festsetzung des steuerpflichtigen Einkommens einer in der Bundesrepublik Deutschland ansässigen natürlichen Person wird in bezug auf Unterhaltszahlungen oder ähnliche Leistungen, die an eine in den Vereinigten Staaten ansässige natürliche Person gezahlt werden, der Betrag zum Abzug

zugelassen, der zum Abzug zugelassen würde, wenn die letztgenannte Person in der Bundesrepublik Deutschland unbeschränkt steuerpflichtig wäre.

Erläuterungen zu Artikel 18

I. Überblick

Abs. 1 **entspricht** Art. 18 im **OECD-Musterabkommen** von 1977, die   1
Abs. 2–4 sind im MA nicht enthalten, entsprechen jedoch dem **US-Muster-abkommen.** Im bisherigen Abkommen waren die privaten Ruhegehälter und Leibrenten in Art. XI Abs. 2 in ähnlicher Weise geregelt.

In diesem Artikel des DBA wird das Besteuerungsrecht für private Ruhege-   2
hälter, Renten und Unterhaltszahlungen einem der beiden Vertragsstaaten zugewiesen. Dieser Artikel geht dem Art. 15 über Einkünfte aus nichtselb-ständiger Tätigkeit vor. Art. 19 ist wiederum eine **Spezialnorm** zu Art. 18 und 15, so daß dieser zuerst zu prüfen ist.

II. Private Ruhegehälter

Abs. 1 regelt private Ruhegehälter und ähnliche Vergütungen, für die das   3
DBA das alleinige Besteuerungsrecht dem Staat zuweist, in dem der Empfän-ger des Ruhegehaltes im Sinne dieses Abkommen (Art. 4) ansässig ist. Unter Ruhegehältern und ähnlichen Vergütungen werden Zahlungen verstanden, die für frühere nichtselbständige Arbeit erfolgen und bei denen der Versor-gungscharakter überwiegt. Dazu zählen z. B. **nicht nachträglich gezahlte Ge-hälter und Abfindungen.** Zahlungen aus Pensionskassen oder US-Pensions-trusts fallen unter Art. 18 Abs. 2 (vgl. hierzu *Vogel,* DBA, Art. 18 Tz. 6–17).

Bezieht ein nicht in den USA ansässiger **Ausländer eine Pension von seinem**   4
früheren US-Arbeitgeber, so unterliegt diese Zahlung in den USA den nor-malen Steuersätzen für natürliche Personen (15 %/28 %), d. h., der Ausländer ist mit diesen Einkünften beschränkt steuerpflichtig. (Sec. 861 (a) (3); 871 (b) IRC). Aufgrund von Art. 18 Abs. 1 müssen die USA auf dieses Besteuerungs-

recht verzichten, wenn der Empfänger des Ruhegehaltes in der Bundesrepublik Deutschland ansässig ist. Der in der Bundesrepublik Deutschland ansässige Empfänger muß dem zahlenden Unternehmen seine **Abkommensberechtigung** auf dem Vordruck 1001 nachweisen, damit dieser auf den Steuereinbehalt verzichten kann. Wurde zu Unrecht Steuer einbehalten, kann die Steuer durch Abgabe einer Steuererklärung für beschränkt Steuerpflichtige zurückgefordert werden (Vordruck 1040 NR). Der Empfänger muß diese Einkünfte in der Bundesrepublik Deutschland gem. § 19 EStG versteuern. Dieser Fall hat jedoch in der Praxis keine große Bedeutung, da aus steuerlichen Gründen die betriebliche Altersversorgung in den USA im allgemeinen über Pensionstrusts und nicht über Pensionsrückstellungen erfolgt. Bei Zahlungen aus einem US-Pensionstrust ist nach US-Recht der Anteil der Zahlungen steuerfrei, der sich auf Einzahlungen bezieht, die beim Arbeitnehmer steuerpflichtig waren.

5   Bezieht umgekehrt **eine in den USA ansässige natürliche Person** (US citizen, resident alien, green card holder) eine **Pension von einem deutschen Unternehmen,** so würde der Empfänger grundsätzlich mit dieser Zahlung gem. § 49 Abs. 1 Nr. 4 EStG der beschränkten Steuerpflicht unterliegen. Auch diese Besteuerung kann nach Art. 18 Abs. 1 nicht erfolgen, d. h. der Empfänger muß die Einkünfte lediglich in den USA versteuern. Das deutsche Unternehmen muß bei seinem Betriebsstättenfinanzamt gem. § 39 b EStG und Abschn. 90 LStR eine Freistellungsbescheinigung beantragen.

6   Eine **Sonderregelung** gilt **für US-Staatsangehörige, die in der Bundesrepublik Deutschland** im Sinne des Abkommen **ansässig sind.** Erzielt eine solche Person eine **Pension von einem deutschen Unternehmen,** so sind diese Bezüge gem. Art. 18 Abs. 1 in der Bundesrepublik Deutschland voll steuerpflichtig (unbeschränkte Steuerpflicht, § 19 EStG). Da die USA jedoch gem. Abs. 1 des Protokolls US-Staatsangehörige auch dann besteuern, wenn diese nicht in den USA ansässig sind, zählen diese Einkünfte auch zu den in den USA steuerpflichtigen Einkünften. Die USA rechnen jedoch gem. Art. 23 Abs. 1 die deutschen Steuern auf die US-Steuer an.

7   Bezieht der in der Bundesrepublik Deutschland ansässige US-Staatangehörige eine **Pension aus den USA,** so gilt grundsätzlich dieselbe Regelung. Die USA rechnen die deutschen Steuern nach Art. 23 Abs. 3 an.

III. Private Renten (Art. 18 Abs. 2)

8   Bei den privaten Renten handelt es sich um **regelmäßige Zahlungen** über einen gewissen Zeitraum hinweg, die **aufgrund bestimmter Leistungen** gezahlt werden. Handelt es sich bei den zugrunde liegenden Leistungen um Dienstleistungen, d. h. um nichtselbständige Arbeit, gilt Abs. 1.

Auch für die privaten Renten gilt **uneingeschränkt das Besteuerungsrecht für**   9
den Wohnsitzstaat. Der Staat, in dem die leistende Person ansässig ist, muß
auf sein Besteuerungsrecht verzichten.

Bezieht eine in den USA ansässige Person z. B. **Rentenzahlungen aus einer deut-**   10
schen Pensionskasse oder von einem deutschen Versicherungsunternehmen,
so dürfte die Bundesrepublik Deutschland diese Zahlungen nicht besteuern.
Nach derzeit gültigem deutschem Steuerrecht würden diese Zahlungen jedoch
auch ohne Berücksichtigung des DBA nicht besteuert, so daß keinerlei Freistel-
lungsbescheinigungen erforderlich sind. Die USA besteuern bei Rentenzahlungen aus Versicherungen lediglich den Ertragsanteil. Bei Zahlungen aus Pensionskassen ist für den Umfang der Besteuerung maßgebend, ob die Beiträge an
die Pensionskasse der US-Steuer unterlegen haben oder nicht.

Erhält eine in der Bundesrepublik Deutschland ansässige Person **Zahlungen**   11
aus einem US-Pensiontrust, so hat auch hier nur der Wohnsitzstaat das Besteuerungsrecht. Die Bundesrepublik Deutschland würde diese Zahlungen
grundsätzlich als Renten mit dem Ertragsanteil versteuern (§ 22 Nr. 1 EStG).

Rentenzahlungen aufgrund von **Veräußerungsgeschäften** werden grundsätz-   12
lich entsprechend dem Artikel behandelt, der das zugrunde liegende Veräu-
ßerungsgeschäft regelt. Wird z.B. ein Grundstück gegen Gewährung einer
lebenslänglichen Rente veräußert, so hat der Belegenheitsstaat das Besteuerungsrecht (Art. 13). Gleiches gilt bei der Veräußerung eines Unternehmens
(Art. 13). Überwiegt bei der Rentenzahlung jedoch der Versorgungscharak-
ter, könnte auch Art. 18 zum Tragen kommen. Die Abgrenzung gestaltet
sich hier schwierig (vgl. *Vogel,* DBA, Art. 18 Tz. 24).

IV. Unterhaltszahlungen (Abs. 3 und 4)

Abs. 3 und 4 bestimmen das Besteuerungsrecht für Unterhaltszahlungen an   13
gegenwärtige oder frühere **Ehepartner** aufgrund einer Trennungsvereinbarung oder eines Scheidungsurteils, sowie Pflichtunterhaltszahlungen aufgrund gesetzlicher Vorschriften und Unterhaltszahlungen für **minderjährige**
Kinder des Steuerpflichtigen.

Sofern die **Zahlungen im Ansässigkeitsstaat des Zahlungsverpflichteten ab-**   14
zugsfähig sind, hat der **Ansässigkeitsstaat** des Unterhaltempfängers (Ausnahme: Zahlungen für minderjährige Kinder) das **alleinige Besteuerungs-**
recht, d.h. es entfällt die Besteuerung im Quellenstaat. Dies bedeutet eine
Änderung der derzeitig noch gültigen Regelung, nach der solche Zahlungen
durch eine in den USA ansässige Person in der Bundesrepublik Deutschland
unter Anwendung des Progressionsvorbehaltes steuerbefreit sind (vgl. BMF-

Schreiben   v. 28. 3.   1977,   in: *Korn/Debatin*,   Doppelbesteuerung,   USA,
S. 261).

15   In den USA sind Unterhaltszahlungen an den **geschiedenen oder getrennt lebenden Ehepartner** unbeschränkt abzugsfähig (Sec. 215 IRC), solange aufgrund einer Trennungsvereinbarung bzw. eines Scheidungsurteils der Zahlungsempfänger von der Besteuerung der Zahlung nicht entlastet wird. D. h.
die geschiedenen oder getrennt lebenden Ehepartner können u. U. vereinbaren, wer die Steuerbelastung tragen soll. Entscheiden sie sich für den Abzug
beim Zahlungsverpflichteten, so muß der Empfänger diese Zahlungen gem.
§ 22 Nr. 1 EStG als wiederkehrende Bezüge voll versteuern, solange er in der
Bundesrepublik Deutschland im Sinne dieses Abkommens ansässig ist. Handelt es sich bei dem Zahlungsempfänger um einen in der Bundesrepublik
Deutschland ansässigen US-Staatsangehörigen, so bleiben die Zahlungen frei
von der US-Steuer (siehe Abs. 1 Buchst. b aa des Protokolls). Entscheiden
Zahlungsverpflichteter und -empfänger gegen den Abzug in den USA, so
sind die Zahlungen bei dem in der Bundesrepublik Deutschland ansässigen
Empfänger nach Art. 18 Abs. 4 von der deutschen Steuer befreit.

16   Ist der Zahlungsverpflichtete **in der Bundesrepublik Deutschland** ansässig, so
sind die Zahlungen an den **geschiedenen oder getrennt lebenden Ehepartner**
nach nationalem deutschem Recht gem. § 10 Abs. 1 Nr. 1 EStG nicht abzugsfähig, da der Empfänger nicht unbeschränkt einkommensteuerpflichtig ist.
Abschn. 16 des Protokolls zum neuen DBA dehnt jedoch die Abzugsmög-
lichkeit auf diejenigen Fälle aus, in denen der Zahlungsempfänger in den
USA ansässig ist. Insofern gilt für unter das Abkommen fallende Unterhaltszahlungen auch in der Bundesrepublik Deutschland die Abzugsfähigkeit, so
daß bei Zahlungen an in den USA ansässige Unterhaltsberechtigte das Besteuerungsrecht den USA zugewiesen wird. Die Tatsache, daß nach deutschem Steuerrecht die Abzugsfähigkeit der Höhe nach begrenzt ist, könnte
zu einer Aufteilung des Besteuerungsrechtes führen. D. h., soweit die Zahlungen in der Bundesrepublik Deutschland abzugsfähig sind, fallen sie unter
Abs. 3 und darüber hinaus auch unter Abs. 4. In den USA unterliegen die
Zahlungen beim Empfänger gem. Sec. 71 IRC in vollem Umfang der Besteuerung.

17   Wird **Unterhalt an minderjährige Kinder** oder an eine andere Person gezahlt,
die nicht mit dem Zahlungsverpflichteten verheiratet ist oder war, so können diese Zahlungen weder in den USA noch in der Bundesrepublik
Deutschland steuerlich geltend gemacht werden. In diesem Fall regelt Abs. 4,
daß der Quellenstaat das Besteuerungsrecht hat. Dieses Besteuerungsrecht
wird jedoch weder von den USA noch der Bundesrepublik Deutschland ausgeübt, da solche Zahlungen nach jeweiligem nationalem Recht beim Empfänger grundsätzlich steuerfrei sind.

Artikel 19
Öffentlicher Dienst; Sozialversicherung

(1)

a) Löhne, Gehälter und ähnliche Vergütungen sowie Ruhegehälter, die die Vereinigten Staaten, ihre Einzelstaaten oder Gebietskörperschaften an natürliche Personen, ausgenommen deutsche Staatsangehörige, zahlen, sind in der Bundesrepublik Deutschland steuerbefreit.

b) Löhne, Gehälter und ähnliche Vergütungen sowie Ruhegehälter, die die Bundesrepublik Deutschland, ihre Länder oder Gemeinden – einschließlich der Ruhegehälter, die eine ihrer öffentlich-rechtlichen Rentenanstalten – an natürliche Personen, ausgenommen Staatsbürger der Vereinigten Staaten und natürliche Personen, denen die Einreise in die Vereinigten Staaten zur Gründung eines ständigen Wohnsitzes gestattet worden ist, zahlen, sind in den Vereinigten Staaten steuerbefreit.

c) Ruhegehälter, Renten und andere Beträge, die einer der Vertragsstaaten oder eine juristische Person des öffentlichen Rechts dieses Staates als Ausgleich für Schäden zahlt, die als Folge von Kriegshandlungen oder politischer Verfolgung entstanden sind, sind im anderen Staat steuerbefreit.

d) Im Sinne dieses Absatzes umfaßt der Ausdruck „Ruhegehälter" auch Renten, die an im Ruhestand befindliche zivile Angehörige des öffentlichen Dienstes gezahlt werden.

(2) Leistungen aufgrund der Sozialversicherungsgesetzgebung eines Vertragsstaats und andere öffentliche Ruhegehälter (soweit sie nicht in Absatz 1 behandelt sind), die ein Vertragsstaat an eine im anderen Vertragsstaat ansässige Person zahlt, können nur im anderen Vertragsstaat besteuert werden. Ist der vorhergehende Satz anzuwenden, so behandelt der andere Vertragsstaat diese Leistungen oder Ruhegehälter so, als handele es sich um Leistungen aufgrund der Sozialversicherungsgesetzgebung dieses anderen Vertragsstaats.

Inhaltsübersicht

Erläuterungen zu Artikel 19

I. Zahlungen des öffentlichen Dienstes (Abs. 1)

1   Gem. Art. 19 Abs. 1, der gegenüber dem DBA 1954/65 keine Änderungen aufweist, gilt für **laufende Zahlungen und Ruhegehälter** des öffentlichen Dienstes (Vertragsstaaten, deren Einzelstaaten bzw. Länder und deren Gemeinden) grundsätzlich das **Kassenstaatsprinzip**, d. h. der Staat, der die Zahlung leistet, hat auch das Besteuerungsrecht. **Ausnahmen** hiervon kommen dann zum Tragen, wenn der Empfänger Staatsbürger des Wohnsitzstaates ist. In diesem Fall besteuern beide Staaten, der Wohnsitzstaat rechnet die Steuer des Quellenstaates an. Gem. Abs. 1 d gelten diese Regelungen auch für zivile Angehörige des öffentlichen Dienstes.

2   Erhält eine in der Bundesrepublik Deutschland ansässige Person z. B. von der Regierung der USA ein Gehalt oder eine Pension, so werden diese Einkünfte lediglich in den USA besteuert, die Bundesrepublik Deutschland stellt diese Einkünfte unter Progressionsvorbehalt frei (Art. 23 Abs. 2 Buchst. a). Handelt es sich bei dem **Zahlungsempfänger** um einen **deutschen Staatsangehörigen,** so verbleibt das Besteuerungsrecht bei den USA, die Bundesrepublik Deutschland besteuert diese Einkünfte jedoch ebenfalls unter Anrechnung der US-Steuern (Art. 23 Abs. 2 Buchst. b ee).

3   Im umgekehrten Fall wird der Bundesrepublik Deutschland das Besteuerungsrecht zugewiesen. Ist der **Empfänger ein US-Staatsangehöriger** oder ein Green-Card-Holder, besteuern die USA ebenfalls unter Anrechnung der deutschen Steuern (Art. 18 Abs. 1 Buchst. b und Art. 23 Abs. 1). Somit gilt die Befreiung für solche Bezüge in den USA als Wohnsitzstaat nur für in den USA ansässige Ausländer, die nicht über ein Einreisevisum (green card) verfügen (siehe auch Abschn. 1 Buchst. b bb des Protokolls).

4   Ruhegehälter, Renten, die einer der Vertragsstaaten **aufgrund von Kriegsschäden oder politischer Verfolgung** zahlt, können im Ansässigkeitsstaat nicht besteuert werden. Dies gilt nach Abschn. 1 Buchst. b aa des Protokolls auch für US-Staatsbürger und Green-Card-Holder. Die Bundesrepublik Deutschland erhebt auf solche Bezüge gem. § 3 Nr. 6–8 EStG keine Steuern, so daß bei Zahlungen aus der Bundesrepublik Deutschland ingesamt keine Steuer erhoben wird.

II. Zahlungen der Sozialversicherung (Abs. 2)

5   Im **DBA-USA 1954/65** sind die Bezüge aus der Sozialversicherung der Vertragsstaaten nicht ausdrücklich geregelt, so daß die USA seit 1984 Sozialver-

sicherungsrenten an in der Bundesrepublik Deutschland ansässige Personen besteuern. Obwohl die deutsche Finanzverwaltung anderer Meinung ist, gestattet sie die Anrechnung der US-Steuern in diesen Fällen (siehe BMF-Schreiben vom 28. 11. 1985, BStBl. 1985 I S. 702).

Art. 19 Abs. 2 des neuen Abkommens weist das Besteuerungsrecht bei So-   6
zialversicherungsbezügen ausdrücklich dem Wohnsitzstaat des Empfängers zu. Außerdem wurde vereinbart, daß die Bezüge im Wohnsitzstaat genauso besteuert werden, als ob die Bezüge aus der Sozialversicherung des Wohnsitzstaates stammen würden.

Bezieht eine **in der Bundesrepublik Deutschland ansässige Person** Zahlungen   7
aus der US-Sozialversicherung, so sind diese Bezüge in den USA steuerbefreit, d. h. die Erhebung der Quellensteuer von 15 % (30 % auf die Hälfte der Bezüge) gem. Sec. 871 (a) (3) IRC entfällt. In der Bundesrepublik Deutschland erfolgt die Besteuerung gem. § 22 Nr. 1 EStG auf den Ertragsanteil.

Sozialversicherungsleistungen an **in den USA ansässige Personen** unterliegen   8
gem. § 49 Abs. 1 Nr. 7 EStG nicht der beschränkten Steuerpflicht. Außerdem würde ihnen gem. Abs. 2 dieses Besteuerungsrecht als Quellenstaat nicht zustehen. Die USA als Wohnsitzstaat besteuern solche Renten, indem sie 50 % der Bezüge in das zu versteuernde Einkommen einbeziehen, jedoch nicht mehr als die Hälfte des $ 25 000 übersteigenden steuerpflichtigen Einkommens ($ 32 000 bei Zusammenveranlagung) (Sec. 86 IRC).

Artikel 20

Gastprofessoren und -lehrer; Studenten und Auszubildende

(1) Hält sich ein in einem Vertragsstaat ansässiger Hochschullehrer oder Lehrer im anderen Vertragsstaat für höchstens zwei Jahre zu fortgeschrittenen Studien oder Forschungsarbeiten oder zur Ausübung einer Lehrtätigkeit an einer anerkannten Universität, Hochschule, Schule oder anderen Lehranstalt oder einer öffentlichen Forschungseinrichtung oder anderen Einrichtung für Forschungsarbeiten zum öffentlichen Nutzen auf, so können die für diese Tätigkeit bezogenen Vergütungen nur im erstgenannten Staat besteuert werden. Dieser Artikel gilt nicht für Einkünfte aus Forschungstätigkeit, wenn die Forschungstätigkeit nicht im öffentlichen Interesse, sondern in erster Linie zum privaten Nutzen einer bestimmten Person oder bestimmter Personen ausgeübt wird. Personen, die im unmittelbar vorhergehenden Zeitraum in den Genuß der Vergünstigungen der Absätze 2, 3 oder 4 gekommen sind, erhalten die Vergünstigungen dieses Absatzes nicht.

(2) Zahlungen – ausgenommen Vergütungen für persönliche Dienstleistungen –, die ein Student oder Lehrling (in der Bundesrepublik Deutschland einschließlich der Volontäre und Praktikanten), der sich in einem Vertragsstaat zum Vollzeitstudium oder zur Vollzeitausbildung aufhält und der im anderen Vertragsstaat ansässig ist oder dort unmittelbar vor der Einreise in den erstgenannten Staat ansässig war, für seinen Unterhalt, sein Studium oder seine Ausbildung erhält, werden in diesem Staat nicht besteuert, sofern die Zahlungen aus Quellen außerhalb dieses Staates stammen oder von außerhalb dieses Staates überwiesen werden.

(3) Zahlungen – ausgenommen Vergütungen für persönliche Dienstleistungen –, die eine Person, die sich in einem Vertragsstaat aufhält und die im anderen Vertragsstaat ansässig ist oder dort unmittelbar vor der Einreise in den erstgenannten Staat ansässig war, als Zuschuß, Unterhaltsbeitrag oder Stipendium von einer gemeinnützigen, religiösen, mildtätigen, wissenschaftlichen, literarischen oder erzieherischen privaten Organisation oder einer vergleichbaren öffentlichen Einrichtung erhält, werden im erstgenannten Staat nicht besteuert.

(4) Ein Student oder Lehrling im Sinne des Absatzes 2 oder der Empfänger eines Zuschusses, Unterhaltsbeitrags oder Stipendiums im Sinne des Absatzes 3, der sich in diesem Vertragsstaat höchstens vier Jahre aufhält, ist in diesem Staat von der Steuer auf alle Einkünfte aus unselbständiger Arbeit befreit, die $ 5000 (fünftausend US-Dollar) oder den Gegenwert in Deutscher Mark je Steuerjahr nicht übersteigen, vorausgesetzt, die Arbeit wird zum

Zweck der Ergänzung von Geldmitteln ausgeübt, die anderweitig für den Unterhalt, das Studium oder die Ausbildung zur Verfügung stehen.

(5) Eine in einem Vertragsstaat ansässige Person, die Angestellter eines Unternehmens dieses Staates oder einer in Absatz 3 genannten Organisation oder Einrichtung ist und die sich vorübergehend höchstens ein Jahr im anderen Vertragsstaat ausschließlich zu dem Zweck aufhält, technische, berufliche oder geschäftliche Erfahrungen von einer anderen Person als dem Unternehmen, der Organisation oder Einrichtung zu erwerben, ist im anderen Staat von der Steuer auf Vergütungen für persönliche Dienstleistungen – ohne Rücksicht darauf, wo sie erbracht wurden – befreit, wenn die Vergütungen $ 10 000 (zehntausend US-Dollar) oder den Gegenwert in Deutscher Mark nicht übersteigen und sie von außerhalb dieses anderen Staates von dem Unternehmen, der Organisation oder Einrichtung für Dienstleistungen dieser Person gezahlt werden.

Protokoll

(17) Zu Artikel 20 Absatz 3 (Gastprofessoren und -lehrer; Studenten und Auszubildende)

Zahlungen, die aus öffentlichen Mitteln eines Vertragsstaats oder von einer mit öffentlichen Mitteln ausgestatteten Organisation zur Vergabe von Stipendien geleistet werden, gelten in voller Höhe als aus Quellen außerhalb des anderen Staates stammend. Der vorstehende Satz gilt auch für Zahlungen, die im Rahmen von Programmen geleistet werden, die von Organisationen beider Vertragsstaaten gemeinsam finanziert werden, wenn mehr als 50 vom Hundert dieser Gelder aus öffentlichen Mitteln des erstgenannten Staates oder von einer mit diesen Mitteln ausgestatteten Organisation zur Vergabe von Stipendien bereitgestellt werden. Die zuständigen Behörden bestimmen die Stipendienprogramme, deren Zahlungen aufgrund der vorstehenden Bestimmungen als aus Quellen außerhalb eines Vertragsstaats stammend zu behandeln sind.

(18) Zu Artikel 20 Absätze 1, 4 und 5 (Gastprofessoren und -lehrer; Studenten und Auszubildende)

Wenn eine in einem Vertragsstaat ansässige Person sich im anderen Vertragsstaat während eines längeren als des festgesetzten Zeitraums aufhält, kann der andere Staat die Person nach seinem innerstaatlichen Recht für den gesamten Zeitraum des Aufenthalts besteuern, es sei denn, daß die zuständigen Behörden der Vertragsstaaten im Einzelfall etwas anderes vereinbaren.

Inhaltsübersicht

Erläuterungen zu Artikel 20

I. Überblick

1   Art. 20 beinhaltet eine **Sonderregelung** für Zahlungen an Hochschullehrer oder Lehrer (Abs. 1), Studenten oder Lehrlinge (Abs. 2), Personen die Zuschüsse, Unterhaltsbeiträge oder Stipendien von „gemeinnützigen" Organisationen erhalten (Abs. 3) sowie Angestellte eines Unternehmens eines Vertragsstaates oder einer gemeinnützigen Organisation i. S. d. Abs. 3, die sich zum Fortbildungsaustausch vorübergehend im anderen Vertragsstaat aufhalten (Abs. 5). Abs. 4 enthält eine Steuerbefreiung auch für Einkünfte aus nichtselbständiger Tätigkeit, die Studenten, Lehrlinge oder Personen, die Leistungen gemeinnütziger Organisationen erhalten, erzielen, um damit die Mittel für ihren Unterhalt, ihre Erziehung oder ihre Ausbildung zu ergänzen.

2   Art. 20 beinhaltet damit eine **umfassende Befreiungsregelung** für Zahlungen, die die in der Vorschrift genannten Personen während ihres Aufenthaltes im anderen Vertragsstaat erhalten; damit werden die Regelungen in den Art. XII und XIII des bisherigen Abkommens zusammengefaßt. Zusätzlich gegenüber dem bisherigen Abkommen wurde die **Regelung über die Nebentätigkeiten** (Abs. 4) aufgenommen.

Die **Tatbestände** der einzelnen Absätze stehen **getrennt voneinander**, so daß   3
mehrere gleichzeitig erfüllt sein können.

Art. 20 ist gem. Abschn. 1 Buchst. b bb des Protokolls **von der „saving clau-**   4
se" ausgenommen, sofern die Person weder Staatsbürger der USA noch eine
Person mit Einwandererstatus ist.

II. Steuerbefreiung für die von Hochschullehrern oder Lehrern erzielten Einkünfte (Abs. 1)

Abs. 1 ist lex specialis zu Art. 15. Abweichend zum sogenannten „Arbeits-   5
ortsprinzip" werden die Einkünfte im Tätigkeitsstaat von der Besteuerung
befreit.

1. Personenkreis

Befreit sind **Lehrer und Hochschullehrer.** Diese Qualifikation muß während   6
der Zeit des Lehraufenthalts erfüllt sein; nicht erforderlich ist, daß die Qualifikation bereits vor Antritt des Lehraufenthalts gegeben war.

Voraussetzung ist, daß der Steuerpflichtige seinen **Wohnsitz** im anderen   7
Staat als dem Tätigkeitsstaat hat.

2. Zeitliche Dauer des Aufenthalts und Zweck der Tätigkeit

Zeitlich ist der Aufenthalt im Gastland **auf zwei Jahre befristet.** Dabei muß   8
sich der Hochschullehrer oder Lehrer zum Zweck fortgeschrittener Studien
oder Forschungsarbeiten oder zur Ausübung einer Lehrtätigkeit im Gastland
aufhalten. Damit ist der Anwendungsbereich dieser Vorschrift gegenüber der
Regelung im bisherigen Abkommen (Art. XII), über die Lehrtätigkeit hinaus
auf Forschungs- und Studientätigkeit sachgerecht erweitert. Denn die Aufgabe eines Lehrers ist nicht nur auf die Lehrtätigkeit als solche beschränkt,
sondern kann sich auch auf Arbeiten in Laboratorien erstrecken.

Die **Lehrtätigkeit** muß an einer anerkannten Universität, Hochschule, Schu-   9
le oder anderen Lehranstalt oder einer öffentlichen Forschungseinrichtung
oder anderen Einrichtung für Forschungsarbeiten zum öffentlichen Nutzen
ausgeübt werden. Damit sind umfassend alle Lehranstalten mit regulärem
Lehrprogramm sowie öffentliche Forschungseinrichtungen erfaßt. Der Begriff der „Lehranstalt" ist in einer Verwaltungsregelung (vgl. Erlaß des Fin-
Min NRW vom 26. 9. 1975, S 1301) erläutert. Danach können Lehranstalten
auch private Institute sein, vorausgesetzt, daß sie nach Struktur und Zielsetzung mit öffentlichen Lehranstalten vergleichbar sind. Sie müssen insbeson-

dere einen ständigen Lehrkörper besitzen und nach einem festen Lehrplan unterrichten. Einkünfte, die aus kommerzieller Forschungstätigkeit im privatwirtschaftlichen Interesse erzielt werden, sind nicht begünstigt.

10   Im letzten Satz der Vorschrift wird eine **Verfahrensregelung** getroffen, die bestimmt, daß die Steuerbefreiung nach Abs. 1 nicht von Personen in Anspruch genommen werden kann, die im unmittelbar vorhergehenden Zeitraum in den Genuß der Vergünstigungen nach Abs. 2, 3 oder 4 dieses Artikels gekommen sind. Auf diese Weise soll vermieden werden, daß Personen, die sich im Gastland aufhalten, mit ihren Einkünften über die zeitliche Befristung dieser Vorschrift hinaus steuerfrei bleiben.

III. Steuerbefreiung für Zahlungen an Studenten oder Lehrlinge (Abs. 2)

1. Personenkreis

11   Tatbestandsvoraussetzung des Abs. 2 ist, daß die Person, die sich im Gastland aufhält, **im anderen Staat ansässig** ist oder unmittelbar vor der Einreise in das Gastland ansässig war. Abweichend zu der Regelung im bisherigen Abkommen (Art. XIII Abs. 1, 2) und nunmehr dem OECD-Muster folgend, schließt die Begründung einer Ansässigkeit im Gastland die Anwendung dieser Vorschrift nicht aus. Damit wird die sachliche Steuerbefreiung im Gastland nicht in Frage gestellt, wenn bei längerer studienbedingter Abwesenheit vom Heimatstaat Ansässigkeit im anderen Staat möglich erscheint. Darüber hinausgehend wird Steuerbefreiung auch Personen gewährt, die **in keinem der Vertragsstaaten ansässig** sind, wenn eine Person unmittelbar vor der Einreise in das Gastland im anderen Vertragsstaat ansässig war. Die Steuerbefreiung entfällt jedoch, wenn die Person zwischendurch in einem Drittstaat ansässig war (vgl. Kommentar OECD-Muster, Art. 20 Tz. 2). Die Steuerbefreiung wird Studenten oder Lehrlingen gewährt; deutscher Abkommenspolitik folgend sind in der Bundesrepublik Deutschland Volontäre und Praktikanten in den begünstigten Personenkreis einbezogen. Die Begriffe sind im Abkommen nicht definiert. Maßgeblich ist daher das innerstaatliche Recht des Anwendestaates. Mit diesen Begriffen sollen jedoch alle in Ausbildung befindlichen Personen erfaßt werden.

2. Aufenthaltszweck

12   Die Steuerbefreiung wird nur gewährt, wenn die betreffende Person sich **ausschließlich zum Studium oder zur Ausbildung** im Gastland aufhält. Um zu vermeiden, daß Personen neben dem Studium oder der Ausbildung einer re-

gulären Erwerbstätigkeit nachgehen, wird in amerikanischen Abkommen regelmäßig ein „Vollzeitstudium" oder eine „Vollzeitausbildung" vorausgesetzt. Die Ausdrücke „Vollzeitstudium" und „Vollzeitausbildung" bedeuten andererseits nicht, daß jede Erwerbstätigkeit neben Studium oder Ausbildung die Steuerbefreiung entfallen ließe (vgl. Rz. 21).

3. Aufenthaltsdauer

Die Vorschrift enthält **keine zeitliche Befristung.** Allerdings ergibt sich eine   13
solche aus dem Wesen von Studium und Ausbildung, die nur vorübergehender Natur sind. Die Absicht, nach Beendigung der Ausbildung zurückzukehren, wird vorausgesetzt.

4. Steuerbefreite Zahlungen

Steuerbefreit sind Zahlungen, die die Person für ihren Unterhalt, ihr Studi-   14
um oder ihre Ausbildung erhält, sofern sie aus Quellen außerhalb des Gastlandes stammen oder von außerhalb dieses Staates überwiesen werden. Zur Beantwortung der Frage, ob **Zahlungen aus Quellen außerhalb des Gastlandes** stammen, ist auf die Herkunft der Mittel, nicht aber auf die auszahlende Stelle abzustellen (a. A. *Vogel*, DBA Kommentar, Art. 20 Rz. 15, der bei der Frage, aus welchem Staat die Leistungen stammen, auf den Wohnort des Zahlenden abstellt). Dementsprechend wird alternativ die Überweisung von außerhalb des Gastlandes erwähnt. Damit sind Zahlungen auch dann steuerbefreit, wenn sie aus Quellen des Gastlandes stammen, aber von außerhalb des Gastlandes überwiesen werden.

Abschn. 17 des Protokolls erläutert dazu, daß **Zahlungen,** die **aus öffentli-**   15
chen Mitteln des aus Sicht des Gastlandes anderen Vertragsstaates oder von einer mit öffentlichen Mitteln ausgestatteten Organisation vergeben werden, als aus dem anderen Vertragsstaat stammend angesehen werden. Dies gilt auch dann, wenn die Mittel von beiden Staaten gemeinsam aufgebracht werden, der andere Staat aber zu mehr als 50 % zur Mittelzuführung beiträgt. In diesen Fällen ist unerheblich, von welcher Stelle die Mittel ausgezahlt werden.

Im übrigen bestimmen die zuständigen Behörden, bei welchen Stipendien-   16
programmen die Zahlungen als aus dem Gastland stammend anzusehen sind.

Steuerbefreit sind nur **Zahlungen,** die **für Zwecke des Unterhalts, des Stu-**   17
diums oder der Ausbildung gezahlt werden. Klarstellend ist dazu ausgeführt, daß Vergütungen für persönliche Dienstleistungen nicht unter diese Vorschrift fallen. Dienen die Zahlungen einem anderen Zweck, richtet sich die Besteuerung nach den entsprechenden Verteilungsnormen des Abkommens.

Steuerbefreit sind ebenfalls nur Zahlungen, die andere an den begünstigten Personenkreis leisten. Von der Vorschrift werden nicht die Einkünfte erfaßt, die diese Person selbst erzielt (vgl. *Debatin/Walter,* Kommentar zum DBA-USA, Art. 20 Rz. 23).

IV. Förderungszahlungen „gemeinnütziger Organisationen" (Abs. 3)

1. Zeitliche Begrenzung

18 Eine **zeitliche Beschränkung** des Aufenthalts im Gastland ist **nicht vorgesehen,** nicht einmal konkludent, wie dies beim Aufenthalt im Gastland zum Zwecke des Studiums oder der Ausbildung der Fall ist. Entsprechend wird nicht vorausgesetzt, daß die Person im anderen Staat als dem Gastland ansässig ist (vgl. Rz. 11).

2. Steuerbefreite Leistungen

19 Die Steuerbefreiung ist gegenständlich auf **Zuschüsse, Unterhaltsbeiträge oder Stipendien** beschränkt. Damit wird deutlich, daß es sich um Leistungen handeln muß, die dem Unterhalt der Person dienen.

20 Voraussetzung ist ferner, daß die Zahlungen von einer gemeinnützigen, religiösen, mildtätigen, wissenschaftlichen, literarischen oder erzieherischen privaten Organisation oder einer vergleichbaren öffentlichen Einrichtung geleistet werden. Damit werden nicht nur **privatrechtliche Bildungseinrichtungen oder Stiftungen,** sondern auch **staatliche oder halbstaatliche Einrichtungen** erfaßt, soweit sie die genannten Förderungszwecke verfolgen. Zahlungen anderer als der genannten Organisationen werden nicht von der Steuer befreit.

V. Steuerbefreite Nebentätigkeit (Abs. 4)

21 Dieser Absatz enthält eine Vereinfachungsregelung, die bestimmt, daß der in Abs. 2 und 3 genannte Personenkreis – Studenten oder Lehrlinge sowie Personen, die Zuschüsse, Unterhaltsbeiträge oder Stipendien von gemeinnützigen Organisationen erhalten – mit Einkünften im Gastland steuerfrei bleibt, die er aus einer **im Gastland ausgeübten Nebentätigkeit** erzielte. Die Steuerbefreiung für „Nebentätigkeiten" ist an die Voraussetzung geknüpft, daß die **Einkünfte $ 5000 nicht übersteigen.** Ferner wird vorausgesetzt – unabhängig davon, daß in Abs. 2 und 3 keine zeitliche Befristung vorgesehen ist – daß sich die Person **höchstens 4 Jahre** im Gastland aufhält.

VI. Steuerfreiheit von Fortbildungsvergütungen (Abs. 5)

1. Sachlicher Geltungsbereich

Diese Vorschrift bestimmt, daß **Arbeitsvergütungen,** wenn sie den Betrag 22
von **$ 10 000 nicht übersteigen,** und von außerhalb des Gastlandes geleistet
werden, im Gastland unabhängig von dem Ort der Arbeitsausübung steuerfrei bleiben, wenn sie von Personen erzielt werden, die sich im Gastland
vorübergehend, **höchstens 1 Jahr** zu Fortbildungszwecken aufhalten. Wie
Abs. 1 knüpft diese Vorschrift an die Ansässigkeit im aus Sicht des Gastlandes anderen Vertragsstaat an (vgl. Rz. 7).

2. Personenkreis

Voraussetzung ist, daß die **Person Angestellter** eines Unternehmens des an- 23
deren Vertragsstaates oder einer in Abs. 3 genannten Organisation ist. Bei
der erwähnten Organisation muß es sich nicht notwendigerweise um eine
solche des Wohnsitzstaates handeln.

3. Aufenthaltszweck

Weiter ist vorausgesetzt, daß sich die Person ausschließlich zu dem Zweck 24
im Gastland aufhält, um **technische, berufliche oder geschäftliche Erfahrungen** bei einer anderen Person als dem eigenen Arbeitgeber im Gastland zu
erwerben.

VII. Fristüberschreitung

Abschn. 18 des Protokolls bestimmt, daß **bei Überschreiten der** in Abs. 1, 4, 25
und 5 genannten **Fristen,** dem Gastland das **Besteuerungsrecht für die gesamte Aufenthaltsdauer** zusteht, wenn sich die zuständigen Behörden nicht auf
eine andere Zuordnung einigen. Nach der bisherigen Verwaltungsauffassung
betreffend die Steuerbefreiung für Hochschullehrer und Lehrer, ist die Steuerbefreiung nicht zu gewähren, wenn der Lehraufenthalt von vornherein auf
einen längeren Zeitraum angelegt ist. In diesem Fall sind die Einkünfte von
Anfang an zu besteuern, und zwar selbst dann, wenn der Lehraufenthalt vor-
zeitig abgebrochen wird. Anders ist danach der Fall zu beurteilen, wenn
zunächst ein Lehraufenthalt von nicht mehr als zwei Jahren geplant war und
erst später verlängert wird. In diesem Fall bleibt die Steuerbefreiung für zwei
Jahre erhalten (vgl. Erlaß FinMin NRW v. 21. 8. 1970 S 1301 – USA 20 – VB
3/S 1301 – Großbritannien 4 VB 2). Diese Auffassung kann auch bei Über-
schreitung der in Art. 20 genannten Fristen bei der Entscheidung zugrunde
gelegt werden, ob und inwieweit die Einkünfte trotz Fristüberschreitung
steuerfrei zu belassen sind.

Artikel 21

Andere Einkünfte

(1) Einkünfte einer in einem Vertragsstaat ansässigen Person, die in den vorstehenden Artikeln nicht behandelt wurden, können ohne Rücksicht auf ihre Herkunft nur in diesem Staat besteuert werden.

(2) Absatz 1 ist auf andere Einkünfte als solche aus unbeweglichem Vermögen im Sinne des Artikels 6 Absatz 2 (Einkünfte aus unbeweglichem Vermögen) nicht anzuwenden, wenn der in einem Vertragsstaat ansässige Empfänger im anderen Vertragsstaat eine gewerbliche Tätigkeit durch eine dort gelegene Betriebsstätte ausübt und die Rechte oder Vermögenswerte, für die die Einkünfte gezahlt werden, Betriebsvermögen der Betriebsstätte sind, oder der Empfänger im anderen Staat eine selbständige Arbeit durch eine dort gelegene feste Einrichtung ausübt und die Einkünfte der festen Einrichtung zuzurechnen sind.

Protokoll

(19) Zu Artikel 21 Absatz 2 (Andere Einkünfte)

Wenn der Empfänger und der Schuldner einer Dividende in der Bundesrepublik Deutschland ansässig sind und die Dividende einer Betriebsstätte oder einer festen Einrichtung zuzurechnen ist, die der Empfänger der Dividende in den Vereinigten Staaten hat, kann die Bundesrepublik Deutschland die Dividende zu den in Artikel 10 Absatz 2 und 3 (Dividenden) vorgesehenen Sätzen besteuern. Die Vereinigten Staaten rechnen die Steuer nach Artikel 23 (Vermeidung der Doppelbesteuerung) an.

Erläuterungen zu Artikel 21

I. Überblick

Art. 21 enthält die letzte Regelung über die **Zuordnung des Besteuerungs-** 1
rechts im Quellenstaat bei der Ertragsbesteuerung. Damit ist – in Anlehnung
an Art. 21 – eine Regelung über die Behandlung anderer, in den Art. 7–20
nicht erwähnter Einkünfte vorhanden.

Eine entsprechende **Auffangklausel** fehlte im DBA-USA 1954/65 mit der 2
Folge, daß in Fällen, in denen die speziellen Zuordnungsnormen (jetzt
Art. 7–20) für einzelne Einkünfte nicht eingriffen, es bei einer etwaigen
Doppelbesteuerung von Einkünften verblieb. Dies galt auch für die Besteue-
rung von Drittstaateneinkünften bei doppelter Ansässigkeit.

Beispiel:

Ein in der Bundesrepublik Deutschland Ansässiger, der Green-Card-Holder ist, bezieht Ka- 3
pitaleinkünfte aus der Schweiz. Diese Einkünfte waren nach dem DBA-USA 1954/65 sowohl in der Bundesrepublik Deutschland als auch in den USA zu versteuern.

Freilich waren nach Ansicht des BMF (BMF-Schreiben v. 28. 3. 1977; FR 4
1977 S. 230) unter dem Begriff der **Einkünfte aus „Quellen" in den USA** auch
Bezüge zu verstehen, die von Verteilungsnormen nicht erfaßt werden (im
konkreten Fall Unterhaltszahlungen), so war das BMF zu einer Freistellung
entsprechend Art. 23A MA gelangt (vgl. *Vogel*, DBA, Art. 21 Rdn. 15).

Für in der Bundesrepublik Deutschland ansässige **US-Staatsbürger** hat 5
Art. 21 **keine Bedeutung**, weil gem. Abschnitt 1a des Protokolls diese Personen ungeachtet des Abkommens in den USA besteuert werden.

II. Inhalt der Auffangklausel

Nach Art. 21 Abs. 1 hat nur der **Ansässigkeitsstaat ein Besteuerungsrecht**, 6
wenn und soweit in den sonstigen Regelungen über die Zuordnung von Besteuerungsrechten zum Quellenstaat (Art. 6–20) keine ausdrückliche Zuweisung an diesen erfolgt. Die Regelung hat **Bedeutung,**

– wenn Einkünfte ihrer Art nach von den Art. 6–20 nicht erfaßt werden,
  weil sie unter keine der dort spezifizierten Einkunftsarten fallen, oder
– wenn Einkünfte aus Drittstaaten erzielt werden.

Unerheblich ist, ob diese Einkünfte im Wohnsitzstaat tatsächlich besteuert 7
werden. Diese Regelung enthält **keine sog. „subject-to-tax-clause"** (vgl. MA-
Komm. Art. 21 Tz. 3).

8   Art. 21 kann **Verteilungsnormen mit abschließender Rechtsfolge** („können nur") nicht überspielen. Enthält die Verteilungsnorm keine abschließende Rechtsfolge, regelt sich also die Beseitigung der Doppelbesteuerung nach Art. 23, ergänzt Art. 21 dessen Rechtsfolge, soweit es um Einkünfte aus dem Wohnsitzstaat oder aus Drittstaaten geht.

9   Auch der **persönliche Geltungsbereich** des Doppelbesteuerungsabkommens wird durch die Regelung nicht berührt: Wie auch sonst, gilt dieser Artikel nur für solche Personen, die in einem oder beiden Vertragsstaaten ansässig, also abkommensberechtigt sind; beschränkt steuerpflichtige US-Staatsbürger kommen also nur in den Genuß des Art. 21, wenn sie in den USA eine ständige Wohnstätte oder ihren gewöhnlichen Aufenthalt haben oder den Substantial-Presence-Test bestehen (vgl. Art. 4 Rz. 4 ff.).

10   Ob **Einkünfte in einem der vorstehenden Artikel** (Art. 6 bis 20) „**nicht behandelt**" (englisch: „not dealt with") sind, ist im Rahmen der Auslegung zu ermitteln. „Nicht behandelt" darf nicht mit „nicht eindeutig behandelt" gleichgesetzt werden (*Vogel*, MA, Art. 21 Rdn. 10). Dabei gilt, daß Art. 21 keine Anwendung findet auf Einkünfte, auf die das Abkommen insgesamt keine Anwendung findet, d. h. für Einkünfte, die nicht von den unter Art. 2 fallenden Steuern erfaßt werden (vgl. Art. 2 Rz. 1, 3).

11   Denkbar ist namentlich bei **Drittstaateneinkünften** eine Überlagerung durch das Doppelbesteuerungsabkommen mit diesem Drittstaat (*Vogel*, MA, Art. 21 Rdn. 14).

III. Betriebsstättenvorbehalt

12   Nach Art. 21 Abs. 2 **gilt die Beschränkung des Abs. 1 dann nicht,** wenn die Einkünfte zu einer Betriebsstätte bzw. festen Einrichtung gehören, d. h. dieser zuzurechnen sind (vgl. OECD-MA-Komm. Art. 21 Tz. 4). Für diese Fälle gelten Art. 7 bzw. Art. 14 des DBA.

13   Vorausgesetzt ist zunächst, daß eine in einem Vertragsstaat ansässige Person **Einkünfte aus Rechten oder Vermögenswerten** bezieht. Einkünfte aus unbeweglichem Vermögen sind ausdrücklich ausgenommen; hier sind freilich Art. 6 und 13 zu beachten.

14   Weiterhin muß diese Person eine **gewerbliche Tätigkeit** durch eine in dem anderen Vertragsstaat gelegene Betriebsstätte ausüben bzw. selbständige Arbeit durch eine dort gelegene feste Einrichtung betreiben.

15   Schließlich ist vorausgesetzt, daß die Rechte oder Vermögenswerte, für die die Einkünfte gezahlt werden, tatsächlich (effectivly connected with) **zur Betriebsstätte oder festen Einrichtung gehören.**

Sind diese Voraussetzungen erfüllt, greift Art. 21 Abs. 1 nicht ein.   16

Beispiel:

Der Bundesbürger B unterhält in den USA eine Betriebsstätte. Diese hat einem in der Schweiz Ansässigen ein Darlehen gegeben. Die für das Darlehen gezahlten Zinsen gehören zu dem Ergebnis der Betriebsstätte, können also (nur) in den USA besteuert werden.

Der Absatz hat nur **klarstellende Wirkung,** was sich bei der Betriebsstätten-   17
besteuerung schon aus Art. 7 ergibt. Dies gilt insbesondere im Hinblick auf Drittstaateneinkünfte. Ergänzend ist Abschn. 19 des Protokolls zu berücksichtigen. Danach wird für bestimmte Fälle der Dividendenzahlung eine Ausnahme gemacht.

Beispiel:

Die A-GmbH unterhält in den USA eine Betriebsstätte. Zum Vermögen dieser Betriebsstätte gehört eine Beteiligung an der in der Bundesrepublik Deutschland ansässigen B-GmbH.

Schüttet die B-GmbH **Dividenden an die US-Betriebsstätte** aus, bleibt das   18
Recht der Bundesrepublik Deutschland unberührt, diese Dividende nach Maßgabe des Art. 10 Abs. 2, 3 zu besteuern, Art. 7 wird also überspielt. In diesen Fällen rechnen die Vereinigten Staaten die Steuer nach Maßgabe des Art. 23 an.

Artikel 22

Vermögen

(1) Unbewegliches Vermögen im Sinne des Artikels 6 (Einkünfte aus unbeweglichem Vermögen), das einer in einem Vertragsstaat ansässigen Person gehört und im anderen Vertragsstaat liegt, kann im anderen Staat besteuert werden.

(2) Bewegliches Vermögen, das Betriebsvermögen einer Betriebsstätte ist, die ein Unternehmen eines Vertragsstaats im anderen Vertragsstaat hat, oder das zu einer festen Einrichtung gehört, die einer in einem Vertragsstaat ansässigen Person für die Ausübung einer selbständigen Arbeit im anderen Vertragsstaat zur Verfügung steht, kann im anderen Staat besteuert werden.

(3) Seeschiffe, Luftfahrzeuge oder Container, die im internationalen Verkehr betrieben werden, sowie bewegliches Vermögen, das dem Betrieb dieser Schiffe, Luftfahrzeuge oder Container dient, können nur in dem Vertragsstaat besteuert werden, in dem die Gewinne des Unternehmens, dem das Vermögen gehört, nach Artikel 8 (Seeschiffahrt und Luftfahrt) besteuert werden können.

(4) Alle anderen Vermögensteile einer in einem Vertragsstaat ansässigen Person können nur in diesem Staat besteuert werden.

Inhaltsübersicht

Erläuterungen zu Artikel 22

I. Überblick

1 Art. 22 **regelt die Besteuerung des Vermögens,** soweit sie in Art. 2 (unter das Abkommen fallende Steuern) erwähnt ist (vgl. Art. 2 Abs. 1 Buchst. b dd). Die Regelung folgt dabei den auch in Art. 22 MA vorzufindenden Prinzipien (Belegenheitsprinzip, Unternehmensprinzip, Wohnsitzprinzip).

Da es in den USA keine der deutschen Vermögensteuer entsprechende Steu-   2
er gibt (vgl. Art. 2 Rz. 7), hat die Regelung **Bedeutung nur für** die unbeschränkte und beschränkte **Vermögensteuerpflicht in der Bundesrepublik
Deutschland.** Sie wird ergänzt durch Art. 23 Abs. 2a, der eine Freistellung
des US-Vermögens vorsieht.

II. Besteuerung unbeweglichen Vermögens

Im Hinblick auf die Besteuerung unbeweglichen Vermögens i. S. d. Art. 6   3
folgt die Regelung dem **Belegenheitsprinzip.** Unbewegliches Vermögen kann
nur in dem Staat besteuert werden, in dem dieses Vermögen belegen ist,
wenn es einer Person „gehört", die in dem Nicht-Belegenheitsstaat ansässig
ist.

Beispiel:

Eine in der Bundesrepublik Deutschland ansässige natürliche Person hat Grundvermö-   4
gen in den Vereinigten Staaten. Dieses Grundvermögen darf in der Bundesrepublik
Deutschland nicht der Vermögensteuer unterworfen werden. Auf den Umstand, daß
in den USA eine Vermögensbesteuerung nicht erfolgt, kommt es insoweit nicht an.

Der **Begriff des „Gehörens"** richtet sich nach dem innerstaatlichen Recht des   5
das Abkommen anwendenden Staates (etwa §§ 39, 42 AO, 15 AStG). Für den
Steuerpflichtigen nachteilige Qualifikationskonflikte kann es insofern nicht
geben, da das Besteuerungsrecht definitiv dem Belegenheitsstaat zugeordnet
ist und im übrigen allein eine Besteuerung in der Bundesrepublik Deutschland in Betracht kommt.

Wertberechnung und Berücksichtigung von Schulden sind in Art. 22 Abs. 1   6
nicht geregelt; daher kann der Belegenheitsstaat sein einschlägiges innerstaatliches Recht ohne Einschränkungen anwenden.

III. Besteuerung beweglichen Vermögens

Art. 22 Abs. 2 betrifft die Besteuerung **beweglichen Betriebsvermögens.** Da-   7
nach kann bewegliches Vermögen, das

– Betriebsvermögen einer Betriebsstätte ist, die ein Unternehmen eines Vertragsstaates im anderen Vertragsstaat hat, oder

– zu einer festen Einrichtung gehört, die eine in einem Vertragsstaat ansässige Person für die Ausübung einer selbständigen Tätigkeit im anderen Vertragsstaat unterhält („zur Verfügung steht")

im anderen Staat•besteuert werden. Die Regelung entspricht Art. 22 Abs. 2 MA und hat praktische Bedeutung für die Besteuerung von Betriebsstätten (Art. 7) und festen Einrichtungen (Art. 14) in der Bundesrepublik Deutschland.

8   Was bewegliches Vermögen ist, bestimmt das Recht des Anwenderstaates. Gemeint ist mit dem Begriff jedwedes Vermögen, das **nicht unbewegliches Vermögen** i. S. d. Art. 6 Abs. 2, Art. 22 Abs. 1 ist. Dies gilt ggf. auch für immaterielle Vermögenswerte.

9   Dieses bewegliche Vermögen muß **Teil des Betriebsvermögens** („Part of the Business Property") **einer Betriebsstätte** sein **oder** zu einer **festen Einrichtung** gehören. Auf deutscher Seite richtet sich dies nach §§ 2, 95 Abs. 1 BewG.

10   Für die **Abgrenzung des Vermögens** einer Betriebsstätte oder festen Einrichtung **gegenüber dem Stammhaus** gilt, wie im Rahmen der Gewinnzurechnung nach Art. 7 Abs. 2, der Grundsatz, daß das Prinzip des Fremdvergleichs Anwendung findet. Auf den Ort, an dem sich das Wirtschaftsgut befindet, kommt es nicht an. Entscheidend ist die **tatsächliche Nutzung**.

IV. Vermögensbesteuerung bei Seeschiffen, Luftfahrzeugen und Containern

11   Für den Bereich der Seeschiffe, Luftfahrzeuge oder Container ordnet Art. 22 Abs. 3 die Geltung des **Unternehmensprinzips** an. Hier kommt es nicht auf den Ort der Nutzung, sondern darauf an, wo die Gewinne des Unternehmers, dem das Unternehmen gehört, nach Maßgabe des Art. 8 besteuert werden können. Demnach ist entscheidend, wo die „Person" ansässig ist, die das Unternehmen tatsächlich betreibt (Art. 8 Rz. 4).

12   In Abweichung von Art. 22 Abs. 3 MA werden Schiffe, die der **Binnenschiffahrt** dienen, nicht erfaßt. Konsequenz ist, daß es insoweit wiederum auf das Vorliegen einer Betriebsstätte und auf die tatsächliche Nutzung des Binnenschiffs usw. im Rahmen der Betriebsstätte ankommt (vgl. Art. 8 Rz. 13).

13   Was „**internationaler Verkehr**" ist, ergibt sich aus Art. 3 Abs. 1 Buchst. g („jede Beförderung mit einem Seeschiff oder Luftfahrzeug, es sei denn, das Seeschiff und Luftfahrzeug wird ausschließlich zwischen Orten in einem der Vertragsstaaten betrieben"); vgl. Art. 3 Rz. 19.

14   Neben den Seeschiffen, Luftfahrzeugen oder Containern wird auch solches betriebliches Vermögen dem Unternehmensprinzip zugeordnet, „das dem Betrieb dieser Schiffe, Luftfahrzeuge oder Container dient". Betreibt das betreffende Unternehmen ausschließlich Schiffahrt bzw. Luftfahrt, kann ange-

nommen werden, daß das gesamte Betriebsvermögen der Schiffahrt oder
Luftfahrt dient (*Vogel*, OECD-MA, Art. 22 Rdn. 36). Betreibt das Unternehmen daneben noch andere Bereiche, so richtet sich nur die Besteuerung des
der **Schiffahrt oder Luftfahrt dienenden Vermögens** nach Art. 22 Abs. 3. Dieses Problem wird namentlich im Bereich der **Container** Bedeutung erlangen.
Für die Abgrenzung bei diesen gemischten Tätigkeiten sind die gleichen
Grundsätze anzuwenden, die auch für die Besteuerung des Einkommens in
diesen Fällen gelten (siehe Art. 8 Rz. 9).

V. Sonstiges Vermögen

Alle Vermögenswerte, die von Art. 22 Abs. 1–3 nicht erfaßt werden, darf   15
ausschließlich der Wohnsitzstaat besteuern. Dies erfolgt nach Maßgabe des
innerstaatlichen Rechts, ohne eine Beschränkung durch das Abkommen.
Wie auch sonst ersetzt diese **Zuweisung des Besteuerungsrechts an den
Wohnsitzstaat** also nicht fehlende nationale Besteuerungsvorschriften; so
kann die Bundesrepublik Deutschland in den USA belegenes Vermögen nur
besteuern, soweit das deutsche Vermögensteuergesetz eine rechtliche Grundlage bietet.

Die Regelung erstreckt sich nicht allein auf Vermögen in einem der Vertrags-   16
staaten, sondern bezieht sich auch auf das **Vermögen in Drittstaaten**. Insofern entspricht die Regelung völlig dem Art. 22 Abs. 4 MA.

Auch insofern gilt das **Verbot der virtuellen Doppelbesteuerung**. Der andere   17
Staat hat auch dann kein Besteuerungsrecht, wenn der Wohnsitzstaat von
seinem Recht zur Besteuerung keinen Gebrauch macht. Dies gilt etwa im Bereich der USA, die eine Vermögensteuer i. d. S. nicht kennen. De facto bedeutet Art. 22 Abs. 4, daß eine in den USA ansässige Person über das DBA
insoweit von einer beschränkten Vermögensteuerpflicht befreit ist, etwa im
Zusammenhang mit Beteiligungen, grundpfandrechtlich gesicherten Forderungen und Lizenzrechten.

Für **Doppelansässige**, die nach Art. 4 Abs. 2 als in den USA ansässig behan-   18
delt werden, bewirkt die Regelung, daß die Bundesrepublik Deutschland
kein Besteuerungsrecht für in Drittstaaten belegenes Vermögen hat.

Bei **Schachteldividenden** gilt ein vermögensteuerliches Schachtelprivileg.   19
Dementsprechend sind Schachtelbeteiligungen US-amerikanischer Kapitalge-
sellschaften in der Bundesrepublik Deutschland steuerfrei (Art. 23 Rz. 31).
Soweit für bestimmte Gesellschaftsformen das Schachtelprivileg versagt wird
(Art. 32 Rz. 32), bezieht sich dies nach dem klaren Wortlaut des Art. 23
Abs. 2 Buchst. a Satz 5 nur auf die ertragsteuerliche Seite.

Artikel 23

Vermeidung der Doppelbesteuerung

(1) Bei einer in den Vereinigten Staaten ansässigen Person oder einem Staatsbürger der Vereinigten Staaten wird die Steuer wie folgt festgesetzt: In Übereinstimmung mit dem Recht der Vereinigten Staaten und vorbehaltlich der dort vorgesehenen Begrenzungen (unter Beachtung künftiger, seine tragenden Prinzipien wahrenden Änderungen) rechnen die Vereinigten Staaten bei einer in den Vereinigten Staaten ansässigen Person oder einem Staatsbürger der Vereinigten Staaten auf die Einkommensteuer der Vereinigten Staaten folgendes an:

a) die von dem Staatsbürger oder der ansässigen Person oder für diese Personen an die Bundesrepublik Deutschland gezahlte Einkommensteuer und

b) im Fall einer Gesellschaft der Vereinigten Staaten, der mindestens 10 vom Hundert der stimmberechtigten Anteile einer in der Bundesrepublik Deutschland ansässigen Gesellschaft gehören, von der die Gesellschaft der Vereinigten Staaten Dividenden bezieht, die von der ausschüttenden oder für die ausschüttende Gesellschaft an die Bundesrepublik Deutschland gezahlte Einkommensteuer auf die Gewinne, aus denen die Dividenden gezahlt werden.

Im Sinne dieses Absatzes gelten die in Artikel 2 Absatz 1 Buchstabe b und Absatz 2 (Unter das Abkommen fallende Steuern) genannten Steuern, ausgenommen die Vermögensteuer und der nicht nach dem Gewinn berechnete Teil der Gewerbesteuer, als an die Bundesrepublik Deutschland gezahlte Einkommensteuern. Die allein aufgrund dieses Artikels gewährten Anrechnungsbeträge dürfen, wenn sie anderweitig gewährten Anrechnungen für die in Artikel 2 Absatz 1 Buchstabe b und Absatz 2 genannte Steuern hinzugerechnet werden, in keinem Steuerjahr den Teil der Einkommensteuer der Vereinigten Staaten vom Einkommen übersteigen, der dem Verhältnis der aus der Bundesrepublik Deutschland stammenden steuerpflichtigen Einkünfte zum Gesamtbetrag der steuerpflichtigen Einkünfte entspricht.

(2) Bei einer in der Bundesrepublik Deutschland ansässigen Person wird die Steuer wie folgt festgesetzt:

a) Soweit Buchstabe b nichts anderes vorsieht, werden von der Bemessungsgrundlage der deutschen Steuer die Einkünfte aus Quellen in den Vereinigten Staaten sowie die in den Vereinigten Staaten gelegenen Vermögenswerte ausgenommen, die nach diesem Abkommen in den Vereinigten Staaten besteuert werden können. Die Bundesrepublik Deutschland behält aber das Recht, die so ausgenommenen Einkünfte und Vermögenswerte bei der Festsetzung ihres Steuersatzes zu berücksichtigen. Bei Ein-

künften aus Dividenden gelten die vorstehenden Bestimmungen nur für diejenigen Einkünfte aus nach dem Recht der Vereinigten Staaten steuerpflichtigen Gewinnausschüttungen auf Anteile an Kapitalgesellschaften, die von einer in den Vereinigten Staaten ansässigen Gesellschaft an eine in der Bundesrepublik Deutschland ansässige Gesellschaft (mit Ausnahme von Personengesellschaften) gezahlt werden, der unmittelbar mindestens 10 vom Hundert der stimmberechtigten Anteile der in den Vereinigten Staaten ansässigen Gesellschaft gehören. Der vorhergehende Satz gilt nicht bei Dividenden, die von einer Regulated Investment Company gezahlt werden, und Ausschüttungen von Beträgen, die bei der Ermittlung der Gewinne der ausschüttenden Gesellschaft für Zwecke der Steuer der Vereinigten Staaten abgezogen worden sind. Für Zwecke der Steuern vom Vermögen werden von der Bemessungsgrundlage der deutschen Steuer ebenfalls Beteiligungen ausgenommen, deren Dividenden, falls solche gezahlt werden, nach Maßgabe der beiden vorhergehenden Sätze von der Steuerbemessungsgrundlage auszunehmen wären.

b) Auf die deutsche Steuer vom Einkommen wird unter Beachtung der Vorschriften des deutschen Steuerrechts über die Anrechnung ausländischer Steuern die Steuer der Vereinigten Staaten angerechnet, die nach dem Recht der Vereinigten Staaten und in Übereinstimmung mit diesem Abkommen von den nachstehenden Einkünften gezahlt worden ist.:

aa) Einkünfte aus Dividenden im Sinne des Artikels 10 (Dividenden), auf die Buchstabe a nicht anzuwenden ist;

bb) Veräußerungsgewinne, auf die Artikel 13 (Veräußerungsgewinne) anzuwenden ist, vorausgesetzt, daß sie in den Vereinigten Staaten nur nach Artikel 13 Absatz 2 Buchstabe b besteuert werden können;

cc) Einkünfte, auf die Artikel 16 (Aufsichtsrats- und Verwaltungsratsvergütungen) anzuwenden ist;

dd) Einkünfte, auf die Artikel 17 (Künstler und Sportler) anzuwenden ist;

ee) Einkünfte im Sinne des Artikels 19 Absatz 1 Buchstabe a (Öffentlicher Dienst; Sozialversicherung), die an einen deutschen Staatsangehörigen gezahlt werden;

ff) Einkünfte, die, soweit nicht Artikel 28 (Schranken für die Abkommensvergünstigungen) anzuwenden ist, nach diesem Abkommen von der Steuer der Vereinigten Staaten befreit bleiben; und

gg) Einkünfte, auf die Absatz 21 des Protokolls anzuwenden ist.

Im Sinne dieses Absatzes gelten Gewinne oder Einkünfte einer in der Bundesrepublik Deutschland ansässigen Person als aus Quellen in den Vereinigten Staaten stammend, wenn sie in Übereinstimmung mit diesem Abkommen in den Vereinigten Staaten besteuert werden.

(3) Ist ein Staatsbürger der Vereinigten Staaten in der Bundesrepublik Deutschland ansässig, so gilt folgendes:

a) Bei den nicht nach Absatz 2 von der Bemessungsgrundlage der deutschen Steuer auszunehmenden Einkünften, die bei Bezug durch eine in der Bundesrepublik Deutschland ansässige Person ohne Staatsbürgerschaft der Vereinigten Staaten von der Steuer der Vereinigten Staaten befreit wäre oder einem ermäßigten Satz der Steuer der Vereinigten Staaten unterläge, rechnet die Bundesrepublik Deutschland unter Beachtung der Vorschriften des deutschen Steuerrechts über die Anrechnung ausländischer Steuern auf die deutsche Steuer nur die in den Vereinigten Staaten gezahlte Steuer an, die die Vereinigten Staaten nach diesem Abkommen erheben können; dabei werden die Steuern nicht berücksichtigt, die lediglich nach Absatz 1 des Protokolls aufgrund der Staatsbürgerschaft erhoben werden können;

b) für Zwecke der Berechnung der Steuer der Vereinigten Staaten rechnen die Vereinigten Staaten auf die Steuer der Vereinigten Staaten die Einkommensteuer an, die nach der in Buchstabe a genannten Anrechnung an die Bundesrepublik Deutschland gezahlt worden ist; die so gewährte Anrechnung darf den Teil der Steuer der Vereinigten Staaten nicht schmälern, der nach Buchstabe a auf die deutsche Steuer angerechnet werden kann; und

c) ausschließlich zum Zweck der Vermeidung der Doppelbesteuerung in den Vereinigten Staaten nach Buchstabe b gelten Einkünfte, die in Buchstabe a genannt sind, als aus der Bundesrepublik Deutschland stammend, soweit dies erforderlich ist, um die Doppelbesteuerung dieser Einkünfte nach Buchstabe b zu vermeiden.

(4) Verwendet eine in der Bundesrepublik Deutschland ansässige Gesellschaft Einkünfte aus Quellen innerhalb der Vereinigten Staaten zur Ausschüttung, so schließt dieser Artikel die Herstellung der Ausschüttungsbelastung nach den Vorschriften des Steuerrechts der Bundesrepublik Deutschland nicht aus.

Protokoll

(20) Zu Artikel 23 Absatz 1 (Vermeidung der Doppelbesteuerung)

Weist das Abkommen der Bundesrepublik Deutschland das Besteuerungsrecht für Einkünfte zu, die nach dem Recht der Vereinigten Staaten aus Quellen in den Vereinigten Staaten selbst stammen, so gewähren die Vereinigten Staaten die in Artikel 23 Absatz 1 vorgesehene Anrechnung vorbe-

haltlich solcher Rechtsvorschriften der Vereinigten Staaten, die bei Einkünften aus Quellen in den Vereinigten Staaten die Anrechnung ausländischer Steuern ausschließen, sowie die in Artikel 23 Absatz 3 vorgesehene Anrechnung. Im Sinne des Artikels 23 Absatz 1 bedeuten die „tragenden Prinzipien" die Vermeidung der Doppelbesteuerung durch Anrechnung der Steuern, die von aus der Bundesrepublik Deutschland stammenden Einkünften erhoben werden, wie sie auf der Grundlage der geltenden, durch das Abkommen modifizierten Quellenvorschriften der Vereinigten Staaten gewährt wird. Während sich Einzelheiten und Begrenzungen der Anrechnung durch Neufassung von Rechtsvorschriften der Vereinigten Staaten ändern dürfen, muß ungeachtet solcher Neufassungen gewährleistet bleiben, daß im Rahmen des genannten Absatzes die deutschen Steuern von Einkünften aus deutschen Quellen angerechnet werden.

(21) Zu Artikel 23 (Vermeidung der Doppelbesteuerung) und Artikel 25 (Verständigungsverfahren)

Die Bundesrepublik Deutschland vermeidet die Doppelbesteuerung durch Steueranrechnung nach Artikel 23 Absatz 2 Buchstabe b, und nicht durch Steuerbefreiung nach Artikel 23 Absatz 2 Buchstabe a,

a) wenn in den Vertragsstaaten Einkünfte oder Vermögen unterschiedlichen Abkommensbestimmungen zugeordnet oder verschiedenen Personen zugerechnet werden (außer nach Artikel 9 [Verbundene Unternehmen]) und dieser Konflikt sich nicht durch ein Verfahren nach Artikel 25 regeln läßt und

    aa) wenn aufgrund dieser unterschiedlichen Zuordnung oder Zurechnung die betreffenden Einkünfte oder Vermögenswerte doppelt besteuert würden oder

    bb) wenn aufgrund dieser unterschiedlichen Zuordnung oder Zurechnung die betreffenden Einkünfte oder Vermögenswerte in den Vereinigten Staaten unbesteuert blieben oder zu niedrig besteuert würden und in der Bundesrepublik Deutschland (abgesehen von der Anwendung dieses Absatzes) von der Steuer befreit blieben, oder

b) wenn die Bundesrepublik Deutschland nach gehöriger Konsultation und vorbehaltlich der Beschränkungen ihres innerstaatlichen Rechts den Vereinigten Staaten auf diplomatischem Weg andere Einkünfte notifiziert hat, auf die sie diesen Absatz anzuwenden beabsichtigt, um die steuerliche Freistellung von Einkünften in beiden Vertragsstaaten oder sonstige Gestaltungen zum Mißbrauch des Abkommens zu verhindern.

Im Fall einer Notifikation nach Buchstabe b können die Vereinigten Staaten vorbehaltlich einer Notifikation auf diplomatischem Weg diese Einkünfte aufgrund dieses Abkommens entsprechend der Qualifikation der Einkünfte

durch die Bundesrepublik Deutschland qualifizieren. Eine Notifikation nach diesem Absatz wird erst ab dem ersten Tag des Kalenderjahres wirksam, das auf das Jahr folgt, in dem die Notifikation übermittelt wurde und alle rechtlichen Voraussetzungen nach dem innerstaatlichen Recht des notifizierenden Staates für das Wirksamwerden der Notifikation erfüllt sind.

Inhaltsübersicht

Erläuterungen zu Artikel 23

I. Überblick

1   Doppelbesteuerungen sind trotz der in den Art. 6–22 geregelten Umgrenzung der Besteuerung im Quellenstaat nicht ausgeschlossen. Doppelbesteuerungen ergeben sich, wenn die Quellenbesteuerung nicht aufgehoben, sondern aufrechterhalten ist, sei es uneingeschränkt, oder eingeschränkt – hinsichtlich der Besteuerungsgrundlage – oder der Höhe nach begrenzt. Daraus ergibt sich, daß **Doppelbesteuerungen nicht** auftreten, **wenn dem Wohnsitzstaat das ausschließliche Besteuerungsrecht zusteht.** Dies betrifft

Art. 7: Unternehmensgewinne, die nicht einer Betriebsstätte im Quellenstaat zuzurechnen sind;

Art. 8: Gewinne, die aus dem internationalen Betrieb von Seeschiffen, Luftfahrzeugen oder Containern erzielt werden, sofern die Voraussetzungen des Art. 28 erfüllt sind;

Art. 11: Zinsen, sofern die Voraussetzungen des Art. 28 erfüllt sind;

Art. 12: Lizenzgebühren, sofern die Voraussetzungen des Art. 28 erfüllt sind;

Art. 13: Veräußerungsgewinne, die

– nicht aus im Quellenstaat belegenem Grundvermögen herrühren;
– nicht einer Betriebsstätte oder selbständiger Tätigkeit dienenden Einrichtung im Quellenstaat zuzurechnen sind;
– nicht aus dem Verkauf von Anteilen, die unter Art. 13 Abs. 6 fallen, erzielt werden;

Art. 14: Einkünfte aus unselbständiger Tätigkeit, die nicht im Quellenstaat ausgeübt und z.B. dort nur verwertet wird, oder zu deren Ausübung keine feste Einrichtung zur Verfügung steht;

Art. 18: Private Ruhegehälter, Renten und Unterhaltszahlungen, es sei denn, die Unterhaltszahlungen sind nicht abzugsfähig oder dienen dem Unterhalt minderjähriger Kinder;

Art. 19: Leistungen aufgrund der Sozialversicherungsgesetzgebung;

Art. 20: Bezüge von

– Hochschullehrern, Lehrern, wenn sie im Herkunftsland ansässig geblieben sind;
– Studenten, Lehrlingen, wenn sie im Herkunftsland ansässig geblieben sind oder unmittelbar vor der Einreise in das Gastland ansässig waren;
– Empfängern von Unterhaltszahlungen gemeinnütziger Organisationen;
– sich zu Fortbildungszwecken im anderen Vertragsstaat aufhaltender Angestellter;

Art. 21: Einkünfte aus Drittstaaten, die nicht einer Betriebsstätte oder einer freien Berufstätigkeit dienenden festen Einrichtung im Quellenstaat zuzurechnen sind;

Art. 22: Vermögen, das nicht

– unbewegliches, im andern Vertragsstaat belegenes Vermögen ist;
– das nicht zu einer Betriebsstätte oder einer freien Berufstätigkeit dienenden festen Einrichtung im anderen Vertragsstaat gehört.

2   Art. 23 regelt, wie die Doppelbesteuerung durch den Wohnsitzstaat zu vermeiden ist, wenn diesem nicht das alleinige Besteuerungsrecht zusteht. Insoweit stellt diese Vorschrift eine **Ergänzung zu den Regeln über die Zuordnung des Besteuerungsrechts zum Quellenstaat** dar.

3   **Abs.** 1 legt fest, wie die Doppelbesteuerung bei in den USA Ansässigen oder amerikanischen Staatsangehörigen vermieden wird. In **Abs.** 2 wird die entsprechende Regelung zur Vermeidung der Doppelbesteuerung von in der Bundesrepublik Deutschland Ansässigen getroffen und **Abs.** 3 behandelt den Fall, daß ein amerikanischer Staatsangehöriger in der Bundesrepublik Deutschland ansässig ist. **Abs.** 4 der Vorschrift befaßt sich schließlich mit der Herstellung der Ausschüttungsbelastung nach deutschem Körperschaftsteuerrecht.

II. Anknüpfungspunkt für die Vermeidung der Doppelbesteuerung

4   Anknüpfungspunkt für die Vermeidung der Doppelbesteuerung ist einerseits die **Ansässigkeit** und damit der in Art. 1 festgelegte persönliche Anwendungsbereich des Abkommens. Daneben ist andererseits, wenn die USA der Wohnsitzstaat sind, Anknüpfungspunkt auch die **amerikanische Staatsangehörigkeit**. Diese Erweiterung ist notwendig, weil die USA nach der Saving Clause (Abschn. 1 des Protokolls) neben den in ihrem Gebiet Ansässigen auch ihre Staatsangehörigen so besteuern, als ob es kein Abkommen gäbe (*Shannon*, Die DBA der USA, S. 79). Die Frage, wann Ansässigkeit in den USA gegeben ist und damit die USA als Wohnsitzstaat anzusehen sind, beantwortet sich aus Art. 4 (vgl. Art. 4 Rz. 4 ff.).

III. Methoden zur Vermeidung der Doppelbesteuerung

5   Zur Vermeidung der Doppelbesteuerung haben sich international **zwei Hauptmethoden** herausgebildet, die auch von der OECD empfohlen werden (MA, Art. 23 A und B): die Anrechnungs- und die Freistellungsmethode.

6   Bei der **Anrechnungsmethode** errechnet der Wohnsitzstaat seine Steuer nach dem Welteinkommen des Steuerpflichtigen und vermeidet die Doppelbesteuerung dadurch, daß er die im Ausland gezahlte Steuer grundsätzlich auf die Inlandsteuer anrechnet.

7   Ansatzpunkt der **Freistellungsmethode** ist dagegen nicht der Steuerbetrag, sondern die Bemessungsgrundlage, indem das ausländische Einkommen von der Besteuerung im Wohnsitzstaat freigestellt wird (*Jacobs*, Internationale Unternehmensbesteuerung, S. 15, 16).

Beide Methoden kommen zumeist in abgewandelter Form vor, die Anrech- 8
nungsmethode in Form der **begrenzten Anrechnung,** wobei der Wohnsitzstaat die Anrechnung der ausländischen Steuer auf den Teil seiner eigenen
Steuer begrenzt, der auf das Auslandseinkommen entfallen würde; die Freistellungsmethode in Form der **Befreiung unter Progressionsvorbehalt,** bei der
das Auslandseinkommen zwar von der inländischen Bemessungsgrundlage
ausgenommen, aber bei der Ermittlung des für die inländischen Einkünfte
maßgeblichen Steuersatzes einbezogen wird.

IV. Befreiungsgegenstand

Befreiungsgegenstand sind bei der Freistellungsmethode die „Einkünfte", auf 9
die auch beim Anrechnungsausgleich abgestellt wird. Dies bedeutet, daß das
Nettoergebnis, also Einnahmen nach Abzug der mit ihnen in Zusammenhang stehenden Aufwendungen, maßgeblich ist.

V. Die Regelung im einzelnen

1. Vermeidung der Doppelbesteuerung in den USA (Abs. 1)

a) Direkte und indirekte Anrechnung

Eine Doppelbesteuerung wird in den USA dadurch vermieden, daß auf 10
die amerikanische Einkommensteuer der Betrag der an die Bundesrepublik
Deutschland gezahlten Einkommensteuer **angerechnet** wird. Damit folgen
die USA zur Vermeidung der Doppelbesteuerung durch den Wohnsitzstaat
der Anrechnungsmethode, wobei die Anrechnung, wie aus Satz 3 der Vorschrift hervorgeht, auf den Teil amerikanischer Steuer begrenzt ist, die auf
das Einkommen aus der Bundesrepublik Deutschland entfallen würde
(begrenzte Anrechnung, vgl. Rz. 8).

Neben der direkten Steueranrechnung ist in Buchst. b die **indirekte Steueran-** 11
rechnung vorgesehen, die der Vermeidung wirtschaftlicher Doppelbesteuerung (Doppelbelastung) in Fällen dienen soll, in denen eine amerikanische
Kapitalgesellschaft von einer deutschen Kapitalgesellschaft, an der sie mindestens 10% der stimmberechtigten Anteile hält, Gewinnanteile bezieht. Nach
dieser Methode kann die auf den ausgeschütteten Gewinnanteilen lastende
und vom Gewinn der deutschen Kaptialgesellschaft erhobene Steuer auf die
Körperschaftsteuer der die Dividenden empfangenden amerikanischen Gesellschaft angerechnet werden. Indirekte Steueranrechnung wird dann nicht
gewährt, wenn Zahlungen, die nur durch Umqualifizierungen unter Art. 10
Abs. 4 fallen, nicht auch nach amerikanischem Recht als Gewinnanteile angesehen werden.

b) Anrechnung nach innerstaatlichen Rechtsvorschriften

12   Die abkommensrechtliche Anrechnung richtet sich nach den innerstaatlichen amerikanischen Anrechnungsvorschriften. Diese Regelung stimmt überein mit dem **allgemeinen Verweis auf das innerstaatliche Steuerrecht** der Vertragsstaaten, wie er in Art. 3 Abs. 2 enthalten ist (vgl. *Vogel*, DBA, Art. 3 Rz. 61).

13   Dabei ist klargestellt, daß das **jeweils geltende Recht maßgeblich** ist, und nicht das, wie es zum Zeitpunkt des Abkommensabschlusses galt. Dies gilt für die Abkommensanwendung allerdings nur, wenn nicht die „tragenden Prinzipien" des Verfahrens zur Vermeidung der Doppelbesteuerung geändert werden. In Abschn. 20 des Protokolls ist dazu ausgeführt, daß unter den „tragenden Prinzipien" die Vermeidung der Doppelbesteuerung durch Anrechnung der Steuern zu verstehen ist, die auf aus der Bundesrepublik Deutschland stammende Einkünfte erhoben werden, wie sie auf der Grundlage der geltenden amerikanischen, durch das Abkommen modifizierten Quellenvorschriften gewährt wird.

14   **Einzelheiten und Begrenzungen können geändert werden;** jedoch muß gewährleistet bleiben, daß deutsche Steuern auf Einkünfte aus deutschen Quellen angerechnet werden.

c) Amerikanische Steuerreform 1986

15   Im Rahmen der Steuerreform 1986 haben die USA ihre innerstaatlichen Vorschriften über die Anrechnung ausländischer Steuern geändert und eine **Reihe selbständiger Beschränkungen** eingeführt, basierend auf verschiedenen Einkunftskategorien (Einkunftskörben), wie beispielsweise Finanzierungsleistungen, Schiffahrt etc., von denen es insgeamt 9 gibt (vgl. Art. 2 Rz. 37).

16   Hinzu kommt, daß der **Aufwand einer amerikanischen Gesellschaft,** der dieser **im Zusammenhang mit Zinseinkünften** von einer ausländischen Tochtergesellschaft gegenüber Dritten entsteht, zwischen amerikanischer und ausländischer Gesellschaft, ausgerichtet am Anlagevermögen, zugerechnet wird, mit der Folge, daß sich dadurch die ausländischen Einkünfte aus amerikanischer Sicht verringern und damit Steuerüberhänge entstehen können. Auf diese Weise soll verhindert werden, daß Steuerüberhänge aus Hochsteuerländern gegen nicht ausgeschöpfte „Anrechnungsguthaben" aus Niedrigsteuerländern ausgeglichen werden. Dies war in der Zeit vor der Steuerreform 1986 möglich, weil die USA, anders als die Bundesrepublik Deutschland, die ausländischen Steuern nicht Land für Land (per country), sondern weltweit (over all) anrechnen.

Hinsichtlich der durch die Steuerreform eingeführten Neuregelung erscheinen   17
die **amerikanischen Anrechnungsvorschriften problematisch** unter dem Gesichtspunkt, daß in der Bundesrepublik Deutschland gezahlte Steuer, die auf Einkünfte erhoben wird, für die der Bundesrepublik Deutschland nach dem Abkommen das Besteuerungsrecht zusteht, nicht immer in voller Höhe angerechnet
wird. Gleiches gilt für Fälle, in denen in den USA nach der Alternative Minimum
Tax besteuert wird. In diesen Fällen werden ausländische Steuern nicht in voller
Höhe, sondern nur zu 90% angerechnet. Dies bedeutet, daß es hinsichtlich des
Restbetrages zu einer Doppelbesteuerung kommt (vgl. Art. 2 Rz. 27).

Nach amerikanischer Auffassung bedeuten die Anrechnungsbeschränkun-   18
gen nicht, daß die Anrechnung versagt wird, sondern dienen lediglich dazu,
ungewollte Gestaltungsmöglichkeiten zu verhindern (*Leonard B. Terr*, Tax
Notes, Januar 1989 S. 159).

Im übrigen wird in Protokollabschn. 20 bestimmt, daß Steuern, die auf Ein-   19
künfte aus Quellen innerhalb der Bundesrepublik Deutschland dort erhoben
werden und für die der Bundesrepublik Deutschland nach dem Abkommen
das Besteuerungsrecht zusteht, auch dann angerechnet werden – vorbehaltlich solcher amerikanischer Rechtsvorschriften, die bei Einkünften aus Quellen in den USA die Anrechnung ausschließen –, wenn die **Einkünfte nach
amerikanischem Recht als aus den USA stammend angesehen** werden.
Zweck dieser Vorschrift ist, die Quellenbestimmungen des Abkommens in
Übereinstimmung zu bringen mit denen des innerstaatlichen amerikanischen Steuerrechts. Dies ist erforderlich, weil Art. 23 gem. Protokollabschn.
1 Buchst. b aa von der Saving Clause ausgenommen ist, so daß diese Vorschrift auch für Gebietsansässige und Staatsangehörige der USA Anwendung
findet, während die meisten Quellenbestimmungen unter die Saving Clause
fallen, und mithin nicht für den genannten Personenkreis gelten.

Beispiel:

Ein in der Bundesrepublik Deutschland ansässiger amerikanischer Staatsangehöriger
hält sich kurzfristig für seinen deutschen Arbeitgeber in den USA auf.

d) Anrechenbare Steuern

Anrechenbar sind die **unter das Abkommen fallenden deutschen Steuern,**   20
mit Ausnahme – dies entsprach bereits dem bisherigen Abkommen – der
Vermögensteuer und der Gewerbesteuer, die nicht nach dem Gewerbeertrag
bemessen wird, also der Steuer auf das Gewerbekapital. Im Umkehrschluß
bedeutet dies, daß die Gewerbeertragsteuer anrechenbar ist. Anrechenbar
sind auch Steuern, die nach dem Abkommensabschluß neben oder an Stelle
der ausdrücklich aufgezählten Steuern erhoben werden, wenn sie diesen gleichen oder im wesentlichen ähnlich sind (Art. 2 Abs. 2).

2. Vermeidung der Doppelbesteuerung in der Bundesrepublik Deutschland (Abs. 2)

21   Abs. 2 regelt, wie die Doppelbesteuerung bei in der Bundesrepublik Deutschland Ansässigen vermieden wird.

22   Als **Methode zur Vermeidung** der Doppelbesteuerung wird grundsätzlich Steuerbefreiung unter Progressionsvorbehalt gewährt. Als Ausnahme kommt Steueranrechnung für die unter Buchst. b dieses Absatzes abschließend genannten Fallgruppen in Betracht.

(a) Freistellungsmethode

23   Voraussetzung ist, daß die fraglichen **Einkünfte nicht von der amerikanischen Steuer befreit** sind. Diese Voraussetzung ist erfüllt, wenn den USA als Quellenstaat das Besteuerungsrecht nach dem Abkommen zusteht.

aa) Berücksichtigung von Betriebsstättenverlusten

24   Kehrseite der Freistellung ist, daß auch **Verluste bei der Ermittlung der Bemessungsgrundlage unberücksichtigt** bleiben, was, da – wie oben ausgeführt – die Einkünfte freigestellt werden, bedeutet, daß auch Aufwendungen aus der deutschen Steuerbemessungsgrundlage, abgesehen von ihrer Berücksichtigung beim Progressionsvorbehalt, ausscheiden.

25   Diese Folgewirkung wurde als **Exporthindernis** angesehen. Daher hat das Gesetz über steuerliche Maßnahmen bei Auslandsinvestitionen der deutschen Wirtschaft aus dem Jahr 1969 (Auslandsinvestitionsgesetz – AIG) in § 2 eine Regelung getroffen, wonach Verluste aus ausländischen Betriebsstätten, die nach einem Doppelbesteuerungsabkommen von der deutschen Steuer befreit sind, auf Antrag berücksichtigt werden, als gäbe es das Abkommen nicht. Mit dem Steuerreformgesetz 1990 – anzuwenden ab 1990 – wurde das AIG aufgehoben, aber § 2 AIG in § 2 a Abs. 3 und Abs. 4 EStG übernommen. Damit hat sich an der bisherigen Rechtslage hinsichtlich der Berücksichtigung ausländischer Betriebsstättenverluste nichts geändert.

26   **Grund für die Beibehaltung der bisher in § 2 AIG vorgesehenen Möglichkeit zur Verrechnung von Betriebsstättenverlusten** war, daß bei ersatzloser Aufhebung aller Vergünstigungen nach dem AIG Verluste aus Betriebsstätten, deren Einkünfte nach einem Doppelbesteuerungsabkommen von der deutschen Besteuerung befreit sind, bei der inländischen Besteuerung nicht mehr hätten ausgeglichen werden können, mit der Folge, daß damit Steuerpflichtige nach Abschluß eines Doppelbesteuerungsabkommens insoweit schlechter gestellt wären, weil ohne ein solches Abkommen bei Besteuerung der Welteinkünfte eine Verlustverrechnungsmöglichkeit besteht.

bb) Internationales Schachtelprivileg

Dividenden aus Schachtelbeteiligungen sind in der Bundesrepublik Deutsch- 27
land steuerbefreit (internationales Schachtelprivileg), wobei die Schachtelvergünstigung nur von deutschen Kapitalgesellschaften in Anspruch genommen
werden kann. Doppelt ansässige Kapitalgesellschaften kommen damit nicht
in den Genuß des Schachtelprivilegs, wenn sich die zuständigen Behörden
nicht darauf einigen, daß der eine oder andere Vertragsstaat als Ansässigkeitsstaat anzusehen ist (vgl. Art. 4 Rz. 25). Durch BMF-Schreiben vom
18. 1. 1978 (BMF-Schreiben vom 18. 1. 1978, IV C 5 – S 1301 USA – 212/78)
sind den Kapitalgesellschaften auch öffentlich-rechtliche Kreditinstitute
gleichgestellt.

Das Schachtelprivileg wird gewährt bei einer Beteiligungshöhe von 10%, wo- 28
bei ausdrücklich das stimmberechtigte Kapital maßgeblich ist. Weitere **Vor-**
aussetzung für die Gewährung des Schachtelprivilegs ist, daß die Beteiligung
unmittelbar gehalten wird. Mittelbare Beteiligungen scheiden damit aus.
Dies gilt auch für den Fall, daß eine amerikanische Kapitalgesellschaft über
eine deutsche Personengesellschaft an einer deutschen Kapitalgesellschaft in
dem geforderten Umfang beteiligt ist.

Die erforderliche **Beteiligungshöhe** muß im Zeitpunkt der Dividendenzah- 29
lung erfüllt sein.

Die Freistellung wird für **jede Art des Dividendenzuflusses** gewährt, mithin 30
für offene und verdeckte Gewinnausschüttungen, unabhängig davon, ob sie
auf stimmberechtigtes Kapital oder andere Gesellschaftsanteile gezahlt werden. Jedoch gilt die **Einschränkung**, daß die Dividenden nur dann in der
Bundesrepublik Deutschland steuerbefreit sind, wenn sie auf Anteile an Kapitalgesellschaften ausgeschüttet werden. Bei Zahlungen auf Rechte, die in
den USA gem. Art. 10 Abs. 4 in Dividenden umqualifiziert werden, werden
diese Beträge nicht von der Steuerbemessungsgrundlage ausgenommen, sondern wird Steueranrechnung gewährt, es sei denn, im Konsultationsverfahren nach Art. 25 Abs. 3 c dd wird etwas anderes vereinbart.

Das internationale Schachtelprivileg wird auch für die **Vermögensbesteue-** 31
rung gewährt (Abs. 2 Buchst. a Satz 5). Dies bedeutet, daß eine amerikanische Beteiligung an einer deutschen Gesellschaft, wenn die Voraussetzungen
zur Gewährung des Schachtelprivilegs erfüllt sind, in der Bundesrepublik
von Vermögen- und Gewerbekapitalsteuer befreit ist (vgl. auch Art. 22
Rz. 19).

Das Schachtelprivileg wird nicht gewährt für **Ausschüttungen von Regulated** 32
Investment Companies (RICs) **sowie ähnlichen Gesellschaften,** die die von
ihnen ausgeschütteten Dividenden bei ihrer Gewinnermittlung abziehen

können (vgl. Art. 2 Rz. 63 ff.; Art. 10 Rz. 32). Dies gilt auch in anderen Fällen, in denen die Ausschüttungen bei der Gewinnermittlung abgezogen werden können (z. B. verdeckte Gewinnausschüttungen in Form überhöhter Lizenzgebühren). Das Schachtelprivileg wird aber nicht versagt für Ausschüttungen von Gesellschaften, bei deren Gewinnermittlung die von diesen Gesellschaften empfangenen Dividenden zur Vermeidung einer innerstaatlichen Doppelbelastung abgezogen werden können.

b) Vermeidung der Doppelbesteuerung durch Anrechnung

33   In Buchst. b ist ausgeführt, in welchen Fällen die Bundesrepublik Deutschland als Ausnahme zur Freistellungsmethode die Doppelbesteuerung durch **Anrechnung der amerikanischen Steuer** vermeidet. Gegenüber dem bisherigen Abkommen, das Anrechnung nur in zwei Fällen – bei Dividenden, sofern es sich nicht um Schachteldividenden handelt, und Zahlungen aus öffentlichen amerikanischen Kassen an deutsche Staatsangehörige – vorsah, ist der **Katalog der Fälle**, in denen Anrechnung gewährt wird, **erweitert**.

34   Über diese Fälle hinaus ist Anrechnung auch für folgende Fälle vorgesehen:

35   – Einkünfte aus Dividenden – außer den bereits erwähnten Portfoliodividenden –, für die **keine Freistellung** gewährt wird. Dazu gehören Einkünfte aus Ausschüttungen von RICs und ähnlichen Gesellschaften und Dividenden aus umqualifizierten Darlehen oder beim Schuldner nicht abzugsfähigen gewinnabhängigen Finanzierungsinstrumenten. Daß die Ausschüttungen von Regulated Investment Companies sowie alle anderen Dividendenausschüttungen, die bei der ausschüttenden Gesellschaft bei deren Gewinnermittlung abzugsfähig sind, vom Schachtelprivileg ausgeschlossen sind, wird in einem **Briefwechsel** zwischen den zuständigen Behörden bestätigt. In diesem Briefwechsel ist auch klargestellt, daß das Schachtelprivileg nicht versagt wird für Ausschüttungen aus Gewinnen, die bei der Besteuerung in den USA zur Vermeidung einer internen Doppelbelastung abgezogen werden können.

36   – Gewinne, die aus der Veräußerung von Beteiligungen an Gesellschaften, erzielt werden, wenn das Gesellschaftsvermögen ganz oder überwiegend aus im anderen Staat belegenem unbeweglichem Vermögen besteht oder bestand. In diesen Fällen wird die Doppelbesteuerung durch Steueranrechnung anstelle der Freistellung der Einkünfte vermieden, wenn der Veräußerungsgewinn nur nach Art. 13 Abs. 2 Buchst. b besteuert werden kann. Dies bedeutet, daß Einkünfte, für die sich die Besteuerungsrechtszuordnung auch nach einer anderen Regelung des Art. 13 richtet, in der Bundesrepublik Deutschland von der Besteuerung freigestellt werden. Dies trifft auf Gewinne aus der Veräußerung von **Beteiligungen an Personengesell-**

schaften zu. Denn Personengesellschaften begründen Gesamthandseigentum am Gesellschaftsvermögen. Dementsprechend wird die Veräußerung des Gesellschaftsanteils als eine solche des ihm zuzuordnenden Gesellschaftsvermögens betrachtet. Sofern das Gesellschaftsvermögen aus unbeweglichem Vermögen besteht, steht dem Belegenheitsstaat das Besteuerungsrecht damit bereits nach Art. 13 Abs. 1 zu und kann mithin nicht „nur" nach Art. 13 Abs. 2 Buchst. b besteuert werden.

– Einkünfte, auf die **Art. 16** anzuwenden ist und solche, auf die **Art. 17** anzuwenden ist, und zwar unabhängig davon, ob die unter Art. 17 fallenden Einkünfte dem Künstler oder Sportler selbst oder einer anderen, dem Künstler oder Sportler nahestehenden Person zufließen. Dies bedeutet, daß Aufsichtsrats- und Verwaltungsratsvergütungen ebenso wie Einkünfte der Künstler und Sportler der Besteuerung im Wohnsitzstaat des Bezugsberechtigten unterworfen werden.   37

– Einkünfte, die in den USA **steuerfrei** blieben, wenn Art. 28 anwendbar wäre. Dies bedeutet, daß die Bundesrepublik Deutschland die Steuern anrechnet, die die USA nur deshalb erheben, weil eine Person nicht die Voraussetzungen des Art. 28 erfüllt, unter denen die Abkommensvergünstigungen gewährt werden. Für solche Einkünfte kommt eine Freistellung nicht in Betracht, weil sie nach den allgemeinen Regeln des Abkommens – Ausnahme nach Art. 28 – nicht in den USA besteuert werden. In diese Gruppe fallen Zinsen, Lizenzen und Einkünfte aus Seeschiffahrt und Luftfahrt, wenn sie von einem deutschen Unternehmen erzielt werden.   38

– Einkünfte, auf die **Abschn. 21 des Protokolls** anzuwenden ist. Abschn. 21 des Protokolls nennt zwei Fallgruppen, in denen die Bundesrepublik Deutschland zur Vermeidung einer Doppelbesteuerung oder doppelten Steuerbefreiung von der grundsätzlich anwendbaren Freistellungsmethode auf die Anrechnungsmethode übergeht. Dies kann der Fall sein, wenn   39

– in den Vertragsstaaten Einkünfte oder Vermögen unterschiedlichen Abkommensbestimmungen zugeordnet (Einkunftsqualifikation) oder verschiedenen Personen zugerechnet (Subjektqualifikation) werden und dadurch eine **Doppelbesteuerung oder doppelte Nichtbesteuerung** ausgelöst wird; unter diese Vorschrift fällt nicht die Gewinnzurechnung zwischen verbundenen Unternehmen, für die Art. 9 gilt.

Der **Übergang von der Freistellungs- auf die Anrechnungsmethode** ist erst dann möglich, wenn sich die zuständigen Behörden zuvor vergeblich bemüht haben, im Verständigungsverfahren eine Einigung über die einheitliche Zuordnung zu Abkommensbestimmungen oder über die Zurechnung auf Personen herbeizuführen.

40 Die Regelung in Abschn. 21 des Protokolls ist als **Rechtsfolgeverweisung** auf Art. 23 Abs. 2 Buchst. b zu verstehen. Dies bedeutet, daß die nach Art. 23 Abs. 2 Buchst. b geltenden Einschränkungen nicht gelten. Daher ist Ausgangspunkt für die Anrechnung nach Abs. 21 des Protokolls nicht der Betrag der in den USA gezahlten Steuer, der unter Zugrundelegung der deutschen Qualifikationen nach dem Abkommen zulässig wäre. Anzurechnen ist der tatsächlich gezahlte Betrag.

41 Der Vorschrift in Abschn. 21 des Protokolls bedarf es allerdings in den Fällen nicht, in denen in den USA als Quellenstaat keine Quellensteuer erhoben wird. Denn die Freistellung in der Bundesrepublik Deutschland setzt die Besteuerung im Quellenstaat voraus. **Konstitutive Bedeutung** kommt der Protokollvorschrift daher nur in den Fällen zu, in denen den USA als Quellenstaat das Besteuerungsrecht zusteht.

42 Ein Übergang von der Freistellungs- auf die Anrechnungsmethode ist nach Buchstb. b des Abs. 21 des Protokolls auch möglich, um die **steuerliche Freistellung von Einkünften in beiden Vertragsstaaten** oder sonstige Gestaltungen zum Mißbrauch des Abkommens in Fällen **zu verhindern,** in denen auf andere Weise das Abkommen unterschiedlich angewandt wird, z. B. weil sich die nationalen Steuerrechte unterschiedlich entwickeln oder weil diese Wirkung durch Steuergestaltungen herbeigeführt wird.

43 **Voraussetzung** für den Übergang von der Freistellungs- zur Anrechnungsmethode nach dieser Vorschrift ist, daß sie in das deutsche Steuerrecht umgesetzt wird. Dies ist erforderlich, weil eine solche Maßnahme sowohl die völkerrechtlichen Verpflichtungen der Bundesrepublik Deutschland als auch den Rechtsschutz des Steuerpflichtigen berührt. Für die Umsetzung in das deutsche Steuerrecht kommen ein Gesetz oder eine gesetzesvertretende Norm in Betracht. Darüber hinaus sind die USA über eine solche Änderung auf diplomatischem Weg in Kenntnis zu setzen. Eine entsprechende Maßnahme wird erst an dem ersten Tag des Kalenderjahres wirksam, in dem die formellen Voraussetzungen für den Übergang vom Freistellungs- zum Anrechnungsverfahren erfüllt sind (innerstaatliche Voraussetzungen; Notifikation). Ein solches Verfahren wurde bereits vor Inkrafttreten des Abkommens durchgeführt, um klarzustellen, daß die Ausschüttungen von Regulated Investment Companies sowie alle Ausschüttungen, die bei der Gewinnermittlung der ausschüttenden Gesellschaft abzugsfähig sind, vom Schachtelprivileg ausgeschlossen sind (vgl. Rz. 35).

44 Sind diese Voraussetzungen erfüllt, können die USA als Quellenstaat die Qualifikation durch die Bundesrepublik Deutschland übernehmen, wenn sie dies der Bundesrepublik Deutschland entsprechend notifiziert haben. Dies bedeutet, daß den **USA auf diese Weise das Recht zur Quellenbesteuerung**

mit einer sich unter Umständen daraus ergebenden Verpflichtung zur
Steueranrechnung in der Bundesrepublik Deutschland zuerkannt werden
kann.

Hintergrund dieser Regelung ist, daß in der Vergangenheit das Abkommen　45
zu – aus der Sicht des Gesetzgebers – ungewollten und ungerechtfertigten
Steuervorteilen genutzt wurde, ohne daß diese Gestaltungen, es sei denn
durch eine Änderung des Abkommens, unterbunden werden konnten. Da
sich die hier liegenden Möglichkeiten zur Steuerminimierung nicht vollständig ausmachen lassen, wurde mit dieser Klausel einseitig für die Bundesrepublik Deutschland die Möglichkeit geschaffen, in solchen Fällen von der Freistellungsmethode auf die belastungsneutrale Anrechnungsmethode überzu-
gehen, ohne daß es dazu einer Abkommensänderung bedarf.

In Art. 23 Abs. 2 Buchst. b Satz 2 ist bestimmt, daß **Einkünfte** nur dann **als**　46
aus dem anderen Vertragsstaat stammend angesehen werden, wenn sie dort
in Übereinstimmung mit dem Abkommen besteuert werden.

Diese Regelung gewinnt nur in den Fällen **praktische Bedeutung,** in denen　47
die Bundesrepublik Deutschland die Doppelbesteuerung durch Freistellung
der Einkünfte vermeidet. Denn wenn die Bundesrepublik Deutschland die
Doppelbesteuerung durch Anrechnung vermeidet, bleibt es, da in diesem
Fall keine anzurechnenden Steuern gegeben sind, bei der vollen Besteuerung.
Damit wird nur die tatsächliche Doppelbesteuerung, nicht auch die sog. vir-
tuelle Doppelbesteuerung vermieden. Auf diese Weise soll verhindert werden, daß Einkünfte bei Anwendung der Freistellungsmethode gänzlich unbe-
steuert bleiben, wenn der Quellenstaat USA das ihm zugeordnete Besteuerungsrecht nicht ausfüllt.

Bedeutung kommt dieser Regelung auch zu, wenn beispielsweise **beide Staa-**　48
ten Einkünfte als aus ihrem Gebiet stammend qualifizieren. Die Bundesrepublik Deutschland als Wohnsitzstaat vermeidet dann eine Doppelbesteuerung, indem sie die Einkünfte als aus dem anderen Vertragsstaat stammend
ansieht, wenn die Einkünfte im Quellenstaat USA in Übereinstimmung mit
dem Abkommen besteuert werden.

Die Vorschrift regelt nur für Art. 23, unter welchen Voraussetzungen Ein-　49
künfte als aus dem anderen Vertragsstaat stammend angesehen werden. Sie
greift dagegen nicht ein in die **Vorschriften über die Zuordnung des Besteue-**
rungsrechts. Steht danach dem Quellenstaat das ausschließliche Besteuerungsrecht zu, stellt sich die Frage, wie die Doppelbesteuerung zu vermeiden
ist, nicht.

3. Vermeidung der Doppelbesteuerung bei in der Bundesrepublik Deutschland ansässigen amerikanischen Staatsangehörigen (Abs. 3)

50   Abs. 3 enthält eine **Sonderregelung** zu Abs. 1 und 2 für den Fall, daß amerikanische Staatsangehörige in der Bundesrepublik Deutschland ansässig sind und Einkünfte aus den USA beziehen. Dieser Sonderregelung bedarf es, weil die USA sich mit der Saving Clause (Abschn. 1 a und b des Protokolls) das Recht vorbehalten, Staatsbürger der USA auch dann, wenn sie in einem anderen Staat ansässig sind, so zu besteuern als ob es kein Abkommen gäbe. Wenn die Saving Clause nicht ausgeschlossen ist (Abs. 1 b des Protokolls), ist in diesen Fällen unbeschränkte Steuerpflicht in beiden Vertragsstaaten gegeben. Um sich daraus ergebende Doppelbesteuerungen zu vermeiden, sieht Abs. 3 nunmehr ein **„dreistufiges Verfahren"** gegenüber der bisherigen sog. „kreuzweisen Anrechnung" vor:

51   a) Die **USA berücksichtigen** bei der Besteuerung den **Steuersatz**, den sie als Quellenstaat nach den Vorschriften über die Besteuerungsrechtszuordnung erheben dürfen, unabhängig davon, daß es sich bei der Person, um deren Besteuerung es geht, um einen amerikanischen Staatsbürger handelt.

52   b) In einem zweiten Schritt wird davon ausgegangen, daß die Bundesrepublik Deutschland bei der Besteuerung den Betrag – und nur den Betrag – als ausländische Steuern anrechnet, den die USA als Quellenstaat nach dem Abkommen erhoben haben. Bei der **deutschen Steuerberechnung** bleibt außer Betracht, daß die USA die Person, um deren Besteuerung es geht, aufgrund der amerikanischen Staatsbürgerschaft dieser Person als unbeschränkt steuerpflichtig in den USA behandeln. Dabei ist zu bemerken, daß sich das amerikanische Besteuerungsrecht ausschließlich nach den Vorschriften über die Besteuerungsrechtszuordnung, nicht aber aus dem Vorbehalt der Saving Clause begründet.

53   c) Die **USA berücksichtigen** bei der Berechnung der zu zahlenden amerikanischen Steuer die **Abzugsteuer**, die nach den Vorschriften über die Besteuerungsrechtszuordnung in den USA erhoben werden darf. Die tatsächlich in der Bundesrepublik Deutschland gezahlte Steuer – nach Anrechnung des Betrages, der nach dem Abkommen als amerikanische Quellensteuer gilt (z. B. 15 %) – wird bei der amerikanischen Steuer, die auf diese Einkünfte entfällt, gegengerechnet. Ein positiver Differenzbetrag kann als verbleibende Reststeuer in den USA besteuert werden. Überschreitet die in der Bundesrepublik Deutschland gezahlte Steuer diesen Betrag, bleibt der übersteigende Betrag unberücksichtigt. Der nach amerikanischem Recht statthafte **Vortrag von Steuerüberhängen** ist nicht zulässig.

54   Da **ausländische Steuern nach innerstaatlichen amerikanischen Anrechnungsvorschriften nicht angerechnet** werden können, wenn diese Steuern

auf aus den USA stammende Einkünfte erhoben werden, gelten die Einkünfte für die Berechnung der amerikanischen Steuer als aus deutschen Quellen
stammend (resourcing).

Von amerikanischer Seite wird diese Regelung anhand zweier Beispiele erläu-   55
tert (vgl. treasury department, technical explanations of the convention and
protocol). In beiden Beispielen wird von einer amerikanischen Abzugsteuer
von 15 % und einem amerikanischen Steuersatz von 28 % ausgegangen. In
Beispiel I wird ein deutscher Steuersatz von 25 % und in Beispiel II ein Steuersatz von 35 % angenommen.

Beispiel I:

amerikanische Dividende	100	56
amerikanische Abzugsteuer (unterstellt)	15	
zu erklärende Einkünfte in der Bundesrepublik Deutschland	100	
deutsche Steuer vor Anrechnung der		
amerikanischen Steuer	25	
anzurechnende amerikanische Steuer	15	
deutsche Steuer	10	
zu erklärende Einkünfte in den USA	100	
amerikanische Steuer	28	
(unterstellte) amerikanische Abzugsteuer	15	
Anrechnungsvolumen	13	
für Zwecke dieses Verfahrens als aus der		
Bundesrepublik Deutschland stammend angesehene Einkünfte		
(13 dividiert durch 0,28)	46,43	
amerikanische Steuer	13	
anzurechnende deutsche Steuer	10	
in den USA noch zu zahlende Steuer	3	

Beispiel II:

amerikanische Dividende	100	57
amerikanische Abzugsteuer (unterstellt)	15	
zu erklärende Einkünfte in der Bundesrepublik Deutschland	100	
deutsche Steuer vor Anrechnung der		
amerikanischen Steuer	35	
anzurechnende amerikanische Steuer	15	
deutsche Steuer	20	
zu erklärende Einkünfte in den USA	100	
amerikanische Steuer	28	
(unterstellte) Abzugsteuer	15	
Anrechnungsvolumen	13	
für Zwecke dieses Verfahrens als aus der		
Bundesrepublik Deutschland stammend angesehene Einkünfte		
(13 dividiert durch 0,28)	46,43	

amerikanische Steuer	13
anzurechnende deutsche Steuer	13
verbleibende amerikanische Steuer	0

In Beispiel II kommt es zu einem Überhang deutscher Steuern, der in den USA nicht vorgetragen werden kann.

4. Herstellung der Ausschüttungsbelastung (Abs. 4)

58   Abs. 4 stellt klar, daß die für **Ausschüttungen einer deutschen Körperschaft** aus nicht voll besteuerten Einkünften nach § 27 KStG vorzunehmende Herstellung der Ausschüttungsbelastung durch diese Vorschrift nicht beeinträchtigt ist. Dies bedeutet, daß die Ausschüttungsbelastung nach § 27 KStG auch dann hergestellt werden kann, wenn eine deutsche Körperschaft Dividenden aus Gewinnen ausschüttet, die aus den USA stammen und aufgrund des Abkommens in der Bundesrepublik Deutschland steuerfrei geblieben sind.

5. Anwendbarkeit des deutschen Außensteuergesetzes

59   In Abschn. 1 Buchst. d des Protokolls wird die Anwendbarkeit des Vierten Teils des deutschen Außensteuergesetzes (AStG) auf in der Bundesrepublik Deutschland ansässige Personen abkommensrechtlich festgeschrieben. Damit ist klargestellt, daß das Abkommen **für die Zugriffsbesteuerung nach dem AStG keine Schranke** bildet (vgl. Abschn. 1 Buchst. d des Protokolls).

Artikel 24

Gleichbehandlung

(1) Staatsangehörige eines Vertragsstaats dürfen im anderen Vertragsstaat keiner Besteuerung oder damit zusammenhängenden Verpflichtung unterworfen werden, die anders oder belastender ist als die Besteuerung und die damit zusammenhängenden Verpflichtungen, denen Staatsangehörige des anderen Staates unter gleichen Verhältnissen unterworfen sind oder unterworfen werden können. Ungeachtet des Artikels 1 gilt diese Bestimmung auch für Personen, die in keinem Vertragsstaat ansässig sind.

(2) Die Besteuerung einer Betriebsstätte, die ein Unternehmen eines Vertragsstaats im anderen Vertragsstaat hat, darf im anderen Staat nicht ungünstiger sein als die Besteuerung von Unternehmen des anderen Staates, die die gleiche Tätigkeit ausüben. Diese Bestimmung ist nicht so auszulegen, als verpflichte sie einen Vertragsstaat, den im anderen Vertragsstaat ansässigen Personen Steuerfreibeträge, -vergünstigungen und -ermäßigungen aufgrund des Personenstandes oder der Familienlasten zu gewähren, die er seinen ansässigen Personen gewährt.

(3) Sofern nicht Artikel 9 Absatz 1 (Verbundene Unternehmen), Artikel 11 Absatz 4 (Zinsen) oder Artikel 12 Absatz 4 (Lizenzgebühren) anzuwenden ist, sind Zinsen, Lizenzgebühren und andere Entgelte, die ein Unternehmen eines Vertragsstaats an eine im anderen Vertragsstaat ansässige Person zahlt, bei der Ermittlung der steuerpflichtigen Gewinne dieses Unternehmens unter den gleichen Bedingungen wie Zahlungen an eine im erstgenannten Staat ansässige Person zum Abzug zuzulassen. Dementsprechend sind Schulden, die ein Unternehmen eines Vertragsstaats gegenüber einer im anderen Vertragsstaat ansässigen Person hat, bei der Ermittlung des steuerpflichtigen Vermögens dieses Unternehmens unter den gleichen Bedingungen wie Schulden gegenüber einer im erstgenannten Staat ansässigen Person zum Abzug zuzulassen.

(4) Unternehmen eines Vertragsstaats, deren Kapital ganz oder teilweise unmittelbar oder mittelbar einer im anderen Vertragsstaat ansässigen Person oder mehreren solchen Personen gehört oder ihrer Kontrolle unterliegt, dürfen im erstgenannten Staat keiner Besteuerung oder damit zusammenhängenden Verpflichtung unterworfen werden, die anders oder belastender ist als die Besteuerung und die damit zusammenhängenden Verpflichtungen, denen andere ähnliche Unternehmen des erstgenannten Staates unterworfen sind oder unterworfen werden können.

(5) Dieser Artikel steht der Erhebung der in Artikel 10 Absatz 8 (Dividenden) bezeichneten Steuer durch einen Vertragsstaat nicht entgegen.

(6) Dieser Artikel gilt ungeachtet des Artikels 2 (Unter das Abkommen fallende Steuern) für Steuern jeder Art und Bezeichnung, die von einem Vertragsstaat oder einer seiner Gebietskörperschaften erhoben werden.

Protokoll

(22) Zu Artikel 24 Absatz 1 (Gleichbehandlung)

Artikel 24 Absatz 1 verpflichtet die Vereinigten Staaten nicht, einer nicht in den Vereinigten Staaten ansässigen natürlichen Person deutscher Staatsangehörigkeit die gleiche steuerliche Behandlung zuteil werden zu lassen wie einem nicht in den Vereinigten Staaten ansässigen Staatsbürger der Vereinigten Staaten.

Inhaltsübersicht

Erläuterungen zu Artikel 24

I. Überblick

1 Art. 24 beinhaltet das **Diskriminierungsverbot.** Der Wortlaut der Vorschrift folgt im wesentlichen dem des OECD-Musters, abgesehen davon, daß Staatenlose, in einem der Vertragsstaaten ansässige Personen, nicht in den

Schutzbereich dieser Vorschrift aufgenommen sind (vgl. MA 77 Art. 24 Abs. 3). Der Schutz vor steuerlicher Diskriminierung durch das innerstaatliche Recht der Vertragsstaaten erstreckt sich auf **vier Bereiche**. Dies sind

– die Staatsangehörigkeit (Abs. 1)

– die Betriebsstätte (Abs. 2),

– die Zahlung von Zinsen, Lizenzgebühren und anderen Entgelten in das Ausland (Abs. 3),

– die Beteiligung von Ausländern an einem inländischen Unternehmen (Abs. 4).

Abs. 6 bestimmt, daß das Diskriminierungsverbot über die in Art. 2 genannten unter das Abkommen fallenden Steuern hinaus für **alle Steuern der Vertragsstaaten** gilt; auch für Steuern, die von einem Vertragsstaat oder einer seiner Gebietskörperschaften erhoben werden. 2

Im Hinblick auf die Besonderheit des deutsch-amerikanischen Abkommens bestimmt Abs. 5, daß dieser Art. nicht die Erhebung der **Branch Profits Tax** (BPT) verbietet. 3

II. Verbot der Staatsangehörigendiskriminierung (Abs. 1)

1. Merkmal der Staatsangehörigkeit

Abs. 1 verbietet eine Diskriminierung, die (ausschließlich) an das Merkmal der Staatsangehörigkeit knüpft. Der **Begriff des Staatsangehörigen** ist, abweichend vom OECD-Muster, nicht in dieser Vorschrift definiert, sondern ergibt sich aus Art. 3 Abs. 1 Buchst. h. 4

Damit wird bei **natürlichen Personen** daran angeknüpft, daß eine Person Staatsbürger der USA oder Deutscher im Sinne des Grundgesetzes für die Bundesrepublik Deutschland ist. Bei **nicht natürlichen Personen** wird angeknüpft an den Ort der Errichtung. Verboten ist damit bei nicht natürlichen Personen eine Benachteiligung nach Maßgabe des Errichtungsstatuts (vgl. Art. 3 Rz. 21).

Im Gegensatz zu der umfassenden Definition des Begriffs des Staatsangehörigen in diesem Abkommen, die natürliche und juristische Personen sowie Personengesellschaften und andere Personenvereinigungen umfaßt, gelten nach dem **Musterabkommen der USA von 1981** (Draft Model Income Tax Treaty of 16 June 1981, in 1982 International Bureau of Fiscal Documentation – Bulletin) nur natürliche Personen, die die Staatsangehörigkeit eines Vertragsstaates besitzen als Staatsangehörige im Sinne des Abkommens. Der begrifflichen Begrenzung auf natürliche Personen kommt im Rahmen des 5

Art. 24 aber nur hinsichtlich der Gesellschaften Bedeutung zu, die keine Betriebsstätte im anderen Staat unterhalten, da auch das US-Muster die Betriebsstättendiskriminierung vorsieht (Abs. 3 des US-Musters).

6   **Hintergrund für die Regelung im US-Muster** ist das innerstaatliche amerika-
    nische Recht, das in Form der „second level withholding tax" (SLWT) die
    Besteuerung der von ausländischen Gesellschaften gezahlten Zinsen und Di-
    videnden in den USA zuläßt, wenn sich die Geschäftstätigkeit ausländischer
    Gesellschaften überwiegend auf die USA erstreckt. Von Gewinnausschüttun-
    gen und Zinszahlungen solcher Körperschaften ist Quellensteuer einzube-
    halten, wenn ihr Bruttogewinn während der letzten drei Jahre vor dem Jahr
    der Gewinnausschüttung zu mehr als 25 % tatsächlich zu einer gewerblichen
    oder geschäftlichen Tätigkeit in den USA gehört. Die SLWT wurde aller-
    dings durch eine amerikanische Branch Profits Tax (BPT) und die Branch
    Level Interest Tax (BLIT) weitgehend verdrängt. Denn im amerikanischen
    Steuerreformgesetz 1986 (TRA 86) ist zum Rangverhältnis zwischen diesen
    Steuerarten bestimmt, daß bereits die Anwendbarkeit der Regeln zur BPT
    oder BLIT auf den betreffenden Steuerfall die Erhebung einer SLWT in dem-
    selben Steuerjahr ausschließt. Soweit jedoch die SLWT für Zinszahlungen in
    Betracht kommt, weil die BLIT nach dem Abkommen ausgeschlossen ist,
    verstößt ihre Erhebung nach Art. 24 gegen das Diskriminierungsverbot.

7   Mit dem Verbot der Staatsangehörigendiskriminierung ist eine **unterschiedli-
    che Behandlung von Ansässigen und Nichtansässigen nicht untersagt** (vgl.
    BFH BStBl. 1975 II S. 706, 708; BStBl. 1965 III S. 352; BStBl. 1969 II S. 466;
    MA-Komm. 77, Art. 24 Tz. 4).

8   Aus diesem Grunde steht das **körperschaftsteuerliche Anrechnungsverfahren**
    in der Bundesrepublik Deutschland, das Nichtanrechnungsberechtigte vom
    Anrechnungsverfahren ausschließt, zum Verbot der Staatsangehörigendiskri-
    minierung nicht in Widerspruch. Denn die Gewährung der Anrechnungsbe-
    rechtigung knüpft an die unbeschränkte Steuerpflicht, die nur bei Ansässig-
    keit gegeben ist, und nicht an die Staatsangehörigkeit an (vgl. *Vogel,* DBA
    Kommentar, Art. 24 Rz. 28). Auch deutsche Staatsangehörige, die persönli-
    che Steuerbefreiungen genießen, wie z. B. die öffentliche Hand, gemeinnützi-
    ge Körperschaften, Kirchen, Berufsverbände, sind vom Anrechnungsverfah-
    ren ausgeschlossen.

9   Das **Verbot der Staatsangehörigendiskriminierung** ist jedoch **verletzt,** wenn
    innerhalb der Gruppe der ansässigen und nicht ansässigen Personen nach der
    Staatsangehörigkeit unterschieden wird. Aus diesem Grunde ist in Abschn.
    22 des Protokolls geregelt, daß die USA nicht verpflichtet sind, nicht in den
    USA ansässige deutsche Staatsangehörige und nicht in den USA ansässige
    amerikanische Staatsbürger gleich zu behandeln. Hintergrund dieser Rege-

lung ist, daß amerikanische Staatsbürger auch dann der amerikanischen Besteuerung mit dem Welteinkommen unterliegen, wenn diese Personen nicht in den USA ansässig sind. Mit dieser Bestimmung ist klargestellt, daß Staatsangehörige eines Vertragsstaats, die aufgrund ihrer Staatsangehörigkeit unbeschränkt steuerpflichtig sind, in diesem Zusammenhang grundsätzlich nicht unter „gleichen Verhältnissen" stehen, wie Staatsangehörige eines Staates, die nicht so besteuert werden, und wird vermieden, daß Staatsangehörige des anderen Vertragsstaates Vergünstigungen des innerstaatlichen amerikanischen Rechts beanspruchen können, die amerikanischen Staatsangehörigen im Rahmen ihrer unbeschränkten Steuerpflicht zustehen (vgl. MA-Komm. 77, Art. 24 Tz. 60).

Satz 2 der Vorschrift bestimmt abweichend von dem bisherigen Abkommen   10
(Art. XVIII Abs. 3) nunmehr ausdrücklich, daß das Staatsangehörigendiskriminierungsverbot auch für Personen gilt, die in keinem der Vertragsstaaten ansässig sind. Dies bedeutet, daß sich auch in **Drittstaaten** ansässige Staatsangehörige auf diese Vorschrift berufen können.

2. „Andere oder belastendere steuerliche Behandlung"

Das Verbot der Staatsangehörigendiskriminierung richtet sich gegen eine an-   11
dere oder belastendere steuerliche Behandlung verglichen mit der, der Staatsangehörige des besteuernden Staates unter gleichen Verhältnissen unterworfen sind. Die **Merkmale gelten alternativ,** also eine andere steuerliche Behandlung, die nicht belastender ist, kann gleichwohl diskriminierend sein.

Nicht unter das Verbot einer **„anderen"** steuerlichen **Behandlung** fallen je-   12
doch Vergünstigungen, die Ausländern aufgrund von Sonderbestimmungen gewährt werden (vgl. MA-Komm. 77 Art. 24 Tz. 9).

In Abs. 1 ist nunmehr gegenüber dem bisherigen Abkommen klargestellt,   13
daß sich das Diskriminierungsverbot auf das **gesamte steuerliche Pflichtenverhältnis,** mithin den Gesamtbereich steuerlicher Regelungen erstreckt. Dies bedeutet allerdings nicht, daß Doppelbesteuerungsabkommen, die mit Drittstaaten abgeschlossen sind, auch auf nichtansässige Staatsangehörige eines der Vertragsstaaten Anwendung finden.

III. Verbot der Betriebsstättendiskriminierung (Abs. 2)

1. Begriffsdefinitionen

Die Definition des **Begriffs Betriebsstätte** ergibt sich aus Art. 5, die des „Un-   14
ternehmens eines Vertragsstaates" aus Art. 3 Abs. 1 Buchst. f.

2. „Ungünstigere Besteuerung"

15   Zur Feststellung, ob das Merkmal der „ungünstigeren Besteuerung" gegeben
ist, ist ein **Vergleich anzustellen** mit einem Unternehmen des Betriebsstättenstaates, das die gleiche Tätigkeit ausübt (zu den Schwierigkeiten, die sich
durch die unterschiedlichen Rechtsformen von Betriebsstätten einerseits
und rechtlich selbständigen Unternehmen andererseits bei der Anwendung
des Gleichbehandlungsgrundsatzes ergeben, vergleiche MA-Komm. 77
Art. 24 Tz. 25; *Vogel*, DBA Kommentar, Art. 24 Rdn. 118, 121).

16   Bei dem Belastungsvergleich ist auf den **Tätigkeitsbereich** abzustellen. Steu-
erumstände außerhalb des Rahmens gleicher Tätigkeit sind außer Betracht
zu lassen. Daher ist zwischen dem unternehmerischen Tätigkeitsbereich und
der persönlichen Steuersphäre des Unternehmers zu unterscheiden. Steuervergünstigungen, die der „persönlichen Steuersphäre" des Unternehmers zuzurechnen sind, fallen nicht unter das Diskriminierungsverbot (vgl. BFH,
BStBl. 1969 II S. 466, 468).

17   Ausgehend von dieser Überlegung ist die **Anwendung eines anderen als für
deutsche Kapitalgesellschaften geltenden Steuertarifs auf Betriebsstätten ausländischer Unternehmen** nach Auffassung des BFH (vgl. BStBl. 1970 II
S. 790) nicht als Verstoß gegen das Diskriminierungsverbot anzusehen, weil
die Tarifstruktur nicht an die Tätigkeit der Gesellschaft, sondern an die Ge-
winnverwendung anknüpft. Diese Auffassung ist jedoch nicht unbestritten
(vgl. MA-Komm. 77, Tz. 43).

18   Der **Höhe des deutschen Betriebsstättensteuersatzes** kommt für nicht an-
rechnungsberechtigte ausländische Anteilseigner besondere Bedeutung zu.
Gem. § 23 Abs. 3 KStG gilt für Körperschaftsteuersubjekte mit Geschäftsleitung und Sitz im Ausland in der Bundesrepublik Deutschland ein ermäßig-
ter Steuersatz, der nach der Körperschaftsteuerreform 1990 46% beträgt.
Damit sollen ausländische, in der Bundesrepublik Deutschland über Betriebsstätten tätige Unternehmer, die vom Anrechnungsverfahren ausgeschlossen sind, in einer Weise besteuert werden, die mit der Durchschnitts-
belastung deutscher Unternehmen vergleichbar ist, die einen Teil ihrer Gewinne ausschütten.

19   **Körperschaftsteuer- und Betriebsstättensteuersatz** stehen damit in der Bundesrepublik Deutschland in engem **Zusammenhang**. Verändert sich der Körperschaftsteuersatz (Ausschüttungs- oder Thesaurierungssteuersatz) bedeutet
dies eine Veränderung einer der Größen, die bei der Beurteilung der Frage,
ob eine diskriminierende Besteuerung gegeben ist, zu berücksichtigen sind.
Dies bedeutet, daß bei einer Veränderung des Körperschaftsteuersatzes die
Höhe des Betriebsstättensteuersatzes neu zu überdenken ist.

Bei dem **Vergleich der Besteuerung** ist anders als bei dem Staatsangehörigen- 20
und Unternehmensdiskriminierungsverbot (Abs. 1 und 4) nicht das gesamte
Steuerrechtsverhältnis angesprochen, sondern nur die unmittelbare Steuer-
last. Ebenfalls abweichend zu den Abs. 1 und 4 ist nur auf eine „ungünstige-
re" und nicht daneben auch auf eine andere Besteuerung abgestellt. Danach
sind grundsätzlich bei der Ermittlung des Betriebsstättengewinns dieselben
Betriebsausgaben, Abschreibungen, Rückstellungen, Verlustvor- und Rück-
träge usw. zu gewähren, die auch den Unternehmen des Betriebsstättenstaats
zustehen; abweichende Verfahren bei der Besteuerung verletzen jedoch
nicht das Verbot der Betriebsstättendiskriminierung.

Dem Verbot der Betriebsstättendiskriminierung steht grundsätzlich die An- 21
wendung eines **Mindeststeuersatzes** auf Betriebsstätten entgegen, soweit er
die aus dem Diskriminierungsverbot folgende Vergleichbelastung übersteigt.
Diese Auffassung wird von der Bundesrepublik Deutschland, in der ein Min-
deststeuersatz von 25 % erhoben wird, unter Hinweis auf den nach deutscher
Rechtslage regelmäßig höheren allgemeinen Steuersatz nicht geteilt (vgl.
MA-Komm. 77, Art. 24 Tz. 40, und die Bemerkungen der Bundesrepublik
Deutschland in MA-Komm. 77 Tz. 59).

IV. Abzugsfähigkeit von Zinsen, Lizenzgebühren und anderen Ent-
gelten (Abs. 3)

1. Gleiche Abzugsfähigkeit im ertragsteuerlichen Bereich

Diese Vorschrift bietet **Schutz vor steuerlichen Benachteiligungen** bei der 22
Abzugsfähigkeit von Zinsen, Lizenzgebühren und sonstigen Entgelten, wo-
bei unter letzteren jedwede Art von Gegenleistung zu verstehen ist (vgl.
Vogel, DBA Kommentar, Art. 24 Rdn. 146).

Verboten ist eine Ungleichbehandlung zwischen Leistungen an **ansässige** 23
und nicht ansässige Personen. Unschädlich ist dagegen eine Unterscheidung
nach anderen Kriterien als dem der Ansässigkeit.

Fremdfinanzierungsregelungen, wonach Zinsen als Dividenden behandelt 24
werden und damit nicht abzugsfähig sind, verstoßen nach Auffassung der
OECD nicht gegen das Diskriminierungsverbot, wenn sie in Übereinstimmung mit Art. 9 Abs. 1, 11 Abs. 4 oder Art. 12 Abs. 4 angewandt werden.
Entspricht die **Umqualifizierung** den genannten Regeln nicht und ist die Un-
terkapitalisierungsregelung nur auf Nichtansässige anwendbar, steht das Diskriminierungsverbot der Umqualifizierung von Zinsen in Dividenden aufgrund dieser Vorschrift entgegen (vgl. OECD Bericht über die Unterkapitalisierung, Tz. 66 a). Diese Auffassung stellt eine Einschränkung des Diskrimi-

nierungsschutzes insoweit dar, als bisher (MA 1966) davon auszugehen war, daß Kapitalzuführungen durch Steuerinländer und durch Steuerausländer gleich behandelt werden müssen.

2. Gleiche Abzugsfähigkeit im vermögensteuerlichen Bereich

25   Nach Satz 2 der Vorschrift gilt das Verbot unterschiedlicher Abzugsbedingungen für Zinsen, Lizenzgebühren und sonstige Entgelte auch für den Bereich der **Vermögensteuer auf Schulden,** die ein Unternehmen eines Vertragsstaates im anderen Vertragsstaat hat.

V. Verbot der Unternehmensdiskriminierung (Abs. 4)

1. Persönlicher Schutzbereich

26   Diese Vorschrift schützt Unternehmen, die unter Beteiligung im anderen Vertragsstaat ansässiger Personen stehen, gegenüber dem Vertragsstaat, in dem sie ansässig sind. Geschützt sind **sämtliche Rechtsbeziehungen,** die einer Person auf der Grundlage einer Kapital- oder Sacheinlage die Stellung eines Gesellschafters gewähren (vgl. *Vogel,* DBA Kommentar, Art. 24 Rdn. 158).

27   Der Schutz erstreckt sich **nur auf das Unternehmen** als solches, nicht aber auf die Gesellschafter.

2. Sachlicher Schutzbereich

28   Das Verbot richtet sich gegen eine andere oder benachteiligendere Besteuerung, die an die Beteiligung durch nichtansässige Gesellschafter knüpft. **Vergleichsmaßstab** ist ein „ähnliches Unternehmen" des besteuernden Staates, an dem ausschließlich Inländer beteiligt sind.

3. Vereinbarkeit mit Unterkapitalisierungsregelungen

29   Auch im Rahmen dieser Vorschrift stellt sich die Frage, ob dieser Bestimmung Regelungen entgegenstehen, die bei von Steuerausländern kontrollierten Kapitalgesellschaften den Abzug von Zinszahlungen an nicht ansässige Beteiligte untersagen, bei von Steuerinländern kontrollierten Kapitalgesellschaften die Zinsen aber unter ähnlichen Umständen zum Abzug zulassen. Der Musterkommentar befaßt sich mit dieser Frage nicht. Das **Komitee des Steuerausschusses der OECD** vertritt dazu jedoch im **Bericht über die Unterkapitalisierung** (vgl. Tz. 66 b) die Auffassung, daß diese Vorschrift zwar für

die Unterkapitalisierung von Bedeutung ist, daß die aber im Vergleich zu Art. 24 Abs. 3 (MA Art. 24 Abs. 5) sehr allgemein gefaßte Bestimmung hinter diese speziellere Bestimmung zurückzutreten habe, soweit es um Maßnahmen geht, die sich gegen Gewinnausschüttungen im Gewande von Zinsen richten. In seiner **Hauptzielrichtung** wende sich Abs. 4 (MA Art. 24 Abs. 6) gegen den **Steuerprotektionismus**.

VI. Branch Profits Tax (BPT)

Nach den Neuregelungen im amerikanischen Steuerreformgesetz 1986, dem   30
Tax Reform Act 1986, unterliegen **ausländische Körperschaften** mit Geschäftstätigkeit in den USA seit 1. Januar 1987 einer erweiterten Besteuerung insoweit, als auf Gewinne, die die amerikanische Betriebsstätte an das Stammhaus überträgt, neben der Besteuerung des steuerpflichtigen Gewinns mit Körperschaftsteuer eine **Abzugsteuer** erhoben wird, die sogenannte **Branch Profits Tax** (BPT). Nach dem bisherigen Abkommen genossen in der Bundesrepublik Deutschland ansässige Körperschaften Schutz vor der BPT (vgl. amtliche Verlautbarung der amerikanischen Finanzverwaltung, Internal Revenue Service Notice 87-56 vom 31. 8. 1987).

Nunmehr räumt Art. 10 Abs. 8 den USA das Recht ein, auch **deutsche Kör-**   31
perschaften, die Betriebsstätten in den USA unterhalten, mit BPT zu belasten. Der Bundesrepublik Deutschland wird unter den in Art. 10 Abs. 10 genannten Voraussetzungen ebenfalls das Recht eingeräumt, eine solche Zusatzsteuer zu erheben (vgl. Art. 10 Rz. 42 ff.).

Um die gegen das **Diskriminierungsverbot** verstoßende BPT auf Abkom-   32
mensebene zuzulassen, ist daher in Abs. 5 der Vorschrift ausdrücklich bestimmt, daß das Betriebsstättendiskriminierungsverbot die Erhebung der BPT nicht ausschließt.

VII. Geltungsbereich des Artikels

Nach Abs. 6 der Vorschrift gilt das Diskriminierungsverbot des Abkommens   33
für Steuern jeder Art und Bezeichnung, die von einem Vertragsstaat oder einer seiner Gebietskörperschaften erhoben werden. Damit wird der Geltungsbereich nicht nur über die nach Art. 2 unter das Abkommen fallenden Steuern hinaus ausgedehnt, sondern erstreckt sich auch auf Steuern der **Gebietskörperschaften.** Aus deutscher Sicht ist zu beachten, daß das Diskriminierungsverbot auch bei der Anwendung des deutschen Kapitalverkehrsteuergesetzes gilt.

Artikel 25
Verständigungsverfahren

(1) Ist eine Person der Auffassung, daß Maßnahmen eines Vertragsstaats oder beider Vertragsstaaten für sie zu einer Besteuerung führen oder führen werden, die diesem Abkommen nicht entspricht, so kann sie unbeschadet der nach dem innerstaatlichen Recht dieser Staaten vorgesehenen Rechtsbehelfe ihren Fall der zuständigen Behörde des Vertragsstaats, in dem sie ansässig ist, oder, sofern ihr Fall von Artikel 24 Absatz 1 (Gleichbehandlung) erfaßt wird, der zuständigen Behörde des Vertragsstaats unterbreiten, dessen Staatsangehöriger sie ist. Der Fall muß innerhalb von vier Jahren nach der Bekanntgabe der Steuerfestsetzung unterbreitet werden, die zur Doppelbesteuerung oder einer diesem Abkommen nicht entsprechenden Besteuerung führt.

(2) Hält die zuständige Behörde die Einwendung für begründet und ist sie selbst nicht in der Lage, eine befriedigende Lösung herbeizuführen, so wird sie sich bemühen, den Fall durch Verständigung mit der zuständigen Behörde des anderen Vertragsstaats so zu regeln, daß eine diesem Abkommen nicht entsprechende Besteuerung vermieden wird. Die Verständigungsregelung ist ungeachtet der Fristen oder anderen verfahrensrechtlichen Beschränkungen des innerstaatlichen Rechts der Vertragsstaaten durchzuführen.

(3) Die zuständigen Behörden der Vertragsstaaten werden sich bemühen, Schwierigkeiten oder Zweifel, die bei der Auslegung oder Anwendung dieses Abkommens entstehen, in gegenseitigem Einvernehmen zu beseitigen. Insbesondere können sich die zuständigen Behörden der Vertragsstaaten einigen über:

a) die übereinstimmende Zurechnung von Einkünften, Abzügen, Anrechnungs- oder Freibeträgen bei der Betriebsstätte eines Unternehmens eines Vertragsstaats, die im anderen Vertragsstaat liegt;

b) die übereinstimmende Abgrenzung von Einkünften, Abzügen, Anrechnungs- oder Freibeträgen zwischen verbundenen Unternehmen und anderen Personen nach den in Artikel 9 (Verbundene Unternehmen) niedergelegten Grundsätzen;

c) die Beilegung von Anwendungskonflikten bei diesem Abkommen, einschließlich der

    aa) Qualifikation bestimmter Einkünfte,

    bb) Qualifikation von Personen,

    cc) Anwendung von Regelungen über die Quelle bestimmter Einkünfte und

dd) der Behandlung von Einkünften, die nach dem Steuerrecht des Quellenstaats den Einkünften aus Aktien gleichgestellt sind und im anderen Staat anderen Einkünften zugeordnet werden;

d) die gemeinsame Auslegung eines Ausdrucks;

e) eine den Zielen dieses Abkommens entsprechende Anwendung von Verfahrensvorschriften des innerstaatlichen Rechts (einschließlich der Vorschriften über Zuschläge, Geldstrafen und Verzinsung); und

f) eine Erhöhung der in den Artikeln 17 (Künstler und Sportler) und 20 (Gastprofessoren und -lehrer; Studenten und Auszubildende) genannten Beträge zur Berücksichtigung der wirtschaftlichen und monetären Entwicklung.

Sie können auch gemeinsam darüber beraten, wie eine Doppelbesteuerung in den Fällen vermieden werden kann, die in diesem Abkommen nicht behandelt sind.

(4) Die zuständigen Behörden der Vertragsstaaten können zur Herbeiführung einer Einigung im Sinne der vorstehenden Absätze unmittelbar miteinander verkehren. Bezieht sich das Verfahren auf einen Einzelfall, so haben die Betroffenen das Recht, ihren Standpunkt der zuständigen Behörde eines Vertragsstaats oder beider Vertragsstaaten darzulegen. Erscheint ein mündlicher Meinungsaustausch für die Herbeiführung der Einigung zweckmäßig, so kann ein solcher Meinungsaustausch in einer Kommission durchgeführt werden, die aus Vertretern der zuständigen Behörden der Vertragsstaaten besteht.

(5) Meinungsverschiedenheiten zwischen den Vertragsstaaten über die Auslegung oder Anwendung dieses Abkommens werden, soweit möglich, von den zuständigen Behörden beigelegt. Können die zuständigen Behörden die Meinungsverschiedenheit nicht beilegen, so kann sie einem Schiedsverfahren unterworfen werden, wenn beide zuständigen Behörden zustimmen. Das Verfahren wird zwischen den Vertragsstaaten durch Notenwechsel auf diplomatischem Weg vereinbart und geregelt.

Protokoll

(23) Zu Artikel 25 (Verständigungsverfahren)

Dieser Artikel ist nicht so auszulegen, als verpflichte er einen Vertragsstaat, einen von einer Person ausgesprochenen Verzicht auf ihre Rechte nach diesem Artikel unberücksichtigt zu lassen.

(24) Zu Artikel 25 Absatz 5 (Verständigungsverfahren)

Die für den Einzelfall zu treffende Entscheidung der Schiedsstelle ist für beide Vertragsstaaten für diesen Einzelfall bindend.

(25) Zu Artikel 25 Absatz 5 (Verständigungsverfahren) und Artikel 26 (Informationsaustausch und Amtshilfe)

Die Vertragsstaaten können der Schiedsstelle die Informationen überlassen, die zur Durchführung des Schiedsverfahrens erforderlich sind, jedoch unterliegen die Mitglieder der Schiedsstelle den für die Offenlegung geltenden Beschränkungen nach Artikel 26.

Inhaltsübersicht

Erläuterungen zu Artikel 25

I. Überblick

1 Art. 25 regelt das Verständigungsverfahren, das sich in das Verständigungsverfahren i. e. S. und das Konsultationsverfahren gliedert. Bei dem **Verständigungsverfahren** i. e. S. handelt es sich um eine Entscheidung im Einzelfall,

mit dem Ziel, eine dem Abkommen nicht entsprechende Besteuerung zu vermeiden; diese kann sich aus der Lückenhaftigkeit der materiellrechtlichen Abkommensregelungen oder durch unterschiedliche Auslegung von Abkommensvorschriften ergeben. Bei dem **Konsultationsverfahren** ist zu unterscheiden zwischen dem Verfahren, das der Beseitigung von Schwierigkeiten oder Zweifeln dient, die sich bei der Auslegung oder Anwendung des Abkommens ergeben, und einem Verfahren, in dem sich die zuständigen Behörden beraten, um Doppelbesteuerungen in Fällen zu vermeiden, die im Abkommen nicht geregelt sind.

Die Abkommensvorschrift folgt in **Abs. 1 und 2,** die das Verständigungsverfahren i. e. S. normieren, bis auf unbedeutende Abweichungen dem OECD-Muster. **Abs. 3,** der das Konsultationsverfahren regelt, ist gegenüber dem OECD-Muster insoweit erweitert, als beispielhaft Fallgruppen genannt werden, die Gegenstand eines Konsultationsverfahrens sein können. **Abs. 4** regelt, wie das Verständigungsverfahren durchzuführen ist und gilt damit gleichermaßen für das Verständigungsverfahren i. e. S. wie das Konsultationsverfahren. **Abs. 5** schafft – und insoweit weist das Abkommen eine echte Neuerung auf – die Grundlage für ein Schiedsverfahren.

2

II. Verständigungsverfahren i. e. S. (Abs. 1 und 2)

1. Voraussetzungen

a) Personenkreis

Aus dem Wortlaut der Vorschrift geht nicht ausdrücklich hervor, daß es sich um eine **in einem der Vertragsstaaten ansässige Person** handeln muß. Dieses Erfordernis läßt sich mittelbar aber aus der verfahrensrechtlichen Regelung ableiten, daß der Antrag auf Einleitung eines Verständigungsverfahrens bei der zuständigen Behörde des Staates zu stellen ist, in dem die Person ansässig ist (vgl. *Vogel,* DBA Kommentar Art. 25 Tz. 28). Die Frage, ob und in welchem der Vertragsstaaten eine Person als ansässig i. S. d. Abkommens gilt, entscheidet sich nach Art. 4. Abweichend von dieser Grundaussage können sich Personen, die sich auf eine Verletzung des Verbots der Staatsangehörigendiskriminierung nach Art. 24 Abs. 1 berufen, an den Staatsangehörigkeitsstaat wenden. Diese Erweiterung ist notwendig, um Übereinstimmung mit der Regelung in Art. 24 Abs. 1 herzustellen, nach der auch Staatsangehörige der Vertragsstaaten, die nicht in einem der Vertragsstaaten ansässig sind, vor Diskriminierung geschützt sind (vgl. Art. 24 Rz. 4).

3

4   **Antragsberechtigt** ist derjenige, den die nicht dem Abkommen entsprechende Besteuerung persönlich trifft, wobei allerdings Subjektidentität, wie sie
insbesondere bei Geschäftsbeziehungen zwischen verbundenen Unternehmen zu verneinen ist, nicht verlangt wird. Auch eine „wirtschaftliche Doppelbesteuerung" (Doppelbelastung) ist ausreichend (vgl. Einführungsschrei-
ben zum AStG, Tz. 1.15). Dies ergibt sich auch aus Art. 9 Abs. 2 Satz 2,
2. Hs., der vorsieht, daß die zuständigen Behörden gegebenenfalls bei Gegen-
berichtigungen einander konsultieren.

b) Nicht dem Abkommen entsprechende Besteuerung

5   **Abweichend vom bisherigen Abkommen** wird zur Einleitung eines Verständigungsverfahrens nicht vorausgesetzt, daß Maßnahmen eines oder beider
Vertragsstaaten zu einer abkommenswidrigen Doppelbesteuerung führen.
Das Abkommen knüpft an eine „dem Abkommen nicht entsprechende Be-
steuerung" an, die gegeben ist, wenn sich die von einem der Vertragsstaaten
geltend gemachte Steuerpflicht bei zutreffender Abkommensanwendung so
nicht ergibt; dies ist beispielsweise der Fall, wenn die Besteuerung gegen das
Diskriminierungsverbot verstößt; oder wenn Einkünfte, die aufgrund des
Abkommens im anderen Staat nicht zu versteuern sind, gleichwohl dort zur
Besteuerung herangezogen werden.

6   Anders als im bisherigen Abkommen ist ein Nachweis darüber, daß eine **abkommenswidrige Besteuerung eingetreten** ist oder eintreten wird, **nicht erforderlich**; ausreichend ist, daß die den Antrag stellende Person der Auffassung ist, sie sei von einer nicht dem Abkommen entsprechenden Maßnahme
betroffen.

c) Antragsbefugnis

7   Der Steuerpflichtige ist unbeschadet der nach dem innerstaatlichen Recht
der Vertragsstaaten vorgesehenen Rechtsmittel befugt, einen Antrag auf Einleitung eines Verständigungsverfahrens zu stellen. Der **Ausdruck Rechtsbehelf** ist in diesem Zusammenhang nicht als „terminus technicus" und in
Abgrenzung zum Begriff des Rechtsmittels zu verstehen. Dies wird bereits
daraus deutlich, daß im englischsprachigen Abkommenstext ebenso wie im
englischsprachigen Text des OECD-Musters derselbe Ausdruck („remedies")
verwandt wird, der in den deutschen Fassungen einmal durch den Begriff
Rechtsmittel (MA Art. 25 Abs. 1) und das andere Mal durch den Begriff
Rechtsbehelf (DAB USA Art. 25 Abs. 1) übersetzt ist. Unter diesem Begriff
sind sämtliche gerichtliche und außergerichtliche Verfahren zu verstehen,
die die innerstaatlichen Steuerrechte gegen Maßnahmen der Finanzbehörden
zur Verfügung stellen. **Antragsbefugnis** ist damit unabhängig von diesen

Rechtsbehelfen (local remedies) und damit vor, neben, anstelle oder nach den innerstaatlich zugelassenen Rechtsbehelfen gegeben (vgl. BFH BStBl. 1967 III S. 495, 497).

d) Frist zur Erhebung von Einwendungen

Das Abkommen sieht nunmehr – dem OECD-Muster folgend – eine **vierjäh-** 8 **rige** (das OECD-Muster eine dreijährige) **Frist** vor, um darzulegen, daß Maßnahmen eines oder beider Vertragsstaaten zu einer dem Abkommen nicht entsprechenden Besteuerung führen oder geführt haben. Dabei wird klarer als im OECD-Muster die Frist mit der Bekanntgabe der Steuerfestsetzung, die die nicht dem Abkommen entsprechende Steuerpflicht begründet, in Lauf gesetzt.

Der Antrag auf Einleitung eines Verständigungsverfahrens **hemmt** in der 9 Bundesrepublik Deutschland **den Ablauf der Festsetzungsfrist** (§ 169 Abs. 2 Nr. 2 AO i. V. m. § 171 Abs. 3; vgl. *Lehner*, Das Verständigungsverfahren – Praktische Handhabung und Durchführung, RIW/AWD 1981 S. 832, 836) mit der Folge, daß die Umsetzung des Verständigungsergebnisses insoweit nicht durch den Fristablauf ausgeschlossen ist.

e) Umsetzung der Verständigungsvereinbarung

Die ein Verständigungsverfahren abschließende Vereinbarung berührt zu- 10 nächst nur die beteiligten Vertragsstaaten und bedarf der Umsetzung durch einen oder beide Vertragsstaaten, um **gegenüber dem Steuerpflichtigen Wirkung** zu entfalten. Die Umsetzung erfolgt durch Rechtsakte (Verwaltungsanordnungen), die auch sonst im innerstaatlichen Verfahrensrecht bei der Entscheidung über den aus dem Abkommen begründeten Steuerentlastungsanspruch des Steuerpflichtigen vorgesehen sind; Rechtsgrundlage sind nach deutscher Verwaltungsauffassung die materiellen Abkommensbestimmungen sowie die Bestimmungen über das Verständigungsverfahren (Art. 25 i. V. m. § 2 AO; vgl. BMF BStBl. 1974 I S. 442 Abschn. 1.15.2. und BMF BStBl. 1983 I S. 219, Abschn. 1.2.3.; a. A. *Vogel*, DBA Kommentar, Art. 25, Rdn. 69).

Die Parallelität zwischen innerstaatlichen Rechtsakten und Übereinkünften, 11 die im Verständigungsverfahren getroffen wurden, kann insbesondere dann zu Problemen führen, wenn innerstaatlich die Entscheidung über den Entlastungsanspruch bereits in **Bestandskraft** erwachsen ist. Abs. 2 bestimmt, daß die im Verständigungsverfahren getroffenen Regelungen ungeachtet innerstaatlicher Rechtskraftbestimmungen anzuwenden sind.

12 Damit kann die Verständigungsvereinbarung ungeachtet der Bestandskraft deutscher Bescheide umgesetzt werden. Bei der Umsetzung der Verständigungsvereinbarung können auch Steuern ungeachtet einer eingetretenen **Verjährung** erstattet werden. Dies bedeutet aber nicht, daß ein Verständigungsverfahren allein deswegen durchgeführt werden kann, um mit ihm die Fristversäumnis nach den im innerstaatlichen Verfahrensrecht vorgesehenen Verjährungs-, Ausschluß- und ähnlichen Fristen zu heilen; so beispielsweise, wenn eine in den USA ansässige Person versäumt, innerhalb der vorgesehenen Frist Erstattung von Abzugsteuer zu beantragen.

13 Eine andere Frage ist, inwieweit die im Verständigungsverfahren erzielten Ergebnisse von den Gerichten zu beachten sind und wie sie auf rechtskräftige Entscheidungen der Gerichte wirken. Die Verwaltungsanordnung, mit der die Verständigungsvereinbarung umgesetzt wird, **bindet** zwar die im Behördenaufbau nachgeordneten **Verwaltungsbehörden, nicht aber die Gerichte** (vgl. *Gloria,* Das steuerliche Verständigungsverfahren und das Recht auf diplomatischen Schutz, S. 182; *Lehner,* Das Verständigungsverfahren – Verfahren und Praktische Handhabung, S. 832, 836). Damit entfalten **Verständigungsergebnisse keine Wirkung gegenüber rechtskräftigen Urteilen.** Zu beachten ist jedoch, daß die Bindungswirkung von Urteilen (§ 110 FGO) nur soweit reicht, als über den Streitgegenstand entschieden ist. Eine Möglichkeit zur Umsetzung kommt daher insoweit in Betracht, als im Verständigungsverfahren Fragen außerhalb des der Entscheidung zugrunde liegenden Streitgegenstandes liegende Fragen entschieden wurden oder wenn sich neue Tatsachen oder Beweismittel ergeben (§ 100 Abs. 1 Satz 1 Hs. 2 FGO; vgl. *Lehner,* a. a. O. S. 836).

14 Zu beachten ist auch, daß eine gerichtliche Entscheidung einer **neuen Behandlung der Steuern im Billigkeitsweg** bei übereinstimmender Auffassung beider Staaten einem Verständigungsverfahren zur Milderung der doppelten steuerlichen Belastung nicht entgegen steht (vgl. BFH BStBl. 1967 III S. 495, 497).

15 Um jedoch Schwierigkeiten zu vermeiden, die sich bei der Umsetzung von Verständigungsvereinbarungen ergeben, wenn innerstaatlich eine abweichende Entscheidung vorliegt, kann die Durchführung eines Verständigungsverfahrens nach Auffassung der OECD davon abhängig gemacht werden, daß der Steuerpflichtige diese Regelung annimmt und der Steuerpflichtige seine Rechtsmittel bezüglich der im Verständigungsverfahren geregelten Punkte zurückzieht (vgl. Kommentar zum OECD-Muster, Art. 25 Tz. 28). Nach deutscher Verwaltungspraxis wird der **Steuerpflichtige** um **Zustimmung** zu dem beabsichtigten Verständigungsergebnis und Rücknahme eventuell anhängiger Rechtsbehelfe ersucht.

f) Umfang des Verständigungsverfahrens

Bei der Durchführung von Verständigungsverfahren stellt sich die Frage, ob   16
im Zusammenhang mit dem Verständigungsverfahren auch **Steuertatbestän-
de überprüft** werden können, **die mit dem Verfahrensgegenstand nicht in
Zusammenhang stehen** (vgl. *Goldberg,* 1987, Competent Authority, International Bureau of Fiscal Documentation, S. 431, 436). In diesem Punkt scheinen deutsche und amerikanische Finanzverwaltung unterschiedlicher Auffassung zu sein. Nach **deutscher Verwaltungsauffassung** können klärungsbe-
dürftige Fragen, die im Verständigungsverfahren neu auftauchen, ebenfalls
überprüft und neue Besteuerungssachverhalte aufgegriffen und zum Anlaß
weitergehender Ermittlungen genommen werden. Aus **amerikanischer Sicht**
ist eine Ausdehnung des Verständigungsverfahrens über den Verfahrensgegenstand hinaus, dessentwegen das Verständigungsverfahren eingeleitet wurde, nur in Ausnahmefällen oder nach allgemein gültigen Betriebsprüfungs-
grundsätzen möglich.

g) Durchführung des Verständigungsverfahrens

Zuständig für die Einleitung eines Verständigungsverfahrens ist die „zustän-   17
dige Behörde". Welche Behörden der Vertragsstaaten als die „zuständige Behörde" im Sinne des Abkommens gelten, ergibt sich aus Art. 3 Abs. 1
Buchst. i. Danach ist die zuständige Behörde auf seiten der Bundesrepublik
Deutschland der Bundesminister der Finanzen oder sein Vertreter, auf seiten
der USA der „Secretary of the Treasury" oder sein Vertreter. Während in der
Bundesrepublik Deutschland die Durchführung von Verständigungsverfahren bei dem Bundesminister der Finanzen angesiedelt ist, ist die Zuständigkeit in den USA auf den Commissioner des Internal Revenue Service (IRS)
übertragen, der wiederum seine Zuständigkeit auf den Assistant Commissioner (International) übertragen hat.

Der Antrag ist an keine **Form** und an kein besonderes **Verfahren** gebunden.   18

In der Praxis werden Verständigungsverfahren in der Bundesrepublik   19
Deutschland zumeist über die örtlich zuständigen Behörden an die zuständige Behörde im Sinne des Abkommens, den **Bundesminister der Finanzen**
(Art. 3 Abs. 1 Buchst. i bb) herangetragen. Verständigungsanträge können
aber auch unmittelbar an den Bundesminister der Finanzen gerichtet werden. Er überprüft in der Regel unter Beteiligung der Landesfinanzbehörden
den Vortrag der Person, die eine nicht dem Abkommen entsprechende Besteuerung vorträgt. Hält er den Vortrag für begründet und vermag er durch
eigene Maßnahmen der abkommenswidrigen Besteuerung nicht abzuhelfen,
wird er die zuständige Behörde des anderen Vertragsstaates über den Fall in
Kenntnis setzen. Dies geschieht zumeist durch die Übersendung eines „Posi-

tionspapieres", auf das der andere Vertragsstaat ebenfalls mit einem „Positionspapier" antwortet. Je nach Lage des Falles sind weitere Ermittlungen durch die örtlich zuständigen Behörden durchzuführen.

h) Verzicht auf ein Verständigungsverfahren

20 Grundsätzlich ist ein Verzicht auf ein Verständigungsverfahren **in einer anhängigen Steuersache unwirksam,** da das Recht, die Einleitung eines Verständigungsverfahrens zu beantragen, nicht der alleinigen Dispositionsbefugnis des Steuerpflichtigen untersteht. Das Verfahren kann von dem anderen Staat aus eigenem Recht betrieben werden. Zur Förderung der Angelegenheit kann jedoch ein Steuerpflichtiger seinen Verzicht erklären. In Abschn. 23 des Protokolls ist ausgeführt, daß Art. 25 keinen der Vertragsstaaten verpflichtet, ein Verständigungsverfahren einzuleiten, wenn der Steuerpflichtige auf ein Verständigungsverfahren verzichtet hat.

i) Verfahrensrechtliche Stellung des Antragstellers

21 Die die Verständigung suchende Person hat keinen Anspruch auf Einleitung eines Verständigungsverfahrens, sondern lediglich darauf, daß die **Entscheidung ermessensfehlerfrei getroffen** wird (a. A. *Weber,* IWB Fach 10 Gruppe 2, S. 369; vgl. auch den ausführlichen Beitrag von *Gloria,* Der Anspruch auf Durchführung des Verständigungsverfahrens und seine gerichtliche Durchsetzung in den USA, StuW 1989 S. 138 ff.). Ob das Ermessen fehlerfrei ausgeübt wurde, kann der Steuerpflichtige gerichtlich überprüfen lassen (§ 33 Abs. 1 Nr. 1 FGO; BFH Urt. v. 26. 5. 1982, BStBl. II S. 583). So kann die zuständige Behörde, selbst wenn sie der Auffassung ist, daß eine nicht dem Abkommen entsprechende Besteuerung durch Maßnahmen des anderen Vertragsstaates gegeben ist, von der Einleitung eines Verständigungsverfahrens absehen, wenn zum Beispiel ein Mißbrauchsfall gegeben ist (vgl. BFH BStBl. 1982 II S. 583) oder wegen mangelhafter Mitwirkung des Steuerpflichtigen ihm die Doppelbesteuerung zugemutet werden soll.

22 Ebensowenig hat die um Verständigung suchende Person einen Anspruch darauf, daß sich die **zuständigen Behörden einigen;** diese werden sich lediglich „bemühen", eine Lösung zu finden, die die abkommenswidrige Besteuerung vermeidet.

23 Damit wird deutlich, daß es sich bei dem Verständigungsverfahren um ein Verfahren zwischen Staaten über den **Vertragserfüllungsanspruch** und nicht um ein Verfahren zur Durchsetzung des dem Steuerpflichtigen zustehenden Entlastungsanspruchs handelt; auch wenn der vertragliche Erfüllungsanspruch gerade darauf abzielt, einzelnen Steuerpflichtigen die Entlastungsan-

sprüche zu gewähren und somit zwischen beiden Ansprüchen ein enger Bezug besteht. Dementsprechend ist **nicht der Steuerpflichtige, sondern** sind die **Vertragsstaaten Parteien des Verfahrens.** Daraus folgt, daß der Steuerpflichtige keine originären Mitwirkungsrechte oder Pflichten hat. Für die Bundesrepublik Deutschland gilt jedoch im Innenverhältnis zwischen zuständiger Behörde und Steuerpflichtigem § 90 AO, der sowohl die grundsätzliche Verpflichtung der Behörde zur Anhörung als auch die Mitwirkungspflicht des Steuerpflichtigen bestimmt. In Abs. 4 Satz 2 ist nunmehr ausdrücklich geregelt, daß dem Steuerpflichtigen das Recht zusteht, der zuständigen Behörde eines oder beider Vertragsstaaten seinen Standpunkt darzulegen. Ein formales Recht zur Teilnahme an der Verständigungsverhandlung wird dadurch aber nicht begründet.

III. Konsultationsverfahren (Abs. 3)

Beim Konsultationsverfahren geht es nicht um die Behandlung eines bestimmten Einzelfalles, sondern um **Regelungen allgemeiner Art,** die sich aber auch auf die steuerliche Behandlung von Einzelfällen auswirken. Durch sie sollen Schwierigkeiten oder Zweifel im gegenseitigen Einvernehmen ausgeräumt werden, die sich bei der **Auslegung oder Anwendung des Abkommens** ergeben. Dabei kann es sich um Rechtsfragen, wie beispielsweise Auslegungsfragen, aber auch Fragen der Sachverhaltsermittlung oder der verwaltungsmäßigen Handhabung, wie beispielsweise bei der Entlastung von Abzugsteuern aufgrund des Abkommens, handeln. Auf das Konsultationsverfahren wird in verschiedenen Artikeln des Abkommens und des Protokolls hingewiesen: Art. 3 Abs. 2; Art. 4 Abs. 3; Art. 9 Abs. 2; Art. 10 Abs. 4; Art. 17 Abs. 1; Art. 25 Abs. 5; Art. 27; Art. 28 Abs. 4; Art. 29 Abs. 6; Abschn. 1 Buchst. d Protokoll; Abschn. 6; Abschn. 17; Abschn. 18; Abschn. 21; Abschn. 27.   24

Abs. 3 Satz 2 gibt beispielhaft eine **Aufzählung von Fallgruppen** möglicher   25
Konsultationen. Darüber hinaus können die Vertragsstaaten, wie dies auch das OECD-Muster vorsieht, sich auch über Doppelbesteuerungsfälle beraten, die im Abkommen nicht geregelt sind, wie dies beispielsweise bei in Drittstaaten ansässigen Personen, die in beiden Vertragsstaaten Betriebsstätten unterhalten, der Fall sein kann. Da eine solche Entscheidung eine Änderung des Abkommens darstellt, stellt sich die Frage, ob sie der Zustimmung der gesetzgebenden Körperschaften bedarf (vgl. bejahend *Vogel*, DBA Kommentar, Art. 25 Rz. 93).

IV. Verfahren (Abs. 4)

26   Abs. 4 regelt, daß die zuständigen Behörden zur Durchführung eines Verständigungsverfahrens nicht auf den diplomatischen Weg verwiesen sind, sondern **unmittelbar miteinander verkehren** können. Dies kann **schriftlich,** aber auch **mündlich** geschehen, sofern dies zweckmäßig erscheint.

V. Schiedsverfahren (Abs. 5)

1. Abkommensregelung

27   Die Bundesrepublik Deutschland setzt sich seit Jahren für die **Einführung von Schiedsklauseln in Doppelbesteuerungsabkommen** ein (Entwurf des DBA Schweden, EG-Schiedsrichtlinie). Mit der Regelung eines internationalen Schiedsverfahrens, wie sie Abs. 5 enthält, ist ein erster Durchbruch gelungen. Die Regelung in Abs. 5 beschränkt sich darauf, die **Rechtsgrundlage** für ein Schiedsverfahren zu schaffen. Die Einzelheiten sind in einem Notenwechsel (Rz. 30) geregelt.

28   Das Schiedsverfahren ist danach an die **Voraussetzungen** geknüpft, daß sich die zuständigen Behörden vergeblich um die Beilegung von Meinungsverschiedenheiten über die Auslegung und Anwendung des Abkommens bemüht haben und daß die beiden zuständigen Behörden einem Schiedsverfahren zustimmen.

29   In Abschn. 24 des Protokolls ist darüber hinaus erwähnt, daß eine **Entscheidung der Schiedsstelle** die Vertragsstaaten für den Einzelfall bindet. Dies bedeutet jedoch nicht, daß der Entscheidung präjudizierende Wirkung zukommt (vgl. Rz. 41). Im übrigen weist das Abkommen lediglich darauf hin, daß das Verfahren im einzelnen durch Notenwechsel auf diplomatischem Weg geregelt wird. Damit enthält das Abkommen eine Ermächtigungsklausel, die es den zuständigen Behörden ermöglicht, das Verfahren im Notenwechsel zu gestalten.

2. Notenwechsel

30   Der Notenwechsel, in dem das **Schiedsverfahren im einzelnen geregelt** ist, erfolgte zeitgleich mit der Unterzeichnung des Abkommens am 29. August 1989.

31   Im **Zustimmungsgesetz** wird auf den Notenwechsel Bezug genommen. Damit ist das Schiedsverfahren Bestandteil des Abkommens und kommt ihm verbindliche Wirkung zu.

a) Voraussetzungen des Schiedsverfahrens

Als weitere Voraussetzung gegenüber denen, die bereits in Art. 25 Abs. 5 ge-   32
nannt sind, ist die **Zustimmung des Steuerpflichtigen** zur Durchführung des
Verfahrens aufgeführt, ebenso wie die Erklärung des Steuerpflichtigen, daß
die Entscheidung des Schiedsgerichts auch für ihn bindend ist. Dies bedeutet
einen Verzicht auf Ausschöpfung innerstaatlicher Rechtsmittel.

Fraglich ist, ob der Verzicht auch einen Ausschluß des Rechtswegs zu den   33
Gerichten bedeutet oder nur Rechtsbehelfe des Verwaltungsverfahrens untersagt. Eine Auslegung der Vorschrift in der Weise, daß der Rechtsweg zu
den Gerichten abgeschnitten ist, scheint in Anbetracht der in Art. 19 Abs. 4
des Grundgesetzes verankerten **Rechtsschutzgarantie** äußerst fraglich. Die
gleichen Zweifel an der Verfassungsmäßigkeit der Vorschrift bei einer solchen Auslegung ergeben sich auch nach amerikanischer Rechtslage. Dort ist
bestimmt, daß kein Staatsbürger ohne gerichtliche Kontrollmöglichkeiten in
seinen Rechten beschränkt werden darf (due process of law; vgl. amendment
V und XIV, Section 1 der US-Verfassung).

Aus diesem Grund wird man wohl die Vorschrift verfassungskonform und   34
damit in dem Sinne auslegen müssen, daß **lediglich weitere verwaltungsin-
terne Rechtsbehelfe ausgeschlossen** sein sollen, nicht aber der Rechtsweg zu
den Gerichten.

b) Anwendungsbereich

Das Schiedsverfahren ist ausgeschlossen für Angelegenheiten der Steuerpoli-   35
tik oder des nationalen Rechts eines der Vertragsstaaten. Der **Ausschluß
steuerpolitischer Fragen** ist auf dem Hintergrund der amerikanischen Rechtsauffassung zu sehen, daß die Justiziabilität politischer Entscheidungen gene-
rell abzulehnen ist (vgl. *Gloria*, a. a. O., S. 155). Der **Hauptanwendungsbereich** der Schiedsklausel dürfte auf dem Gebiet der Gewinnberichtigungen
zwischen verbundenen Unternehmen sowie zwischen Stammhaus und Betriebsstätte liegen.

c) Art und Zusammensetzung der Schiedsstelle

Von Fall zu Fall sollen „ad hoc Schiedsstellen" mit **mindestens 3 Mitgliedern**   36
gebildet werden; die Schiedsstellen werden paritätisch mit Mitgliedern aus
den Vertragsstaaten besetzt, die durch die zuständigen Behörden bestimmt
werden. Die benannten Mitglieder des Schiedsgerichts einigen sich ihrerseits
auf mindestens ein oder mehrere weitere Mitglieder, aus den Vertragsstaaten
oder einem der OECD-Staaten. **Qualifikation** der Schiedsstellenmitglieder
zum Richteramt wird nicht vorausgesetzt. Damit soll die Besetzung flexibel

ausgestaltet werden, um den Besonderheiten des jeweils zu entscheidenden Falles Rechnung zu tragen. So kann es beispielsweise in einem Fall, in dem die Gewinnabgrenzung streitig ist, angezeigt sein, Praktiker und/oder Unternehmensvertreter aufzunehmen, während in Fällen, in denen es um die Auslegung von Begriffen geht, möglicherweise Richter zu bevorzugen sind.

d) Geheimhaltung

37   Auch für das Schiedsverfahren gelten die **Geheimhaltungsvorschriften.** Die Mitglieder der Schiedsstelle haben sich daher den jeweils strengeren Geheimhaltungsvorschriften der Vertragsstaaten zu unterwerfen.

38   In Abschn. 25 des Protokolls ist ausgeführt, daß auf dieser Grundlage die Vertragsstaaten der Schiedsstelle die **Informationen** zugänglich machen dürfen, **die notwendig sind,** um das Schiedsverfahren durchzuführen. Diese Ergänzung ist notwendig, da die Mitglieder einer Schiedsstelle in Art. 26 Abs. 1 Satz 2 nicht ausdrücklich als zu dem Personenkreis zugehörend aufgeführt sind, dem Informationen offenbart werden dürfen.

e) Weisungsrecht der zuständigen Behörden

39   Im übrigen steht den zuständigen Behörden ein verhältnismäßig starkes **Weisungsrecht hinsichtlich der verfahrensrechtlichen Ausgestaltung** zu. Damit wird betont, daß es sich bei diesem Verfahren um ein Verständigungsverfahren mit anderen Mitteln und nicht um ein „quasi justizielles" Verfahren handelt.

f) Stellung des Steuerpflichtigen

40   Im Notenwechsel ist klargestellt, daß der **Steuerpflichtige zu hören** ist und sich in diesem Verfahren vertreten lassen kann. Zugunsten der Flexibilität wurde darauf verzichtet auszuführen, ob sich der Steuerpflichtige schriftlich oder mündlich äußern kann; das Verfahren ist insoweit bewußt offen gelassen. Der Steuerpflichtige ist jedoch nicht Partei des Verfahrens; dies sind alleine die Vertragsstaaten.

g) Wirkungsweise der Schiedsentscheidung

41   Ausgeführt ist auch, daß die Entscheidungen der Schiedsstelle zwar **im Einzelfall bindend** sind, daß ihnen aber **keine präjudizierende Wirkung** zukommt. In gleichgelagerten Fällen können sie jedoch in Betracht gezogen werden. Dies mag die Möglichkeit eröffnen, auf diese Weise eine bessere Abstimmung bei der Lösung internationaler Problemstellungen zu finden.

h) Kosten

In dem Notenwechsel wird auch die Kostenfrage geregelt. Danach tragen die **Vertragsstaaten** jeweils die Kosten für „ihre" Mitglieder der Schiedsstelle und teilen die Kosten für die weiteren Mitglieder. In Einzelfällen kann die Einleitung eines Schiedsverfahrens davon abhängig gemacht werden, daß der **Steuerpflichtige** anteilig Kosten trägt; dies kann beispielsweise dann der Fall sein, wenn das Verfahren auf vom Steuerpflichtigen zu vertretende Unsicherheiten zurückzuführen ist.

42

i) Weitere Verfahrensfragen

Die zuständigen Behörden können sich über **Verfahrensänderungen** verständigen, wenn die Grundzüge des festgelegten Verfahrens gewahrt werden. Damit wurde das Verfahren hinsichtlich seiner Ausgestaltung bewußt flexibel gehalten, um einerseits ein bisher nicht erprobtes Verfahren entwickeln und andererseits unterschiedlich gelagerte Fälle sachgerecht behandeln zu können.

43

Artikel 26

Informationsaustausch und Amtshilfe

(1) Die zuständigen Behörden der Vertragsstaaten tauschen die Informationen aus, die zur Durchführung dieses Abkommens und des innerstaatlichen Rechts der Vertragsstaaten betreffend die unter dieses Abkommen fallenden Steuern erforderlich sind, soweit die diesem Recht entsprechende Besteuerung nicht diesem Abkommen widerspricht. Der Informationsaustausch ist durch Artikel 1 (Persönlicher Geltungsbereich) nicht eingeschränkt. Alle Informationen, die ein Vertragsstaat erhalten hat, sind ebenso geheimzuhalten wie die aufgrund des innerstaatlichen Rechts dieses Staates beschafften Informationen und dürfen nur den Personen oder Behörden (einschließlich der Gerichte und der Verwaltungsbehörden) zugänglich gemacht werden, die mit der Veranlagung, Erhebung oder Verwaltung, der Vollstreckung oder Strafverfolgung oder mit der Entscheidung von Rechtsbehelfen hinsichtlich der unter dieses Abkommen fallenden Steuern befaßt sind. Diese Personen oder Behörden dürfen die Informationen nur für diese Zwecke verwenden. Sie dürfen die Informationen in einem öffentlichen Gerichtsverfahren oder in einer Gerichtsentscheidung offenlegen, sofern die zuständige Behörde des die Information erteilenden Vertragsstaats keine Einwendungen erhebt.

(2) Absatz 1 ist nicht so auszulegen, als verpflichte er einen Vertragsstaat,

a) Verwaltungsmaßnahmen durchzuführen, die von den Gesetzen und der Verwaltungspraxis dieses oder des anderen Vertragsstaats abweichen;

b) Informationen zu erteilen, die nach den Gesetzen oder im üblichen Verwaltungsverfahren dieses oder des anderen Vertragsstaats nicht beschafft werden können;

c) Informationen zu erteilen, die ein Handels-, Industrie-, Gewerbe- oder Berufsgeheimnis oder ein Geschäftsverfahren preisgeben würden oder deren Erteilung der öffentlichen Ordnung widerspräche.

(3) Ersucht ein Vertragsstaat nach diesem Artikel um Informationen, so beschafft der andere Vertragsstaat die Information, auf die sich das Ersuchen bezieht, auf die gleiche Weise und im gleichen Umfang, als handle es sich bei der Steuer des erstgenannten Staates um eine Steuer des anderen Staates und als würde sie von ihm erhoben. Auf entsprechendes Ersuchen der zuständigen Behörde eines Vertragsstaats stellt die zuständige Behörde des anderen Vertragsstaats, wenn möglich, Informationen nach diesem Artikel in Form von Zeugenaussagen und beglaubigten Kopien von Originaldokumenten (einschließlich Bücher, Papiere, Erklärungen, Aufzeichnungen, Kontoauszüge und Schriftstücke) im gleichen Umfang zur Verfügung, wie diese Aussagen und Dokumente nach dem Recht und der Verwaltungspraxis des

anderen Staates in bezug auf seine eigenen Steuern beschafft werden können.

(4) Jeder der Vertragsstaaten bemüht sich, für den anderen Vertragsstaat die Steuerbeträge zu erheben, die erforderlich sind, um sicherzustellen, daß die durch dieses Abkommen gewährte Entlastung von der Steuer des anderen Staates keinen Personen zugute kommt, die hierauf keinen Anspruch haben.

(5) Absatz 4 verpflichtet keinen der Vertragsstaaten, Verwaltungsmaßnahmen durchzuführen, die von seinen Maßnahmen bei der Erhebung seiner eigenen Steuern abweichen oder die seiner Souveränität, Sicherheit oder öffentlichen Ordnung widersprechen.

(6) Die Vertragsstaaten können durch Notenwechsel auf diplomatischem Weg vorsehen, daß sie gemäß den Bestimmungen dieses Artikels Informationen für Zwecke von Steuern austauschen können, die von einem Vertragsstaat erhoben werden und die nicht in Artikel 2 (Unter das Abkommen fallende Steuern) genannt sind.

Protokoll

(26) Zu Artikel 26 (Informationsaustausch und Amtshilfe)

Die Bundesrepublik Deutschland tauscht nach diesem Artikel Informationen auf Ersuchen oder ohne Ersuchen in dem Umfang aus, in dem dies in dem EG-Amtshilfegesetz vom 19. Dezember 1985 (vorbehaltlich gelegentlicher Änderungen unter Wahrung der tragenden Prinzipien) vorgesehen ist.

Inhaltsübersicht

Erläuterungen zu Artikel 26

I. Überblick

1   Diese Vorschrift regelt den **zwischenstaatlichen Auskunftsaustausch**
    (Abs. 1–3), der es den Finanzbehörden ermöglichen soll, auch bei grenzüber-
    schreitenden Sachverhalten eine den innerstaatlichen Steuergesetzen ent-
    sprechende gleichmäßige und wettbewerbsneutrale Besteuerung zu ermögli-
    chen (vgl. BFH-Urt. v. 20. 2. 1979, BStBl. II S. 268, 272). In eingeschränktem
    Umfang wird auch **Hilfe bei der Einziehung von Steuern** (Abs. 4 und 5) ge-
    währt. Abs. 6 enthält eine Ermächtigungsklausel zur sachlichen Erweiterung
    des Auskunftsaustauschs auf nicht unter das Abkommen fallende Steuern.

II. Zwischenstaatlicher Auskunftsaustausch

1. Abgrenzung zwischen Amts- und Rechtshilfe

2   Die Vorschriften, die den zwischenstaatlichen Auskunftsaustausch regeln,
    werden häufig mißverständlich als „Amts- und Rechtshilfeklauseln" bezeich-
    net. Amtshilfe einerseits und Rechtshilfe andererseits stellen jedoch unter-
    schiedliche Formen behördlichen Beistandes dar, die auf **unterschiedlichen
    Rechtsgrundlagen** fußen und für die gesonderte Verfahren vorgesehen sind
    (vgl. BFH BStBl. II S. 482, und Urteil II R 25/85, BFH NV 1987 S. 99). Aus
    diesem Grunde sind beide Verfahren auseinanderzuhalten (a. A. *Kühn/Kut-
    ter/Hoffmann* 1987, Abgabenordnung, § 117 Tz. 2, S. 273, die im Einzelfall
    dahingestellt lassen, ob die erbetene Hilfeleistung als Rechts- oder Amtshilfe
    zu qualifizieren ist).

3   Nach *Tipke* (*Tipke,* Steuerrecht, 1987 S. 619) ist **Amtshilfe** die Hilfe, die eine
    Behörde auf Ersuchen oder auf eigenes Betreiben einer anderen Behörde zur
    Erfüllung von Aufgaben der öffentlichen Verwaltung gewährt, während un-
    ter **Rechtshilfe** die Unterstützung von Gerichten bei Rechtspflegeaufgaben

zu verstehen ist. Entscheidend ist danach, ob behördliche Hilfe zur Durchführung eines Justiz- oder Verwaltungsverfahrens geleistet wird. Die von
Tipke gegebene Begriffsbestimmung stimmt überein mit § 59 Abs. 1 IRG
(Gesetz über die internationale Rechtshilfe in Strafsachen [IRG] vom 23. Dezember 1982, BGBl. 1982 I S. 2071), in dem der Begriff der Rechtshilfe für
dieses Gesetz definiert ist. Danach ist jede Unterstützung, die für ein ausländisches Verfahren in einer strafrechtlichen Angelegenheit gewährt wird, als
Rechtshilfe anzusehen, unabhängig davon, ob das ausländische Verfahren
von einem Gericht oder von einer Behörde betrieben wird und ob die
Rechtshilfehandlung von einem Gericht oder einer Behörde vorzunehmen
ist.

Legt man diese Definition zugrunde, ist **Art. 26 als Rechtsgrundlage zur Ge-**   4
währung von Amtshilfe anzusehen. Sowohl der Auskunftsaustausch als auch
die – eingeschränkte – Hilfe bei der Einziehung von Steuern, dienen der
Durchführung behördlicher Verfahren, Ermittlungen, die sich als Rechtshilfe qualifizieren, können nicht auf diese Vorschrift gestützt werden.

Rechtshilfe kann aber auf der Grundlage des IRG i. V. m. der deutsch-ameri-   5
kanischen Vereinbarung über den Rechtshilfeverkehr in Strafsachen
(Deutsch-amerikanische Vereinbarung über den Rechtshilfeverkehr in Strafsachen und über die Erteilung von Auskünften aus dem Strafregister vom
7. November/28. Dezember 1960/3. Januar 1961, BGBl. 1961 II S. 471) gewährt werden, wobei der Rechtshilfevereinbarung kein materiellrechtlicher,
sondern der Charakter einer **Gegenseitigkeitsvereinbarung** zukommt. In der
Praxis sind jedoch bei der Durchführung des Rechshilfeverkehrs auf der
Grundlage des IRG keine Schwierigkeiten entstanden. Verhandlungen zur
Vereinbarung eines völkerrechtlichen Vertrages zur Rechtshilfegewährung
werden zur Zeit geführt.

Auf dem Gebiet der steuerlichen Zusammenarbeit zwischen der Bundesrepu-   6
blik Deutschland und den USA gewinnt die Begriffsabgrenzung in den Fällen
praktische Bedeutung, in denen die USA die Bundesrepublik Deutschland
um Auskunft im Rahmen der Ermittlungen in einem „**Grand Jury Verfah-**
ren" ersuchen. Die Grand Jury ist ein unabhängiges Verfassungsorgan, das
ermittelt, ob Strafgesetze verletzt sind und Anklage vor Gericht zu erheben
ist. Soweit die Ermittlungen strafrechtlich sanktionierte Steuerdelikte betreffen, kann die amerikanische Finanzbehörde um Auskunft über steuerliche
Verhältnisse ersucht und in die Ermittlungen eingeschaltet werden. In diesem Zusammenhang werden auch, sofern dies erforderlich erscheint, die
Finanzbehörden der Vertragspartner um Auskunft über die steuerlichen Verhältnisse der Betroffenen ersucht. Für Auskünfte, die zur Durchführung
eines Grand-Jury-Verfahrens ausgetauscht werden, bietet Art. 26 damit keine Rechtsgrundlage. Für sie ist der Rechtshilfeweg gegeben.

2. Auskunftsaustausch im Verständigungsverfahren

7   Nach Art. 25 können die zuständigen Behörden im Rahmen des Verständigungsverfahrens i. e. S. und des Konsultationsverfahrens unmittelbar miteinander verkehren. Damit ist zwangsläufig auch der Austausch von Auskünften verbunden. Dies bedeutet jedoch nicht, daß Art. 25 eine selbständige Rechtsgrundlage zum **Austausch von Auskünften im Rahmen eines Verständigungsverfahrens** darstellt. Der zwangsläufig mit der Durchführung von Verständigungsverfahren einhergehende Austausch von Auskünften findet seine Rechtsgrundlage – zur Durchführung des Abkommens – in Art. 26 (vgl. *Vogel*, DBA Kommentar, Art. 26 Rdn. 42). Damit sind die **in Art. 26 normierten verfahrensrechtlichen Beschränkungen** des Auskunftsverkehrs zu beachten. Die detaillierten Vorschriften über den Auskunftsaustausch dürfen nicht mittels eines Verfahrens umgangen werden, das den diesbezüglichen Schutzrechten des Steuerpflichtigen nicht Rechnung trägt (vgl. *Lehner*, Das Verständigungsverfahren – Verfahren und praktische Handhabung, RIW/ADW 1981 S. 832, 836). So gelten beispielsweise die in Art. 26 normierten Geheimhaltungsvorschriften auch für den Auskunftsaustausch im Rahmen eines Verständigungsverfahrens.

3. EG-Amtshilfe-Gesetz (EG-AHG) als Leitlinie für den gesamten Auskunftsaustausch

8   Das EG-AHG (Art. 2 des Steuerbereinigungsgesetzes 1986 vom 14. 12. 1985, BGBl. I S. 2436, BStBl. I S. 735) ist nach dessen § 1 Abs. 1 verbindlich für die Amtshilfe zwischen der Bundesrepublik Deutschland und den Mitgliedstaaten der EG. Mit dem EG-AHG, mit dem die Bundesrepublik Deutschland die EG-Amtshilfe-Richtlinie (EG-Amtshilfe-Richtlinie vom 19. 12. 1977, 77/799/EWG, ABl. EG Nr. L 366, 15 i. d. F. vom 6. 12. 1979, 79/1070/EWG, ABl. EG L 331, 8) innerstaatlich umgesetzt hat, wurde ein ausführliches Gesetzeswerk geschaffen, das auch **für die bilaterale Amtshilfe Vorbildwirkung** hat (vgl. MdB *Gattermann*, Vors. des Finanzausschusses, in der 184. Sitzung des Deutschen Bundestags am 12. 12. 1985; BMF-Schreiben vom 1. 12. 1988, BStBl. 1988 I S. 466 Tz. 1.4.4.). Dem EG-AHG kommt daher Leitbildfunktion für den gesamten Auskunftsaustausch durch die Bundesrepublik Deutschland zu. Dies ist insbesondere unter dem Gesichtspunkt der Vereinheitlichung des Auskunftsaustausches zu begrüßen.

9   In Abschn. 26 des Protokolls wird dies ausdrücklich bestätigt. Dort ist ausgeführt, daß die Bundesrepublik Deutschland auf der Grundlage des Art. 26, Auskünfte auf Ersuchen und ohne Ersuchen in dem Umfang austauscht, in dem dies in dem EG-AHG vorgesehen ist. Dies bedeutet, daß der an sich nach Art. 26 **unbegrenzt zulässige Auskunftsaustausch auf die Fallgruppen begrenzt**

ist und an die Voraussetzungen knüpft, die im EG-AHG genannt sind: so in § 2 Abs. 2 EG-AHG für den spontanen Auskunftsaustausch (s. Rz. 10) und § 2 Abs. 3 EG-AHG für den automatischen Auskunftsaustausch (s. Rz. 10).

4. Auskunftsaustausch (Abs. 1)

Abs. 1 verankert, dem OECD-Muster folgend, die große Auskunftsklausel.   10 Danach werden nicht nur Auskünfte ausgetauscht, die der Durchführung des Abkommens dienen, sondern darüber hinausgehend auch solche zur Durchführung des innerstaatlichen Rechts der Vertragsstaaten. Entsprechend dem internationalen Verständnis (vgl. MA-Komm. Art. 26 Tz. 9) können **Auskünfte auf drei Arten ausgetauscht** werden:

– **auf Ersuchen** eines der Vertragsstaaten in Einzelfällen;

– unaufgefordert, wenn zu vermuten ist, daß Informationen für die Festsetzung der Steuern im anderen Staat erheblich sein können (**spontan**) und

– unaufgefordert zur regelmäßigen Übermittlung von Informationen über gleichgelagerte Sachverhalte (**automatisch**).

a) Zuständige Behörde

Der zwischenstaatliche Auskunftsaustausch wird von den zuständigen Be-   11 hörden durchgeführt; der **Begriff der zuständigen Behörde** ergibt sich aus Art. 3 Abs. 1 Buchst. i. Dabei ist für beide Seiten eine Delegationsmöglichkeit auf andere Behörden offengehalten.

§ 5 Abs. 1 Nr. 5 des Gesetzes über die Finanzverwaltung vom 30. 8. 1971   12 (Finanzverwaltungsgesetz – FVG, BGBl. I S. 1426; BStBl. I S. 390) ermächtigt den Bundesminister der Finanzen (BMF), die zwischenstaatliche Amtshilfe **auf das Bundesamt für Finanzen (BfF) zu übertragen.** Von dieser Ermächtigung hat der BMF im Bereich des Auskunftsverkehrs allgemein insoweit Gebrauch gemacht, als er auf das BfF folgende Aufgaben übertragen hat:

– Voranfragen zu stellen, um festzustellen, ob ein Auskunftsersuchen Aussicht auf Erfolg verspricht;

– Empfang und Auswertung ausländischer Auskünfte ohne Ersuchen;

– Übermittlung von Auskünften im Rahmen der Entlastung von deutscher Kapitalertragsteuer und Abzugsteuer nach § 50 a EStG;

– Übermittlung von Auskünften an ausländische Finanzbehörden im Rahmen des Kontrollmeldeverfahrens (BMF-Schreiben vom 26. 3. 1976, BStBl. I S. 279).

Darüber hinaus kann die Zuständigkeit des Bundesministers der Finanzen in   13 Einzelfällen bei Auskünften auf Ersuchen auf das BfF oder auf eine oberste

Landesfinanzbehörde übertragen werden (§ 1 Abs. 4 EG-AHG). Eine **weiter-gehende Delegationsmöglichkeit** auf das BfF ist grundsätzlich möglich. Davon hat der Bundesminister der Finanzen jedoch bisher keinen Gebrauch gemacht (vgl. BMF-Schreiben v. 1. 12. 1988, BStBl. 1988 I S. 466 Tz. 1.6.1.2.).

14 Über die genannten Zuständigkeitsübertragungen hinaus wurde mit Wirkung vom 1. Januar 1977 dem BfF die Zuständigkeit für den Teilbereich **„Vollstreckungs- und Zustellungssachen"** übertragen (BMF-Schreiben vom 13. 12. 1976, BStBl. 1977 I S. 33).

15 **Auf amerikanischer Seite** ist der Auskunftsverkehr von dem **Secretary of the Treasury,** der zuständigen Behörde im Sinne des Abkommens, auf den **„Commissioner of Internal Revenue"** (**IRS**) übertragen, der wiederum seine Zuständigkeit auf den Assistant Commissioner (International) übertragen hat.

16 Der Auskunftsverkehr zwischen der Bundesrepublik Deutschland und den USA weist – aus deutscher Sicht – insoweit eine **Besonderheit** auf, als **auf beiden Seiten „Steuerreferenten"** eingeschaltet sind, die bei den Botschaften in Bonn und Washington D. C. angesiedelt sind. Aus deutscher Sicht ist dies eine Besonderheit, da bisher einzig seit dem 13. 10. 1986 ein Steuerreferent bei der deutschen Botschaft in Washington D. C. eingesetzt ist. Der deutsche Steuerreferent hat u. a. die Aufgabe, den laufenden Auskunftsverkehr zu unterstützen. In diesem Zusammenhang nimmt er die Aufgaben der zuständigen Behörde im Sinne dieses Artikels wahr. Er ist daher ermächtigt, mit amerikanischen Dienststellen unmittelbar Verbindung aufzunehmen, um im Rahmen des zwischenstaatlichen Auskunftsaustausches Maßnahmen vorzubereiten. Darüber hinaus schaltet er sich nach Zweckmäßigkeit in den Auskunftsverkehr ein, um die abschließende fachliche Entscheidung der zuständigen Behörde vorzubereiten. Er kann auch im Rahmen laufender Verfahren oder vor Einleitung eines Verfahrens von den USA um Stellungnahme ersucht werden. Zur Beschleunigung des Auskunftsverkehrs kann sich der Steuerreferent auch unmittelbar mit der örtlich zuständigen deutschen Behörde in Verbindung setzen.

17 In der Einschaltung der Steuerreferenten in den zwischenstaatlichen Auskunftsaustausch ist jedoch **keine Delegation der Befugnisse** der zuständigen Behörden zu erblicken.

b) Beschränkung auf unter das Abkommen fallende Steuern

18 Der Auskunftsaustausch ist zulässig hinsichtlich der unter das Abkommen fallenden Steuern. Insoweit **weicht das Abkommen vom Musterabkommen der USA ab,** wonach Auskünfte über sämtliche Steuern der Vertragstaaten

ausgetauscht werden können. Mit der Beschränkung des Auskunftsaustauschs auf die unter das Abkommen fallenden Steuern wird der Informationsaustausch im Rahmen des Abkommens gehalten (vgl. Kommentar zum OECD-Muster, Art. 26 Tz. 5).

Allerdings eröffnet Abs. 6 die **Möglichkeit,** den sachlichen **Umfang des Aus-** 19
kunftsaustausches zu erweitern. Voraussetzung dafür ist, daß sich die Vertragspartner durch Notenwechsel auf diplomatischem Weg darüber einigen, Auskünfte auch über nicht unter das Abkommen fallende Steuern auszutauschen. Diese verfahrensrechtliche Voraussetzung macht deutlich, daß es sich bei einer solchen Entscheidung um eine solche der allgemeinen Abkommenspolitik handelt. Eine sachliche Erweiterung des Auskunftsaustausches in Einzelfällen ist damit ausgeschlossen.

c) Abkommenswidrige Besteuerung

Eine **weitere Einschränkung** mit dem Ziel, den Auskunftsaustausch im Rah- 20
men des Abkommens zu halten, ergibt sich daraus, daß Informationen nicht zu geben sind, wenn die Besteuerung nach dem in dem anderen Staat in Betracht kommenden innerstaatlichen Steuerrecht dem Abkommen widerspricht (vgl. Kommentar zum OECD-Muster, Art. 26 Tz. 5). Dies gilt beispielsweise für Auskünfte, die auf eine nicht sachgerechte Einkunfts- oder Vermögensabgrenzung zielen.

Ist zu befürchten, daß die Auskunftserteilung zu einer abkommenswidrigen 21
Besteuerung führen könnte, haben sich die zuständigen Behörden vor der Auskunftserteilung darüber zu **verständigen.** Wird dabei keine Einigung erzielt, kann die Auskunftserteilung von der Einleitung eines **Schiedsverfahrens** abhängig gemacht werden. Das ergibt sich ausdrücklich aus § 3 Abs. 3 EG-AHG, das auch als Leitlinie im Auskunftsaustausch zu Nicht-EG-Staaten gilt (vgl. Rz. 8 u. 9).

d) Persönlicher Anwendungsbereich (Art. 26 Abs. 1 Satz 2)

Der Auskunftsaustausch ist nicht beschränkt auf Auskünfte über in einem 22
der Vertragsstaaten **ansässige Personen.** Auskünfte können auch über **Gebietsfremde** ausgetauscht werden.

e) Geheimhaltung

In Abs. 1 ist die Geheimhaltungspflicht verankert. Danach unterliegen alle 23
Angaben, die die Finanzbehörden der beiden Staaten im Zusammenhang mit dem Auskunftsaustausch erhalten, dem **Steuergeheimnis,** wobei sich die Ge-

heimhaltung nach dem **innerstaatlichen Recht des Empfängerstaates** richtet. Wie im OECD-Musterabkommen wird der Personenkreis beschrieben, dem Informationen zugänglich gemacht werden dürfen. Außerdem ist ausdrücklich gesagt, daß diese Personen die empfangenen Informationen nur zum Zwecke der ihnen obliegenden Aufgaben verwenden dürfen. Damit ist klargestellt, daß erhaltene Informationen auch dann nur für steuerliche Zwecke verwendet werden dürfen, wenn die maßgeblichen Geheimhaltungsvorschriften des Empfängerstaates eine Weitergabe an andere Stellen vorsehen. Abweichend – und insoweit einschränkend – zum OECD-Muster dürfen erhaltene Informationen in öffentlichen Gerichtsverfahren nur offengelegt werden, wenn die zuständige Behörde des die Informationen erteilenden Staates keine Einwände erhebt. Dieser Zusatz entspricht Art. 7 der EG-Amtshilfe-Richtlinie.

5. Schranken des Auskunftsaustausches (Abs. 2)

24   Diese Vorschrift enthält die **üblichen Einschränkungen** des Auskunftsverkehrs.

a) Einschränkungen aufgrund des innerstaatlichen Rechts

25   Die **Vertragsstaaten sind nicht verpflichtet,** Verwaltungsmaßnahmen durchzuführen, die nach dem Recht oder der Verwaltungspraxis des ersuchenden oder des ersuchten Staates nicht zulässig sind, oder Informationen zu erteilen, die nach den Gesetzen oder der Verwaltungspraxis des ersuchten oder des ersuchenden Staates nicht beschafft werden können.

26   Nach dem Wortlaut des Abkommens ist die Auskunftserteilung in diesen Fällen in das **Ermessen** der um Auskunft ersuchten Behörde gestellt. Nach dem EG-AHG ist in diesen Fällen die Auskunftserteilung untersagt. Da das EG-AHG auch für den Auskunftsaustausch der Bundesrepublik Deutschland mit den USA maßgeblich ist (vgl. Abschn. 26 des Protokolls) wird die Bundesrepublik Deutschland in diesen Fällen keine Auskünfte erteilen.

b) Geschäfts- und Betriebsgeheimnis

27   Eine Verpflichtung zum Auskunftsaustausch – in der Bundesrepublik Deutschland handelt es sich in diesem Fall um ein Auskunftsverbot nach § 3 Abs. 1 Nr. 4 EG-AHG – ist auch dann nicht gegeben, wenn mit der Erteilung der Auskunft ein **Geschäftsgeheimnis** preisgegeben würde oder die Auskunftserteilung der **öffentlichen Ordnung** widerspräche. Mit dieser Vorschrift ist die Preisgabe von Geschäftsgeheimnissen geschützt, und zwar ohne die Einschränkung, wie sie in Art. 3 Abs. 1 Nr. 4 EG-AHG enthalten ist, daß durch die Preisgabe dem inländischen Beteiligten ein mit dem Zweck

der Auskunftserteilung nicht zu vereinbarender Schaden entsteht. Da der Schutz des EG-AHG in diesem Fall weniger weit reicht als der des Abkommens, gilt vorrangig insoweit das Abkommen, abweichend von der Grundaussage, daß Leitlinie für den Auskunftsverkehr das EG-AHG sein soll. Denn Leitbildfunktion kommt dem EG-AHG insbesondere unter dem Gesichtspunkt des zumeist über die Auskunftsklauseln der Doppelbesteuerungsabkommen hinausgehenden Schutzes zu. Sieht dagegen das Abkommen einen weitergehenden Schutz vor, kann dieser nicht durch Anwendung der Grundsätze des EG-AHG umgangen werden.

Die verwendeten Begriffe werden durch das Abkommen nicht definiert. Es   28
stellt sich daher die Frage, ob diesen Begriffen gem. Art. 3 Abs. 2 die Bedeutung beizulegen ist, die ihnen nach dem Recht des Anwenderstaates zukommt. Zu Recht wird von *Vogel* (*Vogel*, DBA Kommentar, Art. 26 Rdn. 105) ein Rückgriff auf das innerstaatliche Recht abgelehnt, weil dies aufgrund unterschiedlichen Verständnisses dieser Begriffe zu einem Geheimnisschutz unterschiedlichen Umfangs führte und damit auch das Prinzip der Gegenseitigkeit, das dem Auskunftsverkehr zugrunde liegt, in Frage stellt. Diese Auffassung scheint jedoch von der amerikanischen Finanzverwaltung nicht geteilt zu werden. Danach ist bei der **Auslegung des Begriffs des Geschäftsgeheimnisses** auf das jeweilige **innerstaatliche Recht** zurückzugreifen. *Vogel* ist ebenfalls zuzustimmen, daß eine klare Abgrenzung zwischen den einzelnen Begriffen nicht möglich ist; daß vielmehr mit den aufgezählten Begriffen die Gesamtheit der wirtschaftlichen Tätigkeiten in den Vertragsstaaten geschützt werden soll (*Vogel*, DBA Kommentar, Art. 26 Rdn. 106). Dabei kommt es nicht auf den subjektiven Geheimhaltungswillen an. Ein Geschäftsgeheimnis liegt vor, wenn es sich um Tatsachen und Umstände handelt, die von erheblicher wirtschaftlicher Bedeutung und praktisch nutzbar sind und deren unbefugte Nutzung zu beträchtlichen Schäden führen kann (vgl. BFH BStBl. 1979 II S. 268).

6. Durchführung des Auskunftsverkehrs (Abs. 3)

Die um Auskunft **ersuchten Finanzbehörden** der Vertragsstaaten **beschaffen**   29
die Auskünfte, um die sie ersucht werden, in derselben Weise, als wäre die eigene Besteuerung betroffen. Sie können dazu sowohl eigene Erkenntnisquellen nutzen, als auch Ermittlungen durchführen. In Satz 2, der auch in der Vorschrift über den Auskunftsaustausch im amerikanischen Musterabkommen zu finden ist, ist bestimmt, daß ein Vertragsstaat die vom anderen Vertragsstaat gewünschte Auskunft möglichst in der vom ersuchenden Staat **erbetenen Form,** beispielsweise in Form von Zeugenaussagen beschafft. Damit soll gewährleistet werden, daß die von anderen Vertragsstaaten erteilten Informationen als Beweisstücke vor Gerichten zugelassen werden können.

III. Amtshilfe bei der Einziehung von Steuern (Abs. 4 und 5)

1. Voraussetzungen

30   Mit dieser Vorschrift wird eine **Ermächtigung zur Amtshilfe bei der Einziehung von Steuern** gegeben, ohne jedoch eine allgemeine Rechtsgrundlage für die Vollstreckungshilfe zu schaffen. Diese Vorschrift entspricht der, wie sie bereits im bisherigen Abkommen enthalten war. Danach wird Hilfe bei der Einziehung von Steuern nur insoweit geleistet, als diese erforderlich ist, um sicherzustellen, daß die durch das Abkommen gewährte Entlastung von der Steuer nicht mißbräuchlich in Anspruch genommen wird. Nach amerikanischer Auffassung ist Hauptanwendungsbereich der Fall, in dem eine in einem Drittstaat ansässige Person Einkünfte aus den USA oder der Bundesrepublik Deutschland bezieht, die sie, um in den Genuß der Abkommensvergünstigungen zu kommen, über einen Treuhänder in dem jeweils anderen Vertragsstaat leitet. Im übrigen scheinen die USA nur in Ausnahmefällen und Fällen des klaren Abkommensmißbrauchs bereit zu sein, von ihren Staatsangehörigen oder ihren Unternehmen ausländische Steuern beizutreiben.

2. Einschränkungen der Beitreibungshilfe

31   Auch die Gewährung von Amtshilfe bei der Einziehung von Steuern ist eingeschränkt dadurch, daß **keine Verpflichtung** besteht, Verwaltungsmaßnahmen durchzuführen, die bei der Erhebung eigener Steuern nicht vorgenommen werden könnten oder die der Souveränität, Sicherheit oder öffentlichen Ordnung des ersuchten Staates widersprächen.

Artikel 27
Befreite Organisationen

(1) Ungeachtet des Artikels 28 (Schranken für die Abkommensvergünstigungen) sind Einkünfte einer deutschen Gesellschaft oder Organisation, die ausschließlich religiöse, mildtätige, wissenschaftliche, erzieherische oder öffentliche Zwecke verfolgt, in den Vereinigten Staaten steuerbefreit, wenn und soweit sie

a) in der Bundesrepublik Deutschland steuerbefreit ist und

b) bezüglich dieser Einkünfte in den Vereinigten Staaten steuerbefreit wäre, sofern sie in den Vereinigten Staaten errichtet worden und ausschließlich dort tätig wäre.

(2) Ungeachtet des Artikels 28 (Schranken für die Abkommensvergünstigungen) sind Einkünfte einer Gesellschaft oder Organisation in den Vereinigten Staaten, die ausschließlich religiöse, mildtätige, wissenschaftliche, erzieherische oder öffentliche Zwecke verfolgt, in der Bundesrepublik Deutschland steuerbefreit, wenn und soweit sie

a) in den Vereinigten Staaten steuerbefreit ist und

b) bezüglich dieser Einkünfte in der Bundesrepublik Deutschland steuerbefreit wäre, sofern sie eine deutsche Gesellschaft oder Organisation wäre, die ausschließlich in der Bundesrepublik Deutschland tätig ist.

Protokoll

(27) Zu Artikel 27 (Befreite Organisationen)

Die zuständigen Behörden der Vertragsstaaten werden Verfahren zur Durchführung dieses Artikels ausarbeiten.

Inhaltsübersicht

Erläuterungen zu Artikel 27

I. Art der Befreiung

1   Art. 27 beinhaltet, wie bereits das bisherige Abkommen, eine Befreiungsvorschrift für „gemeinnützige Organisationen". Zweck dieser Vorschrift ist die Gewährung einer **Steuerbefreiung für Einkünfte gemeinnütziger Einrichtungen** im anderen als dem Heimatstaat. Eine **Sonderregelung** dieser Art ist erforderlich, weil die Steuerbefreiung sich nicht bereits aus Art. 24 Abs. 1 begründen läßt. Art. 24 verpflichtet nicht dazu, Vergünstigungen für öffentliche Rechtsträger und Einrichtungen auch den entsprechenden Rechtsträgern und Einrichtungen des anderen Vertragsstaates zu gewähren (vgl. MA-Komm. Tz. 5 u. 6).

II. Voraussetzungen

1. Rechtsträger

2   Die Steuerbefreiung wird deutschen Gesellschaften oder Organisationen (Abs. 1) sowie Gesellschaften oder Organisationen in den USA (Abs. 2) gewährt. Unter dem Begriff **„deutsche Gesellschaft oder Organisation"** sind in der Bundesrepublik Deutschland ansässige juristische Personen oder Rechtsträger unter dem Begriff **„Gesellschaft oder Organisation in den USA"**, dort ansässige juristische Personen oder Rechtsträger zu verstehen (vgl. Art. 3 Abs. 1 e); dabei richtet sich die Ansässigkeitsbestimmung nach innerstaatlichem Recht.

2. Gesellschaftszweck

3   Die Steuerbefreiung wird nur Gesellschaften und Organisationen gewährt, die **einen der abschließend aufgeführten Zwecke** verfolgen. Das Abkommen enthält selbst keine Definition der genannten Zwecke. Da auch der Abkommenszusammenhang keine Auslegungshilfe bietet, ist, sofern sich die zuständigen Behörden bei Auslegungsschwierigkeiten nicht im Konsultationsverfahren einigen, das **Recht des Anwenderstaates** maßgeblich (Art. 3 Abs. 2).

4   Die Steuerbefreiung wird nur gewährt, wenn die Gesellschaft oder Organisation **ausschließlich einen der genannten Zwecke** verfolgt. Dieses Tatbestandsmerkmal ist erfüllt, wenn die Gesellschaft nur ihren satzungsmäßigen steuerbegünstigten Zweck verfolgt. Dies bedeutet, daß sie daneben keine anderen Zwecke verfolgen darf.

III. Rechtsfolge

Wenn die genannten Voraussetzungen erfüllt sind, sind Gesellschaften und   5
Organisationen eines Staates mit ihren Einkünften auch im anderen Staat
steuerbefreit. Die **Steuerbefreiung im Quellenstaat** knüpft nicht nur an die
Steuerbefreiung in dem anderen Staat, um dessen Gesellschaft es sich handelt, sondern richtet sich auch hinsichtlich des Umfangs danach, inwieweit
im anderen Staat die Einkünfte dieser Rechtsträger steuerbefreit sind. Damit
wird im Quellenstaat spiegelbildlich Steuerbefreiung gewährt, wie sie im anderen Staat gegeben ist.

IV. Verhältnis zu Art. 28

Die Steuerbefreiung wird **ungeachtet der Voraussetzungen des Art. 28** ge-   6
währt. Dies bedeutet, daß die in Art. 27 genannten Gesellschaften und Organisationen auch dann mit ihren Einkünften steuerbefreit sind, wenn die
Voraussetzungen des Art. 28 nicht erfüllt sind. Damit wird – abweichend
von Art. 28 Abs. 1 Buchst. f – nicht nach der Abkommensberechtigung der
an der Gesellschaft Beteiligten oder den Begünstigten, Mitgliedern oder Teil-
habern der Organisation gefragt. Ebenfalls abweichend zu Art. 28 Abs. 1
Buchst. f wird nicht vorausgesetzt, daß keine Gewinnerzielungsabsicht gegeben ist.

V. Verfahren

In diesem Artikel sind nur Voraussetzungen und Rechtsfolge der Vorschrift,   7
nicht aber Verfahrensfragen geregelt. In Abschn. 27 des Protokolls ist ausgeführt, daß die zuständigen Behörden der Vertragsstaaten Verfahren zur
Durchführung dieses Artikels ausarbeiten werden. So könnten beispielsweise
Listen erstellt und zwischen den zuständigen Behörden ausgetauscht werden, in denen die nach dem jeweils innerstaatlichen Recht steuerbefreiten
Gesellschaften und Organisationen genannt sind.

Artikel 28
Schranken für die Abkommensvergünstigungen

(1) Eine in einem Vertragsstaat ansässige Person, die Einkünfte aus dem anderen Vertragsstaat bezieht, kann im anderen Vertragsstaat nur dann alle Vergünstigungen nach diesem Abkommen beanspruchen, wenn diese Person

a) eine natürliche Person ist;

b) ein Vertragsstaat oder eine seiner Gebietskörperschaften ist;

c) im erstgenannten Vertragsstaat aktiv gewerblich tätig ist (außer wenn das Gewerbe in der Plazierung oder Verwaltung von Kapitalanlagen besteht, es sei denn, es handelt sich bei dieser Tätigkeit um Bank- oder Versicherungstätigkeiten einer Bank oder Versicherungsgesellschaft) und die aus dem anderen Vertragsstaat bezogenen Einkünfte im Zusammenhang mit dieser gewerblichen Tätigkeit bezogen werden oder aus Anlaß dieser Tätigkeit anfallen;

d) eine Gesellschaft ist und ein wesentlicher und regelmäßiger Handel mit der Hauptgattung ihrer Aktien an einer anerkannten Börse stattfindet;

e) aa) eine Person ist, an der das wirtschaftliche Eigentum zu mehr als 50 vom Hundert (oder im Fall einer Gesellschaft: deren Aktien jeder Gattung zahlenmäßig zu mehr als 50 vom Hundert) unmittelbar oder mittelbar Personen gehört (gehören), die die Vergünstigungen nach diesem Abkommen gemäß Buchstabe a, b, d oder f beanspruchen können oder die Staatsbürger der Vereinigten Staaten sind, und

bb) eine Person ist, deren Rohgewinn nicht zu mehr als 50 vom Hundert unmittelbar oder mittelbar zur Erfüllung von Verbindlichkeiten (einschließlich Zins- oder Lizenzverbindlichkeiten) gegenüber Personen verwendet wird, die die Vergünstigungen nach diesem Abkommen nicht gemäß Buchstabe a, b, d oder f beanspruchen können oder die keine Staatsbürger der Vereinigten Staaten sind; oder

f) eine nicht auf Gewinnerzielung gerichtete Organisation ist, die aufgrund ihres Status in dem Vertragsstaat, in dem sie ansässig ist, allgemein von der Einkommensbesteuerung freigestellt ist, vorausgesetzt, daß die etwaigen Begünstigten, Mitglieder oder Teilhaber der Organisation zu mehr als der Hälfte Personen sind, die nach diesem Artikel Anspruch auf die Vergünstigungen nach diesem Abkommen haben.

(2) Einer Person, die nach Absatz 1 keinen Anspruch auf die Vergünstigungen nach diesem Abkommen hat, können diese Vergünstigungen gleichwohl gewährt werden, wenn die zuständige Behörde des Staates, aus dem die betreffenden Einkünfte stammen, dies zuläßt.

(3) Im Sinne des Absatzes 1 bedeutet der Ausdruck „anerkannte Börse"

a) das im Eigentum der National Association of Securities Dealers, Inc. stehende NASDAQ-System und jede Börse, die bei der Securities and Exchange Commission als nationale Effektenbörse im Sinne des Securities Exchange Act oft 1934 registriert ist;

b) jede deutsche Börse, an der Aktien amtlich gehandelt werden;

c) jede sonstige Börse, auf die sich die zuständigen Behörden der Vertragsstaaten verständigen.

(4) Die zuständigen Behörden der Vertragsstaaten verständigen sich über eine abgestimmte Anwendung dieses Artikels. Die zuständigen Behörden tauschen gemäß Artikel 26 (Informationsaustausch und Amtshilfe) die Informationen aus, die erforderlich sind, um diesen Artikel durchzuführen und in dem dort angesprochenen Bereich die Anwendung ihres innerstaatlichen Rechts zu gewährleisten.

Protokoll

(28) Zu Artikel 28 Absatz 1 Buchstabe f (Schranken für die Abkommensvergünstigungen)

Zu den in Artikel 28 Absatz 1 Buchstabe f genannten, nicht auf Gewinnerzielung gerichteten Organisationen gehören unter anderem Pensionskassen, Pensionstrusts, private Stiftungen, Gewerkschaften, Wirtschaftsverbände und ähnliche Organisationen. In jedem Fall hat eine Pensionskasse, ein Pensionstrust oder ein ähnlicher Rechtsträger, der nach den Rechtsvorschriften eines Vertragsstaats zu dem Zweck errichtet worden ist, Ruhegehälter, Invaliditätsrenten oder andere Sozialleistungen für Arbeitnehmer zu gewähren, Anspruch auf die Vergünstigungen nach diesem Abkommen, wenn der jeweilige Träger dieser Einrichtung aufgrund von Artikel 28 Anspruch auf die Vergünstigungen nach diesem Abkommen hat.

Erläuterungen zu Artikel 28

I. Einführung

1 Der Gedanke, den Abkommensmißbrauch zu verhindern, findet sich bereits im Kommentar zu Art. 1 des OECD-Musterabkommens. Danach sollen die Abkommen durch die Beseitigung der internationalen Doppelbesteuerung den Austausch von Gütern, Waren, Kapital und Personen über
die Staatsgrenze hinweg fördern, aber nicht die Steuerumgehung oder -hin-
terziehung erleichtern (vgl. MA-Komm. Art. 1 Rz. 7). Nach Auffassung der
OECD ist es Sache der betreffenden Staaten, dem durch innerstaatliche
Maßnahmen zu begegnen. Als eine Möglichkeit hierzu ist erwähnt, daß die
Staaten die Anwendung ihrer innerstaatlichen Mißbrauchsvorschriften im
Abkommen festschreiben. Das OECD-Musterabkommen enthält deshalb
nur ansatzweise Regelungen, die die **mißbräuchliche Inanspruchnahme von
Abkommen verhindern** sollen; so zum Beispiel durch die Einführung des
Begriffs des Nutzungsberechtigten (vgl. MA-Komm. Art. 1 Rz. 10). Dieses
Abkommen enthält dagegen in Art. 28 eine eigenständige Vertragsbestim-
mung, um zu verhindern, daß Personen durch unangemessene Steuergestal-

tungen Abkommensvergünstigungen in Anspruch nehmen, denen sie nicht zugedacht sind.

Mit Art. 28 ist eine **Sondervorschrift** geschaffen, der **für beide Vertragsseiten** **Modellcharakter** zukommt. Für die deutsche Seite, weil bisher kaum Mißbrauchsklauseln in deutschen Abkommen vereinbart sind (vgl. Rz. 5), für die amerikanische Seite, weil der Wortlaut dieser Vorschrift die bisherigen „Modellvorschriften" weiterentwickelt und damit richtungweisend sein wird für die künftige Abkommenspolitik.   2

II. Die Mißbrauchsklauseln in der Abkommenspolitik

1. Die Entwicklung von „Mißbrauchsklauseln" in den USA

Die Vereinbarung von „Mißbrauchsklauseln" ist **inzwischen fester Bestandteil der amerikanischen Abkommenspolitik.** Abkommen, die keine Mißbrauchsklausel enthalten, dürften kaum eine Chance haben, die Zustimmung des amerikanischen Kongresses zu finden. Bis auf die Abkommen mit Kanada, den Philippinen und Ungarn enthalten alle amerikanischen Abkommen der jüngeren Zeit (ab 1976) allgemeine Vorschriften, die das Problem des Abkommensmißbrauchs umfassend behandeln, in ihren Formulierungen aber von Abkommen zu Abkommen recht unterschiedlich ausgestaltet sind. Die **Anfänge der Überlegungen,** durch Aufnahme einer Vertragsvorschrift die mißbräuchliche Inanspruchnahme von Abkommensvergünstigungen zu unterbinden, gehen in das **Ende der 60er Jahre** zurück. Damals wurden Investment- und Holdinggesellschaften die Abkommensvergünstigungen bezüglich bestimmter Einkünfte versagt und damit ein Ausnahmetatbestand für die Anwendung der Verteilungsnormen der Art. 10–12 geschaffen. Die Abkommen, die während der 70er Jahre geschlossen wurden – dies sind die Abkommen mit Großbritannien, Norwegen, Marokko, Malta, Korea, Island und Ägypten – enthalten solche Vorschriften.   3

Mit **Art. 16 des amerikanischen Musterabkommens von 1981** wurde dann eine Vorschrift geschaffen, die allgemeine Tatbestandsvoraussetzungen für die Gewährung von Abkommensvergünstigungen jeder Art schaffte. Auf dieser Grundlage wurden die Mißbrauchsvorschriften in den Abkommen mit Australien, Jamaica, Neuseeland, Barbados, Zypern, Italien, China und in den erst kürzlich unterzeichneten Änderungsprotokollen mit Belgien und Frankreich weiterentwickelt (*Leonard B. Terr,* Tax Treaty Developments, Tax Notes 1989 S. 157 ff., 160).   4

2. Entwicklung von „Mißbrauchsklauseln" in der Bundesrepublik

5   Dagegen weisen nur **wenige der deutschen Abkommen allgemeine Sonderregelungen zur Vermeidung des Abkommensmißbrauchs** auf. In diesem Zusammenhang sind die Abkommen mit Belgien (vgl. Nr. 17 des Protokolls), Neuseeland (vgl. Nr. 7 Buchst. c des Protokolls) und Finnland (vgl. Nr. 6 des Protokolls) zu nennen. Während in den genannten Abkommen bestimmt ist, daß die innerstaatlichen Mißbrauchsvorschriften anzuwenden sind, enthalten die Abkommen mit der Schweiz und Kuwait eine selbständige abkommensrechtliche Regelung.

III. Verhältnis der Vorschrift zu innerstaatlichem Recht

1. Anwendbarkeit innerstaatlicher Zurechnungsvorschriften

6   Ansatzpunkt bei der Bekämpfung von Abkommensmißbräuchen ist der **Begriff der Person** im Sinne des Abkommens. Denn nur eine Person im Sinne des Abkommens kann die Abkommensvergünstigungen beanspruchen. Die Definition des Begriffs der Person ergibt sich aus Art. 3 Abs. 1 Buchst. d. Die Frage nach der Gewährung oder Versagung der Abkommensvergünstigungen stellt sich aber erst dann, wenn die Einkünfte aus dem Quellenstaat nach dessen Recht einer im anderen Staat ansässigen Person zuzurechnen sind. Nach welchen Kriterien sich die Zurechnung beurteilt, ist umstritten. Der BFH wendet bei der Entscheidung über die **Frage der Zuordnung von Einkünften** auch bei der Anwendung von Doppelbesteuerungsabkommen in ständiger Rechtsprechung § 42 AO und damit innerstaatliches Recht an (BFH, BStBl. 1982 II S. 150, 153; BStBl. 1976 II S. 608, 609; BStBl. 1977 II S. 268).

7   In der Literatur (vgl. *Vogel*, StuW 1985 S. 369, 379; ders. in DBA, Einleitung Rdn. 67 ff.; *Mössner*, RIW 1986 S. 208, 211) gibt es dagegen Stimmen, die in den Fällen, in denen sich die Frage der mißbräuchlichen Inanspruchnahme von Abkommensvorschriften stellt, § 42 AO für nicht anwendbar halten; es sollen in diesen Fällen **abkommensrechtliche Umgehungsgrundsätze** gelten. Nur wenn es sich um eine Norm des innerstaatlichen Rechts handele, blieben die innerstaatlichen Umgehungsvorschriften anwendbar. Um die so bestehende Lücke zu füllen, wird teilweise auf eine völkerrechtliche, ungeschriebene Mißbrauchsklausel zurückgegriffen.

8   **§ 42 AO** tritt jedoch als eine **innerstaatliche Vorschrift,** die die Zurechnung regelt, gar nicht in Konkurrenz zu Doppelbesteuerungsabkommen, da diese selbst keine Zurechnungsregeln enthalten (vgl. *Debatin,* Systematik II Rz. 49; *Krabbe.* StbJb 1985/86, S. 403, 412; *Jacobs,* Internationale Unterneh-

mensbesteuerung, S. 323). Dies ergibt sich bereits aus dem Grundsatz, daß die Abkommen keine Steuerpflicht auferlegen und mithin auch nicht regeln, wem bestimmtes Einkommen oder Vermögen zuzurechnen ist. Werden danach die Einkünfte einerseits einem Steuersubjekt zugerechnet, das keinen Abkommensschutz genießt, ist der Regelungskreis des Abkommens nicht betroffen; das mißbräuchlich eingeschaltete Steuersubjekt genießt andererseits Abkommensschutz, der aber mangels eines zu schützenden Steuersubjekts nicht wirksam wird (vgl. zur Frage der Anwendbarkeit der innerstaatlichen Vorschriften auf Doppelbesteuerungsabkommen, *Justus Fischer-Zernin*, Mißbrauch von Doppelbesteuerungsabkommen, RIW 1987 S. 362 ff. mit weiteren Nachweisen).

Diese Auffassung findet im Abkommenstext eine Stütze. Bei der Gewährung   9
der Abkommensvergünstigungen nach den Art. 10, 11 und 12 wird darauf abgestellt, wer der **Nutzungsberechtige der Einkünfte** ist, unabhängig davon, wer formalrechtlich der **Bezieher der Einkünfte** ist. In Abschn. 10 des Protokolls ist dazu erläutert, daß nach dem innerstaatlichen Recht des Quellenstaates zu entscheiden ist, ob einer Person als Bezieher von Einkünften, diese Einkünfte auch steuerlich zuzurechnen sind. Damit wird deutlich, daß die innerstaatlichen Zurechnungsregelungen auch auf Abkommensebene maßgeblich sind.

2. Anwendbarkeit innerstaatlicher Sonderregelungen zur Vermeidung unangemessener Steuervorteile bei der Besteuerung von Auslandsbeziehungen

Art. 28 läßt die Vorschriften des innerstaatlichen Rechts des einen oder an-   10
deren Vertragsstaates, die sich gegen unangemessene Steuervorteile in ihrem Inland ansässiger Personen richten, unberührt. Die deutsche Zugriffsbesteuerung ist in ihrer Stoßrichtung darauf gerichtet, **Ausweichungen vor der deutschen Wohnsitzbesteuerung zu unterbinden.** Der bei den in der Bundesrepublik Deutschland ansässigen Anteilseignern ansetzende Steuerzugriff verändert jedoch nicht die Zurechnung der in Betracht stehenden Einkünfte zu der ausländischen Gesellschaft. Eine Zwischengesellschaft in einem DBA-Staat ist eine Person im Sinne des Abkommens und kann die Abkommensvergünstigungen, sofern nicht besondere Abkommens- oder allgemeine Mißbrauchsbestimmungen entgegenstehen, in Anspruch nehmen.

IV. Überblick über die Vorschrift

Bereits die Überschrift dieser Vorschrift deutet auf einen **umfangreichen**   11
Geltungsbereich der Vorschrift hin. Sie schafft keine speziellen Ausnahmetatbestände für die Anwendung der Verteilungsnormen, sondern allgemeine

Tatbestandsvoraussetzungen für die Gewährung von Abkommensvergünstigungen jeder Art. Die Regelung erstreckt sich auch auf die Besteuerung des Vermögens.

12 Art. 28 enthält eine Sondervorschrift, die bestimmt, daß Abkommensvergünstigungen nur von solchen Personen in Anspruch genommen werden können, die die in dieser Vorschrift genannten Voraussetzungen erfüllen. Ist dies nicht der Fall, werden die im Abkommen vorgesehenen Steuervergünstigungen nicht gewährt (Abs. 1). Im Blickpunkt der Vorschrift stehen Personen, bei denen sich die **Gewährung der Abkommensvergünstigungen nach den Beteiligungsverhältnissen** und der **Finanzgestaltung** (Abs. 1 Buchst. e) oder der **Ausübung aktiver gewerblicher Tätigkeit** (Abs. 1 Buchst. c) beurteilt. Damit soll einerseits vermieden werden, daß Personen durch Zwischenschaltung einer „**Gewinndurchlaufgesellschaft**" in den Genuß von Abkommensvergünstigungen gelangen, die ihnen nicht zugedacht sind. Andererseits sollen aber aktive Geschäftstätigkeiten und sonstige „bona fide-Geschäfte" nicht behindert werden (*Leonhard B. Terr*, Tax Treaty Developments, Tax Notes 1989 S. 157 ff., 161). Ergänzend dazu bestimmt Abs. 2 der Vorschrift, daß Personen in Einzelfällen die Abkommensvergünstigungen im Quellenstaat gewährt werden können, auch wenn die in Abs. 1 genannten Voraussetzungen nicht erfüllt sind. In Abs. 3 ist erläutert, was unter dem Ausdruck „anerkannte Börse" zu verstehen ist, und in Abs. 4 ist bestimmt, daß sich die zuständigen Behörden über eine abgestimmte Anwendung dieser Vorschrift verständigen.

V. Voraussetzungen, unter denen die Abkommensvergünstigungen gewährt werden (Abs. 1)

1. Personenkreis

13 Eine Person im Sinne des Abkommens ist nur dann berechtigt, die Abkommensvergünstigungen in Anspruch zu nehmen, wenn sie nicht nur Person, sondern auch **eine in einem Vertragsstaat ansässige Person** ist. Dies entscheidet sich nach Art. 4. Bei doppelt ansässigen nicht natürlichen Personen richtet sich die Abkommensberechtigung nach Art. 4 Abs. 3. Wurde nach Konsultation zwischen den zuständigen Behörden der eine oder der andere Vertragsstaat als Wohnsitzstaat bestimmt, ist zu prüfen, ob die Voraussetzungen des Art. 28 erfüllt sind; können sich die zuständigen Behörden weder auf den einen noch den anderen Vertragsstaat als Wohnsitzstaat einigen, ist die nicht natürliche Person nicht abkommensberechtigt.

2. Merkmale der Personen, denen die Abkommensvergünstigungen gewährt werden

a) Natürliche Person einer der Vertragsstaaten (Buchst. a) oder eine seiner Gebietskörperschaften (Buchst. b)

Beim Abkommensmißbrauch ist das Hauptaugenmerk auf Gesellschaften gerichtet, die in einem Vertragsstaat als Bezieher von Einkünften zwischengeschaltet werden, um Personen, die unmittelbar keinen Anspruch auf die Vorteile eines Abkommens haben, weil sie in keinem der Vertragsstaaten ansässig sind, die Abkommensvorteile auf diese Weise zu verschaffen. Aus diesem Grunde wird **bei natürlichen Personen** (Art. 28 Abs. 1 Buchst. a) **kein Abkommensmißbrauch vermutet.**   14

Gleiches gilt für die **Vertragsstaaten** oder ihre **Gebietskörperschaften** (Art. 28 Abs. 1 Buchst. b). Diesen Personen werden daher, ohne daß weitere Voraussetzungen erfüllt sein müßten, die Abkommensvergünstigungen gewährt.   15

b) Gesellschaft, deren Aktien an der Börse gehandelt werden (Buchst. d)

Ein Abkommensmißbrauch wird ebenfalls ausgeschlossen, wenn Bezieher der Einkünfte eine **Gesellschaft** ist und ein wesentlicher und regelmäßiger Handel ihrer Aktien an der Börse stattfindet. Die Merkmale **regelmäßiger und wesentlicher Aktienhandel** bleiben im Abkommen unerläutert. Diese Merkmale sind daher auf der Grundlage des innerstaatlichen Rechtsverständnisses auszulegen.   16

Ebenfalls nicht erläutert ist der **Begriff der Hauptgattung.** In diesem Zusammenhang stellt sich die Frage, nach welchen Kriterien die Hauptgattung zu bestimmen ist, beispielsweise nach Nominalkapital oder nach Einflußmöglichkeit, die durch die Aktien vermittelt wird. Da das Abkommen diesbezüglich keine Angaben macht, ist wohl auf das Nominalkapital abzustellen.   17

In Abs. 3 der Vorschrift ist der **Begriff der „anerkannten Börse"** definiert. Diese Definition knüpft nicht nur an die Gegebenheiten in den beiden Vertragsstaaten an (Buchst. a und b), sondern räumt den zuständigen Behörden auch die Möglichkeit ein, sich auf jede sonstige Börse als „anerkannte Börse" im Sinne des Abkommens zu verständigen.   18

c) Nicht auf Gewinnerzielung gerichtete Organisationen (Buchst. f)

Um zu vermeiden, daß nicht auf Gewinnerzielung gerichtete Organisationen mißbräuchlich eingeschaltet werden, um auf diese Weise nicht abkommensbegünstigten Personen die Abkommensvorteile zu verschaffen, wird voraus-   19

gesetzt, daß die etwaigen Begünstigten, Mitglieder oder Teilhaber der Organisation **zu mehr als der Hälfte abkommensbegünstigte Personen** sind.

20 In Abschn. 28 des Protokolls werden beispielhaft Organisationen aufgeführt, die unter diese Vorschrift fallen. In jedem Fall gehören dazu **Pensionskassen, Pensionstrusts oder ähnliche Rechtsträger,** die zu dem Zweck errichtet worden sind, Ruhegehälter, Invaliditätsrenten oder andere Sozialleistungen für Arbeitnehmer zu gewähren, wenn der Rechtsträger nach Art. 28 abkommensbegünstigt ist. Dies ist u. a. der Fall, wenn Rechtsträger ein Vertragsstaat oder eine seiner Gebietskörperschaften ist (Art. 28 Abs. 1 Buchst. b).

21 Weitere Voraussetzung ist, daß diese **Organisationen von der Einkommensteuer des Wohnsitzstaates befreit** sind. Daß hier nicht von einer Steuerbefreiung schlechthin, sondern von der Befreiung der Einkommensteuer die Rede ist, bedeutet nicht, daß eine Vermögensbesteuerung in Kauf genommen wird, zumal nicht auf Gewinnerzielung gerichtete Organisationen in der Bundesrepublik Deutschland von der Vermögensteuer befreit sind und in den USA auf Bundesebene ohnedies keine Vermögensteuer erhoben wird.

d) „Durchlaufgesellschaften" (Abs. 1 Buchst. e)

22 **Einen der Hauptanwendungsfälle des Abkommensmißbrauchs** stellen die sogenannten Durchlaufgesellschaften dar, deren Einkünfte durch Aufwendungen für Zahlungen an die hinter ihnen stehenden Personen so gemindert sind, daß keine oder nur geringe Steuer im Ansässigkeitsstaat anfällt (vgl. *Krabbe,* StbJb 1985/86 S. 403, 409).

aa) *Voraussetzung für die Gewährung der Akommensvergünstigungen*

23 Um die mißbräuchliche Inanspruchnahme des Abkommens durch solche Gesellschaften zu unterbinden, werden die Abkommensvergünstigungen nur Personen gewährt,

– deren **Eigenkapital** direkt oder indirekt zu mehr als 50 % im wirtschaftlichen Eigentum von Personen steht, die die Vergünstigungen nach Buchst. a, b, d oder f der Vorschrift beanspruchen können oder amerikanische Staatsbürger sind

und

– deren **Rohgewinn** nicht zu mehr als 50 % direkt oder indirekt dazu verwendet wird, Verbindlichkeiten gegenüber Personen zu erfüllen, die die Abkommensvergünstigungen nicht in Anspruch nehmen können, weil sie die in den Buchst. a, b, d oder f genannten Voraussetzungen nicht erfüllen und keine Staatsbürger der USA sind.

bb) Art der Tätigkeit

In dieser Vorschrift ist die Art der Geschäftstätigkeit nicht angesprochen 24
und damit **keine einengende Qualifikation nach dem Geschäftsgegenstand**
getroffen.

cc) Beteiligungsverhältnisse

Hinsichtlich der Beteiligung wird darauf abgestellt, ob **die an der Person Be-** 25
teiligten ihrerseits berechtigt sind, die Abkommensvergünstigungen in Anspruch zu nehmen, als

– natürliche, in einem Vertragsstaat ansässige Personen,

– ein Vertragsstaat oder eine seiner Gebietskörperschaften,

– in einem Vertragsstaat ansässige Gesellschaften, deren Aktien an der Börse
  gehandelt werden,

– in einem Vertragsstaat ansässige, nicht auf Gewinnerzielung gerichtete Organisationen oder

– Staatsbürger der USA.

Für **Kapitalgesellschaften,** deren Aktien an der Börse gehandelt werden, ist 26
ausdrücklich bestimmt, daß darauf abzustellen ist, ob die Aktien zahlenmäßig zu mehr als 50 % von dem genannten abkommensbegünstigten Personenkreis gehalten werden.

Dabei wird nicht auf die zivilrechtlichen Verhältnisse, sondern das **wirt-** 27
schaftliche Eigentum abgestellt. Auch in der Anknüpfung an das wirtschaftliche Eigentum ist eine Vorkehrung gegen mißbräuchliche Gestaltungen zu
sehen.

Die Vorschrift stellt ab auf die **Beteiligungsbeherrschung,** mehr als 50 %, 28
durch **abkommensbegünstigte Personen.** Anderweitig begründete Einfluß-
möglichkeiten bleiben außer Betracht. Die Beteiligungsbeherrschung braucht
keine direkte zu sein; sie kann auch mittelbar zur Geltung kommen. Dies
bedeutet, daß durch die zwischengeschaltete Gesellschaft hindurchgesehen
wird. Daher sind an der Person bestehende Beteiligungen anderer Personen
einzubeziehen, um zu prüfen, ob deren Beteiligte unter dem genannten Kriterium abkommensbegünstigt sind. Das gilt auch für mehrere hintereinan-
der geschaltete Personen. Hinsichtlich der Beteiligungsverhältnisse bleibt unbeachtlich, ob die Beteiligten ihrerseits aufgrund eines Abkommens ihres
Wohnsitzstaates mit den USA in den Genuß gleichartiger Abkommensvergünstigungen kämen.

dd) Finanzierungsgestaltung

29   Bei der Finanzierungsgestaltung sind Anknüpfungspunkt nicht die Einkünfte, die die Person aus dem anderen (Quellen)Staat bezieht, sondern es wird an den **Rohgewinn** der Person angeknüpft, die Einkünfte aus dem Quellenstaat bezieht. Dabei ist unklar, was unter dem Begriff des Rohgewinns zu verstehen ist. Bei dem Begriff des Rohgewinns handelt es sich deutscherseits nicht um einen steuerlichen Begriff, sondern um einen Begriff des Handelsrechts. Lediglich in der steuerlichen Betiebsprüfung ist der Begriff des „wirtschaftlichen Rohgewinns" von Bedeutung (vgl. BMF, BStBl. 1974 I S. 994, 998 Tz. 14). Bis vor 1987 stimmte der Begriff inhaltlich mit dem des Rohertrages überein, wie er sich aus dem Gliederungsschema in § 157 AktG 1965 (a. F.) für die Gewinn- und Verlustrechnung (G + V) als Zwischensumme aus der Gesamtleistung des Unternehmens abzüglich des Materialaufwandes ergab. Mit diesem Verständnis ist er dem im englischen Text verwandten Ausdruck **„gross income"** vergleichbar, der im amerikanischen Einkommensteuergesetz in Section 61 des Internal Revenue Code definiert ist. Unter diesem Begriff ist der Saldo zwischen Umsatzlösen und Materialaufwand (cost of goods sold) zu verstehen; nicht eingeschlossen sind Vertriebskosten und sonstige betriebliche Aufwendungen (vgl. Regulations 1.61–3).

30   Aufgrund des Bilanzrichtliniegesetzes ist nunmehr das Gliederungsschema der G + V in § 275 HGB festgelegt. Darin erscheint der Begriff des Rohertrages nicht mehr. Dieser wird als **Rohergebnis** nur noch in § 267 HGB, einer Sondervorschrift zur Erstellung der G + V für kleinere und mittlere Kapitalgesellschaften i. S. d. § 276 HGB verwandt.

31   Darunter ist die betriebliche Gesamtleistung abzüglich Materialaufwand (Positionen 1–5 des § 275 Abs. 2 HGB) bzw. sind die Umsatzerlöse abzüglich Umsatz-Herstellungskosten zuzüglich sonstiger betrieblicher Erträge (Positionen 1–3 und 6 des § 275 Abs. 3 HGB) zu verstehen.

32   Dies bedeutet, daß von der Gesamtleistung des Unternehmens zur **Errechnung des „Schädlichkeitsbetrages"** lediglich der Materialaufwand (Aufwendungen für Roh-, Hilfs- und Betriebsstoffe sowie für bezogene Waren) abzuziehen ist. Die übrigen betriebsbedingten Aufwendungen, wie u. a. Zinsen, bleiben hierbei unberücksichtigt.

33   Abzustellen ist auf den **gesamten Rohgewinn** der Person, der den gesamten Aufwendungen an nicht abkommensbegünstigte Personen gegenüberzustellen ist. Es kommt daher in dieser Vorschrift nicht auf die Verwendung der aus dem Quellenstaat bezogenen Einkünfte an. Auf diese Weise wird vermieden, daß diese Vorschrift dadurch unterlaufen wird, daß die mit den Einkünften in Zusammenhang stehenden Verbindlichkeiten aus anderen Mitteln als den aus dem Quellenstaat stammenden Einkünften erfüllt werden.

Die **Verbindlichkeiten** sind der Art nach nicht eingeschränkt. Ausdrücklich   34
werden Zinsen und Lizenzverbindlichkeiten als die typischen Verbindlichkeiten bei Umgehungsgeschäften erwähnt. Darüber hinaus kommen aber
alle sonstigen Verbindlichkeiten in Betracht, wenn sie der Erfüllung von Ansprüchen nicht abkommensbegünstigter Personen dienen wie beispielsweise
Reisespesen, Abschreibungen usw.

Auch bei den **Finanzierungsleistungen** wird durch die Gesellschaft hindurch-   35
gesehen und nicht nur auf die unmittelbaren, sondern auch die mittelbaren
Gläubiger abgestellt. Nicht erforderlich ist, daß die Person, der die Mittel zufließen, an der zahlenden Gesellschaft beteiligt ist.

e) Aktiv gewerbliche tätige Personen (Buchst. c)

Wenn nicht eine der unter a, b, d, e oder f genannten Voraussetzungen er-   36
füllt ist, wird der Tatbestand der **aktiven gewerblichen Tätigkeit** geprüft.
Diese Prüfungsfolge ergibt sich aus dem Verständigungsmemorandum, Teil
A, in dem die Verhandlungsführer ihr Verständnis zur Auslegung dieses Artikels an Hand von Beispielsfällen niedergelegt haben. Das Verständigungsmemorandum ist nicht Bestandteil des Abkommens. Es ist einem Notenwechsel vom Tage der Abkommensunterzeichnung lediglich als Anlage beigefügt. Damit haben die zuständigen Behörden die Möglichkeit, ohne daß es
dazu einer Änderung des Zustimmungsgesetzes bedarf, das Memorandum zu
ändern.

Unter dem Gesichtspunkt, daß es sich bei der Bestimmung in Buchst. c um   37
eine Art **Auffangvorschrift** handelt, erscheint die Ansiedelung dieser Vorschrift unsystematisch.

Ein Abkommensmißbrauch wird bei aktiv gewerblich tätigen Gesellschaften   38
ausgeschlossen, unabhängig davon, ob das **Ziel der Steuerminimierung** verfolgt wird. Der Zweck, Steuern zu sparen, begründet für sich noch keinen
Mißbrauch.

aa) Aktive gewerbliche Tätigkeit

Das Merkmal der aktiven gewerblichen Tätigkeit ist **im Abkommen nicht**   39
definiert. Erläuternd ist lediglich ausgeführt, daß einerseits die Plazierung
oder Verwaltung von Kapitalanlagen keine aktiv gewerbliche Tätigkeit ist, es
sei denn, es handelt sich um eine Bank- oder Versicherungstätigkeit einer
Bank oder Versicherungsgesellschaft. Im übrigen kann hinsichtlich der Begriffserläuterung aus deutscher Sicht auf **§ 8 AStG als Auslegungshilfe** zurückgegriffen werden, der zur Umgrenzung des der deutschen Zugriffsbesteuerung unterliegenden „passiven Erwerbs" ausländischer Kapitalgesell-

schaften einen Katalog von Tätigkeiten enthält, die als „aktive Erwerbsentfaltung" davon ausgeschlossen sind.

bb) „Im Zusammenhang mit aktiver Tätigkeit" oder „aus Anlaß"

40 Weitere Voraussetzung ist, daß die aus dem anderen Vertragsstaat bezogenen Einkünfte im Zusammenhang mit dieser oder aus Anlaß dieser Tätigkeit bezogen werden. Aus dem Abkommenstext geht nicht hervor, wann dies der Fall ist. Diese Tatbestandsmerkmale werden jedoch in dem bereits erwähnten **Verständigungsmemorandum** (vgl. Rz. 36) an Hand der Beispielsfälle erläutert.

41 Die **Beispielsfälle** basieren auf dem Grundkonzept, daß Abkommensvergünstigungen nach dieser Vorschrift zu gewähren sind, wenn

– aktive gewerbliche Tätigkeit im Wohnsitzstaat zu bejahen ist;
– ein Zusammenhang zwischen der Geschäftstätigkeit im Wohnsitzstaat und der Einkunftsquelle gegeben ist oder die Einkünfte aus Anlaß der Geschäftstätigkeit im Wohnsitzstaat erzielt werden und
– die Geschäftstätigkeit im Wohnsitzstaat, sofern eine Direktinvestition gegeben ist, im Verhältnis zu der Geschäftstätigkeit im Quellenstaat, aus der die Einkünfte stammen, wesentlich (substantial) ist.

42 **Beispiel I** enthält den Ausgangsfall einer Fertigungsgesellschaft im Wohnsitzstaat und einer die Produkte des Fertigungsunternehmens vertreibenden Tochtergesellschaft im Quellenstaat. In diesem Fall, in dem die in der Bundesrepublik Deutschland ansässige Person Lieferant der von der amerikanischen Tochter vertriebenen Erzeugnisse und diese umgekehrt Abnehmerin der von der deutschen Muttergesellschaft hergestellten Erzeugnisse ist, wird ein Zusammenhang zwischen der aktiven Tätigkeit der deutschen Muttergesellschaft und den von der Tochtergesellschaft bezogenen Einkünften bejaht und werden die Abkommensvergünstigungen gewährt.

43 **Beispiel II** zeigt, – bei gleicher Sachverhaltsgestaltung wie in Beispiel I – daß die Zwischenschaltung von Holdinggesellschaften unschädlich ist, wenn die Holdinggesellschaft eine Beteiligung an einer aktiv tätigen Untergesellschaft hält, die im selben Staat ansässig ist (Landesholding). In diesem Fall wird ein Zusammenhang zu der aktiven gewerblichen Tätigkeit im Wohnsitzstaat auch bei von der Holdinggesellschaft erzielten Dividenden bejaht, obgleich Dividenden grundsätzlich passiven Erwerb begründen. Dieser Betrachtungsweise liegt die Überlegung zugrunde, daß mittelbare Beteiligungen nicht schlechter als unmittelbare zu behandeln sind.

44 **Beispiel III** erläutert, daß auch bei Muttergesellschaften integrierter internationaler Unternehmensgruppen das Merkmal des „Zusammenhangs" bejaht

werden kann, wenn diese die Funktion der Hauptverwaltung übernehmen und für das Gesamtunternehmen forschen und entwickeln.

Beispiel IV verdeutlicht, daß nicht jeder Zusammenhang zwischen aktiver gewerblicher Tätigkeit im Wohnsitzstaat und Einkunftserzielung im Quellenstaat als ausreichend angesehen wird, sondern nur der, der erheblich ist. Konkrete Anhaltspunkte dafür, wann die geforderte Erheblichkeit zu bejahen ist, werden aber auch in den Beispielsfällen nicht gegeben. 45

Beispiel V zeigt am Beispiel eines in Form einer Personengesellschaft gegründeten Joint Ventures, an dem neben einer deutschen Gesellschaft belgische und französische Gesellschaften beteiligt sind, daß die Gesellschaft nur mit dem Anteil des deutschen Partners als in der Bundesrepublik Deutschland ansässig gilt. Die Frage nach der Gewährung der Abkommensvergünstigungen ergibt sich damit nur hinsichtlich seines Anteils. 46

Beispiel VI schildert den Fall, in dem Einkünfte aus Anlaß einer im Wohnsitzstaat aktiven gewerblichen Tätigkeit aus einer kurzfristigen Anlage von Betriebskapital bezogen werden. 47

VI. Ermessensentscheidung der zuständigen Behörde (Abs. 2)

Während Abs. 1 unmittelbar anwendbar ist, ist es nach Abs. 2 in das Ermessen der zuständigen Behörde des Quellenstaates gestellt, einer Gesellschaft, die im anderen Vertragsstaat ansässig ist, die Abkommensvergünstigungen zu gewähren, obgleich die Voraussetzungen des Abs. 1 nicht erfüllt sind. Kriterien, anhand derer die Ermessensentscheidung zu treffen ist, werden im Abkommen nicht gegeben. In dem Verständigungsmemorandum sind jedoch einige der **zu berücksichtigenden Kriterien** genannt. Dazu gehört, daß Geschäftszweck und Ausübung einer gewerblichen Tätigkeit klar erkennbar sind. Darüber hinaus ist erforderlich, daß ein Zusammenhang zwischen der Geschäftätigkeit des einkunftserzielenden Unternehmens und dem Unternehmen besteht, aus dem die Einkünfte fließen. Ein solcher Zusammenhang kann bejaht werden, wenn das einkunftserzielende Unternehmen z. B. auch die Funktion einer Hauptverwaltung wahrnimmt. 48

Darüber hinaus wird die **zunehmende wirtschaftliche Verflechtung**, insbesondere innerhalb der EG, aber auch zwischen den USA und Kanada bei der zu treffenden Ermessensentscheidung zu berücksichtigen sein. In Fall V des Verständigungsmemorandums wird am Beispiel eines Joint Ventures, das neben einer Finanzierungs- und Koordinierungsfunktion auch die Gesamtleitung für das Unternehmen hat, aufgezeigt, daß in solchen Fällen die Abkommensvergünstigungen für Einkünfte im Quellenstaat gewährt würden, ob- 49

gleich im Staat der die Abkommensvergünstigungen beanspruchenden Gesellschaft keine aktive Tätigkeit ausgeübt wird.

50   Das Verständigungsmemorandum regelt in verfahrensrechtlicher Hinsicht, daß Steuerpflichtige vor Sachverhaltsverwirklichung bei der zuständigen Behörde eine **verbindliche Auskunft** einholen können. Damit soll den Steuerpflichtigen insoweit Rechtssicherheit bei der Gestaltung ihrer Angelegenheiten angeboten werden.

51   Zweck der in Abs. 2 vorgesehenen Ermessensentscheidung ist, den **legitimen Geschäftsverkehr zu schützen** und damit als Korrektiv zu der umfassenden Mißbrauchsregelung des Abs. 1 zu wirken.

VII. Verständigung zwischen den zuständigen Behörden (Abs. 4)

52   Da die Vorschrift des Art. 28 ein Novum in den deutsch-amerikanischen Vertragsbeziehungen darstellt und abzuwarten bleibt, welche Erfahrungen bei der Anwendung dieser Vorschrift gesammelt werden, aber auch um den sich ändernden Gegebenheiten Rechnung zu tragen, ist vorgesehen, daß sich die zuständigen Behörden **über die abgestimmte Anwendung der Vorschrift verständigen**.

53   Ausdrücklich ist erwähnt, daß **auf der Grundlage des Art. 26 die Auskünfte ausgetauscht** werden, die erforderlich sind, um diese Vorschrift durchzuführen und die Anwendung des innerstaatlichen Rechts in diesem Bereich zu gewährleisten. Art. 28 Abs. 4 Satz 2 kommt klarstellende, aber auch unterstreichende Bedeutung insoweit zu, als Ermittlungsbeistand über die Ansässigkeitsbestätigung hinaus auch hinsichtlich der zum Teil schwer nachprüfbaren Einzelvoraussetzungen zugesagt ist.

Artikel 29
Erstattung der Abzugsteuern

(1) Werden in einem der Vertragsstaaten die Steuern von Dividenden, Zinsen, Lizenzgebühren oder sonstigen Einkünften im Abzugsweg erhoben, so wird das Recht zur Vornahme des Steuerabzugs zu dem im innerstaatlichen Recht dieses Staates vorgesehenen Satz durch dieses Abkommen nicht berührt.

(2) Diese im Abzugsweg erhobene Steuer wird auf Antrag erstattet, soweit ihre Erhebung durch dieses Abkommen eingeschränkt wird.

(3) Die Frist für den Antrag auf Erstattung beträgt vier Jahre nach Ablauf des Kalenderjahres, in dem die Dividenden, Zinsen, Lizenzgebühren oder sonstigen Einkünfte bezogen worden sind.

(4) Der Vertragsstaat, aus dem die Einkünfte stammen, kann eine amtliche Bescheinigung des Vertragsstaats, in dem der Steuerpflichtige ansässig ist, über die Erfüllung der Voraussetzungen für die unbeschränkte Steuerpflicht in diesem Staat verlangen.

(5) Die zuständigen Behörden der Vertragsstaaten führen die vorstehenden Bestimmungen in gegenseitigem Einvernehmen gemäß Artikel 25 (Verständigungsverfahren) durch.

(6) Die zuständigen Behörden der Vertragsstaaten können in gegenseitigem Einvernehmen auch andere Verfahren zur Durchführung der in diesem Abkommen vorgesehenen Steuerermäßigungen festlegen.

Inhaltsübersicht

Erläuterungen zu Artikel 29

I. Überblick

1   Dieser Artikel enthält eine **Verfahrensvorschrift**. Er bestimmt, daß Abkommensvorschriften, die Einschränkungen oder den Ausschluß des Besteuerungsrechts im Quellenstaat für Dividenden, Zinsen, Lizenzgebühren oder sonstige Einkünfte regeln, den Quellenstaat nicht daran hindern, zunächst den nach seinem innerstaatlichen Recht vorgesehenen Steuerabzug an der Quelle vorzunehmen. Darüber hinaus beinhaltet **Abs.** 1 auch bei Einkünften, für die dem Quellenstaat das Besteuerungsrecht zusteht, einen Vorbehalt zugunsten des innerstaatlichen Abzugsverfahrens. **Abs.** 2 regelt als Folge von Abs. 1, daß auf diese Weise zuviel einbehaltene Steuer zu erstatten ist. In Abs. 3 und 4 sind verfahrensrechtliche Fragen des Erstattungsverfahrens geregelt. **Abs.** 3 bestimmt, daß eine Frist einzuhalten ist, innerhalb derer der Erstattungsantrag zu stellen ist, und **Abs.** 4 regelt, welche Nachweiserfordernisse zu erbringen sind. **Abs.** 5 verweist auf das in Art. 25 geregelte Verständigungsverfahren, in dem die zuständigen Behörden sich einvernehmlich über die Durchführung dieser Vorschrift verständigen, und **Abs.** 6 bestimmt daß die zuständigen Behörden auch andere Verfahren zur Durchführung der im Abkommen vorgesehenen Steuerermäßigungen vereinbaren können.

II. Geltung der innerstaatlichen Verfahrenshoheit (Abs. 1)

2   Die Regelungen eines ordnungsgemäß transformierten **Abkommens** genießen **Vorrang vor dem bestehenden innerstaatlichen Recht** (vgl. § 2 AO). Damit gehen Abkommensvorschriften, die das Besteuerungsrecht des Quellenstaates vorbehaltlos ausschließen, den innerstaatlichen Vorschriften über den Steuerabzug an der Quelle vor (vgl. BFH BStBl. 1987 II S. 171; BStBl. 1987 II S. 253). Dies bedeutet, daß für den Quellensteuerabzug nach innerstaatlichem Recht kein Raum gegeben ist, wenn nicht das Abkommen einen Vorbehalt zugunsten des innerstaatlichen Verfahrensrechts enthält.

3   Anders sind die Fälle zu behandeln, in denen das Besteuerungsrecht des Quellenstaates in beschränktem Umfang aufrechterhalten ist. Hier hat der Quellenstaat nicht vorbehaltlos auf sein Besteuerungsrecht verzichtet (vgl. BFH a. a. O. S. 172 mit weiteren Nachweisen). Abs. 1 normiert einen umfassenden **Verfahrensvorbehalt zugunsten des Quellenstaates,** indem er nicht nur für Einkünfte, für die der Quellenstaat auf sein Besteuerungsrecht vorbehaltlos verzichtet hat, so hinsichtlich der Zinsen und Lizenzgebühren, sondern auch für solche, bei denen ein eingeschränktes Besteuerungsrecht

des Quellenstaates aufrechterhalten ist, wie bei den Dividenden, einen Verfahrensvorbehalt verankert.

Darüber hinaus wird die **Verfahrenshoheit auch für sonstige Einkünfte** aus- 4
drücklich aufrechterhalten, bei denen das Besteuerungsrecht dem Quellenstaat zusteht und nach innerstaatlichem Recht mit einem Pauschalsatz durch Steuerabzug an der Quelle ausgeübt wird; dies ist beispielsweise bei Einkünften aus nichtselbständiger Arbeit der Fall.

Mit dieser **umfassenden Regelung** bleibt es den Vertragsstaaten vorbehalten, 5
unabhängig von den Abkommensbestimmungen, den in ihrem jeweiligen innerstaatlichen Recht vorgesehenen Steuerabzug zu den Sätzen vorzunehmen, die maßgebend wären, wenn das Abkommen nicht in Kraft wäre.

III. Steuererstattung (Abs. 2)

Der Vorbehalt der Verfahrenshoheit macht erforderlich, daß der im Abkom- 6
men vorgesehenen **Entlastung von inländischer Abzugsteuer in einem besonderen Verfahren** Rechnung zu tragen ist.

Abs. 2 nennt insoweit das **Erstattungsverfahren.** Bei diesem Verfahren wird 7
die Steuer zunächst vom inländischen Zahlungsverpflichteten einbehalten und an das für ihn zuständige Finanzamt abgeführt. Das Bundesamt für Finanzen erstattet die zuviel gezahlte Steuer zurück. Dabei wird der Unterschiedsbetrag zwischen der Steuer, die dem Vertragsstaat nach dem Abkommen zusteht, und der einbehaltenen und abgeführten Steuer ermittelt und ein Erstattungsbescheid erteilt.

Das Erstattungsverfahren ist **antragsgebunden.** Damit kann sich der Steuer- 8
schuldner auf die Entlastung nach dem Abkommen nur berufen, wenn und soweit er einen Antrag gestellt hat, wobei es grundsätzlich in das Ermessen des Steuerschuldners gestellt ist, ob er die für die Auslösung des Tatbestandes entscheidende Willenserklärung abgeben will oder nicht (vgl. BFH BStBl. 1987 II S. 171, 174). Diese Entscheidung ist auch für die Finanzbehörde bindend (BStBl. 1970 II S. 170, 33). Der Antrag auf Erstattung ist daher grundsätzlich vom Empfänger zu stellen. Er kann vom Zahlungsverpflichteten oder von einem Dritten gestellt werden, wenn der Empfänger ihn hierzu bevollmächtigt.

IV. Antragsfrist (Abs. 3)

9   Abs. 3 nennt als Verfahrensvoraussetzung eine **vierjährige Antragsfrist**, beginnend mit dem Ablauf des Kalenderjahres, in dem die Erträge oder sonstigen Einkünfte bezogen wurden. Diese Frist stimmt mit dem der deutschen Festsetzungsfrist (vgl. § 169 AO Abs. 2 Nr. 2) überein.

V. Nachweiserfordernisse (Abs. 4)

10   Die Vertragsstaaten können grundsätzlich (vgl. BMF-Schreiben vom 5. 12. 1988, BStBl. 1988 I S. 491) verlangen, daß dem Erstattungsantrag eine **Ansässigkeitsbescheinigung** der für den Empfänger zuständigen ausländischen Steuerbehörde beigefügt ist.

11   Eine solche Ansässigkeitsbescheinigung kann von den amerikanischen Finanzbehörden jedoch nicht gegeben werden. Denn die USA knüpfen die unbeschränkte Steuerpflicht nicht nur an eine gewisse, erhebliche (substantial) Anwesenheit in den USA, sondern auch an die Staatsangehörigkeit oder die Einreiseberechtigung zur Gründung eines ständigen Wohnsitzes (sog. green card holder). Diesem **Verfahrenserfordernis** kommt daher **einseitig für die Bundesrepublik Deutschland** Bedeutung zu. Anstelle der Vorlage einer Ansässigkeitsbescheinigung kann aber verlangt werden, daß sich **amerikanische Empfänger im Erstattungsverfahren** unter Angabe ihrer Social Security Number (S. S. N.), ihrer Employers Identification Number (E. I. N.) oder ihrer Taxpayer Identification Number (T. I. N.) damit einverstanden erklären, daß der amerikanischen Steuerverwaltung von den zu entlastenden Zahlungen Mitteilung gemacht wird.

VI. Materielle Entlastungsvoraussetzungen

12   Dieser Artikel regelt nur das Verfahren, in dem in einem der Vertragsstaaten ansässige Personen Entlastung von der Abzugsteuer des anderen Staates verlangen können, nicht aber die materiellen Voraussetzungen. Dem um Steuererstattung angegangenen Staat bleibt daher vorbehalten, nach seinem Recht **zusätzlich geforderte Nachweise über die Abkommensberechtigung,** beispielsweise durch Nachweis des wirtschaftlichen Eigentums, zu verlangen (vgl. Abschn. 10 des Protokolls).

VII. Konsultation der zuständigen Behörden (Abs. 5)

Abs. 5 sieht allgemein vor, daß die zuständigen Behörden die Bestimmungen   13
dieser Vorschrift auf der Grundlage des Art. 25 (Verständigungsverfahren) in
gegenseitigem Einvernehmen durchführen.

VIII. Andere Verfahren zur Durchführung des Abkommens (Abs. 6)

In Abs. 6 ist ausdrücklich geregelt, daß andere Verfahren zur Entlastung von   14
inländischer Abzugsteuer festgelegt werden können. Als solche kommen
nach dem innerstaatlichen Verfahrensrecht der Bundesrepublik Deutschland
das **Freistellungsverfahren** und das **Kontrollmeldeverfahren** in Betracht.

1. Freistellungsverfahren

Bei diesem Verfahren (vgl. BMF-Schreiben vom 5. 12. 1988, BStBl. 1988 I   15
S. 491) **bescheinigt das Bundesamt für Finanzen** vor Auszahlung der Erträge
oder Vergütungen, daß die Abkommensvoraussetzungen vorliegen (Freistel-
lungsbescheid). Der Zahlungsverpflichtete darf dann den Steuerabzug ganz
oder teilweise unterlassen. In welchen Fällen das Freistellungsverfahren möglich ist, ergibt sich aus dem innerstaatlichen Recht (vgl. BMF-Schreiben,
a. a. O). Auch das Freistellungsverfahren ist **antragsabhängig** ausgestaltet; insoweit gelten die Ausführungen unter Rz. 6 ff. Ebenso gelten die Ausführungen unter Rz. 10 f. hinsichtlich der **Nachweisanforderungen** über die Abkommensberechtigung.

2. Kontrollmeldeverfahren

Beim Kontrollmeldeverfahren (vgl. BMF-Schreiben vom 5. 12. 1988, BStBl.   16
1988 I S. 491) kann ein Zahlungsverpflichteter von sich aus den Steuerabzug
ganz oder teilweise unterlassen, wenn er **vom Bundesamt für Finanzen zur
Anwendung dieses Verfahrens ermächtigt** ist. Weitere Voraussetzung ist,
daß der Steuerschuldner (Empfänger der Zahlung oder Vergütung) mit der
Anwendung des Verfahrens einverstanden ist und bestimmte Höchstbeträge
nicht überstiegen werden. Der Zahlungsverpflichtete muß die Beträge dem
Bundesamt für Finanzen jährlich melden. Auf der Grundlage des Artikels
über den zwischenstaatlichen Auskunftsaustausch (Art. 26) kann die ausländische Finanzbehörde über die Zahlungen unterrichtet werden.

Artikel 30
Mitglieder diplomatischer Missionen und konsularischer Vertretungen

(1) Dieses Abkommen berührt nicht die steuerlichen Vorrechte, die den Diplomaten und Konsularbeamten nach den allgemeinen Regeln des Völkerrechts oder aufgrund besonderer Übereinkünfte zustehen.

(2) Soweit Einkünfte oder Vermögenswerte wegen dieser Vorrechte im Empfangsstaat nicht besteuert werden, steht das Besteuerungsrecht dem Entsendestaat zu.

(3) Ungeachtet des Artikels 4 (Ansässigkeit) gilt eine natürliche Person, die Mitglied einer diplomatischen Mission oder einer konsularischen Vertretung eines Vertragsstaats im anderen Vertragsstaat oder in einem dritten Staat ist, im Sinne dieses Abkommens als im Entsendestaat ansässig, wenn sie

a) nach dem Völkerrecht im Empfangsstaat mit ihren Einkünften aus Quellen außerhalb dieses Staates oder mit ihrem außerhalb dieses Staates gelegenen Vermögen nicht zur Steuer herangezogen wird und

b) im Entsendestaat mit ihrem gesamten Einkommen oder mit ihrem Vermögen wie in diesem Staat ansässige Personen zur Steuer herangezogen wird.

(4) Dieses Abkommen gilt nicht für internationale Organisationen, ihre Organe oder Bediensteten oder für Mitglieder einer diplomatischen Mission, einer konsularischen Vertretung oder einer ständigen Vertretung eines dritten Staates, die sich in einem Vertragsstaat aufhalten, aber in keinem der beiden Vertragstaaten zu den Steuern vom Einkommen oder vom Vermögen wie dort ansässige Personen herangezogen werden.

Inhaltsübersicht

Erläuterungen zu Artikel 30

I. Überblick

1 Dieser Artikel regelt die steuerliche Behandlung von **Mitgliedern diplomatischer Missionen und konsularischer Vertretungen**, indem er das Rangverhältnis zwischen den Vorschriften des Diplomaten- und Konsularrechts und dem Abkommen bestimmt.

II. Vorrang diplomatischer und konsularischer Vorrechte

Abs. 1 folgt dem Wortlaut des OECD-Musters. Dort ist bestimmt, daß die diplomatischen und konsularischen Vorrechte **Vorrang vor den Abkommensregeln** genießen. Abweichend zum bisherigen Abkommen sind mit dieser Vorschrift nur die Steuervergütungen abgedeckt, die sich aus internationalen Abkommen (allgemeine Regeln des Völkerrechts oder besondere Übereinkünfte) ergeben, während nach Art. XVIII des bisherigen Abkommens auch nationale Steuervergünstigungen mit umfaßt waren. **Art und Umfang steuerlicher Vergünstigungen** ergeben sich für diplomatische Beamte aus dem Wiener Übereinkommen vom 18. 4. 1961 (BGBl. 1964 II S. 957, 1965 II S. 147) über diplomatische Beziehungen (WÜD), und für konsularische Beamte aus dem Wiener Übereinkommen vom 24. 4. 1963 (BGBl. 1969 II S. 1585, 1971 II S. 1285) über konsularische Beziehungen (WÜK), dem beide Vertragsstaaten beigetreten sind. Für Konsularbeamte kommt ferner Art. XIX des Freundschafts-, Handels- und Schiffahrtsvertrages zwischen den USA und der Bundesrepublik Deutschland vom 29. 10. 1954 (BGBl. 1956 II S. 487) in Betracht. 2

Nach Art. 34 WÜD sind Diplomaten **von allen staatlichen, regionalen und kommunalen Personal- und Realsteuern oder Abgaben befreit**. Diese Steuerbefreiung wirkt wie eine Freistellung i. S. d. Verteilungsnormen. Daher unterliegen die freigestellten Einkünfte nicht dem Progressionsvorbehalt (vgl. *Vogel*, DBA Kommentar Art. 27 Rdn. 25). 3

Von der Freistellung werden **Ausnahmen** gemacht für: 4

- Steuern und sonstige Abgaben von privatem, im Hoheitsgebiet des Empfangstaat belegenem unbeweglichem Vermögen, es sei denn, es wird im Auftrag des Entsendestaates für Zwecke der Mission besessen;
- Steuern und sonstige Abgaben auf private Einkünfte, deren Quelle sich im Empfangsstaat befindet, sowie Vermögensteuer auf Kapitalanlagen, in gewerblichen, im Empfangsstaat gelegenen Unternehmungen.

5   Konsularbeamte kommen in den Genuß der gleichen Vorrechte, es sei denn, der Betreffende ist Staatsangehöriger des Empfangsstaats oder dort ständig ansässig (Art. 49 Abs. 1 und Art. 71 Abs. 1 WÜK).

6   Dies bedeutet, daß ein ausländischer Diplomat oder Konsularbeamter nur mit seinen **inländischen Einkünften** i. S. d. **§ 49 EStG steuerpflichtig** ist, wobei die Vorschriften des Abkommens für diese Einkünfte bzw. Vermögensbestandteile, für die die Vorrechte nicht gelten, anwendbar bleiben. Bleibt nach diesen Vorschriften die Besteuerung im Empfangsstaat aufrechterhalten, ist nach dem Abkommen zu prüfen, ob und inwieweit dem Empfangsstaat danach das Besteuerungsrecht zusteht.

7   Dies gilt auch für **Familienmitglieder,** die zum Haushalt eines ausländischen Diplomaten gehören, wenn sie nicht die deutsche Staatsangehörigkeit besitzen, und ebenso für die Familienmitglieder, die im gemeinsamen Haushalt eines Konsularbeamten einer ausländischen Vertretung leben, wenn sie weder die deutsche Staatsangehörigkeit besitzen noch im Geltungsbereich des Einkommensteuergesetzes ständig ansässig sind.

8   Regelungen über die Besteuerung im Empfangsstaat sind im WÜD und im WÜK auch für die **Bediensteten** des Verwaltungs- und technischen Personals ausländischer Missionen und konsularischer Vertretungen ebenso wie für Mitglieder des dienstlichen Hauspersonals enthalten. Die mit ihnen in gemeinsamem Haushalt lebenden Familienmitglieder sind in die Regelung eingeschlossen.

III. Vermeidung der „Keinmalbesteuerung"

9   Ergänzend zu der Regelung in Abs. 1 bestimmt Abs. 2, der Empfehlung im Kommentar zum OECD-Musterabkommen (Art. 27 Tz. 2) folgend, daß die Einkünfte, die **im Empfangsstaat** aufgrund diplomatischer oder konsularischer Vorrechte **steuerbefreit** sind, **im Entsendestaat besteuert** werden können. Abs. 2 soll damit sicherstellen, daß diplomatische und konsularische Beamte in einem der Vertragsstaaten, entweder im Empfangs- oder im Entsendestaat mit ihren Einkünften besteuert werden.

IV. Abweichende Ansässigkeitsregelung

10   Mit der Ansässigkeitsregelung in Abs. 3 wird an Regelungen wie die des § 1 Abs. 2 EStG angeknüpft, wonach die von einem Vertragsstaat entsandten diplomatischen und konsularischen Vertreter steuerlich weiterhin als **im Entsendestaat unbeschränkt steuerpflichtig angesehen** werden. Damit soll eben-

falls eine **völlige Nichtbesteuerung vermieden** werden, die aus dem Zusammentreffen der Vorrechts- und der Abkommensbestimmungen herrühren kann. Als Beispiel wird im Kommentar zum OECD-Muster (Art. 27 Tz. 3) der Fall genannt, daß eine Person, die als Mitglied einer diplomatischen Mission oder konsularischen Vertretung im anderen Staat oder einem Drittstaat Dividenden aus dem Entsendestaat bezieht, die im Empfangsstaat aufgrund diplomatischer Vorrechte steuerfrei bleiben, nicht unter Berufung auf ihre Ansässigkeit im Empfangsstaat die Quellensteuerermäßigung verlangen können soll.

V. Ausschluß der Abkommensanwendung für Personen aus Drittstaaten

In Abs. 4 ist klarstellend ausgeführt, daß für internationale Organisationen,   11
deren Organe oder Bedienstete sowie diplomatische und konsularische Beamte, die **aus einem Drittstaat entsandt** sind und in Übereinstimmung mit Art. 4 Abs. 1 als nicht ansässig angesehen werden, weil sie weder im Empfangsstaat noch im anderen Vertragsstaat wie dort ansässige Personen besteuert werden, das Abkommen nicht gilt.

Artikel 31

Berlin-Klausel

Dieses Abkommen gilt auch für das Land Berlin, sofern nicht die Regierung der Bundesrepublik Deutschland gegenüber der Regierung der Vereinigten Staaten von Amerika innerhalb von drei Monaten nach Inkrafttreten des Abkommens eine gegenteilige Erklärung abgibt.

Artikel 32

Inkrafttreten

(1) Dieses Abkommen bedarf der Ratifikation; die Ratifikationsurkunden werden so bald wie möglich in Bonn ausgetauscht.

(2) Dieses Abkommen tritt an dem Tag in Kraft, am dem die Ratifikationsurkunden ausgetauscht werden, und ist in beiden Vertragsstaaten anzuwenden

a) bei den im Abzugsweg erhobenen Steuern sowie der Abgabe auf Versicherungsprämien auf die Beträge, die am oder nach dem 1. Januar 1990 gezahlt oder gutgeschrieben werden;

b) bei den übrigen Steuern vom Einkommen auf die Veranlagungszeiträume beziehungsweise Steuerjahre (taxable years), die am oder nach dem 1. Januar 1990 beginnen, ausgenommen jedoch die vor diesem Datum beginnenden Wirtschaftsjahre; und

c) bei den Steuern vom Vermögen auf die Steuern, die von Vermögenswerten erhoben werden, die am oder nach dem 1. Januar 1990 vorhanden sind.

(3) Hätten einer Person, die Anspruch auf die Vergünstigungen aus dem am 22. Juli 1954 unterzeichneten Abkommen zwischen der Bundesrepublik Deutschland und den Vereinigten Staaten von Amerika zur Vermeidung der Doppelbesteuerung auf dem Gebiete der Steuern vom Einkommen und einiger anderer Steuern in der Fassung des Protokolls vom 17. September 1965 („das Abkommen von 1954") hat, nach dem genannten Abkommen weitergehende Steuerentlastungen zugestanden als nach diesem Abkommen, so ist das Abkommen von 1954 als Ganzes auf Antrag der Person auch noch auf den ersten Veranlagungszeitraum beziehungsweise das erste Steuerjahr anzuwenden, auf das dieses Abkommen sonst nach Absatz 2 Buchstabe b anzuwenden wäre.

(4) Ungeachtet der vorstehenden Bestimmungen dieses Artikels darf die Steuer, die nach Artikel 10 Absatz 2 Buchstabe a (Dividenden) von vor dem 1. Januar 1992 gezahlten oder gutgeschriebenen Dividenden (im Sinne des Absatzes 4 des genannten Artikels) erhoben wird, zwar 5 vom Hundert, nicht aber 10 vom Hundert des Bruttobetrags der Dividenden übersteigen.

(5) Ungeachtet der vorstehenden Bestimmungen dieses Artikels

a) ist Artikel 10 Absatz 8 (Dividenden) auf die Steuern anzuwenden, die von dem ausschüttungsgleichen Betrag für die am oder nach dem 1. Januar 1991 beginnenden Veranlagungszeiträume beziehungsweise Steuerjahre erhoben werden, ausgenommen jedoch die vor diesem Datum beginnen-

den Wirtschaftsjahre; für Zwecke des vorhergehenden Satzes wird der ausschüttungsgleiche Betrag so behandelt, als werde er am letzten Tag des Wirtschaftsjahres der Gesellschaft gezahlt;

b) ist Artikel 23 Absatz 2 Buchstabe a Satz 4 (Befreiung von der Doppelbesteuerung) nicht auf Dividenden anzuwenden, die von einer Regulated Investment Company vor dem 1. Januar 1991 gezahlt werden, sofern die Regulated Investment Company am 1. Oktober 1988 bestand.

(6) Ungeachtet der vorstehenden Bestimmungen dieses Artikels gilt für die in Artikel 11 (Zinsen) und in Artikel 10 Absätze 4 und 5 (Dividenden) genannten Einkünfte folgendes:

a) Auf Zinsen im Sinne des Abkommens von 1954 einschließlich der Zinsen aus partiarischen Darlehen oder Gewinnobligationen, die vor dem 1. Januar 1991 gezahlt oder gutgeschrieben werden, ist anstelle dieses Abkommens das Abkommen von 1954 anzuwenden;

b) Einkünfte aus Schuldverpflichtungen, auf die Artikel 10 Absatz 4 (Dividenden) anzuwenden ist, und Einkünfte aus partiarischen Darlehen oder Gewinnobligationen, auf die Artikel 10 Absatz 5 (Dividenden) nicht anzuwenden ist, können in dem Vertragsstaat, aus dem sie stammen, mit den in Artikel 10 Absätze 2 und 3 vorgesehenen Sätzen besteuert werden, sofern diese Einkünfte am oder nach dem 1. Januar 1991 gezahlt oder gutgeschrieben werden;

c) Einkünfte aus einer stillen Gesellschaft und Einkünfte aus Genußrechten oder Genußscheinen, auf die Artikel 10 Absatz 5 (Dividenden) anzuwenden ist, können in dem Vertragsstaat, aus dem sie stammen, mit einem Satz besteuert werden, der 15 vom Hundert des Bruttobetrags nicht übersteigt, sofern diese Einkünfte vor dem 1. Januar 1991 gezahlt oder gutgeschrieben werden;

d) Einkünfte aus einer stillen Gesellschaft und Einkünfte aus Genußrechten oder Genußscheinen, auf die Artikel 10 Absatz 5 (Dividenden) nicht anzuwenden ist, können in dem Vertragsstaat, aus dem sie stammen, mit den in Artikel 10 Absätze 2 und 3 vorgesehenen Sätzen besteuert werden, wenn die Einkünfte am oder nach dem 1. Januar 1990 gezahlt oder gutgeschrieben werden; und

e) die vorstehenden Bestimmungen dieses Absatzes sind nicht auf die in Artikel 10 Absatz 6 (Dividenden) oder Artikel 11 Absatz 3 (Zinsen) genannten Einkünfte anzuwenden.

(7) Das Abkommen von 1954 tritt außer Kraft, wenn die Bestimmungen dieses Abkommens gemäß diesem Artikel in Kraft treten.

Erläuterungen zu Artikel 32

I. Überblick

Art. 32 regelt das **Inkrafttreten** des Doppelbesteuerungsabkommens. Dabei erschöpft sich die umfängliche Regelung nicht in der Angabe eines mit der Ratifikation verbundenen Datums, sondern enthält eine differenzierte Regelung für verschiedene Einkunftsarten und ermöglicht es dem Steuerpflichtigen, ggf. auch noch für das Jahr 1990 das alte DBA-USA anzuwenden.   1

II. Grundsätzliches

Entsprechend Art. 29 Abs. 1, 2 MA regelt Art. 32 Abs. 1, 2 Grundsätzliches zum Inkrafttreten des Abkommens, das der Ratifikation bedarf (Abs. 1).   2

Das Abkommen tritt an dem Tag in Kraft, an dem die Ratifikationsurkunden ausgetauscht werden. Die **Ratifikation** ist nach Art. 11 des Wiener Übereinkommens über das Recht der Verträge (WüRV) eine der Formen, in denen das dafür zuständige Staatsorgan einen völkerrechtlichen Vertrag verbindlich abschließen bzw. seine Zustimmung zu diesem Vertrag erklären kann. Zu trennen ist sie von der parlamentarischen Zustimmung zum Vertrag (vgl. Art. 59 Abs. 2 GG), die zum Teil ebenfalls als „Ratifikation" bezeichnet wird.   3

Die Ratifikation erfolgt durch **Unterzeichnung und Austausch besonderer Urkunden.** In der Urkunde bestätigt das zuständige Staatsorgan (in der Bundesrepublik Deutschland der Bundespräsident), daß die für das Wirksamwerden des Vertrags erforderlichen verfassungsrechtlichen Voraussetzungen erfüllt sind, also etwa der deutsche Bundestag das entsprechende Zustimmungsgesetz erlassen hat.   4

III. Anwendungszeitraum

5 Bedeutsamer als die Ratifikation ist die Frage, ab welchem **Zeitpunkt** das Doppelbesteuerungsabkommen anzuwenden ist.

6 Nach Art. 32 Abs. 2 Buchst. a gilt das Abkommen bei im Abzugsweg erhobenen Steuern sowie bei der Abgabe auf Versicherungsprämien (FET) auf die **Beträge, die am oder nach dem 1. Januar 1990 gezahlt oder gutgeschrieben** werden.

7 Nach Art. 32 Abs. 2 Buchst. b gilt das neue Abkommen bei den sonstigen Steuern vom Einkommen auf die Veranlagungszeiträume bzw. Steuerjahre (taxable years), die am oder nach dem 1. Januar 1990 beginnen. Für die mit dem 31. 12. 1989 **entstandenen Steuern** gilt mithin noch das alte Doppelbesteuerungsabkommen. Art. 32 Abs. 2 Buchst. b nimmt aus dieser Grundregelung die vor diesem Datum beginnenden Wirtschaftsjahre aus.

Beispiel:
Der Steuerpflichtige hat mit seinem Unternehmen ein abweichendes Wirtschaftsjahr auf den 30. November. Für ihn gilt, soweit es um die Einkünfte aus dem Unternehmen geht, das neue DBA erstmals mit dem Wirtschaftsjahr, das am 1. 12. 1990 beginnt und zum 30. 11. 1991 endet.

8 Für die **Vermögensteuer** gilt nach Art. 32 Abs. 2 Buchst. c das Abkommen für die Vermögenswerte, die am oder nach dem 1. Januar 1990 vorhanden sind. Entscheidend ist also der Stichtag „1. 1. 1990".

IV. Wahlrecht des Steuerpflichtigen

9 Art. 32 Abs. 3 gestattet es einem Steuerpflichtigen, das **neue Abkommen abzuwählen** und auf das Abkommen von 1954/1965 zurückzugreifen, wenn ihm „nach dem genannten Abkommen weitergehende Steuerentlastungen zugestanden" hätten.

10 Diese Wahl kann nur in Gänze erfolgen, darf sich also nicht auf einzelne Regelungen des neuen DBA beschränken; eine **Meistbegünstigung** gibt es insoweit nicht.

Beispiel:
Es ist also nicht möglich, die Schachtelbegünstigung von Ausschüttungen eines REIT mit dem niedrigeren Steuersatz des Art. 32 Abs. 4 zu verbinden.

11 Der Steuerpflichtige kann nach seiner Wahl das **gesamte alte DBA noch für das Jahr 1990 anwenden,** bei einem abweichenden Wirtschaftsjahr ggf. auch noch – die Unternehmensgewinne betreffend – für ein nach dem 31. 12. 1990 endendes Wirtschaftsjahr.

Da Art. 32 Abs. 3 jeweils auf eine einzelne abkommensberechtigte Person ab- 12
stellt, ist es durchaus denkbar, daß im **Rahmen von Geschäftsbeziehungen**
zwischen USA und Bundesrepublik Deutschland für die Geschäftsbeziehungen im Jahre 1990 **unterschiedliche Abkommen** gelten. Das Abkommen
schreibt nicht vor, daß Geschäftspartner einvernehmlich zu wählen hätten;
dies wäre auch, eine entsprechende Menge Geschäftsvorfälle unterstellt,
nicht durchführbar.

Beispiel:

Ein in der Bundesrepublik Deutschland Ansässiger ist an einer Personengesellschaft in
den USA beteiligt und entscheidet sich für das alte Abkommen, um der Attraktionskraft der Betriebsstätte zu entgehen. Ein weiterer bundesdeutscher Beteiligter wählt
aus anderen Gründen das Abkommen von 1954/1965. Die Einkünfteermittlung der
US-Personengesellschaft für Zwecke der deutschen Besteuerung differiert zwischen
den Mitunternehmern.

V. Übergangsfrist für Dividenden

Art. 32 Abs. 4 sieht eine **abgestufte Absenkung des Quellensteuersatzes** bei 13
Schachteldividenden vor. In den Jahren 1990/1991 darf bei Dividenden
i. S. d. Art. 10 Abs. 4 ein Quellensteuersatz von bis zu 10 v. H. des Bruttobetrags der Dividende erhoben werden.

VI. Besonderheiten in den USA

Art. 32 Abs. 5 modifiziert die in Art. 32 Abs. 1–4 getroffene Regelung für 14
die Besteuerung durch die USA in doppelter Hinsicht.

1. Nach Art. 32 Abs. 5 Buchst. a dürfen die USA die **Branch Profits Tax** 15
(Art. 10 Abs. 8) nur für Veranlagungszeiträume bzw. Steuerjahre erheben,
die am oder nach dem 1. Januar 1991 beginnen. Hat das Unternehmen ein
abweichendes Wirtschaftsjahr, verschiebt sich diese Frist ggf.

Beispiel:

Abweichendes Wirtschaftsjahr auf den 30. 11., die Branch Profits Tax darf nur von
dem ausschüttungsgleichen Betrag erhoben werden, der auf nach dem 30. 11. 1991 be-
ginnende Wirtschaftsjahre entfällt. Dabei wird durch den 2. Halbsatz klargestellt, daß
der ausschüttungsgleiche Betrag so behandelt wird, als werde er am letzten Tag des
Wirtschaftsjahres der Gesellschaft gezahlt.

Beispiel:

Endet das Wirtschaftsjahr zum 31. 12., greift die Branch Profits Tax erstmals für das
am 31. 12. 1991 endende Wirtschaftsjahr.

16   2. Art. 32 Abs. 5 Buchst. b enthält eine sog. „**grandfather clause**". Art. 23
     Abs. 2 Buchst. a Satz 4 nimmt Regulated Investment Companies aus der
     Schachtelvergünstigung aus; für diese gilt der Quellensteuersatz von 15 %
     gem. Art. 10 Abs. 2 Buchst. b. Mit der Regelung im Art. 32 Abs. 5 Buchst. b
     gilt ein 10 %iger Quellensteuersatz für Zahlungen im Jahre 1990, vorausge-
     setzt, die RIC bestand bereits am 1. Oktober 1988. Damit soll die Verschär-
     fung der Besteuerung durch das Abkommen gemildert werden.

17   Unerheblich ist dabei, ob der konkrete Steuerpflichtige **zu diesem Zeitpunkt
     (1. Oktober 1988) bereits beteiligt** war.

VII. Besonderheiten bei Zinsen und Dividenden

18   Art. 32 Abs. 6 verschiebt den **Anwendungszeitraum** des neuen DBA bei Zin-
     sen und Dividenden um ein Jahr.

19   Dabei ist die in Buchst. a–d vorgenommene **Regelung auf den ersten Blick
     schlicht unverständlich.** Das einzig Nachvollziehbare ist die Regelung im
     Buchst. e, die solche Dividenden und Zinsen aus einer Übergangsregelung
     ausnimmt, die gem. Art. 10 Abs. 6 oder Art. 11 Abs. 3 zum Betriebsvermö-
     gen einer Betriebsstätte oder festen Einrichtung gehören; insofern bleibt es
     dann bei der Übergangsregelung in Art. 32 Abs. 2 Buchst. b.

20   Im **Buchst. a wird** angeordnet, daß auf Zinsen im Sinne des DBA 1954/65,
     die vor dem 1. Januar 1991 gezahlt oder gutgeschrieben werden, anstelle des
     neuen DBA das alte DBA anzuwenden ist. Da Zinsen auch schon nach dem
     alten DBA nur im Wohnsitzstaat besteuert werden konnten, ist diese Rege-
     lung wenig beeindruckend. Buchst. a erwähnt aber zugleich „Zinsen aus
     partiarischen Darlehen oder Gewinnobligationen", die die gleichen zeitli-
     chen Bedingungen erfüllen. Hieraus könnte man schließen, daß auch die
     Regelung in Art. 10 Abs. 5 insofern zeitlich verschoben anzuwenden ist.

21   **Buchst. b** setzt hier ein und ordnet an, daß die normalen Quellensteuersätze
     i. S. d. Art. 10 Abs. 4 gelten, wenn die Einkünfte am oder nach dem 1. Januar
     1991 gezahlt oder gutgeschrieben werden. Dies gilt dann freilich nicht für
     Einkünfte aus partiarischen Darlehen oder Gewinnobligationen, auf die
     Art. 10 Abs. 5 (Dividenden) nicht anzuwenden ist. Unklar bleibt dabei, wel-
     che Einkünfte aus partiarischen Darlehen oder Gewinnobligationen es sein
     könnten, auf die Art. 10 Abs. 5 des DBA nicht angewendet werden kann.
     Gemeint sein können allein solche Zahlungen, die bei der Ermittlung des
     Gewinns der zahlenden Person nicht abzugsfähig sind.

22   **Buchst. c** nimmt aus dem Anwendungsbereich des Art. 10 Abs. 5 wiederum
     Einkünfte aus einer stillen Gesellschaft und Einkünfte aus Genußrechten

oder Genußscheinen heraus; sie können in dem Vertragsstaat, aus dem sie stammen, im Jahre 1990 mit einem Satz besteuert werden, der 15 v. H. des Bruttobetrages nicht übersteigt. Danach gilt der „normale" Satz von 25 %.

Buchst. d erfaßt schließlich wieder Fälle der stillen Gesellschaft und der Ein-   23
künfte aus Genußrechen und Genußscheinen, auf die freilich Art. 10 Abs. 5 nicht angewendet werden kann; für diese verbleibt es bei dem reduzierten Quellensteuersatz in Art. 10 Abs. 2 und 3.

In **tabellarischer Übersicht** ergeben sich dann folgende Steuersätze für die Be-   24
steuerung von Dividenden und Zinsen im Rahmen der Übergangsregelung:

	Jahr			
	1989[1]	1990	1991	1992
	Höchster Steuersatz			
Dividenden (Schachteldividenden)	15	10	10	5
Dividenden (Streubesitz)	15	15[2]	15[2]	15[2]
Zinsen	0	0	0	0
Vergütung für partiarische Darlehen	0	0	25[3]	25[3]
Gewinnanteil des stillen Gesellschafters	15	15	25[3]	25[3]
Zinsen (einschl. Vergütung für partiarische Darlehen), die der Quellenstaat wie Dividenden behandelt	0	0	5[4]	5[4]
Gewinnanteil des stillen Gesellschafters, den der Quellenstaat wie Dividenden behandelt	–	5[4]	5[4]	5[4]
Steuer i. S. d. Art. 10 Abs. 8 (Branch Profits Tax)	0	0	5	5

[1] Nach dem alten Abkommen.

[2] Jedoch Zusatzentlastung i. H. v. 5 % der Bruttodividende für US-Streubesitzer (Art. 10 Abs. 3).

[3] Höchstsatz der deutschen Kapitalertragsteuer. Vergleichbare Vergütungen können in den USA mit 30 v. H. besteuert werden.

[4] Bei Schachtelbeteiligung.

VIII. Außerkrafttreten des alten Abkommens

25   Vorbehaltlich der Übergangsregelung und des Rechts zur „Abwahl" des neu-
     en Abkommens tritt das Abkommen von 1954 außer Kraft mit dem Inkraft-
     treten der Bestimmungen des neuen Abkommens. Damit ist nicht schlecht-
     hin das **Inkrafttreten i. S. v. Art. 32 Abs. 2 Satz 1 gemeint;** Art. 32 Abs. 7
     ordnet an, daß die Bestimmungen des alten DBA zu dem Zeitpunkt nicht
     mehr gelten, in dem die entsprechenden Regelungen des neuen DBA nach
     Art. 32 Abs. 2–6 wirksam, d. h. anwendbar werden.

Artikel 33

Kündigung

Dieses Abkommen bleibt auf unbestimmte Zeit in Kraft, jedoch kann jeder der Vertragsstaaten am oder vor dem dreißigsten Juni eines jeden Kalenderjahrs nach Ablauf von fünf Jahren, vom Tag des Inkrafttretens an gerechnet, das Abkommen gegenüber dem anderen Vertragsstaat auf diplomatischem Weg schriftlich kündigen; in diesem Fall ist dieses Abkommen nicht mehr anzuwenden

a) bei den im Abzugsweg erhobenen Steuern sowie der Abgabe auf Versicherungsprämien auf die Beträge, die am oder nach dem 1. Januar des Kalenderjahrs gezahlt oder gutgeschrieben werden, das auf das Kündigungsjahr folgt;

b) bei den übrigen Steuern vom Einkommen auf die Steuern, die für die Steuerjahre oder Veranlagungszeiträume erhoben werden, die am oder nach dem 1. Januar des Kalenderjahrs beginnen, das auf das Kündigungsjahr folgt, ausgenommen jedoch die vor diesem Zeitpunkt beginnenden Wirtschaftsjahre; und

c) bei den Steuern vom Vermögen auf die Steuern, die von Vermögenswerten erhoben werden, die am oder nach dem 1. Januar des Kalenderjahrs vorhanden sind, das auf das Kündigungsjahr folgt.

Sachverzeichnis

Sachverzeichnis

Die halbfett gedruckten Zahlen verweisen auf den Artikel, die mager gedruckten auf die Randzahl der Kommentierung

Bitte beachten Sie die
nachfolgenden Verlagsanzeigen

Flick / Wassermeyer / Wingert / Kempermann

Doppelbesteuerungsabkommen Deutschland – Schweiz

Steuern vom Einkommen und Vermögen, Nachlaß- und Erbschaftsteuern. Kommentar von RA Dr. Hans Flick, Fachanwalt für Steuerrecht, Richter am BFH Prof. Dr. Franz Wassermeyer, RA Dr. Karl-Dieter Wingert, Fachanwalt für Steuerrecht, und Richter am BFH Dr. Michael Kempermann. Loseblattausgabe, bisher 1776 Seiten Lexikonformat, in 2 Ordnern 240,– DM. Es ist ein Umfang von rund 2000 Seiten zum Preis von etwa 260,– DM vorgesehen. Abnahmeverpflichtung bis zum Abschluß des Gesamtwerkes. ISBN 3 504 26010 6

Das schweizerische Abkommen weicht in einigen Punkten vom üblichen OECD-Muster ab, so insbesondere im persönlichen Anwendungsbereich, in der Generalklausel und bei der Sondervorschrift für ausländisch beherrschte schweizerische Gesellschaften. Hier sollte die Öffnung für die Anwendung des deutschen Außensteuergesetzes geschaffen werden. Es lag daher nahe, diese Kommentierung, an der auch Dipl.-Kfm., StB Dr. Hubertus Baumhoff, Richter am FG Dr. Klaus D. Buciek, RegDir. G. Erhard, RA Dr. E.-M. Gersch, RA A. Kühn, Vors. Richter am FG R. Land und RA J. Graf zu Ortenburg mitwirken, dem strengen Schema des erfolgreichen Außensteuerkommentars zu unterwerfen und gleichzeitig auch die Verzahnung der beiden Rechtsgebiete besonders deutlich zu machen. Die Erläuterung ist außerordentlich gründlich und erfolgt aus wirtschaftsnaher Sicht. Zahlreiche Beispiele machen die komplizierte Materie anschaulich. Der Abdruck der notwendigen Texte dient nicht nur der Aufhellung des Hintergrundes; dadurch wird auch eine zusätzliche Materialsammlung erspart.

Pluspunkte dieser Kommentierung:

- Eine Kommentierung aus deutscher Sicht von Spezialisten des Internationalen Steuerrechts.
- Ausführliche, gründliche, wirtschaftsnahe Erläuterungen mit vielen praktischen Beispielen.
- Die Verzahnung mit dem deutschen Außensteuerrecht wird besonders deutlich gemacht.
- Der Abdruck der notwendigen Texte dient nicht nur der Aufhellung des Hintergrundes, er erspart auch eine zusätzliche Materialsammlung.

„... die Interpretationstechnik der Bearbeiter ... erleichtert den Zugang zu den komplizierten Abkommensvorschriften. Dieser besondere Vorzug des Kommentars kann nicht deutlich genug herausgestellt werden."

MinRat K.-H. Baranowski in Der Betrieb 1985, Heft 50

Verlag Dr. Otto Schmidt KG · Köln

Flick/Wassermeyer/Becker
Kommentar
zum Außensteuerrecht

Außensteuergesetz – Anrechnung ausländischer Steuern (§§ 34 c, 34 d EStG, 26 KStG) – Nationale Schachtelprivilegien (§ 9 Nrn. 7, 8, § 12 Abs. 3 Nrn. 4, 5 GewStG, § 102 Abs. 2 BewG) – Auslandsinvestitionsgesetz – Auslandstätigkeitserlaß. Von RA Dr. Hans Flick, Fachanwalt für Steuerrecht, Richter am BFH Prof. Dr. Franz Wassermeyer und RA Helmut Becker, Fachanwalt für Steuerrecht. Loseblattausgabe, 4. Auflage, 3396 Seiten Lexikonformat, in 3 Ordnern 265,– DM. Ergänzungslieferungen erscheinen etwa zweimal jährlich.
ISBN 3 504 26030 0

Die Autoren – zu ihnen gehören auch: WP und StB Dipl.-Kfm. Günkel, RA und StB Dr. J. Lüdicke, RA Dr. J. Müller-Dott, StB Heinz Richter, Dipl.-Kfm. P.-H. Schieber und RA F. Wurm LL.M. – sind als Spezialisten des internationalen Steuerrechts bekannt. Sie erläutern in diesem großangelegten Kommentar, der nunmehr bereits in 4. Auflage vorliegt, das auch dem Fachmann nicht leicht verständliche Außensteuerrecht ganz aus der Sicht der Wirtschaftspraxis. Praktische Übersichten, zahlreiche Beispiele und ein ausführliches Sachregister erleichtern den Zugang zu dieser Materie. Der „Flick/Wassermeyer/Becker" ist längst über den Rahmen eines Kommentars zum Außensteuergesetz hinausgewachsen: Mit den umfassenden Erläuterungen der Nebengesetze kann man ihn mit Recht als das große Standardwerk zum gesamten Außensteuerrecht bezeichnen.

Vorzüge dieses Standardkommentars:

- Gründliche, umfassende und systemgerechte Kommentierung ganz aus der Sicht der Wirtschaftspraxis.
- Trotz der schwierigen Materie verständliche Darstellung in klarer, prägnanter Sprache.
- Langjährige Praxis der Autoren im Internationalen Steuerrecht.
- Viele praktische Beispiele und Merksätze.
- Lösungsvorschläge für praktische Probleme.
- Vielzitiert in Rechtsprechung und Literatur.
- Ausführliche Kommentierung der „Verwaltungsgrundsätze".
- Alle Außensteuervorschriften in einem Werk.

„Das … Werk bleibt die wichtigste Ausrüstung des aktiven Beraters bei Steuerfällen mit Auslandsberührung."
RA Dr. T. Kreppel, Fachanwalt für Steuerrecht,
in Deutsches Steuerrecht 1988, Heft 10

Verlag Dr. Otto Schmidt KG · Köln